곽선희 목사 데살로니가서 강해

사도의 정체의식

곽선희 지음

계몽문화사

머 리 말

　성서학자마다 의견이 다르겠으나 일반적으로 알려져 있는 성서신학적 견해로는 신약성경의 전 책 중에서 데살로니가전서가 맨처음 기록된 것으로 알고 있습니다. 그러한 뜻에서 데살로니가서는 신약성경 전체의 선두적이며 동기유발적인 특별한 뜻을 가진 책이라고 할 수 있습니다.

　실상 복음은, 전하고 성령 안에서 듣고 믿고 구원에 이르는 것으로만 알고 있었습니다. 예수 그리스도께서 그 귀한 말씀을 전하실 때 그 누구 하나가 이 말씀들을 성실하게 기록해서 뒤에 믿는 자들에게 보다 성실하게 전해야 되겠다고 생각한 사람은 없었던 것으로 알려집니다.

　사도 바울은 이방인의 사도로서 '땅끝까지' 복음을 전하려고 전생애를 걸고 힘썼던 것을 우리는 알고 있습니다. 그런데 바울의 마음속에 다급하게 느끼는 몇가지 근심이 있었다고 믿어집니다. 바울이 복음을 전하고 다른 곳으로 선교지를 옮긴 뒤에 그 남은 교회들이 계속 이어서 복음 안에서 양육되어야 하는데 그 후속결과가 늘 문제로 남게 되었고 또한 신앙에 대한 저항세력으로서 외적인 핍박이 있고 내적으로 이단사상과 고의적으로 복음적 신앙을 왜곡하는 무리들의 출현이 있었습니다.

　환난과 핍박을 당하는 교회를 위로 격려하기 위하여 시간과 공간이 다른 지방에 있으면서 부득불 편지라는 귀중한 매개체를 통하여 사도 바울의 뜻을 사랑하는 교회에 전하게 된 것이 바로 바울서신의 출현인 것이며 이 교회를 보면서 기대 이상의 큰 성과가 있음을 알고 계속

'서신'이란 방편을 통해서 선교와 목회, 그리고 신학적 변증을 하게 되어서 오늘 우리는 그 소중한 신약성서를 얻게 된 것으로 믿고 있습니다.

또한 데살로니가교회를 비롯한 초대교회에서는 예수님의 재림에 대한 오해가 있어서 사도 바울은 급히 저들에게 바른 해석을 주어야 했던 것으로 알고 있습니다. '임박한 재림' 의식은 환난을 이기는 데는 큰 힘이 되지만 한편 이를 이기적 또는 세속적 욕망으로 잘못해석하면 모든 일손을 놓고 놀고먹으면서 폐만 끼치는 무리들에게 변명거리를 주게 되는 것도 사실이었습니다. 이 때문에 '일하기 싫은 자는 먹지도 말게 하라'는 명언을 남기게 됩니다. 바른 신앙, 바른 윤리관, 그리고 바른 세계관을 명료하게 설명하는 데살로니가서는 오늘도 우리와 우리교회에 새로운 신학적 이해와 확실한 신앙생활의 길잡이가 될 것으로 확신합니다.

차 례   머리말 ——— 2

전서
택함받은 증거(1: 1-5) ——— 8
본이 되는 교회의 속성(1: 6-10) ——— 22
사도의 정체의식(2: 1-8) ——— 38
사도직의 속성(2: 9-12) ——— 51
쉬지 않는 감사(2: 13-15) ——— 66
우리의 영광과 우리의 기쁨(2: 16-20) ——— 79
교역자의 마음(3: 1-10) ——— 93
사도의 기도(3: 11-13) ——— 106
하나님의 뜻 이해(4: 1-8) ——— 121
자기일을 하라(4: 9-12) ——— 135
항상 주와 함께 있으리라(4: 13-18) ——— 150
오직 깨어 근신하라(5: 1-6) ——— 164

신앙인의 완전무장(5: 7-11) ──────── 178
오래 참으라(5: 12-15) ──────── 191
하나님의 뜻(5: 16-22) ──────── 204
그가 이루시리라(5: 23-28) ──────── 219

후서
사도 바울의 감사(1: 1-5) ──────── 232
하나님의 공의(1: 6-9) ──────── 246
바울의 기도(1: 10-12) ──────── 260
불법의 사람들(2: 1-12) ──────── 274
받은 유전을 지키라(2: 13-17) ──────── 289
우리를 위하여 기도하라(3: 1-5) ──────── 304
규모있는 생활양식(3: 6-12) ──────── 318
형제같이 권하라(3: 13-18) ──────── 334

곽선희 목사
장로회 신학대학 졸업
프린스턴 신학석사
풀러신학 선교신학박사
인천제일교회 목사
장로회 신학대학 교수 역임
숭의여자전문대학 학장 역임
서울장로회신학교 교장 역임
소망교회 원로목사

곽선희 목사 데살로니가서 강해
사도의 정체의식

인쇄 · 2005년 3월 5일
발행 · 2005년 3월 10일
지은이 · 곽선희
펴낸이 · 김종호
펴낸곳 · 계몽문화사
등록일 · 1993년 10월 11일
등록번호 · 제16—765호
전화 · (02)917-0656
정가 · 15,000원
총판 · 비전북 / (031)907-3927
ISBN 89-89628-17-2 03230

---

* 잘못 만들어진 책은 바꾸어 드립니다.

사도의 정체의식

택함받은 증거

바울과 시루아노와 디모데는 하나님 아버지와 주 예수 그리스도 안에 있는 데살로니가인의 교회에 편지하노니 은혜와 평강이 너희에게 있을지어다 우리가 너희 무리를 인하여 항상 하나님께 감사하고 기도할 때에 너희를 말함은 너희의 믿음의 역사와 사랑의 수고와 우리 주 예수 그리스도에 대한 소망의 인내를 우리 하나님 아버지 앞에서 쉬지 않고 기억함이니 하나님의 사랑하심을 받은 형제들아 너희를 택하심을 아노라 이는 우리 복음이 말로만 너희에게 이른 것이 아니라 오식 능력과 성령과 큰 확신으로 된 것이니 우리가 너희 가운데서 너희를 위하여 어떠한 사람이 된 것은 너희 아는 바와 같으니라
(데살로니가전서 1 : 1 - 5)

택함받은 증거

　데살로니가교회도 사도 바울이 세운 교회입니다. 사도행전 17장 1절로 10절에 잘 나타나 있습니다. 바울이 데살로니가에는 그리 오래 머무르지 않았습니다. 세 안식일에 성경을 가지고 가르쳤다, 말씀하고 있습니다. 시간적으로 석 주간 동안 데살로니가에 머물면서 전도한 것입니다. 그리고 핍박이 있어서 다시 다른 지방으로 가게 되었습니다. 그러나 석 주간만 전도하고 세운 교회임에도 불구하고 이 교회는 든든히 서서 갖은 핍박과 고난을 잘 견뎌내고 부흥, 성장하게 되었습니다. 바울은 데살로니가교회에 좀더 머무르고 싶었지만 상황이 그렇지를 못했습니다. "형제들이 곧 바울을 내어보내어 바다까지 가게 하되 실라와 디모데는 아직 거기 유하더라"하고 성경은 말씀합니다(살전 17:14). 그런데 뒤늦게 데살로니가교회로부터 소식을 듣습니다. 아주 좋은 소식이었습니다. 그들이 환난과 핍박 중에서도 확실한 믿음으로 잘 견디고 있다, 하는 소식입니다. 하도 감사하여 친히 가보지 못하는 대신 이렇게 칭찬과 권면과 위로의 편지를 쓰는 것입니다. 그리고 저들은 예수믿은 지 얼마되지 않아서 신앙에 아직 깊이가 없습니다. 그 신앙이 체계화하지 못하고 특별히 성서적으로 잘 다듬어지지를 못함으로해서 우선 재림에 대한 오해를 가지고 있습니다. 너무 임박하게 시한적 재림을 기다리는 데서 조금 문제가 생긴 것같습니다. 그래서 사도 바울은 갈 시간은 없고하여 기독교신앙 문제, 특별히 재림문제에 대해서 해석을 주고자 하는 동시에, 부도덕한 일들도 있어서 그리스도인의 도덕성에 대해서도 신학적 이론을 말씀해주고 있습니다. 이러한 목적으로 데살로니가서는 기록됩니다. 바울이 쓴 편지는 많습니다. 히브리서까지 포함한다면 적어도 열세 편이나 됩니다. 신약성경 27권 중에 적어도 열세 편 가량이 사도 바울의 서신입니다. 데살로니가전서는 바울서신들 중에서도 맨먼저 씌어진 것입니다. 주후 51년경에 씌어졌습니다. 신약성경 전체 중에서도 맨먼저 기록된 것이 데살로니가전서다—이렇게 생각해볼 때 이 데살로니가전서의 위치와 의미는 더욱더 커집니다.

이제 오늘본문을 보면 맨먼저 감사하는 말씀으로부터 시작합니다. 바울의 편지가 늘 그러했듯이 문안에 이어서 첫째가 감사입니다. 아무리 하고 싶은 말이 많고 급한 말이 많아도 감사가 먼저입니다. 감사하는 마음이 먼저입니다. 감사하는 마음을 가지고, 감사하는 마음으로 말을 하여야 무슨 말을 하든지 그 말에 감동과 효과가 있는 것입니다. 감사하는 말이 없이 예컨대 한에 맺혀서, 원한에 치서, 시기 질투로 말을 한다면 무슨 말을 하더라도 그 말은 상대방을 감동시킬 수가 없습니다. 이것을 꼭 잊지 말아야 합니다. 말이야 어떻게 되었든지간에 마음부터 감사하는 마음, 고마운 마음으로 가득하여야 됩니다. 감사하는 마음이 충만하게 있고 말을 하여야 됩니다. 그리고 말의 순서도 감사하다는 말부터입니다. 좀 미안한 이야기입니다마는 우리예배 때 대표기도 하시는 분들도 감사하다는 말씀부터 먼저 하여야 됩니다. 감사하다는 말씀을 어느만큼 하고나서 기도하였으면 좋겠습니다. 그저 하나님 아버지, 뭘 주세요 뭘 주세요, 하는데 아무리 들어보아도 감사하다는 말이 그 속에 없을 때가 있습니다. 그럴 때면 내가 목회를 잘못했나 어떻게 된 건가, 하게 됩니다. 모름지기 감사가 먼저입니다. 간구가 먼저가 아닙니다.

본문을 보면 감사의 특징이 세 가지 있습니다. 먼저 '항상' 감사한다, 하였습니다. '항상'이란 시간적으로만이 아닙니다. always라는 뜻만 있는 게 아니라 in every circumstance입니다. 모든 환경에서, 어떤 경우에도—그런 말씀입니다. 어떤 경우에도 감사가 먼저입니다. 고마운 마음, 이것이 먼저입니다. 항상 감사하는 마음이어야 합니다. 이제 뒤에 공부하게 되겠습니다마는 이 데살로니가전서의 저쪽 끝에 가서 보면 "항상 기뻐하라 쉬지 말고 기도하라 범사에 감사하라" 합니다(4:16-18). "범사에 감사하라"—사도 바울은 범사에 감사부터 먼저 하였습니다. 오늘본문 2절에서는 "항상 하나님께 감사하고"하였습니다. 또하나는 "기도할 때마다"입니다(2절). 이 점이 중요합니다. 감사도 사람 앞에 하는 감사가 아니라 하나님 앞에서 정직하게, 진실하게 기도와 더불어 감사하는 것입니다. 기도하는 마음으로 하는 감사입니다. 바울은 하나님 앞에 기도하면서 감사하고 그 이야기를 편지 중에 쓰고 있습니다. 나는 기도할 때마다 감사한다, 합니다. 하나님 앞에 하는 감사, 사람 앞에 하는 감사가 함께 이루어진다는 것을 잊지 말아야 합니다. 이제 세 번째 특징은 바로 "너희 무리를 인하여"입니다. '너희 무리' 이것은 사람을 가리키는 것입니다. 너희 때문에, because of you all입니다. 여기서 우리 한번 생각해 봅시다. 여러분은 누구를 향해서 '당신 때문에 내가 감사합니다' 하는 그런 감사를 얼마나 할 수 있습니까? 남편 생각하며 남편 때문에 감사, 아내 생각하며 아내 때문에 감사, 자녀들을 볼 때 그 아이들 때문에 감사… 이 어려운 현실이지만 이 모든 사건, 구체적인 현실 속에서 감사하는 것입니다. 너희를 인하여 감사하다—구체적 감사입니다. 누구를 칭찬하는 것도 그렇습니다. 추상적으로 칭찬을 하면 그것은 아첨하는 것입니다. 구체적으로 칭찬을 하여야 그게 칭찬입니다. 감사도 막연하게 '좌우지간 감사합니다'하는 것이 아닙니다. 그것은 감사 아닙니다. 구체적으로 감사하여야 그게 감사입니다. 감사하라, 감사하라, 감사와 더불어 기도하라―늘 이렇게 목사님이 설교를 하시니까 감사해야 되겠다는 생각이 있기는 있는데 아무리 생각해도 감사할 마음은 없고 기도는 그렇게 하여야 한다니까 "아무리 생각해도 감사할 일은 없습니다마는 좌우지간 감사합니다"하고 기도했더니 정말로 감사한 마음이 생기고 그제야 구체적으로, 감사할 일이 한 가지 한 가지 생각나더라, 하고 고백하는 사람도 있습니다. "너희를 인하여"―사도 바울은 이렇게 구체적으로 감사하고 있습니다. 막연하게 "하나님 감사합니다"해놓고는 불평 불만, 이거 속상하고 저거 속상하고, 이것도 안되고 저것도 망하고… 이래서는 안되는 것입니다. 감사의 이유가 있습니다. 확실하게, 구체적으로 감사하는 것입니다. "너희를 인하여" 감사한다고 말씀합니다. 뒤에 계속해서 감사의 이유가 나옵니다. "이는 우리 복음이 말로만 너희에게 이른 것이 아니라 오직 능력과 성령과 큰 확신으로 된 것이니 우리가 너희 가운데서 너희를 위하여 어떠한 사람이 된 것은 너희 아는 바와 같으니라 또 너희는 많은 환난 가운데서 성령의 기쁨으로 도를 받아 우리와 주를 본받은 자가 되었으니…" 보십시오. 하나하나가 구체적입니다. 환난과 핍박 중에 복음을 받고, 말로만이 아니라 능력으로 받고, 그리고 굳게 서서 믿음생활 하는 것, 바울이 보고 너무도 좋습니다. 석 주일밖에 복음을 전하지 못했으니 어떤 사람은 한 번밖에 복음을 못들었을 터인데 이렇게들 믿음 지켜가는 것을 볼 때 너무나도 좋은 것입니다. 그래서 "너희 무리를 인하여 항상" 하나님께 감사한다고 구체적으로 말씀하는 것입니다.

그 다음으로 여기에 그리스도인의 유명한 덕목 세 가지를 말씀하고 있습니다. 첫째로, 여러분 잘 아시는 말씀이지요. "너희의 믿음의 역사와"라고 하였습니다. 믿음의 역사, 헬라말로 '에르구 테스 피스테오스'라는 이 말은 믿음에서 나는 사역, work of faith입니다. 대단히 중요한 것입니다. 믿음과 사역—이 문제에 대해서 우리는 종종 많은 시험을 당하기도 하고 토론도 하고 고민도 해봅니다. 특별히 야고보서 2장 14절 이하에 볼 것같으면 믿음과 행위에 대해서 긴 논란을 벌이고 있습니다. "만일 사람이 믿음이 있노라 하고 행함이 없으면 무슨 이익이 있으리요 그 믿음이 능히 자기를 구원하겠느냐." 어떤 사람은 믿는다 하면서도 행동이 없습니다. 그런가하면 행함만 있다고 믿음이 있는 것도 아닙니다. 이런 복잡한 문제를 말씀하고 있습니다. 그리고 야고보서의 결론은 이렇습니다. "믿음이 그의 행함과 함께 일하고 행함으로 믿음이 온전케 되었느니라(약 2:22)." 그러면 무엇입니까. 살아 있는 믿음, 행함을 별도로 논할 필요가 없습니다. "행함이 없는 믿음은 그 자체가 죽은 것이라"하였습니다(약 2:17). 아주 단적으로 말씀합니다. 행함이 없는 믿음은 죽은 믿음이요, 믿음에 행함이 있으면 이는 살아 있는 믿음입니다. 살아 있는 믿음이기 때문에 감사하는 것입니다. 믿는다는 것이 이렇게 중요합니다.

이차대전 당시 영국에서 목회하던 베일리 목사님에 얽힌 이야기입니다. 독일의 폭격기가 밤낮없이 런던을 폭격하여 정신을 못차리고 방공호 속에 들어가 있는 형편입니다. 그러다보니 거기서 목사님들이 서로 만났습니다. 포성이 요란한 가운데 여러 목사님이 거기에 모여 있고 자녀들도 다 거기 웅크리고 앉아 밤을 새우는 것입니다.

그런데 유독 베일리 목사님의 딸 하나는 초저녁부터 종알종알 하나님 앞에 잠자리기도를 하더니 그대로 쓰러져가지고 한밤 내내 잠을 자는 것입니다. 날이 새자 일어나는 것을 보고 "너는 무섭지도 않느냐? 우리는 밤을 꼬박 새웠다. 너는 어떻게 겁도없이 잠을 그렇게 잘 수 있는 거냐?"하고 물었더니 이 소녀는 생글생글 웃으면서 이렇게 말하는 것입니다. "하나님께서 깨어계시는데 나까지 둘 다 깨어 있을 필요는 없잖아요?" 하나님만 깨어계시면 됐지 나까지 깨어 있을 것 없지 않느냐—이 얼마나 예쁩니까. 믿음이 도대체 무엇입니까. 믿으면 대포소리에도 잠이 옵니다. 믿는다고 하면서 벌벌떨고 있다면 분명히 뭔가 잘못된 것입니다. 예수님께서는 그 풍랑 가운데서도 조용하게 주무셨습니다. 여러분은 풍랑에 휩쓸리는 배 타고 잠을 자 보았는지 모르겠습니다. 그거 내단합니다. 배가 그대로 물속에 쑥 들어갔다가 쑥 올라오고 하는데, 오죽했으면 제가 그때 고래 뱃속을 연상했겠습니까, 요나가 들어갔던 그 고래 뱃속을. 쑥 올라와서 저 공중에 한번 떴다가 털렁 떨어질 때, 정말 급합니다. 예수님께서는 이런 풍랑 속에서도 편안히 주무셨습니다. 제자들이 겁을 먹고 예수님을 막 깨웠더니 예수님께서는 눈을 뜨시고 '적게 믿는 자여 어찌 의심하느냐'하십니다. 제자들이 몹시도 부끄러웠을 것같습니다. 예수님의 그 믿음, 이것이 살아 있는 믿음입니다. 살아 있는 믿음은 그 지식에 역사하고 그 감성에 역사하고 그 의지에 역사합니다. 살아 있는 믿음에는 역사가 나타납니다. 행함이 따라오게 마련입니다. 여기에 이유가 없습니다. 행함이 없는 믿음이라면 죽은 믿음이고 믿음이 살아 있다면 행함은 따라오게 되어 있습니다. 그래서 "믿음의 역사"라 말씀합니다.

믿음에 대하여 오해가 많습니다. 자기확신을 믿음으로 아는 사람들이 많습니다. 병들어서는 "병 나을 줄로 믿습니다"하고 남이 가지고 있는 물건 보고 "저거 나 줄 것으로 믿습니다"하고, 이렇게 '김칫국부터 마시는' 기도가 많습니다. 뭐라고 열심히 주워대놓고는 "믿습니다 아멘!"하고 돌아갑니다. 이런 믿음은 사실 주관적인 것입니다. 자기마음이지 그걸 믿음이라고 할 수는 없는 것입니다. 믿음이란 그런 것이 아닙니다. 또, 믿음을 지식으로 착각하는 사람이 있습니다. 성경지식이 많고 교리같은 것을 많이 알고 있다고 그 지식을 믿음인 양 착각합니다. 성경을 많이 외거나 몇백 번 읽었거나 하면 그것으로 믿음이 있는 양 자만하는 사람도 있습니다. 그 지식과 믿음은 별개인 것입니다. 또한 관념적인 믿음도 있습니다. 생각으로만 믿습니다. 믿는 것처럼 생각을 하는데 실상은 믿음이 없습니다. 참믿음이란 예수 그리스도의 말씀에 대한 우리의 진실한 응답입니다. 그래서 그 생명력이 나에게 와서 역사하는 것입니다. 그 다음에 받아들이는 것입니다. 믿음이란 응답입니다. response입니다. 말씀에 대한 내 진실한 응답이 믿음입니다. 그러면 하나님의 역사가 내게 나타납니다. 나타나 있어요, 벌써. 그걸 내가 믿는 순간에 내 행동, 내 생각, 내 의지가 바뀌는 것입니다. 그런고로 믿음의 역사, 다시말하면 믿음의 힘으로 작용하는 것입니다. 믿음은 곧 힘입니다. 믿음 있으면 용기가 있고 평안이 있습니다. 믿음의 역사, 그것이 너희 가운데 있음으로해서 나는 감사하노라—바울은 이렇게 말씀합니다.

그 다음에 "사랑의 수고와"라고 하였습니다. 사랑의 수고, 영어로는 "labor of love"입니다. 헬라말로는 '코푸 테스 아가페스' 곧 사랑에서 오는 그 수고를 말하는 것입니다. 여기서 아가페와 에로스를 구분하게 됩니다. 에로스란 아주 열렬한 사랑인 것같으나 이것은 주관적이고 감상적이고 철학적인 것입니다. 내 마음 속에만 뜨겁게 있는 것입니다. 그러나 이것은 행동적인 것이 아닙니다. 내가 움직이는 것이 아니고 상대방이 나와 같기를 바라는 마음입니다. 내가 그 쪽으로 가는 것이 아니라 그가 내게 오기만을 간절히 바라는 것입니다. 저 사람이 나를 사랑해주기를 바라는 것입니다. 내게 관심을 가져주기를 바라는 것입니다. 바로 그 마음이 에로스입니다. 찾아가는 마음이 아닙니다. 기다리는 마음이 에로스요 찾아가는 마음은 아가페입니다. 거기에 차이가 있습니다. 그런데 "사랑의 수고"라 하였습니다. 아가페사랑에는 수고가 따르는 것입니다. 그 또한 자연스러운 것입니다. 사랑 자체가 가지는 힘입니다. 아가페사랑의 근본이 바로 예수 그리스도요 또 하나님의 사랑입니다. 하나님의 사랑이 우리 가운데 역사할 때 역시 수고가 자연스럽게 따라오는 것입니다. 사랑하면 행동으로 옮겨집니다. 주님께서도 우리를 사랑하시기 때문에 육신이 되어 우리 가운데 오셨습니다. 이것은 자발적인 것입니다. 수고만이 아니고 희생까지 따릅니다. 저는 이런 생각을 합니다. 많은 사람이 사랑한다 결혼한다 하지마는 문제는 사랑이 없다는 것입니다. 속고 있습니다. 참사랑의 뜻을 모르고 있습니다. 사랑 아닌 것을 사랑인 줄 알고 있습니다. 집착은 사랑이 아닙니다. 늘 말씀드립니다마는 저가 나와 같기를, 내가 사랑하는 것처럼 저 사람이 날 사랑해주기를 바라는 것은 자기집착입니다. 네가 나를 사랑할 때까지 내가 사랑하겠다, 하는 것은 자기고집입니다. 그것은 사랑이 아닙니다. 네가 나를 사랑하는 만큼 내가 사랑하겠다, 하는 것은 하나의 거래입니다. 율법입니다. 그러면 무엇이 사랑이냐? 그리스도께서 나를 사랑하시므로 내가 너를 사랑한다—이것만이 참사랑입니다. 이것이 아가페사랑에 대한 응답입니다. 그런고로 여기에는 수고와 희생이 아주 자연스럽게 따라가게 마련입니다. 조금도 무리가 없습니다. 사랑하기 때문에 수고합니다. 사랑하기 때문에 그 사랑의 수고를 수고인 줄 모릅니다. 오히려 그 수고를 기뻐합니다. 내 사랑하는 사람을 위해서 희생하고 수고하는 것, 조금도 그것을 희생으로 여기지 않습니다. 오히려 그 수고를 자랑스럽게 생각합니다. 그 희생을 특권으로 생각합니다. 내가 저 분을 위해서 수고할 수 있다는 것은 정말 자랑스러운 일입니다. 내가 이렇게 수고할 수 있다는 것은 너무나도 아름다운 것입니다. 바로 그 기쁨 그것이 사랑입니다. 사랑의 수고—사랑에는 반드시 수고가 따르게 되어 있습니다. 사랑에 수고가 없다면, 수고를 마다한다면, 희생을 거부한다면 그것은 사랑이 아닌 것입니다. 요새 많은 가정에 문제가 되고 있는 것은 (제가 보는대로는) 사랑이 없는 것입니다. 그러면서 사랑한다고 하지마는 그것은 사랑이 아닙니다. 참사랑이 없었습니다. 수고가 없고, 수고가 없는 사랑이기 때문에 사랑의 결실도 사랑의 응답도 반응도 없는 것입니다.

그 다음으로 "소망의 인내를"하고 말씀합니다. 헬라말로 '휘포모네스 테스 엘피도스'라고 하는 이 말씀, 아주 재미있는 말씀입니다. 소망의 인내—참소망은 인내를 가능케 한다는 것을 알아야 합니다. 소망 없는 인내는 아주 무거운 고통입니다. 소망이 있다면 어떤 고난이라도 능히 참을 수 있습니다. 예수님께서 비유로 말씀하십니다. 여자가 해산할 때가 되면 근심한다, 그러나 아이를 낳으면 크게 기뻐한다, 전에 가졌던 고난을 다시 기억지도 않는다, 하십니다. 사실 여인들이 해산하는 고생, 아주 어려운 것입니다. 그러나 그것을 마다하지 않습니다. 왜? 소망이 있기 때문입니다. 귀한 생명을 내가 얻을 수 있다, 하는 소망이 있기 때문에 그 고생을 잘 참고 견디는 것이지 만일에 그렇지 않다면 이것은 절대로 견딜 수 없는 것입니다. 잠시도 견딜 수가 없습니다. 옛날에는 임산부들이 조금 부끄러워해서 밖에 나서기도 좀 꺼려했던 것같은데 요새는 안그렇습니다. 부른 배를 하고 보란듯이 백화점이고 어디고 다 다닙니다. 내가 아기 가졌다, 자랑하고, 또 자랑할만도 한 것입니다. 아시는지 모르겠습니다마는 대체로 6분의 1이 불임입니다. 결혼 여섯 사람이 하면 그 중 하나는 아이를 못낳습니다. 그래서 아프리카나 어떤 나라에서는 아이 하나 낳은 여자가 인기 제일이라고 합니다. 남자는 아이 낳은 경험이 있는 여자하고 결혼하지 안낳아본 여자하고 결혼을 하지 않는 대가 있다고 합니다. 어떤 나라에는 약혼만 하는 풍속도 있습니다. 일단 약혼식만 해놓고 나가서 누구하고라도 만나서 아이를 낳아와야 됩니다. 아이 하나 데리고와야 그때가서 결혼식을 하는 것입니다. 그러니 어느 집이나 맏아들은 다 남의 씨입니다. 아이를 못낳으면 끝까지 결혼이 안되고 맙니다. 생산을 위주로 할 때 이렇게까지 되는 풍속도 있다는 말씀입니다. 기막힌 일이지만 사실입니다. 소망, 생명을 얻는다는 소망이 있기 때문에 그 어떤 고통이라도 다 참을 수가 있습니다. 확실한 소망만 있다면 못참을 것이 없습니다. 하늘나라에 소망이 있으므로 순교하는 것 아닙니까. 소망, 확실한 미래적 약속, 결정적 미래, 이것이 얼마나 중요한지 모릅니다. 소망은 인내, 힘입니다. 모든것을 참을 수 있는 힘이 거기서 나오는 것입니다. 너희가 이제 좋은 소망을 가지고 있어서 인내하게 되니 참 잘하는 것이다, 이렇게 바울은 감사하고 있습니다.

그리스도인의 덕목을 저렇게 세 가지로 말씀하면서 바울은 이제 "너희를 택하심을 아노라"하고 말씀합니다. 여기서 선교신학적으로 중요한 문제가 나옵니다. 우리가 선교를 합니다. 전도를 합니다. 그러나 이것을 알아야 합니다. 전도는 내가 하지만 전도한다고 다 믿는 것이 아닙니다. 내가 전도할 때 성령이 감동하여야 됩니다. 그래서 종종 안믿는 사람하고도 결혼하겠다 하면 그러지 말라고 말리는 이유가 바로 그것입니다. "내가 서비스를 잘하면 될 줄 알고, 내가 사랑을 잘하면 꼭 남편이, 저 남자가 예수믿을 거라고 생각을 하지만 만약 그가 안믿으면 어떻게 되지?" 안믿을 수도 있거든요. 그러면 한평생 남편 하나 예수믿게 하려고 세월 다 보내게 되는 것입니다. 이런 답답한 일이 어디 있겠습니까. 이것 꼭 알아야 합니다. 전도는 하되 믿고 안믿고는 하나님의 뜻에 있습니다. 성령이 역사하고 성령이 감동하고 친히 말씀적인 역사를 해주셔야 믿음이 생기는 것입니다. 그래 믿음은 모든 사람의 것이 아닙니다. 믿음은 에베소서에 있는 말씀대로 하나님께서 주시는 선물입니다. "너희를 택하심을 아노라." 너희의 속에 믿음의 역사가 있고 사랑의 수고가 있고 소망의 인내가 있는 이것을 볼 때, 내가 전도는 3주간밖에 못했는데도 너희 믿음이 무럭무럭 자라고 그 뒤에 오는 많은 환난을 이기면서 성장하는 것을 볼 때 너희는 분명 택하심받았음을 알겠다, 확실히 너희는 선택받았다, 하는 말씀입니다. 분명히 알아야 합니다. 하나님께서 나를 통해 역사하실 뿐만 아니라 너희 마음속에 역사하셨음을 내가 알게 되었다는 것입니다. 그런고로 감사하다, 이것입니다. 사도행전 18장 9절로 10절에 "밤에 주께서 환상 가운데 바울에게 말씀하시되 두려워하지 말며 잠잠하지 말고 말하라 내가 너와 함께 있으매 아무사람도 너를 대적하여 해롭게 할 자가 없을 것이니 이 성중에 내 백성이 많음이라 하시더라" 하는 말씀이 있습니다. 사도 바울이 고린도에 가서 복음을 전할 때 큰 핍박이 있어서 전도를 못했습니다. 핍박도 핍박이지만 우선 마음속에 나약함이 있었습니다. 두려운 마음이 있어서 선교를 못했습니다. 그러한 때에 주께서 환상 가운데 사도 바울에게 말씀하십니다. '전도하라, 두려워하지 말고 전도하라, 이 성에 내 백성이 많음이니라.' 내 백성이 여기에 많다, 내가 택한 백성이 많다, 그러니 너는 전도하라—여기에 선교신학적인 중요한 문제가 있습니다. 나를 통해서 전도하는 것도 하나님께서 하시는 일이요 전도를 받는 것도 하나님께서 하시는 일입니다. 믿고 하나님 앞으로 돌아오게 되는 것도 하나님께서 역사하심입니다. 내가 전도한다고해서 다 믿는 것이 아닙니다. 내가 잘 가르치고 봉사하고 뭘 하고 했다고해서 되는 것이 아닙니다. 제 후배 하나가 폐결핵 3기로 다 죽어가는 외로운 사람을 6개월 동안 매일같이 약도 갖다주고 음식도 갖다주고 하면서 살려냈습니다. 그러면 그 사람 교회에 나올 줄 알았다고 합니다. 그러나 교회에는 나오지 않고 겨울에 추운 데 나가서 술 퍼먹고 돌아다니더니 결국 얼어죽고 말았다 합니다. 이 후배, 몹시도 후회합디다. 내가 왜 예수믿으라는 말을 처음부터 강하게 하지 않았던가, 말없이 그냥 잘 돌봐주면 내가 목사인 줄 아니 저도 눈치가 있지, 교회에 나와줄 줄 알았다고 합니다. 그런데 아니더라, 그래 대단히 큰 충격을 받은 것입니다. 여러분, 이것을 알아야 됩니다. 사랑하고 봉사하고 뭘 하고, 다 좋습니다. 그러나 봉사이면 봉사대로 있는 것이지 그것을 통해서 무슨 일이 이루어지리라고는 기대하지 마십시오.

하나님께서 데살로니가교인들의 마음문을 열어주셨습니다. 그래서 믿음의 역사가 있고 사랑의 수고가 있고 소망의 인내가 있고, 그 환난 속에서 믿음이 무럭무럭 자라는 것을 멀리서 보면서 바울은 말씀합니다. '사랑하는 형제들아, 하나님께서 너희를 택하심을 아노라.' 이 얼마나 귀중한 말씀입니까. 여기서 좀더 깊이 생각할 것은 믿음의 뜻, 사랑의 뜻, 소망의 뜻이 중생하여야 된다는 것입니다. 그냥 믿는다고 그것이 사랑인 것은 아닙니다. 참믿음을 가져야 합니다. 사랑한다고 말한다고 그것이 사랑인 것은 아닙니다. 참사랑의 의미로 사랑의 의미가 중생하여야 합니다. 예수믿는 사람의 사랑과 유행가가사의 사랑은 본질적으로 다릅니다. 사랑의 의미가 바꾸어져서 그리스도화하여야 합니다. 기독교화하여야 한다는 것을 알아야 합니다. 소망도 그렇습니다. 막연하게 '좋은 세상이 있겠지'하는 것은 소망이 아닙니다. 성경이 말씀하고 성령이 감동해서 내 마음에 오는 소망, 그 소망, 예수 그리스도께서 주신 그 소망, 바로 이러한 높은 의미로 사랑의 개념이 바꾸어지고 중생하여야 한다는 것을 알아야 합니다. 그래서 사도 바울은 말씀합니다. 그 모든것을 분명히 보면서입니다. '사랑하는 형제들아, 너희를 택하심을 아노라.' △

본이 되는 교회의 속성

또 너희는 많은 환난 가운데서 성령의 기쁨으로 도를 받아 우리와 주를 본받은 자가 되었으니 그러므로 너희가 마게도냐와 아가야 모든 믿는 자의 본이 되었는지라 주의 말씀이 너희에게로부터 마게도냐와 아가야에만 들릴 뿐 아니라 하나님을 향하는 너희 믿음의 소문이 각처에 퍼지므로 우리는 아무 말도 할 것이 없노라 저희가 우리에 대하여 스스로 고하기를 우리가 어떻게 너희 가운데 들어간 것과 너희가 어떻게 우상을 버리고 하나님께로 돌아와서 사시고 참되신 하나님을 섬기며 또 죽은 자들 가운데서 다시 살리신 그의 아들이 하늘로부터 강림하심을 기다린다고 말하니 이는 장래 노하심에서 우리를 건지시는 예수시니라

(데살로니가전서 1 : 6 - 10)

본이 되는 교회의 속성

"너희가 마게도냐와 아가야 모든 믿는 자의 본이 되었는지라" 하는 말씀이 본문에 있습니다. 모든 믿는 자의 본이 되었다—아주 모범이 되는 그런 교회임을 말씀하고 있습니다. 사도 바울이 로마서, 고린도서, 빌립보서, 골로새서… 이렇게 편지들을 쓰고 있습니다마는 그 중에서도 가장 크게 칭찬하고 또 사도 바울의 마음에 만족히 여기는 교회가 바로 데살로니가교회입니다. 그래서 오늘본문에는 참 교회의 속성, 모범적인 교회는 어떤 교회인가를 말씀해주고 있습니다. 여러분, 우리가 그리스도께 우리의 신앙을 고백하고 그리스도의 사람이 됩니다. 그러나 구체적으로는 바로 교회의 사람이 되는 것입니다. 우리는 그리스도께 귀의하고 현실적으로는 교회의 일원이 되는 것입니다. 그런고로 예수 그리스도께 대한 것, 기독론, 기독관은 말할것도없이 대단히 중요한 것이지만 그에 못지않게 현실적으로 중요한 것이 교회관입니다. 교회관이 잘못된 사람, 어떻게 생각하면 참으로 불행한 사람입니다. 교회에 대하여 좋은 인상을 받지 못하고 사는 사람, 참 불행한 사람입니다. 여러분은 어떻습니까? 우리가 이런 이야기 저런 이야기 다 듣고보고 하지마는 '이 교회는 참 좋은 교회다'하고 교회에 대하여 느끼는 인상, 그것이 아름답고 깨끗한 사람은 신앙생활 하기가 참 좋습니다. 그러나 우리가 마음아프게 생각하는 것이 있습니다. 어떤 교회는 가끔 분쟁을 합니다. 교회 안에서 서로 분쟁하다보면 서로 언짢은 말들을 주고받습니다. 이런 데 귀를 기울이게 됩니다. 그러다보면 상처를 입습니다. 어느 결에 교회에 대하여 나쁜 생각을 가지게 됩니다. 그러면 그 신앙생활 참 좋지 않아집니다. 그래서 제가 지금 지나가는 말로 말씀드립니다마는 이것은 중요한 말씀입니다. 혹 여러분이 교회에 대한, 다른 교회에 대한 것이라도 교회에 대한 좋지 않은 이야기는 듣지도 말고 생각도 말고 마음에 담아두지도 말고, 그리고 말을 옮기지 마십시오. 가정에서 부부간에도 그렇고, 누구하고, 손님하고라도 얘기하면서 어느 교회가 싸우고, 어느 교회가 분열하고, 어느 교회가 어떻고 어떻고… 이런 이야기 해보십시오. 그 앞에서 어린아이들이 이걸 다 듣고 있습니다. '아, 교회라는 것은 그런 것이구나.' 이런 인상을 받고나면 나중에 아무리 예수믿으라고 해도 그 아이들 예수 안믿습니다. 그래서 일생토록 교회생활 망쳐버리는, 신앙생활 다 저버리고마는, 그런 탕자 아닌 탕자를 보게 됩니다. 그런고로 교회가 뭐냐, 하는 것 참 중요한 것입니다. 좋은 교회를 만나는 것도 중요하지만 교회관이 바로 서 있어야 하는 것입니다. 교회는 참 아름다운 곳이다—교회에 대한 인상이 이러하고 교회관이 깨끗하고 거룩할 때 그 신앙생활은 훌륭하게, 높이, 거침없이 성장하게 되는 것입니다. 이런 교회관을 거룩하게 지켜가야 한다는 것을 잊지 말아야 합니다. 혹 교회에 대하여 내 마음속에 좀 언짢은 일이 있고 좀 불평스러운 것이 있다 하더라도 함부로 이야기해서는 안됩니다. 이것은 내 신앙에도 손해가 될 뿐더러 많은 사람의 신앙을 무너뜨리는 것이 되기 때문입니다.

종교개혁자 칼뱅은 교회를 가리켜 '우리 어머니'라고 하였습니다. '매테르'라고 말하였습니다. 하나님을 아버지로, 그리스도를 하나님의 아들로, 교회를 어머니로—그렇게 생각하는 것이 그리스도인입니다. 그것이 바른 신앙입니다. 교회론과 성령론은 일치하는 것입니다. 하나님-아버지, 예수 그리스도-하나님의 아들, 교회-우리

어머니입니다. 교회와 함께 우리는 태어나기 때문입니다. 교회에서 도의 젖을 먹고 자라기 때문입니다. 교회에서 치리함을 받으면서 양육되기 때문입니다. 교회에서 키워지는 것입니다, 우리의 믿음이. 그러므로 정말 좋은 교회관을 가지고 좋은 교회에서 성장한다는 것은 더없이 행복한 일입니다. 생각해보십시오. 교회를 어머니로—절대로 교회를 떠나서 구원의 역사가 있을 수 없고 내 믿음이 바로 설 수 없습니다. 좋은 교회관, 이것은 우리의 신앙생활에 기초가 된다는 것을 항상 잊지 말아야 합니다. 특별히 우리가 자녀들을 키우는 만큼 자녀들에게 좋은 교회관을 보여주어야 합니다. 교회는 거룩하고 아름다운 것이다, 교회를 섬기는 것은 가장 큰 행복이다—이런 인상을 잘 심어주어야 우리의 자녀들도 또한 교회와 함께 한평생을 살게 되는 것입니다.

여기에 데살로니가교회가 있습니다. 사도 바울은 이 짧은 말씀 속에서 교회가 무엇인가를 잘 말씀해주고 있습니다. 신학적으로 말하면 교회에 대해서는 성육신교리로부터 이해하여야 됩니다. 하나님께서 우리에게 오셨습니다. 말씀이 육신이 되어 우리 가운데 거하십니다. 말씀이 우리를 향하여 오셨습니다. 저 멀리서 기다리지 아니하시고 몸소 우리를 향하여 오셨습니다. 오셔서 사람이 되시고 사람과 함께하시고 사람의 언어로 말씀하십니다. 말씀이 우리 가운데 오심으로써 교회가 교회입니다. 현실적으로 오늘에 와서는 그것이 어떻게 되는고하니 교회로 몸을 입게 되는 것입니다. 교회란 말씀이 있고 성령의 역사가 있는 곳입니다. 그것이 교회입니다. 마르틴 루터는 이렇게 말합니다. '하나님의 말씀이 순수하게 가르쳐지는 곳에는 교회가 있다. 참교회는 유전에 의해서 세워지는 것이 아니고 성령에 의해서 세워지고 보전되는 것이다.' 말씀이 있고 성령—그것이 바로 교회입니다.

그러면 '말씀' 할 때 우리가 한번 생각해보아야 됩니다. 말씀이 전해지는데 말씀이 얼마나 순수하게 전해지느냐 하는 것입니다. 말씀의 순도가 문제입니다. 말씀이 전해질 때 조금 잘못하면 그 순수성을 떠나기 쉽습니다. 핵심복음이 전해지지 않고 때로는 지엽적인 것이 전해질 수 있습니다. 이를테면 이런 것입니다. "예수믿으면 잘 삽니다. 사업도 잘되고 몸도 건강해집니다." 이런 것은 복음이로되 '변두리복음'입니다. 순복음이 못되는 것입니다. "예수믿으면 아이들도 공부 잘합니다." 순복음은 아닙니다. 복음은 복음입니다. 그러나 핵심과는 거리가 멉니다. 예수믿어서 죄사함받고 하나님의 자녀가 됩니다. 그것이 핵심인 것입니다. 이 핵심적인 것은 멀리 두고 인권문제, 사회문제, 이 세상의 복잡한 이런저런 문제들을 교회에 안고 들어와서 교회와 함께 그런 문제를 풀어보려고 합니다. 이는 교회의 본질을 잃어버리게 합니다. 그런고로 얼마나 순수한 복음이 전해지느냐가 문제입니다. 복음, 순수한 복음, 특별히 능력 있는 복음, 생명 있는 복음이 전해지느냐입니다. 그 말씀을 받고 거기서 그리스도의 생명력이 솟아나고 사람이 바꾸어지는 것입니다.

또하나, 말씀은 성령의 역사 안에서 효과적으로 전해져야 합니다. 말이 아무리 좋은 말이라도 잘 알아들어야 되는 것이 아닙니까. 알아듣도록 말해야 되는 것 아닙니까. 제가 이 자리에서 헬라어로 말하거나 히브리어로 말하면 여러분이 알아듣겠습니까. 못알아듣는 말을 해서는 안됩니다. 알아듣는 말을 하되 알아듣도록 말을 하여야 됩니다. 제가 신학대학에서 설교학을 무려 30년 가르쳤습니다. 설교는 어떻게 하여야 하느냐, 이것을 가르치는 것인데 서론에서 이런 말을 합니다. "설교 잘하고 못하고에 대해서는 그리 어렵게 생각하지 마라. 듣는 사람들이 졸면 안된다." 무조건입니다. 졸면 안됩니다. 비몽사몽간에 은혜받는 것은 아니지 않습니까. 알아듣는 것이어야 하는 것입니다. 교인이 많이 존다면 그것은 설교 잘못한 것입니다. 어떤 교회에 가보면 설교 중에 교인의 절반이 좁니다. 그렇다면 그것은 설교라기보다 자장가부르고 있는 것입니다. 설교 시작했다하면 으레들 눈을 떡 감았다가 또 용케도 설교 끝나면 눈을 뜨는 것입니다. 신통하다 싶습니다. 나쁜 것입니다. 설교 때 왜 조느냐—간단합니다. 못알아들으니까 조는 것입니다. 재미없으니까 조는 것입니다. 그리고 나와 상관이 없으니까 조는 것입니다. 저 얘기는 나와 상관이 없다—아예 차한(此限)에 부재(不在)다, 하고 싹 돌아앉고마는 것입니다. 애시당초 안들을 생각인 것입니다. 우스운 얘기입니다마는 언젠가 한번 제가 밖에 나갔더니 우리교회 청년들이 우 몰려와 나를 둘러싸고는 이렇게 말합니다. "목사님, 목사님 설교하실 때 가정에 대해서 남편은 어떻게 하고 아내는 어떻게 하고 아이들은 어떻게 하고… 이런 말씀 하시는 거 참 좋은데요 또하나, 저희가 설교주문 할 것이 있어요." "뭔데?" "노처녀는 어떻게 하고… 그것도 좀 말씀해주세요." 나는 남편도 없으니 남편하고 어떻게 하는 거 일없고, 자녀교육 일없다, 노처녀는 어떻게 해야 하느냐, 그걸 좀 말해달라고 합니다. "알았다, 알았다. 내가 이 다음에 말할께." 그렇지 않습니까. 나와 상관이 없는 이야기, 그걸 내가 왜 듣겠습니까. 그러니 눈감고마는 것이지요. 모름지기 effective communication, 아주 효과적인 의사소통이 되어야 합니다. 설교는 쉽게 말하면 알아듣게, 재미있게, 그리고 교인들이 가지고 있는 모든 현실적 문제에 대해서 적중도가 높아야 합니다. 적중도가 높아야 듣는 내게 확 부딪힙니다. 이건 내꺼다, 이건 내게 주신 말씀이다, 이렇게 와닿아야 눈이 번쩍 뜨이는 것입니다. 그래야 졸지를 않습니다. 그런데 이렇게 되도록 노력을 하는 것, 이것은 학술적인 차원에서고, 정작 중요한 것은 성령이 감동을 하여야 된다는 것입니다. 성령감동이 있으면 다 알아듣게 됩니다. 성령이 감동하면 조금 못알아들을 말씀도 다 알아듣게 됩니다. 성령이 감동하면 나와 상관이 없는 말씀도 한번 확 돌아서 내게 주시는 말씀으로 받아들여지는 것입니다. 다시말하면 마음문이 열리고 마음의 귀가 열리는 것입니다. 이것은 아주 중요한 일입니다. 말씀에 순도가 있고, 잘 알아듣도록 효과적으로 전해지면, 즉 delivery가 잘되면 거기에 교회기 있는 것입니다. 왜요? 말씀으로 말씀되게 하는 역사가 나타나고 있기 때문입니다. 말씀의 능력이 나타나고 있기 때문입니다. 말씀으로 말씀되게 하는 역사가 이루어질 때 거기에 교회가 있는 것입니다. 여기서 떠나면 그것은 교회가 아니라 공회당 내지 공개홀이나 음악당입니다. 교회는 말씀으로 말씀되게 하는 데 있는 것입니다. "우리 복음이 말로만 너희에게 이른 것이 아니라 오직 능력과 성경과 큰 확신으로 된 것이니"라고 5절에서는 말씀하고 있습니다. 이것이 데살로니가교회입니다. 아주 모범적인 훌륭한 교회입니다. 말씀이 말로만 아니고—무슨 말씀입니까. 이제 제가 강해할 때마다 이것을 제일 많이 강조합니다. 설교가 institute화해서는 안된다, 강의가 되어서는 안된다, 지식을 전달하는 것이 되어서는 안된다, 이것입니다. 지식 이상의 것입니다. 감동을 주고 생명력을 주어야 합니다. 빛좋은 말만 많이 하고 많이 들으면 얼만 벙벙해집니다. 듣기는 참 좋은데 거기서 그만입니다. 그것은 설교가 아닙니다. 강의나 강연일 뿐입니다. 설교내용은 추상적인 진리나 논리적인 진리가 아닙니다. 말로만이 아니라 능력으로 전해졌다―어떤 능력이냐? 구원의 능력입니다. 구원의 능력을 신학적으로 정리하면 중생과 성화입니다. 말씀이 전해지면서 성령과 함께 역사할 때 중생의 역사가 이루어지는 것입니다. 말씀 안에서 내가 태어나는 것입니다. 다시 태어나는 역사가 이루어집니다. 중생의 역사가 이루어지는 것, 그것은 생명적인 역사입니다. 나의 모든 의심과 걱정, 비판, 다 없어집니다. 다 없어지고 말씀을 그대로 받아들이게 되면서 생명의 역사가 나타납니다.

동시에 성화(聖化)의 역사가 이루어집니다. 거룩해집니다. 나도모르게 선해집니다. 나도모르게 담배맛이 싹 없어집니다. 나도모르게 어느 사이에 내가 이렇게 부지런한 사람이 되었습니다. 그저 가지려고만 하고 빼앗으려고만 하던 내 마음이 이제는 주는 마음이 되었습니다. 우리교회의 어느 집사님인데 이런 분이 있습니다. 전에 돈많을 때가 있었습니다. 옷을 한 번 사러 나가면 으레 3벌은 샀습니다. 한 벌만 사본 일이 없다고 합니다. 백화점 앞을 지나가다가도 색다른 다이아반지나 보석이 눈에 띄면 발이 안떨어져서 어떻게 해서든지 그거 사야만 되지 안사면 잠을 못자는 것입니다. 옷가지나 사치품에 대해서 그렇게 매력을 느끼고 사들이는 취미가 있는 사람이었는데, 언젠가 한번 은혜를 받았습니다. 은혜받고 은혜의 생활을 하다보니 옷을 사 입겠다, 하고 얼마의 돈을 가지고 나갔다가 옷을 사려고들면 '그 비슷한 거 집에 있는데… 그만두자'하고, 다른 것 사려다가 '저거 사보아야 이제 한 보름이나 입고 말 걸, 그만두지'하고… 결국은 그 돈 그냥 가지고 오다가 제 사무실에 들렀습니다. 여차여차해서 이 돈 쓰지 못하고 그냥 가지고 왔는데요, 이 돈 집에 가지고 가고 싶지 않아요, 목사님께서 좋은 데 쓰세요, 합니다. 가치관이 확 바뀐 것입니다. 중생한 것입니다. 이것이 성화입니다. 옷을 사러 나가면 꼭 3벌씩은 샀던 사람이 이제 한 벌도 안사고 왔습니다. 왜? 그것은 사나마나한 '까짓것'이니까요. 시시해진 것입니다. 이것이 바로 성화라는 것입니다. 내 마음에 거룩함이 오는 것입니다. 속된 데서 자꾸 거룩한 데로 나도모르게 달라지는 것입니다. 예수님 말씀이 바람이 임의로 불되 어디서 왔다가 어디로 가는지 모른다, 하십니다. 의식 이전의 일입니다, 이것은. 의식적인 것이 아닙니다. 의식 밖의 일입니다. 그런 근본적인 역사가 나타났습니다. 내 가치관이 확 바뀌고맙니다. 마치 뭐와 같은고하니 쉽게 말하면 입맛이 바뀌는 것과도 같은 것입니다. 입맛이 확 바뀌면 전에 먹던 것 못먹습니다. 전에 좋아하지 않던 것을 오늘 좋아합니다. 그와도 같이 우리의 도덕적 성향, 지식적 성향, 이성적 성향까지도 확 바뀝니다. 이것이 거룩함입니다. 억지로 담배를 안피우고, 억지로 도둑질을 안하고, 억지로 미워하지 않고, 억지로… '억지'가 들어가면 성령의 역사가 아닙니다. 말씀을 받고 은혜받는 중에 어느 사이에 그만, 자기도 모르는 사이에 그만 달라졌습니다. 얼굴도 달라졌습니다. 남들이 보고 "와! 너 많이 달라졌구나"합니다. 이것이 성화라는 것입니다. 말씀 안에서 이루어지는 일입니다. 말씀 안에서 중생하고 말씀 안에서 성화하는 것, 창조적 역사입니다. 이것을 구원의 능력이라고 합니다. 말씀을 능력으로 받을 때 이같은 역사가 이루어지는 것입니다.

그리고 오늘본문에 "도를 받아"라는 말씀이 있습니다. "도"라고, '로고스'라고 하였습니다. 일반적인 말씀보다 조금더 높은 의미의 말씀입니다. 로고스를 받아들였습니다. 주님을 받아들였습니다. 주님의 말씀을 받아들였는데 어떻게 받아들였느냐—이것은 참 중요한 것입니다. 오늘도 어떤 분하고 점심을 같이했는데 그분이 말합디다. "나는 스스로 돌아보아도 특별한 그리스도인은 아니지만 내게는 이런 은혜가 있다고 생각해요. 언제나 목사님의 말씀은 다 받아들입니다." 또 기억을 하더라고요. 무슨 말씀, 무슨 말씀, 무슨 말씀… "이렇게 말씀하신 걸 다 기억하고 있어요. 그것이 나의 생애를 지배하고 내가 그 말씀대로 살려고 노력하는 것, 너무너무 감사하고 있습니다." 그것이 바로 은혜라는 것입니다. 말씀이 받아들여지는 것입니다.

그런데 오늘본문에 보니 "환난 가운데서"라고 말씀합니다. 편안한 가운데 받은 것이 아닙니다. 환난 가운데서입니다. 이게 무슨 말씀인고하니, 예수믿는 사람들이 핍박당하는 것을 보면서 예수를 믿었습니다. 환난 가운데 받아들였습니다. 이것이 더욱 순수한 것입니다. 질적인 수준이 높습니다. 환난 가운데서입니다. 평안한 가운데서, 예수믿는 사람들이 칭찬받고 존경받고, 하는 가운데서 받아들여진 것이 아니고 환난과 핍박 속에서 받아들인 것입니다. 지금 북한에서도 많은 사람들이 전도한다고 합니다. 예수믿으면 잡혀가서 죽는 환난이 있습니다. 그걸 알면서도 예수를 믿습니다. 이런 것을 말씀하는 것입니다. 그래서 예수믿는 지 한 달밖에 안된 사람이 오늘 예수의 이름으로 순교를 당하는 것입니다. 바로 이러한 믿음을 말씀하는 것입니다. 환난 가운데서 예수님을 영접하였습니다. 도를 영접하였습니다.

또한 "성령의 기쁨으로"하였습니다. 예수믿는 것은 곧 기쁨입니다. 이 은혜를 받고보면 감사한 것입니다. 기쁜 마음이 앞섭니다. 성령의 기쁨으로—이것은 물질을 얻는 기쁨이 아니요, 추수하는 기쁨도 아니요, 사람들로부터 칭찬받는 기쁨이 아닙니다. 이것은 중생한 자의 기쁨이요, 하나님의 자녀가 된 자의 기쁨이요, 하늘나라를 바라보는, 좀전에 부른 찬송대로 하늘나라의 영광을 바라보는 그런 기쁨입니다. 기쁨으로 말씀을 영접하였습니다. 이 놀라운 일 아닙니까. 전에 우리, 제가 자랄 때 우리할머니가 늘 이런 말씀을 하셨습니다. 어떻게 해서 그 어려운 때에, 초대교회 때에 예수를 믿게 되었습니까? 물으면 그때에, 그 처음 예수믿을 때 어려웠던 일을 많이 이야기해주셨습니다. 할아버지가 4대독자였는데 어느날 장사하려고 소래 송천에 가셨다가 거기서 선교사 만나 예수믿게 되었습니다. 예수믿고 굳게 결심하셨습니다. 그때는 예수믿으면 달라지는 것이 있었습니다. 우선 상투 자르는 것입니다. 상투는 고유의 문화이지만 그들 생각에 이것은 유교적인 것이었습니다. 그렇기 때문에 상투를 딱 자르고 집에 돌아왔더니 할아버지의 할아버지가 얼마나 무서웠는지, 얼마나 두들겨패시는지… 조상을 배반했다고. 그래 집을 나가 한 달 동안 못들어오셨다고 합니다. 4대독자, 어쩌겠습니까. 그래도 받아들여야지. 그런저런 핍박 속에서 예수믿던 이야기를 할머니가 늘 하십디다. 그렇습니다. 환난과 핍박 속에서, 그리고 성령의 은혜 가운데서 기뻐하는 것입니다. 큰 기쁨으로 받아들입니다. 이것은 세상이 주는 기쁨과 다릅니다. 오직 구원받은 기쁨, 하나님의 자녀가 된 엄청난 기쁨으로 이렇게 받아들였습니다.

그리고 이제 "주를 본받은 자가 되었으니"라고 말씀합니다. 주를 본받은 자가 되었다—예수믿는 것만이 아니라 예수를 본받았습니다. 예수처럼 살려고 하는 마음을 가지게 되었더라는 것입니다. 아주 귀한 일입니다. 예수믿는 사람은 예수를 믿고 예수의 은혜로 구원만 받는 것이 아닙니다. 예수의 마음을 받고 예수의 마음을 배우고 예수의 마음을 따라서 살아가는 것입니다. 그래서 사도 바울은 유명한 말씀을 합니다. 빌립보서 3장 10절로 11절을 보면 "그리스도와 그 부활의 권능과 그 고난에 참예함을 알려 하여 그의 죽으심을 본받아 어찌하든지 죽은 자 가운데서 부활에 이르려 하노니"하고 말씀합니다. 죽으심을 본받아—바울의 생각은 이렇습니다. 예수님처럼 살고 예수님처럼 전하고 예수님처럼 수고하고 예수님처럼 고생하고—다 좋은데 마지막에 예수님처럼 죽으려고 하였습니다. 순교의 죽음이라는 것은 누구에게나 주어지는 것이 아닌, 그것은 특권입니다. 그러나 바울은 생각하였습니다. 예수님처럼 죽으려고요. 베드로도 예수님처럼 죽었습니다. 거꾸로 십자가에 못박혀 죽었습니다. 제자들이 다 그렇게 죽었습니다. 바울은 로마시민권을 가지고 있었기 때문에 십자가에 못박지 않고 도끼로 쳤습니다. 그것을 묘사한 그림도 있습니다. 나무통 위에다 머리를 걸쳐놓고 큰 도끼로 내려쳤습니다. 이렇게해서 바울은 죽었습니다. 보십시오. 예수님처럼 살고 예수님처럼 죽습니다. 죽음까지 본받으려고 한 것입니다. "그의 죽으심을 본받아"—이 얼마나 놀라운 것입니까. 왜요? 그리하여야 부활을 본받게 되기 때문입니다. 예수님처럼 죽어야 예수님처럼 부활할 것이라고 믿었습니다. 그렇기 때문에 예수믿는 사람은 예수님을 본받는 생활에 동참하고 있는 것입니다. 조금씩이라도, 다만 얼마라도 우리가 그리스도를 본받아가야 한다는 것을 잊지 말아야 합니다. 그

넓은 마음, 그 거룩한 사랑, 그 거룩한 희생, 그리고 고난당하심, 우리가 본받아나가야 합니다. 바로 그것이 살아 있는 교회의 모습입니다. 요새 가만히 보면 이와는 반대로, 그리스도를 본받으려고는 하지 않고 그리스도 덕분에 잘살아보려고들 합니다. 어떤 사람은 보니 '부름받아 나선 이 몸…' 찬송에서 '이름없이 빛도 없이…'하는 대목을 부르지 않는다고 합니다. 마음에 안든다는 것입니다. 그 대목에 가서는 입을 딱 다물어버립니다. 나는 이름도 없이 빛도 없이 뭐 하지는 않는다, 이것입니다. 그런 수고는 아니하겠다, 이것입니다. 그리고 '모든 영광은 주께서 받으시고…'라는 가사도 마음에 안든다고 하는 사람도 있습니다. 안될 일입니다. 그리스도의 죽으심을 본받아 ―사도 바울은 말씀합니다. 그 당시에는 문화적으로 모든 우상을 버리고, 우상 버리는 데 본이 되는 교회, 하나님을 섬기는 데 본이 되는 교회, 그리고 교회론의 가장 중요한 핵심이 하나 있었습니다. 초대교회 교회론의 결정적 핵심이 여기에 있습니다. 주의 강림을 기다리는 것입니다. 부활하신 주님의 강림을 기다린다―그것이 아름다운 교회입니다. 주님의 재림을 기다립니다. 아시는대로 초대교회, 오순절교회는 주님의 강림을 기다리는 교회였습니다. 주님께서 승천하시는 것을 보았거든요. 본대로 오리라, 하신 말씀을 보고 저들은 주님의 재림을 기다렸습니다. 그런고로 유무상통 하였고 모든 사람을 사랑하고 모든 사람을 용서하고 어떤 핍박을 당해도 웃으면서, 기뻐하면서 죽었습니다. 기뻐하면서 순교하였습니다. 왜 기뻐하였습니까. 이제 주님을 만나게 될 것이기 때문입니다. 이것이 교회의 근본입니다. 재림 주를 기다리는 것입니다. 재림하시는 예수 그리스도를 기다립니다. 초대교회의 교리와 신앙의 핵심입니다. 데살로니가

교회는 이러한 교회였습니다. 복음을 능력으로 받고, 환난과 핍박 속에서 기뻐하고, 예수 그리스도를 본받고, 주님의 재림을 기다리는 교회였습니다. 완전하고 확실하고 참으로 건강한 교회였습니다. 이제 사도 바울은 말씀합니다. "너희가 마게도냐와 아가야 모든 믿는 자의 본이 되었는지라." 대표적인 교회입니다. 본이 되었다고 말씀합니다. 본이 된 교회요 동시에 온 지방에 소문이 퍼졌다, 합니다. 소문난 교회입니다. 본이 되고 소문난 교회, 이것이 무엇을 말씀하는 것입니까. 이 교회로 인하여 다른 교회들도 뒤따라오게 되었습니다. 우리도 데살로니가교회처럼—이런 마음을 가지고 따라오게 되었습니다. 그러니까 데살로니가교회는 본이 되는 교회가 되고 칭찬받는 교회가 되었습니다. 여기서 한번 생각해보십시오. 사도 바울의 아주 높은 수준의 권면이 여기에 있는 것입니다. 너희는 본이 되었다—이게 무슨 말씀입니까. 이는 간접적인 권면입니다. 이 칭찬에는 책임을 일깨우는 것이 있습니다. 아시다시피 사람이 칭찬을 받았으면 어떻게 하여야 되겠습니까. 칭찬받았으면 지금의 그 생활과 그 본을 지켜나가야 하는 것입니다. 칭찬은 받아놓고 뚝 떨어져서는 안 되는 것입니다. 칭찬한다는 것은 그대로 살아가라는 것입니다. 우리가 아이들을 칭찬할 때가 있습니다. "너 참 열심히 공부한다." 무슨 칭찬입니까. 오늘까지 공부하고 끝! 하라는 말입니까. 더 열심히 공부하라는 말을 그렇게 하는 것입니다. "더 열심히 공부하라"하는 것보다 오히려 공부 열심히 한다고 칭찬하는 것이 훨씬 더 효과적인 것입니다. 그래서 사도 바울은 그렇게 말씀합니다. 칭찬받는 자에게 책임이 있는 것입니다. 칭찬받았으면 소문이 났으니까 이제 그걸 의식하고 좀더 확실하게, 좀더 확고한 믿음에 살아가야 한다는 것입니다. 칭찬받고 우리를 바라보는 사람들에게 실망을 주어서는 안되는 것입니다. 우리소망교회가 온세계에 소문이 났습니다. 아주 거룩한 교회로, 열심 있는 교회로, 또 어떠어떠한 교회로 소문이 났습니다. 그 많은 사람들이 여기에 여러분모르게 다녀갑니다. 설교녹음테이프만 듣다가 한번 와보고나서 그들이 하는 말 가운데는 참 귀한 말이 있습니다. "멀리서 듣던 소문보다 와서 보니 훨씬 더 좋은 것같습니다." 그런데 반대로 되어서 "소문은 굉장한데 정작 와보니까 별로네요." 이렇게 되어버리면 큰일이거든요. 고린도교회가 그러했습니다. 고린도교회는 소문이 났습니다, 헌금 많이 하는 교회로. 그런데 사실은 그렇지 않았습니다. 바울이 그것을 걱정하면서 권면하는 편지를 한 것입니다.

오늘 여기에 보니 데살로니가교회는 칭찬받는 교회, 본이 되는 교회입니다. 많은 사람에게 이제 존경과 추앙을 받고 있습니다. 이것이 무엇을 말하는고하니 리더십을 가졌다는 것입니다. 이 데살로니가교회, 이 본이 된 교회가 어떻게 하느냐에 따라서 그 뒤를 따르는 많은 교회가 이제 달라질 수 있다는 것입니다. 이 교회가 계속 본을 보이면 다른 교회들도 좋은 교회가 될 것이고, 본이 된 교회가 쓰러지면 다른 교회도 다 쓰러지는 것입니다. 이것을 명심해야 합니다. 교회, 참으로 중요한 것입니다. 지금 서울에도 대형교회라 하는 교회들이 있습니다. mega church라고, 여러 교회들이 있는데 요새 가끔 신문에서 방송에서 문제삼는 것 나 별로 달가워하지 않습니다. 어쨌든 이런 문제가 있는데, 이런 큰 교회들이 건강하게 부흥되고 나가야 다른 교회도 삽니다. 그래야 다른 교회도 다 부흥될 수 있습니다. 큰 교회가 어려움을 당하고 수난을 당하고 비난을 받게되면 큰일입니다. 이러면 다른 여러 교회도 큰 피해를 받게 됩니다. 이것을 잊지 말아야 됩니다. 본이 되는 교회, 대표적인 교회, 앞에 선 교회가 더 건강하게, 더 확실하게 교회됨을 지켜나가야 합니다. 교회가 온전히 하나된, 분열이 없는 교회로 소문이 났으면 끝까지 그리해야 합니다. 사소한 일, 별것도 아닌 것가지고 분분해서 얘기가 달라지기 시작하면 어떻게 합니까. 가령 "소망교회도 싸운대…" 밖에서 이런 소문이 났다면 큰일이지요. 큰손해가 나는 것입니다. 그러니 웬만한 건 다 참으세요. 웬만한 건 말할 생각 말고. 그게 아주 중요한 것입니다. 본을 지켜가야 합니다. 우리의 본분, 그 위신과 위상을 지켜가야지 이게 흔들리면 많은 교회에 피해를 주게 됩니다. 사도 바울은 그래서 데살로니가교회에 '너희는 본된 교회요, 또한 모든 교회에 소문이 났느니라'합니다. 이 말씀 속에는 '그대로 그 본을 지켜가는 교회가 되기를 바라노라'하는 말씀이 담겨 있습니다. △

사도의 정체의식

　형제들아 우리가 너희 가운데 들어감이 헛되지 않은 줄을 너희가 친히 아나니 너희 아는 바와 같이 우리가 먼저 빌립보에서 고난과 능욕을 당하였으나 우리 하나님을 힘입어 많은 싸움 중에 하나님의 복음을 너희에게 말하였노라 우리의 권면은 간사에서나 부정에서 난 것도 아니요 궤계에 있는 것도 아니라 오직 하나님의 옳게 여기심을 입어 복음 전할 부탁을 받았으니 우리가 이와 같이 말함은 사람을 기쁘게 하려 함이 아니요 오직 우리 마음을 감찰하시는 하나님을 기쁘시게 하려 함이라 너희도 알거니와 우리가 아무 때에도 아첨의 말이나 탐심의 탈을 쓰지 아니한 것을 하나님이 증거하시느니라 우리가 그리스도의 사도로 능히 존중할 터이나 그러나 너희에게든지 다른 이에게든지 사람에게는 영광을 구치 아니하고 오직 우리가 너희 가운데서 유순한 자 되어 유모가 자기 자녀를 기름과 같이 하였으니 우리가 이같이 너희를 사모하여 하나님의 복음으로만 아니라 우리 목숨까지 너희에게 주기를 즐겨함은 너희가 우리의 사랑하는 자 됨이니라
(데살로니가전서 2 : 1 - 8)

사도의 정체의식

　오늘 여기에 귀한 말씀이 있습니다. 오늘과 다음 시간에 걸쳐서 계속 사도 바울의 특별히 사도의 정체의식에 대해서 설명하는 바를 읽을 수 있습니다. 이 성경이 기록될 당시의 상황, 소위 당시의 context를 조금 생각하면서 읽으면 더 깊은 뜻을 아는 데 많은 도움이 되리라고 생각합니다. 지금 우리는 생각합니다. 사도 바울은 위대한 사도입니다. 특별히 이방인을 향한 위대한 사도로 우리가 다 존경하고 있습니다. 심지어 어떤 신학자들은 극단적인 말도 합니다. 냉철하게 한번 생각해볼 때 기독교가 기독교냐, 바울교냐―이런 말도 합니다. 그만큼 바울이 기독교에 끼친 영향이 아주 큽니다. 예수 그리스도의 사건은 예수님 자신의 것이지만 그것의 해석은 바울의 것입니다. 그러므로 오늘의 교회가 이루어진 것입니다. 예수 그리스도의 그 복음이 가장 중요하되 그 복음을 가장 바르게 해석해서 우리에게 전해준 사람이 바울이기 때문에 바울의 위치는 대단히 중요한 것입니다. 기독교에서는 아주 절대적인 위치에 있는 것입니다. 그런데 오늘은 이렇게 위대한 사도이지만 그가 복음 전할 때는 사정이 그렇지 못했습니다. 어느 지방에서 사람들이 사도 바울을 만났다고 합시다. 물론 소문으로 들었겠지요. 하지만 당시에 이를테면 데살로니가사람들이 바울을 만났을 때는 위대한 사도로 만난 것이 아니거든요. 낯선 사람, stranger로 만난 것입니다. 게다가 키가 작았다면서요. 어떤 학자들은 키가 작지 않았다고도 말하지만 어쨌든 키가 작달막하고 외모는 초라한 사람이었던 것같습니다. 그런 사람이 지금같이 차를 타고 다니는 것도 아니고 걸어서, 타박타박 걸어서 이

지방에 들어온 것입니다. 그리고 예수의 복음을 전하게 됩니다. 저들에게는 어디까지나 낯선 사람입니다. 또 이상한 사람입니다. 이상한 말을 하니까. 자기들이 못듣던 말을 하니까. 이런 stranger에 불과한 이상한 사람인데, 이렇고보니 오해가 많았습니다. 옛날 우리 한국에도 선교사들이 와서 선교할 때 보니 살색도 하얗고 코도 크고 눈도 파랗고… 생각해보십시오. 이게 얼마나, 우리 한국사람들이 볼 때 이상했겠습니까. 좌우간 사람들이 다가가 눈을 찔러도 봤다는 것입니다. 그 파란 눈에 뭐 보일까, 해서 눈을 손으로 찔러봤다는 것 아닙니까. 그런 선교사들이 와서 선교하는데, 그래도 한국사람들하고 가까워지기 위해서 한복을 입고, 두루마기를 입고, 갓을 쓰고… 이러고 다녔습니다. 또 먼 길 다니기 위해서 그들은 자전거를 타고 다녔습니다. 우리나라사람들이 자전거를 또 본 일이 있나요. 선교사들만 타고 다녔습니다. 당나귀 타고도 다녔습니다. 이렇게 자전거를 타고 동리에 들어서면 온동네 사람들이 "서양귀신 왔다"하고 도망갔다 합니다. '서양귀신'에 놀라서 온동네 아이들이 다 집에 들어가 숨었다고 합니다. 이렇게 전도하기가 어려웠던 것입니다. 생전 보지 못하던 사람이 나타나서는 주 예수를 믿으라, 말합니다. 얼마나 낯설고 어색한 일이었겠습니까.

바울을 두고 저들은 오해가 많았습니다. 소문을 듣자하니 이 사람이 빌립보에서 감옥에 들어가 죽을 뻔했다며? 무슨 죄를 지었기에?—이렇게 되는 것입니다. "전과가 있다며?" 이렇게 되는 것입니다. 가는 곳마다 처음에는 그러했습니다. 이 사람은 감옥에 가는 사람이라며? 탈이 많은가봐—무엇 때문이냐, 저것 때문이냐, 말이 많은 것입니다. 오늘성경에도 바울은 말씀합니다. "우리가 먼저 빌립보에서 고난과 능욕을 당하였으나…" 빌립보에서 고난을 당했는데 그에 대한 소문이 여기에 왔거든요. 도대체 무슨 죄목으로 고난을 당했나? 어떻게 해서 풀려났나? 이런 이야기가 그저 그대로 꼭 가지를 치고 부풀려져서 죄가 많다느니 죄가 없다느니 이상한 이적이 나타났다느니 아니라느니, 얼마나 말이 많았겠습니까. 그래 사도 바울이 오늘 이 편지에서 그 말씀을 하고 있는 것입니다. 빌립보에서 고난당한 것에 대하여 지금 자기변명을 하고 있는 것입니다, 간접적으로. 그리고 적극적으로 설명을 합니다. 오직 복음을 위하여, 라고 2절 3절에서 말씀합니다. 오직 복음을 위하여 우리가 고난을 당했다, 우리가 무슨 잘못 한 것은 없다, 우리는 인간적으로 도덕적으로 사회적으로 국가적으로 잘못한 것 없다, 오직 복음을 위하여 우리는 고난당했었노라 — 이렇게 말씀합니다.

그리고 "오직 하나님의 옳게 여기심을 입어"라고 4절에 말씀합니다. 하나님께서 인정하시는대로 우리는 복음을 전하는 사람이다, 하나님의 복음을, 그러니까 하나님의 보내심을 받은 사람이다, 하는 말씀입니다. "복음 전할 부탁을 받았으니"라고 아주 진솔하게 말씀하고 있습니다. 내가 복음을 전하는 것이 아니라 하나님의 복음을 내가 대신 전하고 있는 것이다, 하는 말씀입니다. 이 점이 아주 중요한 것입니다. '바울의 복음'을 전하는 것이 아닙니다. 바울의 철학을 전하는 것도 아닙니다. 하나님의 복음을 전하는 것을 부탁받았습니다. 그것뿐입니다. 하나님의 역사에 내가 쓰임받고 있을 뿐이다, 하나님의 일에 심부름을 하는 것이다, 함입니다. 주체는 하나님이십니다. 하나님께서 역사하시는 것이다, 나는 그 복음을 전하는 수고를 할 뿐이다, 함입니다. 이래서 '전한다' 하였습니다. 전하는 것,

proclamation입니다. 이것은 설명한다는 말이 아닙니다. '케뤼그마'라는 말입니다. 케뤼쎄인, 전파한다는 것입니다. 그대로 복음을 전하는 것일 뿐 해설도 없고 설명도 없습니다. 설득하려고 노력할 것도 없습니다. 그대로 전할 뿐입니다. 그런데 이 복음 전하는 데는 필수상황이 있습니다. 그게 바로 핍박입니다. 참 이상한 것입니다. 핍박을 통해서 복음이 전해지는 것입니다. 편안한 가운데서는 전해지지 않습니다. 전하는 자도 전함을 받는 자도, 또 복음전하고 전함받는 그 만나는 상황, 복음과의 만나는 상황이 꼭 핍박 속에서 이루어지는 것입니다. 참 이상합니다. 복음의 역사는 고난과 함께 이루어져 왔습니다. 핍박이라고 하는 사건을 통하지 않고 복음의 역사는 예나 오늘이나 이루어지지 않습니다. 정리해서 말하자면 선교는 고난과 힘께 이루이지는 것입니다. 고난의 역사기 없고는 선교란 절대로 이루어지지 않습니다. 생각해보십시오. 여러분 개인으로 보더라도 평안하게 일이 잘되고 성공하고 출세하고 한 사람 보고 전도하면 쉬 예수믿습니까? 당신이나 믿어, 하고 돌아서기 일쑤입니다. 처음으로 복음을 받는 사람, 그게 어떤 사람이냐? 고난당하는 사람입니다. 어떤 이유로든지 간에 고난당하는 사람입니다. 바로 그 현장, 그 시간, 그 궁극적 현실 속에서 복음이 전파되는 것입니다. 그때 마음문을 여는 것입니다. 바울의 입장에서는 더더욱 그러했습니다. 많은 고난을 당했는데 그 고난을 당할 때마다 기적이 나타났습니다.

예를 들어봅시다. 빌립보감옥에서도 매를 맞고 죽을 뻔하지 않았습니까. 아주 죽는가보다, 하였습니다. 그러나 그는 매맞고 정신을 잃어버렸다가 정신차렸습니다. 정신을 차리고보니 온몸이 쑤시고 아팠겠지요, 감옥에서. 얼마나 괴로웠겠습니까. 그러나 너무나도 감사하는 것입니다. 내가 어쩌다가 이렇게 됐나, 예수님 핍박하다가 다메섹도상에서 벼락을 맞아 죽어 지옥으로 빠졌어야 될 내가 예수님 은혜로 복음을 전하고, 사도가 되고, 이제 매를 맞고 죽어 순교자가 되는 것입니다. 순교자의 영광된 반열에 들게 되는 것입니다. 이 모든것을 생각하니 너무나도 감사한 것입니다. 그는 찬송을 불렀습니다. 조용히 시편을 음률맞추어 외었겠지요. 찬송을 불렀습니다. 그럴 때 옥터가 흔들리면서 쇠고랑이 다 풀어지고 옥문이 활짝 열려 버렸습니다. 그러니 도망갈 수도 있겠지마는 그는 결코 그러지 않았습니다. 옥사장이 겁을 먹고 '어떻게 할꼬?'하는데, 걱정할 것 없습니다, 한 사람도 도망가지 않았습니다, 요대로 있으니 걱정하지 말라, 하였습니다. 여기서 하나라도 도망을 가게되면 옥문을 지키던 사람이 대신 죽게 되어 있거든요. '나는 이제 죽었다.' 자결하려고 했지 않습니까. 그러나 우리 도망간 사람 없으니 걱정하지 말라, 하였습니다. 이 얼마나 담대한 말씀입니까. "선생들아 우린 어찌할 꼬?" 감옥직이들이 울상을 지을 때 해준 유명한 말씀이 있지 않습니까. "주 예수를 믿으라 그리하면 너와 네 집이 구원을 얻으리라." 이것은 감옥에 들어가 죽을 뻔한 다음에 될 얘기지 감옥에 들어가면서 "주 예수를 믿으라…"하면 먹혀들겠습니까. 고난이라고 하는 이런 절박한 상황이 아니고는 복음의 역사는 절대로 이루어지지 않습니다. 이래서 빌립보에 교회를 세우게 된 것입니다. 그리고 그는 다시 데살로니가로 옮겨간 것입니다. 바로 이런 상황입니다. 그래서 '우리는 복음을 전하는 사람들입니다. 그런데 이상하게도 복음을 전할 때는 필수적으로 많은 고난을 당해야 했습니다.' 이런 이야기를 하게 되는 것입니다. 사도란 하나님의 보내심받은 사람입니다. '아포스톨로스'입니다. 'one who sent'입니다. 하나님께서 보내신 사람입니다. 그런고로 사도는 사람을 기쁘게 할 것이 아니고 하나님을 기쁘시게 할 것이요, 사람의 말을 들을 것이 아니라 하나님의 말씀을 들을 것이요, 또 중요한 것은 사람으로 인해서 기뻐할 것이 아니고 오직 하나님으로 인해서만 기뻐하는 것입니다. 그것이 사도의 정체의식입니다. 남들이 칭찬하든지 박해를 하든지, 오해를 하든지 비난을 하든지 상관없습니다. 나를 보내신 분에게만 칭찬받으면 됩니다. 나를 보내신 분, 그만을 기쁘시게 하고 그만을 영화롭게 하고 그에게만 인정을 받는 것입니다. 이것이 사도의 근본적인 정체의식입니다.

강철왕이라 불리던 카네기가 아주 재미있는 이야기를 해준 바가 있습니다. '아무것도 이루지 못하고 늘 실패하는 사람에 두 종류가 있다. 하나는 자기에게 주어진 일을 열심히 하지 않는 사람이다.' 자기에게 맡겨진 일을 열심히 해야 되는데 이걸 잘 아니합니다. 저 할 일은 아니하고 남의 일만 자꾸 넘봅니다. 다른 사람에게 맡겨진 일만 좋게 보입니다. 모름지기 내게 맡겨진 일, 그것을 열심히 하여야 됩니다. 두 번째로 카네기는 말합니다. 이 또한 재미있는 말입니다. '자기에게 맡겨진 일만 하는 사람이 성공하지 못한다.' 하라면 하고, 오라면 오고… 그것뿐입니다. 한 시간 공부하라, 하면 한 시간만 공부합니다. 뭘 했느냐, 상관없습니다. 가라면 가는 것밖에, 오라면 오는 것밖에 모르는 이런 사람은 성공하지 못합니다. 그저 가라면 왜 가라는지를 알고 자발적으로, 자원적으로 하는 법입니다. 명령은 내가 피동적으로 받았지만 일을 할 때는 능동적으로 하는 법입니다. 일을 맡을 때는 수동적으로 맡았지만 일을 할 때는 창의적으로 하는 법입니다. 이런 사람이 성공하는 것입니다. 맡은 일을 하지 않기 때문에 실패하고, 맡은 일만 하기 때문에 실패한다—재미있는 말이 아닙니까. 그것이 무엇을 의미하는가, 잘 생각해보십시오.

    사도 바울, 하나님께로서 맡은 바가 있습니다. 그런데 그 맡은 바를 맡아서 할 때 열심히, 죽도록 충성하는 것입니다. 또 게다가 기뻐하는 마음으로 하는 것입니다. 오직 기뻐하는 마음으로, 하나님을 기쁘시게 하는 그런 마음으로 합니다. 자기에게 일을 맡기신 분을 기쁘시게 하는 것—여러분, 어떻습니까? 여러분도 다 무슨 일을 맡았지 않습니까. 가정에서든 직장에서든 사회에서든 교회에서든 다 일을 맡았지요? 일을 맡았으면 이제는 내가 열심히 하되 내게 그 일 맡기신 그분을 기쁘시게 해드려야 되거든요. 만족하시게. 예수님께서 비유로 하신 말씀대로 작은 일에 충성함으로 주인의 기쁨에 참예하는 것입니다. 두 달란트 받았던 사람이 두 달란트 남겼습니다. 다섯 달란트 받았던 사람 다섯 달란트 남겼습니다. 그럴 때 '네가 나를 기쁘게 하였다'라고 하지 않습니까. 내게 일을 맡기신 그분을 만족하게, 기쁘시게 해드릴 정도로, 그렇게 충성을 하여야 되는 것입니다. 억지로, 마지못해서 하는 것으로는 기쁨을 드릴 수가 없는 것입니다. 창의적으로, 자발적으로, 자율적으로 일하여야만 기쁘시게 해드릴 수 있는 것입니다.

    특별히 오늘본문에 재미있는 말씀이 있습니다. "우리가 아무때에도 아첨의 말이나 탐심의 탈을" 쓰지 않았다, 합니다. 사람에게 보이려고 하는 것이 아니라는 것입니다. 이것이 사도의 기본적인 자기의식입니다. 우리가 무슨 일 할 때 사람에게 칭찬받으려고 하는 것이라면 그것은 기회주의적인 것입니다. 좋지 않습니다. 여러분 스스로 생각해보십시오. 사람에게 보이려고 일하는 것 아주 좋지 않은 것입니다. 또하나가 있습니다. 「CEO가 되는 길」이라고 하는 책에 보니, 적어도 돈벌기 위해서 일하는 것을 넘어설 수 있어야 성공한다, 하였습니다. 일할 때는 일하는 것 자체가 재미있어서 해야지 돈 생각 해서 할 것이 아닌 것입니다. 가령 돈벌었다면 이제는 일 안하겠습니까? 이런 실화가 있습니다. 우리교회에 있었던 일입니다. 누가 늘 입버릇처럼 "나는 그저 돈 10억만 있었으면 좋겠어. 그러면 난 일 안할래. 돈 10억만, 10억만…"하였습니다. 그래 어떻게 어떻게 해서 10억을 가지게 되었습니다, 나이 50에. 정말로 직장을 그만두고 사업을 그만두더라고 합니다. 그리고 아예 치고 싶은 골프나 치고 편안히 살 거야, 하고 정말로 일을 하지 않는 것입니다. 그래 늦잠자고 밤늦게 들어오고, 어디 갔다가 안돌아오기도 하고… 그러더니 1년 반만에 죽고말았습니다. 여러분 그걸 알아야 됩니다. 일한다는 것은 일이 나를 살려준다는 것임을 알아야 합니다. 할일이 있어야 사는 거지, 돈있다고해서 아무것도 아니하면 바이오리듬이 확 깨져서 죽어버립니다. 적어도 사람은 돈벌기 위해서만 일하는 것이 아닙니다. 이렇다하게 위대한 사람이 아니라 하더라도 먹고살기 위해서만 일하는 것은 아닙니다. 일을 위해서 일하는 것이고, 일보다 높은 의미가 있어서 일하는 것입니다. 또 어떤 의미에서는 그 일 자체가 나의 삶의 의미와 나의 건강까지 지켜주는 것입니다. 잊지 말 것입니다.

　사람에게 아첨을 한다, 사람에게 보이려고―이것 만큼 피곤한 일이 없습니다. 교역자들에게 하는 말씀이지만(양해를 구하고 말씀드리겠습니다) 설교학책에 이런 것이 있습니다. 어떻게 해야 설교를 잘하나?―거기에 대해서도 꼭 질문을 하는 것이 있습니다. "설교할 때마다 '설교 잘한다' 하는 말을 듣고 싶으냐, 아니면 '설교 듣는 사람들을 어떻게 해서든지 구원해야 되겠다' 하는 마음이냐? 어느 쪽이냐?" 물어보면 많은 목사님들이 '이 사람들을 위로하고 구원하여야 한다' 라는 목적보다는 '설교 잘한다' 라는 평을 듣고 싶어한다는 것입니다. 그쪽으로 신경이 쓰인다면 설교는 망치는 것입니다. 그래서는 안될 일입니다. 언제든지, 무슨 일이든지 사람으로부터 칭찬받으려고 하는 것, 그 야첨에 신경을 쓰면 안됩니다. 그것은 유치한 것입니다. 그것을 넘어서야 합니다. 초월하여야 됩니다. 그때부터야 자기 인생을 살아가는 것입니다. '다른 사람으로부터 무슨 말을 들을까?' 그 생각을 자꾸 하는 것은 참 좋지 않습니다. 아내가 집에서 좀 특별한 음식 만들어놓고 남편이 돌아오면 칭찬을 받고 싶은데 돌아온 남편은 아내보고 수고하였다는 말도 하시 않습니다. 그러면 아내는 꼼지락꼼지락하면서 섭섭하다고 훌쩍입니다. 저런 인정머리없는 사람하고 산다니 섭하다고. 섭하긴 뭐가 섭합니까. 그건 다 사람에게 보이려고 하는, 사람에게 칭찬받고자 하는, 표창장, 감사장 받고자 하는 마음입니다. 그런 거 잊어버리고 살아야 합니다. 탐심의 탈을 쓰지 아니하였다, 하는 말씀은 이기심이 없다는 말씀입니다. 대가를 바라지 않습니다. 무슨 수고를 해놓고 당장 돌아오는 대가가 뭔지에 신경쓰면 안됩니다. 제가 오래전 미국에서 공부할 때 「수퍼스타」라고 하는 영화를 보았습니다. 그때 보통영화입장료가 한 5불 할 때인데 그 영화는 입장료가 12불이었습니다. '비싸다' 생각하면서 보았는데 참 좋은 영화여서 그 다음날 또 가서 보았습니다. 그리고 숫제 그 레코드판도 사왔습니다. 그때는 녹음테이프가 없었습니다. 은혜 받은 대목이 많지마는 그 중에 하나, 겟세마네동산에서 예수님 기도

하시는 장면이 있습니다. 그게 하나의 서사시입니다. 어디까지나 작가의 imagination입니다마는 너무나도 감동되는 대목이 있습니다. 예수님, 그 기도 하시면서(성경대로가 아니고 어디까지나 작가의 상상력에 속하는 대목입니다) 하나님께 말씀드립니다. "You started, I just followed." "하나님 당신이 시작하셨습니다. 나는 따라갔습니다. 당신께서 하시는대로 내가 하였습니다. 가라시면 가고 오라시면 오고, 당신께서 말씀하시는대로 다 하였습니다. 그런데 이제 십자가입니다. 서른세 살에 내가 십자가를 꼭 져야 되겠습니까? 이 길밖에 없습니까? What is going to reward for me? 도대체 여기서 보상이 뭡니까? 내가 이 십자가에 죽으려 합니다. 십자가에 대한 보상이 뭡니까?"하고 소리를 지릅니다. 하늘은 조용합니다. 마지막에 "Alright, I will die." 이것이 하나님의 뜻이라면 죽겠습니다, 하는 것입니다. "Take me, kill me now before I change my mind." 참 기가막힌 얘기입니다. "하나님, 나를 취해주시고 죽여주시옵소서, 내 마음 변하기 전에." 그리고 그 기도를 마칩니다. 어디까지나 문학이요, 작가의 상상력에 속하는 것이지만 "주님께서 십자가를 원하십니까? 내가 십자가를 지겠습니다. 이 십자가에 대한 보상은 뭡니까?"하고 묻습니다. 그러나 아무 대답이 없습니다. 여러분, 저는 그 장면에서 얼마나, 얼마나 감동을 받고 얼마나 울었는지 모릅니다. 두고두고 생각하면서 항상 저는 그 기도를 영문으로 줄줄 외었으나 지금은 태반을 다 잊어버렸습니다마는, 여러분 깊이 생각해보십시오. 흔히 우리는 보상을 요구합니다. 뭘 하라, 하면 대가가 뭐요? 합니다. 돈이요, 명예요, 칭찬이요? 합니다. What is going to reward, 도대체 그 보상이 뭐냐, 합니다. 보상에 대해서 신경을 쓰는 것입니다. 보상이 생각대로 안돌아오면 섭섭하다고 합니다. 그거 좀 잊어버리고 못살겠습니까? 대가를 요구하지 마십시오. 그까짓 대가 있으면 어떻고 없으면 어떻습니까. 그거 신경쓰느라고 사람 추해지고 초라해지고 비겁해지고 나약해집니다. 다 잊어버리세요. 보상은 하나님께서 알아 하실 일이고 나는 내 길을 갑니다―이래야 신앙인입니다. 우리는 아첨하지도 않고 탐심의 탈을 쓰지도 않았다―이권 바라지 않는다, 동기와 방법, 다 하나님께 맡긴다, 이것입니다. 그리고 하나님의 사도입니다. 그리스도의 사도이기 때문에 상당한 존중과 영광을 지니고 있습니다. 하지마는 나는 사람으로부터 이것을 요구하지 않는다―이렇게 자기정체를 분명히 피력하고 있습니다.

또한 "우리가 너희 가운데서 유순한 자 되어"라고 말씀합니다. '에피오이'라고 하는 헬라말은 gentle, '온유한'이라는 말입니다. 사랑이, 사랑하는 마음이 사람을 유순하게 만들었습니다. 여러분도 알아야 됩니다. 사랑하는 자 앞에 나는 약해지는 법입니다. 사랑하는 자를 위해서는 나는 어느 사이에 그만 녹아 없어지고 맙니다. 유행가 가사에도 있습니다. '그대 앞에만 서면 나는 왜 작아지는가…' 유행가 가사에도 더러 진리가 있더라고요. 사랑하는 사람 앞에 서면 나는 작아지는 것입니다. 어디로 숨어버리고, 없어지고 맙니다. 작아지는 것이 아니라 아예 없어지고맙니다. 유순해졌습니다. 많은 고난을 당하지만 유순해진 데는 이유가 있습니다. 고난의 뜻을 알기 때문입니다. 벌써 터득하였습니다. 고난 다음에 오는 유익을 아는 것입니다. 고난을 통해서 이루시는 하나님의 영광이 있음을 알기 때문입니다. 그리고 소망의 세계를 바라보기 때문입니다. 내 앞에 있는 소망을 바라보게 되고, 내 앞에 있는 꿈을 바라보게 된 것입니다.

꿈을 보고 있는 것입니다. 그렇기 때문에 여유가 있습니다. 그래서 온유해지는 것입니다. 이것은 나약함이 아닙니다. 절대로 비굴함이 아닙니다. 여유입니다. 넉넉한 힘이 이와같은 온유함을 만들었습니다. 비유해 말씀하기를 유모와 같다, 하였습니다. 유모 곧 '트로포스'라고 하는 말은 nurse, 간호원이라고 고쳐 번역하기도 합니다. 유모입니다. 옛날에 귀족들은 아이를 낳아서 다른 여자로 하여금 젖을 먹이게 하였습니다. 그런데 유모는 자기자식을 키우는 게 아닙니다. 귀족의 자식을 내 젖 먹여 키우는 것입니다. 우리네 옛날얘기에 제 자식보다 양반주인의 자식을 더 소중하게 여겼더라, 하는 것이 많습니다. 더 소중하게—이것을 알아야 합니다. 주인어른의 자식을 제 자식보다 더 소중하게 여기는 것입니다. 그렇게 키우는 것이 유모입니다. 자기자식을 키우는 것이 아니지만 자기자식보다 더 소중하게 키웁니다. 위탁양육입니다. 그리스도의 사람을 내가 위탁받아 키우는 나는 유모다, 그런 말씀입니다. "너희를 사모하여 하나님의 복음으로만 아니라 우리 목숨까지 너희에게" 주겠다, 하였습니다. 마지막말씀이 중요합니다. 그러기를 즐겨한다, 하였습니다. 목숨까지도 주기를 즐겨함은 너희가 우리의 사랑하는 자 됨이니라, 합니다. 아주 귀한 말씀입니다. 너무도 사랑하니까 복음을 주고 생명을 주고 정성을 주고… 다 주고, 그리고 또 기뻐하는 것입니다. 이것이 사도의 마음입니다. 사도의 정체의식이었습니다. △

사도직의 속성

　형제들아 우리의 수고와 애쓴 것을 너희가 기억하리니 너희 아무에게도 누를 끼치지 아니하려고 밤과 낮으로 일하면서 너희에게 하나님의 복음을 전파하였노라 우리가 너희 믿는 자들을 향하여 어떻게 거룩하고 옳고 흠 없이 행한 것에 대하여 너희가 증인이요 하나님도 그러하시도다 너희도 아는 바와 같이 우리가 너희 각 사람에게 아비가 자기 자녀에게 하듯 권면하고 위로하고 경계하노니 이는 너희를 부르사 자기 나라와 영광에 이르게 하시는 하나님께 합당히 행하게 하려 함이니라
　　　　　(데살로니가전서 2 : 9 - 12)

사도직의 속성

　제가 인천에서 목회할 때입니다. 제가 시무하는 교회 장로님은 아니지만 저를 잘 아는 연로한 장로님이 있었습니다. 길에서 만나기만 하면 꼭 저를 붙잡고 "차 한잔 하십시다"하거나 "점심하십시다"하였습니다. 점심이라야 냉면 한 그릇이지마는 꼭 그렇게 하였습니다. 연로하신 분의 말씀이고 제가 젊었을 때이므로 순종해서 늘 차도 대접받고 점심도 대접받았는데, 가만히 보니 나에게만 그렇게 하는 것이 아닙디다. 비슷한 연배의 다른 장로님들에게도 그렇고 다른 교회 목사님들에게도 그렇고… 아주 인심을 잘쓰고 선심을 쓰면서 사는 분이었습니다. 물론 연세가 높으니 직업은 없고요. 그래 제가 언제 한번 차를 마시면서 물어보았습니다. "장로님, 내가 알기에는 장로님이 뭐 돈을 많이 벌어놓은 것도 없을 것같고, 지금 무슨 수입이 있는 것도 아닌 것같은데 가만히 보니 장로님이 돈을 잘쓰십니다. 어디서 돈이 나오는 것입니까?" "하하, 저야 뭐 돈 많지요." "어떻게요?" "제가 아들이 셋이거든요." "그래서요? 아들들이 돈을 잘 드립니까?" "주긴 왜 줘요. 내가 가서 달라고 하지요." "뭐라고 하십니까?" "이놈아! 내가 돈을 잘쓰고 다녀야 네가 효자가 되고 네가 효자가 되어야 복을 받지 않느냐. 나도 너 효자 만드느라고 이러는 거다. 나도 손내미는 거 달갑잖지만 내놔라." 이 아들 저 아들에게 다니면서 돈을 달라고 한다는 것입니다. 그러니 아들들이 안드릴 도리가 없지요. 그렇게 생긴 돈으로 냉면 합시다, 차 한잔 합시다, 이러고 다니는 것이었습니다.

　여러분, 어떻게 생각하십니까? 사람이란 어른노릇을 잘하여야 됩니다. 그래야 그 자녀들에게 복을 주는 것이 됩니다. 자녀들이 뭘 잘 안도와준다고 삐져가지고, 노여워가지고 돌아가고, 한다면 당신은 시원찮은 어른입니다. 저 아들 효자 만들 의무가 부모인 내게 있는 것입니다. "애비가 남의 애비 같아야 효자노릇 하지." 이런 말도 있습니다. 어른노릇을 잘해야 자식이 효자가 되는 거지 어른이 망령을 떨면 자식이 효자될 수 없습니다. 이것을 알아야 합니다. 모름지기 어른은 어른노릇을 잘하여야 됩니다. 조금 마음에 언짢은 것이 있어도 그렇습니다. 그 자녀를 효자 만들겠다고 하는, 좋은 자녀 만들겠다고 하는 그 마음이 대단히 중요한 것입니다. 이게 교육적이고, 또 어떤 의미에서는 창조적입니다. '저 시원찮은' 자녀를 잘 권면해서 효도받도록 하여야 됩니다. 내가 효도받아야 그가 효자되는 것 아닙니까. 효자가 되어야 그가 복을 받을 것 아닙니까. 그래야 또 모든 사람이 존경을 할 것이고 그 가문을 존경하게 되거든요. 자기 아들 흉보고나 다니고 딸 흉보고나 다니는 것, 주책입니다. 그렇다면 효도받기는 틀렸습니다. 좀 마음이 상하는 데가 있어도 그저 "우리 아들딸이 훌륭해서…" "우리 아들딸이 이렇게 잘해줘서…" 이러고 다녀야 어른노릇을 하는 것이고 또 결국은 자녀들을 효자 만드는 것입니다. 오늘본문에 보면 사도 바울이 말씀합니다. "아비가 자기 자녀에게 하듯…" 그렇게 권면하고 위로하고 경계하고 있는 것입니다. 이래서 훌륭한 자녀가 되어야 되겠다, 그래야 되겠다고 말씀합니다. 그러기 위해서 사도 바울은 또 말씀합니다. 아주 중요한 것입니다. 지난 시간에 이어서 말씀드립니다마는 사도 직분의 위상을 변명하고 있습니다. 이것은 매우 중요합니다. 교역자인 저로서 직접 말씀드리기가 어렵습니다마는 그래도 말씀을 드려야 하겠습니다. 교역자를 아주 존경하여야 됩니다. 그런 분위기를 만들어야 됩니다. 내가 존경을 받고 싶어 이러는 것이 아닙니다. 교역자를 존경하여야 여러분 자신도 가정도 복을 받습니다. 오래전에 어느 권사님에게서 재미있게 들은 이야기가 있습니다. 초등학교 1학년 아들아이가 아주 장난꾸러기인데 하루는 느닷없이 "엄마, 엄마, 나 목사 될래"하더랍니다. "얘, 너 목사가 얼마나 힘든 건데 너같은 장난꾸러기가 되겠다냐?" "아냐, 나 목사 될 거야." "왜?" "가만히 보니 아빠는 엄마한테 꼼짝못하고 엄마는 목사님한테 꼼짝못하데. 그러니 목사님이 최고지." 그래서 목사 되겠다, 한 것입니다. 이미지가 이렇듯 중요합니다. 여러분은 어렸을 때부터 목사님에 대하여 어떤 인상을 받고 자랐습니까? 저는 좌우간 우리목사님이라면 아주 하늘에 올라간 분인 줄 알았습니다. 우리어머니가 옛날하고도 시골이니 참외도 따고 오이도 따고 무우도 캐고, 어떤 때는 좀 맛있는 음식도 만들고 하면, 뭔가 생겼다하면 목사님댁에부터 가지고 가는 것입니다. 목사님 댁이 가까운 것도 아니었습니다. 걸어서 빨리 가야 한 20분 내지 25분 걸리는 데입니다. 언젠가 한번 집에 들어갔더니 아버지가 혼자 계십니다. "어머니 어디 가셨어요?" "목사님댁에 갔다." 그러고 뭐라 하시는고하니 "너희 엄마가 나를 목사님 만큼만 위한다면 내가 열녀문 세워준다"하시는 것입니다. 이것을 알아야 합니다. 여러분가정에서도 여러분이 가진바 목사님에 대한 존경과 목사님의 위상과 dignity, 그것과 여러분의 신앙이 정비례한다는 것을 잊지 말아야 합니다. 이것이 무너지면 신앙도 다 무너지는 것입니다. 함께 무너집니다. 어떤 사람들은 생각을 아주 자기멋대로 해서 교회는 교회고 신앙은 신앙이다, 사람 보고 믿나 하나님 보고 믿지, 하는데 천만에말씀입니다. 목사 보고 믿습니다. 물은 수위 이상 올라가지 못합니다. 목사에 대한 인상이 잘못되면 신앙생활 다 곤두박질합니다. 어떤 분들 보면 목사를 욕하고 비방하면서도 자기는 신앙을 바로 세우겠다고 하는데 두고보세요, 되나. 신앙이 될 수 없습니다. 교역자에 대한 것, 더구나 사도에 대한 것, 사도 바울, 이런 분의 높은 영적 권세, 카리스마적인 authority, 그것을 생각하여야 합니다.

바울이 지금 무엇을 말씀하고 있습니까. 카리스마적 권위를 인정받고 싶은 것입니다. '나의 사도권'을 인정하라는 것입니다. 그래서 여러 말씀으로 권면하고 있습니다. 왜 이렇게 하여야 되느냐? 그래야 믿음이 자라기 때문입니다. 그래야 믿음이 바로 설 수 있기 때문입니다. 아시는대로 복음 자체도 중요하지만 복음 전하는 자가 누구냐가 중요한 것입니다. 누구로부터 복음을 받았느냐가 아주 중요한 것입니다. 너희가 누구로부터 복음을 받았느냐, 나 바울, 나와 우리 일행에 대한 그것, 그 인상, 그 영적 권위를 너희가 높이 바르게 인정을 할 때 너희의 믿음이 바로되는 것이다 — 그것을 알기 때문에 바울은 지금 사실은 하고 싶지 않은 말씀인데도 구구하게 말씀하는 것입니다. 자기변명을 하고 있는 것입니다. 이것을 그래서 사도권적 변명이라고 말합니다. 'apology of apostle's authority'라고 합니다. 사도권적 권위에 대한 변명을 하고 있는 것입니다. 왜 이것이 필요한가? 왜 이런 구구한 말씀이 필요한가? 내가 너희를 위하여 수고했다, 어떠했다, 어찌했다… 왜 이런 말씀을 하여야 됩니까. 하여야 되는 것입니다. 여러분이 자녀들에 대해서도 물론 "모르게 수고하고 이름 없이 수고하였다"하겠지마는 그렇게 하면 안됩니다. 아이들은 4살 전의 일은 기억하지 못합니다. 아무리 머리가 좋은 사람도 네 살

전의 일은 기억하지 못합니다. 그것은 이야기해주어야 압니다. "내가 너를 위해서 얼마나 기도하고 너를 낳았는지 아느냐?" 저는 어머니의 이 말 한마디면 꼼짝을 못했습니다. 우리 어머니가 30세에 단산을 해가지고 마흔한 살에 나를 낳았거든요. 10년을 기도해서 낳았다, 이것입니다. 그거 내가 봤나요? 내가 어머니 기도하는 것을 봤나요? 그렇지 않습니다. 어머니가 말씀하시니 그 사실을 아는 것입니다. 그리고 동네사람들이 얘기하고 이웃사람들이 얘기하니까 알지 내가 어떻게 압니까. 내가 프린스턴 가서 공부할 때 어떤 교회에 설교하러 갔었습니다. 윤목사님이라고 하는 분이 있었는데 그분의 집에서 점심을 먹는데 그분의 어머니가 나를 딱 보시더니 "너 곽선희 아냐?" 합니다. "너 태어날 때 내가 바로 옆방에 있었다. 내가 너 산파역을 했다" 하는 것입니다. 그렇게 말하니 그런 줄 알지 내가 어떻게 그것을 알겠습니까. 나중에 알아보니까 확실한 사실이었습니다. 그런 분입니다. 아주 아흔이 넘은 분인데 저를 퍽이나 사랑해주었습니다. 여러 번 가서 대접을 받곤 하였습니다. 여러분이 자녀를 낳기 위해서 기도하였습니까? 그렇다면 그거 얘기해주어야 자녀가 압니다. 또 이렇게저렇게 수고하고 키웠습니까? 그거 이야기해주어야 압니다. "네가 세상에 태어났을 때 내가 얼마나 기뻐했는지 아느냐?" 이야기해줘야 압니다. 우리아버지가 조금 중국사람같기도 하고 유대사람같기도 한 데가 있었습니다. "사람은 한평생 살면서 무슨 일을 해야 될지 모르니까 이것저것 다 배워두는 것이 좋은 거다." 이렇게 가르쳐주셨습니다. 그래서 제가 시계수리기술도 정식으로 배웠습니다. 그 배운 것을 다 써먹었어요, 뒤에. 그 기술 배워서 맨먼저 예배당에 있는 교회시계가 시원치 않아 고쳤습니다. 가다 말다 하기에, 저걸 내가 수리해야 되겠다, 하고 사다리를 갖다놓고 올라가 내려서 집에까지 갖다놓고 뜯어서 수리를 한 것입니다. 그 시계 뒷면을 본즉 놀랍게도 '곽선희생일 기념'이라고 씌어 있는 것입니다, 붓으로. 그래 할아버지한테 물어보고, 어머니한테 물어보았더니 "네가 세상에 태어나는 날 너무너무 기뻐서, 너무너무 즐거워서 그 시간 그 날 시계포에 가서 제일 비싼 걸로 사다가 걸어놓은 것이다"하는 것이었습니다. 내가 그것을 만질 때까지 그 사실을 내게 말해주시지 않은 것입니다. 그러니 나는 몰랐지요. 그러나 이제는 알았습니다. 그때부터는 그 시계를 볼 때마다 얼마나 정이 가는지 몰랐습니다. 특별한 느낌으로 그 시계를 쳐다보게 된 것입니다. 보십시오. 그러니 가르쳐주어야 합니다. 내가 너를 위해서 이렇게저렇게 수고하였다, 너를 키울 때 이렇게저렇게 키웠다, 너를 낳았을 때 얼마나 내가 기뻐했는지 아느냐—이것을 일러주어야 합니다. 때되면 알겠지, 합니까? 어떻게 압니까. 알게 되어 있지 않은 것입니다. 오늘 바울은 말씀합니다. 내가 너희를 위해서 얼마나 수고했는지, 이걸 알아야 한다는 것입니다. 이걸 알아야 합니다. 그래야 사도 바울에게 높은 존경심을 가지게 되고 바울의 영적 권세를 인정하게 됩니다. 그럴 때에 바울이 말씀하는 한마디 한마디가 바로 하나님의 말씀으로 들려지는 것입니다. 얼마나 중요한 일입니까.

그래서 본문에는 특별히 복음 전파할 때에 순수한 복음으로 전파되기를 바라는 간절한 사도적 소원이 나타나 있습니다. 복음을 받는 자는 복음보다도 복음 전하는 사람의 인격에 대해서 먼저 관심이 많습니다. 그래서 "누를 끼치지 아니하려고 밤과 낮으로 일하면서 너희에게 하나님의 복음을 전파하였노라" 합니다. 내가 너희에게 복음 전할 때 아주 조심스럽게 조심스럽게 전하였다, 오로지 복음을 전함에 있어서 혹이라도 폐를 끼치든가 누를 끼치지 아니하려고 하였다, 하는 말씀입니다. 무슨 말씀인고 하니, 내가 너희에게 갔을 때는 오로지 giver, 주는 사람으로만 임하고자 하였다, 아무것도 받지 않으려고, 조금이라도 뭔가 받으려고 하는 사람으로 비치지 않고자 애썼다, 하는 것입니다. 그렇지요. 복음 전하는 사람이 그저 복음만 전하고, 주는 사람으로 나타나는 그런 것이 좋지, 복음 전하는 사람이 가서 가령 안수기도 하고 돈달라 하는 것이면 '이 사람이 돈벌러 다니는 건가 기도하러 다니는 건가' 하지 않겠습니까. 복음의 순수성이 없어져요, 이렇게 되면. 나는 너희에게 폐를 끼치지 않으려고 하였다, 내가 복음을 주고 목숨까지도 즐거운 마음으로 주려고 하였다, 합니다(8절). 그리고 이제 오로지 주는 사람으로만 그렇게 알려지고 또 나타나기를 바라고 있다, 하는 것입니다. 특별히 교인들에게 경제적인 부담을 주지 않으려고 했습니다. 그리스도를 영접함에 있어서 아무것도 꺼리는 것이 없도록 하는 것이 바울의 마음입니다. 그래서 밤낮으로 일하면서 하였다, 이런 말씀입니다. 왜 일하면서 하였겠습니까. 저들에게 폐를 끼치지 않으려고, 혹이라도 뭘 받으려고, 뭘 얻어먹으려고 한다는 인상을 주지 않으려고, 오로지 주는 사람, 오로지 베푸는 사람으로만 저들에게 기억되게 하고자 해서입니다. 그래야 전하는 복음이 순수하게 전해지기 때문에 그러했다는 것입니다.

    지금은 심방을 못합니다마는 전에는 인천에서 목회할 때 제가 심방을 많이 하였습니다. 하루에 스물일곱 집 정도, 많게는 서른네 집까지 심방하였습니다. 새벽기도 마치고 바로 심방을 나갔으니까요. 그렇게 가서 조반을 얻어먹고 또 심방하고, 점심을 얻어먹고 또 심방하고, 저녁을 얻어먹고 또 퇴근하고 돌아오는 사람네 집에 심방하고… 그리고 밤 열 시에 집에 돌아오는 것입니다. 보십시오. 다니다보면 얻어먹지 않습니까. 저는 권면하고 설교하고 기도하면서 다니지마는 또 수행원들이 있습니다. 한 일곱 명 정도씩 늘 같이 다니거든요. 그 사람들은 앉아 있다 찬송 한 장 부르고 얻어먹는 것입니다. 그런데 또 가만히 보면 점심먹은 다음에 어느 집에 가서 예배드리다보면 참 재미있는 것이 나 혼자서 기도하고 다른 사람들은 다 자는 것입니다, 식곤증이 와서. 코를 드르렁드르렁 골기까지 합니다. 민망하지요. 좌우간 이렇게 심방을 다니다보니 이제 자꾸 모두들 따라다니고 싶어합니다. 그러나 일행이 너무 많으면 심방간 집에 폐가 되니까 그 인원을 제한합니다, 일곱 명으로. 서로서로 따라가겠다고 하는데, 그러다가 이제 거기 참예 못하게되면 뭐라고 하는지 아십니까. 다른 사람을 비방합니다. "얻어먹으러 다니는 거지 뭐." 이런 식입니다. 그래 한번은 어느 장로님이 정식으로 그 말 많이 하는 분을 면전에서 한마디 합디다. "말조심하게, 김집사. 나 얼굴 좀 보라고. 내가 그렇게 가난한 사람이던가? 내가 그렇게 얻어먹으러 다니는 노인으로 보이나?" "아, 아니에요, 아니에요." "말조심해!" 사실 그저 뭐 농담 겸 진담으로 "심방다니나 뭐, 얻어먹으러 다니지. 그 재미있다더라" 뭐 이런 소리나 하는 것이겠지만 말조심해야 됩니다. 다니다보면 얻어먹기도 하는 것이지요. 얻어먹기만 하나요? 얻어오기도 하지요. 아주 핸드백에 싹 쓸어담아 오지요, 손녀 주려고. 그러기도 하거든요. 또 어떤 집에서는 아예 싸주기도 합니다. 자, 이렇고보니 이게 도대체 얻어먹으러 다니는 건지 심방을 다니는 건지 알 수가 없게도 됩니다. 그래 바울은 '절대 내가 신세 안지겠다'하는 것입니다. 폐를 끼쳐서는 안되겠다, 합니다. 오해가 없도록. 참으로 오해받기 쉽거든요. 잘못하면 그 목적이 잘못되는 것입니다. 너희가 어느 마을에 가든지 너희를 처음 영접한 집에 머물라, 그 집에 머물고 그 마을에서 떠날 때까지 집을 옮기지 말라—마태복음 10장에 보면 예수님께서 제자들을 파송하실 때 아주 누누이 말씀하십니다. 왜요? 어느 집에 가서 있는데 어느 부자가 와서 "아이고, 이런 집에 있으면 안됩니다, 우리집에 갑시다" 그런다고해서 따라가면 안된다는 것입니다. 지금 좋은 집 나쁜 집 가릴 것이 있습니까. 하룻밤 자면 그만이지. 대접받으러 온 것이 아니기 때문입니다.

우스운 얘기입니다마는 그 말씀 하신 분은 먼저 하늘나라에 가셨으니 소문날 것도 없고, 이야기하겠습니다. 제가 엉락교회 부흥회 인도하러 갔을 때가 서른세 살때였습니다. 전도부장이 와서 나를 영접해 갔는데 그 장로님이 영락교회정문 바로옆에 있는 조그마한 여관방을 숙소로 정해주었습니다. 가깝다고 생각해서입니다. 그것만 생각한 것입니다. 이제 첫날 월요일 저녁부터 토요일 새벽까지 하는 긴 부흥회인데 설교를 시작하였습니다. 첫설교 마친 다음에 한목사님이 뭐라고 말씀하는고하니, 제 아버지 같은 분인데 저를 보고 하는 말씀이 "강사 목사님이 어느 방에 계시는지 내가 좀 가서 봐야지. 갑세다" 하는 것입니다. 그래서 예배 마친 다음에 저와 같이 그 여관방으로 갔습니다. 가보고 깜짝놀라십니다. 방이 그야말로 콧구멍만한데 이부자리 하나에 베개 하나만 달랑 놓여 있습니다. 한목사님, 전도부장을 크게 나무라십니다. "이 무슨 짓이야? 길만 건너면 호텔이 있는데 왜 여기다 모셨어?" 가까워서라고 하니까 "당장 옮겨!" 하십니다. 장로님이 벌벌떨고 야단났습니다. 그래서 제가 "목사님, 성서적으로 합시다"하였습니다. 이제 알겠습니까, 이 무슨 말인지? "마태복음 10장에 옮기지 말라, 하셨습니다. 못옮깁니다, 장로님을 위해서." 장로님은 민망해하지만 한목사님은 "아, 이거 큰일났네. 성경적으로 한다는데야 할말 없고, 이거 어떻게 하나?" 합디다. 남 덮던 이불이라고 여전도사님이 쓰지 않은 새 이불이 있다면서 자기것 갖다주었습니다. 그래서 이불은 바꿨습니다마는, 어쨌든 그 방에서 제가 일 주일 있었던 일이 있습니다. 한목사님은 넌지시 "이런 방에서 잤다고 어디 가서 말하지 말우"합디다. 그래 제가 "그 말씀까지 하겠습니다"하였으니 이제 여기서 해도 괜찮은 것입니다. 숙소를 옮기면 안됩니다. 그게 중요한 것입니다. 우리교역자에게는 그것 중요합니다. 어떤 방을 주든지 그냥 좋습니다. 혹 비가 샌다 하더라도 "이거 수리해주십시오"라는 말도 하지 않습니다. 왜 안하느냐? 내가 그것 때문에 여기 온 것이 아니기 때문입니다. 이게 바로 교역자의 윤리입니다. 나는 대접을 받습니다. 그러나 대접받기 위해서 여기 있는 것이 아닙니다. 월급을 받습니다. 그러나 돈벌기 위해 목사 하는 것이 아닙니다. 오늘 사도 바울의 마음이 그렇습니다. 내가 절대로 폐를 끼치지 않으련다, 그래서 밤낮으로 일하면서 복음을 전하였다, 합니다. 목적과 방법에 있어서 잘못하면 방법이 목적을 배신하는 것입니다.

그런데 전도할 때 전도인으로, 사도로서 어떻게 처신을 해야 되겠는가? 바울은 본문에 말씀합니다. "어떻게 거룩하고…" 여기서 '거룩'이라는 것은 '하기오스'가 아니고 '호시오스'라는 말입니다. 구별한다는 뜻입니다. 하기오스하고 비슷한 말입니다. 경건이라는 말입니다. 경건, 구별되게 하였다, 하나님의 일은 구별되게 하여야 한다는 의미에서입니다. 그 점이 중요합니다. 제가 어느 조금 시끄러워진 교회에 문제 수습하러 갔던 일이 있습니다. 그 목사님이 아주 다정다감한 분이었습니다. 그저 아무나하고도 악수를 잘하였습니다. 벌써 그게 20년 전 얘기입니다. 그때만 해도, 지금도 그렇습니다마는 여자와 남자 사이에서는 반드시 여자가 손을 내밀게 되어 있습니다. 그게 에티켓입니다. 그래야 남자가 손을 내밀게 되어 있습니다. 남자가 여자한테 먼저 손을 내밀면 그것은 잘못하는 것입니다. 그런데 이 목사님이 조금 '철이 없어서' 여집사님들과 악수를 잘했다고 합니다. 그래서 어떤 분은 반갑게 악수를 했지만 어떤 분은 '왜 남자가 날 손잡나?'하고 또 옆에서 남편도 한마디 했거든요. 이 소문이 자꾸 퍼져가지고 "그 목사님 손버릇이 좀 이상하다" 이렇게 된 것입니다. 이게 문제가 되어서 교회가 흔들흔들했습니다. "어떻게 거룩하고"—구별되게, 하나님의 일 하는 사람은 아주 구별되게 하여야 합니다. 처신 잘못하면 복음전하는 데 막대한 지장이 있는 것입니다.

또, 어떻게 옳게 하였는가, 하고 말씀합니다. 옳게—'디카이오스'라는 이 말은 정당하게, 공명정대하게, 라는 말입니다. 불신임이 가면 안되는 것입니다. 완전히 믿을 수 있을 만큼 정당하게 깨끗하게 옳게 한 것, 너희가 아는 바다, 합니다. 그런가하면 흠없이, 흠잡을 것이 없게 하였다, 합니다. 이 또한 중요한 점입니다. 조금 잘못하면 흠잡힐 일이 생깁니다. 제가 중국에 갔을 때, 몇년 전입니다마는, 중국에 선교사로 온 분이 있었습니다. 미국사람인데 중국말을 배워가면서 선교를 하는 중이었습니다. 중국사람들에게 영어도 가르치느라 영어성경반을 만들었습니다. 어떤 집에 한 열 명 앉혀놓고 영어로 성경을 가르쳤습니다. 온 사람들은 영어 배우러 왔지 예수믿으러 온 것이 아닙니다. 또 이쪽에서는 그런 중에서 중국말도 배우고 전도도 하리라, 하여 그렇게 하는 것을 몇달 하였습니다. 이게 좀 시간이 길어져서 밤 열한 시가 되었습니다. 밤중이니 위험한 길이라 생각해서 이 젊은 선교사가 여자대학생 하나를 집으로 데려다주었습니다. 집에까지 데려다주는데 문간에서 난데없이 주먹세례를 받았습니다. 막 두들겨패는 것입니다. 피투성이가 되도록 맞아서 병원에 입원까지 했습니다. 그런데 알고보니 때린 사람은 그 여자의 애인이었습니다. 네가 요새 날 잘 안만나는 것이 이 남자 때문이구나, 이 미국놈하고 친했구나, 이래가지고 폭력을 휘두른 것입니다. 주변에서 고소하라고 하자 선교사가 절대 고소 안한다, 괜찮다, 하였습니다. 그래서 감동을 받은 나머지 그 남자가 예수믿게 되었습니다. 보십시오. 이렇게 오해받기 쉽습니다. 아가씨가 혼자 밤길을 가면 위험할까봐 데려다준다고 했는데 그 여자의 애인되는 사람은 질투를 한 것입니다. 오해받기 십상이지요. 그런고로 흠없이 하여야 한다는 것입니다. 때로는 언어의 장벽 때문에 문제될 때도 많습니다. 아프리카 어느 지방에서는 모인 사람들 전도한 다음 "예수믿을 사람 손드세요"하면 큰일납니다. 여느 곳에서라면 "예수믿을 사람 손드세요"하여 손들면 환영을 하고, 이렇게 하게 되겠는데 그 나라에서는 믿는다는 말이 그냥 믿는다는 말이 아니고 성행위의 뜻을 내포한 말입니다. "당신 나 믿소?"하면 이게 아주 위험한 말이 되어버립니다. 그래서 거기서는 부흥회를 하고나서 "이 말 재미있는 사람 손드세요"하여야 됩니다. "믿습니까?"라는 말을 못합니다. 그 나라 단어가 많지를 않으므로 믿는다는 말이 아주 특별한 의미를 갖는 것입니다. sexual intercourse를 겸해서 말하는 것이 됩니다, 믿는다는 것은. 그러니 아주 위험한 말이지요. 이렇듯 선교할 때는 조금만 실수해도 큰 오해를 사게 되고 흠이 있게 되는 것입니다. 흠없게—특별히 사회적으로 문화적으로 오해받지 않도록 조심하였다, 그런 말씀입니다. 이런 일도 있었습니다. 어느날 선교사님 댁에 한 젊은 청년이 심부름을 갔습니다. 옛날에 방이라는 것이 뭐 문 하나 사이에 두고 마당 아닙니까. 그래 이 청년은 방안에서 장로님, 목사님, 선교사님이 서로 이야기하는 것을 밖에서 본의아니게 들었습니다. 들어보니 "한 잔 더 하세요, 한잔 더 하세요"하는 것입니다. '아! 이 분들이 우리 보고는 술 먹지 말라고 해놓고 자기네는 술먹는구나.' 청년은 이렇게 오해하였습니다. 한데 그분들은 차를 마시면서 한잔 더 하시라고들 한 것입니다. 이게 또 소문이 되어 퍼져가지고 시끄러웠다, 합니다. 우리가 본의아니게 남의 오해를 사기도 하고 흠잡힐 때도 있는 것입니다. 그래서 옛날부터 참외밭을 지나갈 때 신들매를 고치지 마라, 하는 말이 있고, 감나무 밑을 지나갈 때 갓끈을 고쳐매지 마라, 하는 말도 있습니다. 이게 바로 그런 얘기입니다. 오해받을만한 일, 흠잡힐만한 일 하지 마라, 이것입니다. 어떻게 거룩히 한 것, 얼마나 옳게 산 것, 얼마나 흠없이 한 것, 너희가 아는 바요 하나님께서 아시는 바다—사도는 복음전할 때 오로지 복음만 깨끗하게 전해질 수 있도록 하기 위하여 많이 조심하였다는, 아주 최선을 다했다는 것입니다.

그리고 특별히 "아비가 자식에게 함같이"라고 말씀합니다. 누가 슈바이처 박사에게 자녀교육의 지침이 무엇이겠느냐고 물었더니 박사는 "본을 보이는 것이지"라고 대답하였습니다. "두 번째 지침은 뭐겠습니까?" "그것도 본을 보이는 것이지." "세 번째 지침은 뭐겠습니까?" "그것도 본을 보이는 것이지." 부모가 자식을 가르치는 데 있어서는 본을 보이는 길밖에 없습니다. 말은 필요가 없습니다. 흔히 말하는 교육이라는 것이 필요없는 것입니다. 오로지 본을 보이는 것입니다. 사도 바울은 부모가 자식에게 함같이 부성적 사랑을 가지고 수직적으로, 교육적으로 징계하고 인내하고 사랑하고 권면하고 위로하였다, 내가 너희에게 그와같이 하였다, 부모가 자식을 사랑하는 것처럼 사랑하고 본을 보였노라, 그런고로 너희는 내가 보여준 본 대로, 내가 들려준 말씀대로 살아가기를 바란다, 합니다. 그래서 12절 끝에 보면 "이는 너희를 부르사 자기 나라와 영광에 이르게 하시는 하나님께 합당히 행하게 하려 함이니라"하고 말씀합니다. 하나님 앞에 가기에 합당한 자를 만들기 위하여, 성숙한 그리스도인을 만들기 위해서 내가 이렇게 수고하였노라, 말씀합니다. △

쉬지 않는 감사

이러므로 우리가 하나님께 쉬지 않고 감사함은 너희가 우리에게 들은 바 하나님의 말씀을 받을 때에 사람의 말로 아니하고 하나님의 말씀으로 받음이니 진실로 그러하다 이 말씀이 또한 너희 믿는 자 속에서 역사하느니라 형제들아 너희가 그리스도 예수 안에서 유대에 있는 하나님의 교회들을 본받은 자 되었으니 저희가 유대인들에게 고난을 받음과 같이 너희도 너희 나라 사람들에게 동일한 것을 받았느니라 유대인은 주 예수와 선지자들을 죽이고 우리를 쫓아내고 하나님을 기쁘시게 아니하고 모든 사람에게 대적이 되어…

(데살로니가전서 2 : 13 - 15)

쉬지 않는 감사

　　1998년 1월호 「리더스 다이제스트」에 실린 이야기입니다. 이발소에 어느 목사님이 이발을 하러 왔습니다. 이발사는 그가 목사님인 것을 알고 있습니다. 아주 정성껏 이발을 해드렸습니다. 이발이 끝나고 목사님은 "감사합니다"하고 특별히 인사를 한 다음 "얼마지요?"하고 이발료를 내려고 했더니 이 이발사 하는 말이 "저는 하나님께 봉사했다고 생각하겠습니다. 이발료는 제가 목사님에게는 절대로 받지를 않겠습니다"하는 것입니다. 아무리 주겠다고 해도 극구 사양합니다. 그것도 하나님의 일 했다고 생각하겠다는데야 말릴 수가 없지 않습니까. 그래서 "아, 그렇습니까" 인사를 하고 나왔습니다. 다음날 아침 감사편지와 함께 꽃다발 하나가 이발소에 전달되었습니다. 목사님은 고마운 마음을 이렇게라도 표현하고 싶었던 것입니다. 며칠 뒤 한 순경이 이발을 하러 왔습니다. 역시 이발을 한 다음에 "얼마 드릴까요?"하고 순경이 물었더니 이발사는 또 말합니다. "지역사회에 봉사한 것으로 생각하겠습니다. 우리지역을 위해서 수고하시는 순경님에게 이발을 해드렸으니 이발료는 받지 않겠습니다." "감사합니다." 순경은 돌아갔습니다. 그 다음날 아침 감사편지와 함께 도너츠 몇 개가 이 이발소에 전달되었습니다. 며칠 뒤 이번에는 상원의원 하나가 이발을 하러 왔습니다. 이발이 끝나자 상원의원이 "얼마 드릴까요?" 물었더니 "아니올시다. 저는 국가를 위해서 일하시는 분을 이발해드렸으니까 저도 국가를 위해서 봉사했다고 생각하겠습니다. 이발료는 안받겠습니다." "고맙습니다!" 그 다음날 이발사는 문을 열고 깜짝놀랐습니다. 여러 명의 상원의원이 줄줄이 대기하고 있었기 때문입니다. 알아들었습니까?

감사는 사람의 사람된 품격을 말해주는 바로미터입니다. 어떤 일에 감사하고 얼마나 감사하며, 얼마나 진실하게 감사하는가—그것이 그 사람의 품격입니다. 여러분도 가만히 생각해보십시오, 하루 종일 살면서 나는 얼마나 감사했는지. 무슨 굉장한 것을 받아야 고마운 것이 아닙니다. 조그마한 일에도 생각하면 다 고맙지 않습니까? 작은 일에도 '고맙습니다, 진심으로 감사합니다, 참으로 감사합니다'하는 그 마음이 바로 신앙이요 그 사람의 인격입니다. 세상 허무하다고 생각하는 것은 불교인이고 세상 참으로 아름답다, 라고 생각하는 것이 기독교인입니다. 모든 일이 이렇게도 고마울 수가 없습니다. 생각할수록 고마운 것입니다. 더구나 깊은 세계, 깊은 은혜를 생각하면서, 남들 생각하지 못하는 것까지 생각하고 감사하는 것입니다. 그것이 그리스도인이요, 그리스도인된 품격이라고 생각합니다. 그리고 특별히 생각할 것은 우리에게 추상적인 감사가 많다는 것입니다. 그저 쉽게도 감사합니다, 감사합니다, 이렇게만 말하지 그 감사가 구체적인 것이 못될 때가 있습니다. 그냥 감사, 그냥 그저 감사하다고 말하는 것은 한낱 처세술이요 장삿속에 지나지 않습니다. 백화점 점원들이 가는 사람 오는 사람에게 "감사합니다, 또 오십시오"하던데 나는 그 "또 오십시오"는 안했으면 좋겠습디다. 그냥 "감사합니다"만 하면 되지 "또 오십시오"는 하나마나한 말인 것입니다. 그거 잘못하는 것입니다. 그거 듣기에 별로 좋지 않습니다. 감사하다는 말까지 뜻을 희석시키는 말입니다. 순수해야 됩니다. 그리고 추상적이어서는 안되고 장삿속이 되어서는 안되는 것입니다. 처세적 감사, 이것은 심리학적으로 볼 때 아첨하는 일입니다. 감사도 구체적으로 이루어져야 합니다. 이러해서 감사합니다, 이러이러하니 감사합니다―확실해야 하는 것입니다.

　오늘본문에 나타난 바는 사도 바울이 가진바 감사하는 마음입니다. 특별히 이것은 바울만이 아니라 복음을 전하는 교역자의 감사입니다. 교역자가 정말로 고마워하는 일이 뭔가? 여러분, 이 저녁에 한번 배워보십시오. 이 곽목사가 교역자로 여러분을 상대하면서 제일로 고마워하는 일이 무엇이겠습니까. 제게 어떤 일을 해주고 어떤 물질을 주고 어떤 선물을 준다해도 그것으로 고마운 것이 아닙니다. 죄송하지마는 선물받은 데 대해서 저는 그렇게 인사를 깊이 하지 않습니다. 왜냐하면 인사란 한 번 해야지 두 번 이상 하면 또 달라지는 것이 되거든요. 그러므로 그저 한 번 "고맙습니다"하면 되는 것입니다. 그러나 정말로 오늘본문의 말씀대로 쉬지 않고 감사하는 것, 두고두고 감사하는 것, 아주 영원히 감사하는 것이 무엇인지, 교역자가 어떤 감사를 하고 사는지 본문에서 사도 바울을 통해서 한번 공부할 수 있게 되기를 바랍니다. 먼저 하나님께 감사, 또 쉬지 않고 감사, 그뿐만 아니라 이 감사 속에 사도 바울 자신의 기쁨과 충만함이 있습니다. 심지어는 삶의 보람이 있습니다. 너무나도 행복한 것입니다. 그러한 감사입니다. 교역자가 가지는 감사, 바울의 마음속에 있는 감사는 하나님께 감사하는 것입니다. 기도할 때 신령한 마음 속에서, 세상적인 생각에서가 아니라 신령한, 하나님과 만나는 관계에서 '아, 하나님 정말로 감사합니다'하는, 하나님 앞에 기도하는 중에 감사하는 그런 감사입니다. 더욱이 쉬지 않고 계속적으로 감사하는 그런 감사인 것입니다. 어떤 어린아이가 어머니와 같이 이제 잠을 자려고 합니다. 어머니가 이 아이를 위해서 하나님 앞에 잠자리기도를 드렸습니다. 그런데 어머니는 언제나 자식이 잘되기를 바라는 마음에서 이 잠자리기도 시간에도 이런저런 소원이 많았습니다. 공부 잘하게 해주시고 뭐도 해주시고 뭐도 해주시고… 그러고나서 "잠 잘자게 해주시고 꿈자리도 좋게 해주시고…" 한 다음에 "아멘!"하였더니 이 어린아이가 노래를 부르는 것입니다. 교회에서 배운 즐거운 노래를 부릅니다. "너 왜 기도한 다음에 노래를 부르느냐?" 어머니가 물으니 아이는 이렇게 대답합니다. "잠자리기도에서 하나님께 너무 많은 숙제를 드리고 하나님께 걱정끼친 게 죄송해서 하나님을 기쁘시게 해드리려고 노래를 불렀어요." 얼마나 깨끗한 마음입니까. 사실 그렇습니다. 우리의 기도가 하나님 앞에 잔뜩 걱정거리만 안겨드리는 것이기 쉽습니다. 알고보면 소원이라는 것은 사실 내 마음 속에 있는 근심인 것입니다. 감사가 아닌 것입니다. 근심거리를 여쭙고 돌아가는 것입니다. 하나님마음을 슬프게 해드린 것이 괴로워서 나는 하나님을 좀 기쁘시게 해드리려고 노래를 부른다 ─순결한 마음입니다. 우리는 쉬지 않고 하나님 앞에 감사의 기도를 드릴 수 있어야 합니다. 진정으로 범사에 감사하며, 쉬지 않고 감사의 기도를 드릴 수 있어야 합니다. 또한 감사란 곧 행복한 마음입니다. 마음깊은 곳에서부터 기쁨이 넘쳐야 합니다. 바울의 마음속에는 지금 다른 사람들이 생각할 수 없는, 교역자만이 가지는 큰 기쁨이 있습니다. 아주 비밀한 기쁨이 있어서 이렇게 쉬지 않고 감사하고 있다, 라고 말씀합니다. "우리가 하나님께 쉬지 않고 감사함은 너희가 우리에게 들은 바 하나님의 말씀을 받을 때에"─감사의 가장 핵심되는 이유입니다. 하나님의 말씀을 전하고, 하나님의 말씀을 듣는 바로 이 시간이 교역자가 존재하는 이유인 것입니다. 바로 이 시간,

예배드리는 지금 이 시간이 교역자에게는 제일 중요한 것입니다. 이 시간을 위해서 사는 것이라 할 수 있습니다. 그런데 이 시간에 어떤 일이 이루어지기를 바라겠습니까? 어떤 일이 이루어져야만 행복하겠습니까. 이게 교역자의 행복의 극치입니다. 뭐냐하면 "사람의 말로 듣지 아니하고 하나님의 말씀으로" 받았다는 것입니다. 이것이 바울을 기쁘게 하였습니다. 이게 교역자의 기쁨입니다. 분명히 저는 지금 사람의 말을 하고 있습니다. 때로는 사람의 지식을 듣기도 하고 사람이 말하는 유머도 구사합니다. 그러나 이 모든 것을 통해서 저는 하나님의 말씀을 전하려고 하는 것입니다. 전하는 자의 마음은, 전하는 자의 진실한 정체는 하나님의 말씀을 전하려 하는 것입니다. 특별히 내가 성경을 읽고 내가 기도하면서 내가 명상하면서 계시적 영을 받아 하나님의 말씀으로 받아들인 그 말씀을, 내가 받아들인 하나님말씀을 이제 교인들한테 소개하고 설명해야겠는데 어떻게 설명을 하면 좋을까, 하게 됩니다. 설교자는 강단에 설 때 '어떻게 하면 이 교인들의 마음을 열까?'하게 됩니다. 지금 마음이 전부 닫혀 있거든요. 근심도 있고 걱정도 있고… 닫혀 있는데, 이 마음들을 열어야 하는 것입니다. 또하나, 마음이 흩어져 있는 것을 모아야 합니다. 뿐만아니라 세속으로 기울어진 마음들을 신령한 마음으로 바꾸어놓아야 합니다. 그래서 마음을 활짝 열게, 깨끗한 마음으로 만들어놓고 거기에다 하나님말씀을 전해야 되는 것입니다.

그런데 고민은, 어떻게 하면 하나님의 말씀을 전할까, 전하되 바로 전할까, 또 순수하게 전할 수 있을까, 하는 것입니다. 이것이 고민이자 서원입니다. 더욱 중요한 것은 듣는 자가 나의 전하는 말씀을 하나님의 말씀으로 들어야 하는 것입니다. 사람의 이야기로 들어서는 안되는 것입니다. 제가 참 마음아픈 일을 한번 겪었습니다. 어느 교회에 부흥회를 인도하러 갔습니다. 어느 교회라고 밝히지는 않겠습니다. 서울 안에 있는 큰 교회입니다. 그 교회의 장로님 한 분이 어느날 점심식사 후에 저를 만나겠다고 제가 유숙하고 있는 호텔로 왔습니다. 라운지에 마주앉아서 하는 말인즉 그 교회 목사님을 비판하는 것이었습니다. "이번에 목사님 오셔서 은혜 많이 받았습니다." 거기까지는 좋은데 "우리목사님은…" 해놓고 그 목사님을 흉보는 것입니다. "우리목사님은 공부를 아니해요." 그래서 자기가 책을 많이 사다 드렸다고 합니다. 책을 사다 드리고나서 가만히 설교를 들어보니 갖다드린 책을 영 안보았더라는 것입니다. 그래서 제가 그 장로님에게 말했습니다. "장로님, 장로님은 목사님께 대하여 지금 큰 실례를 했습니다. 설교는 목사가 책 본 이야기를 하는 것이 아닙니다. 목사가 책을 보고 책 본 이야기를 한다해도 목사가 교인들에게 바라는 것은 그들이 오직 하나님의 말씀을 듣는 것입니다. 목사님의 설교를 들으면서 지식이 있느니 없느니, 책을 봤느니 안봤느니, 이런 생각 하고 있다면 참으로 장로님은 불쌍한 사람입니다." 왜요? 하나님말씀을 듣지 못하고 있기 때문입니다. 설교를 강연으로 듣고 있는 것입니다. 무슨 교양강좌 듣는 것쯤으로 알고 있는 것입니다. 여기에 머문다면 그 사람은 강연장 다니는 사람이지 교회 다니는 사람은 아닙니다. 너희가 우리의 말을 들을 때 사람의 말로 아니하고 하나님의 말씀으로 받았다─오늘 사도 바울이 감사 감격하고 기뻐하는 것이 이때문입니다. 그런고로 나는 기쁘다, 그런고로 나는 감사하다, 합니다. 전하는 자가 언제나 하나님의 말씀을 전하는 그 신앙, 그 경건으로 전합니다. 하나님의 말씀을 어떻게 쉽게, 바르게, 분명하게 전할 수 있을까—그것이 교역자의 마음에 있는 아주 간절한 열망인 것입니다. 그런데 듣는 자가 하나님의 말씀으로가 아니라 사람의 말로 듣는다면 어떻게 되겠습니까. 모름지기 받는 자는 하나님의 말씀으로 받아야 합니다. 그것이 중요한 것입니다. 하나님의 말씀으로만 받는 것입니다. 그리하게 될 때 교역자는 이보다 더 행복할 수가 없습니다. 왜냐하면 이것은 바로 성령의 역사이기 때문입니다. 극단적으로 말하면 애시당초 여기서부터 시작되는 것입니다. 거슬러올라가 초대교회 때 오순절교회를 봅시다. 베드로는 분명히 베드로의 말을 했습니다. 자기말로 설교를 했습니다. 그런데 성령이 중간에 통역을 해줌으로해서 거기 모여든, 적어도 15개국 이상의 각 나라 사람들이 그 말씀을 다들 자기네말로 들었습니다. 나에게 주시는 하나님의 말씀으로 들었습니다. 방언이란 엄격하게 말하면 듣는 자와 말하는 자 사이에 하나님께서 통역을 해주시는 것입니다. 뜻을 알게 해주시고 마음문을 열어주시고 고정관념을 버리게 해주시고 모든 세속적인 욕망을 다 물리쳐주심으로 하나님의 말씀이 순수하게 직통으로 전달되도록 하시는 것입니다. 이것이 성령의 역사입니다. 성령의 역사가 무엇입니까. 하나님의 말씀으로 하나님말씀되게 하는 역사입니다. 그것이 성령의 역사입니다. 그런데 하나님의 말씀은 일단 문화적 채널로 지금 사람을 통하여 전해지고 있습니다. 사람의 입을 통하여 사람의 언어로 전해지고 있습니다. 이런 은혜의 방편을 통해서 하나님의 말씀이 전해지는 이것이 성령의 역사입니다. 듣는 사람의 마음속에 하나님의 말씀으로 받아들이게 됩니다. 그러니까 하나님의 말씀으로 하나님말씀되게 하는 것입니다. 다른 말로는, 설교를 하나님말씀되게 하는 것입니다. 사람의 말을 하나님말씀되게 하는 것입니다. 그것이 성령의 역사입니다. 좀더 깊은 신학적 의미를 말씀드리겠습니다. 우리가 흔히 '인카네이션'이라는 말을 합니다. 혹은 '호 로고스 사륵스 에게네토(하나님의 말씀이 육신이 되었다)'라고 말합니다. 하나님의 말씀이 육신이 되어서 이 땅에 오셨습니다. 그가 바로 예수 그리스도십니다. 분명히 사람의 모습으로 오셨고 사람의 말을 하시고 사람의 모양을 가지셨습니다. 그뿐도 아니고 때로는 종의 모양을 가지셨습니다. 아주 궂은 사람들을 돌보는 사람이셨습니다. 또는 죄인의 모습으로 십자가에 죽으셨습니다. 예수님의 모습을 생각해보십시오. 인간적으로 볼 때 특별한 것이 뭐가 있습니까. 그 일생이라는 것이 사람들 앞에 3년 동안 병고치는 사람이요, 핍박받는 사람이요, 빌라도의 법정에 서서 재판받는 사람이요, 십자가에 달리는 사람이셨습니다. 이렇게 한 사람의 생애로 나타났습니다. 그리고 그는 말씀을 하셨습니다. 그러나 그도 역시 지금 제가 여러분 앞에 설교하는 것처럼 사람의 말로 하셨습니다. 심지어는 많은 비유를 쓰셨습니다. 비유가 아니면 말씀하시지 않는다고 할 정도였습니다. 전부가 이야기입니다. 씨뿌리는 사람 이야기, 탕자 이야기, 강도 이야기, 악한 농부 이야기… 이야기를 하시는 그 예수님이셨습니다. 그러면 예수믿는다는 것은 무엇입니까. 바로 그 '예수라는 사람'을 통해서 하나님의 말씀을 듣는 것입니다. 하나님을 영접하는 것입니다. 하나님의 영광을 보는 것입니다. "그 영광을 보니 아버지의 독생자의 영광이요 은혜와 진리가 충만하더라(요 1:14)." 사도 요한의 말씀입니다. 그는 3년 동안 예수님과 같이 다니고 가까이 지냈습니다. 그리고 그는 결론을 지었습니다. '저분은 하나님이시다. 내가 보니 독생자의 영광이더라. 은혜와 진리가 충만하더라.' 이게 바로 예수믿는다는 것입니다. 인간예수를 통해서 하나님을 보는 것입니다. 인간예수의 말씀을 들으면서 하나님의 음성을 듣는 것입니다. 인간예수를 영접하면서 하나님을 영접하는 것입니다. 이것이 예수믿는다는 것입니다. 신학적으로 매우 중요한 것입니다. 오늘도 마찬가지로 사람의 말을 통해서 하나님의 음성을 듣습니다. 바로 이런 관계, 이런 은총적 관계를 사도 바울은 감사하고 있는 것입니다.

어느 돈많은 부자가 돈을 더 많이 벌기 위해서 양조장을 만들었습니다. 술 만드는 큰 공장을 지어놓고 준공식을 할 때, 유명한 부흥사인 무디 목사님을 초청했습니다. 와서 설교해주시고 축복기도 해주세요, 했는데 이게 큰 걱정거리였습니다. 목사님이 와주실까 않으실까? 그런데 무디 목사님은 이 양조장준공식에 왔습니다. 성경을 읽고 설교하고 기도를 하는데 뭐라고 기도하는고하니 "이 양조장 당장 망하게 해주세요. 돈버는 거 잊어버리고 하나님의 영광을 드러내는 장소가 되고 집이 되게 해주세요"하고 "아멘!"하는 것이었습니다. 양조장 주인이 그의 말을 하나님의 말씀으로 듣고, 하나님의 말씀으로 받아서 당장에 지어놨던 양조장을 헐어버리고 거기에 교회를 세웠습니다. 이것은 실화입니다. 그 부자가 무디의 말을, 목사님의 말씀을 하나님의 말씀으로 들은 것입니다. 그래서 술공장으로 지었던 것을 헐어버렸습니다. 왜요? 하나님의 말씀이니까. 인간 무디의 말로 들은 것이 아닙니다. 이것이 중요합니다. 전해지는 하나님의 말씀을 하나님의 말씀으로 들을 때 생명의 역사가 나타나는 것입니다.

바울로서는 하나님께서 나를 통해 역사하시는 은혜, 하나님께서 나를 통해 역사하시는 것이 너무나도 감사한 것입니다. "목사님, 목사님이 제일 즐거울 때가 언제입니까? 어느 때에 제일 즐겁습니까?" 이런 질문을 받았을 때 제가 늘 대답하는 것이 있습니다. 우선 설교를 한 다음에 많은 사람들이 인사를 하지요. 여기서 설교듣는 모습을 보면 은혜받는 것을 제가 압니다마는 그래도 내게 인사를 한다고 할 때 보면 인사가 여러 가지입니다. "많이 깨달았습니다, 많이 배웠습니다"라고 인사하는 사람도 있고, 경상도 특유의 어법인가본데 "욕 많이 보셨어요"라고 말하는 사람도 있습니다. 이게 수고했다는 말이라고 합디다. 아무튼 여러 가지 인사가 있는데 교역자를 제일 기쁘게 하는 인사가 뭐냐하면 "오랫동안, 오랫동안 제가 기도해오던 제목이 있습니다. 그런데 오늘 목사님의 설교를 통하여 하나님의 음성을 들었습니다. 기도응답을 받았습니다"하는 인사입니다. 참으로 고마운 것입니다. 한번은 어느 미국사람이 와서 내 설교를 통역으로 듣고 돌아가면서 내게 영어로 편지를 남겼는데 거기 이런 말이 있었습니다. '내가 오랫동안 기도하던 제목이 있었는데 오늘 목사님의 설교를 통해서 확실하게 응답을 받았습니다. 대단히 감사합니다.' 그 편지가 하도 소중해서 내가 잘 보관했었는데 너무 잘 보관해서 지금 어디 있는지 못찾고 있습니다. 그야말로 얼마나 행복한지 이런 말을 한번 듣고나면 일주일 동안 밥을 안먹어도 배부른 것입니다. 이게 중요한 것입니다. 사도 바울이 생각합니다. '하나님께서 나를 쓰시고 계시다, God uses me to His purpose.' 이것을 알아야 합니다. 하나님께서 이 일을 위하여 나를 쓰고 계시다, 나는 하나님의 역사에 쓰임받고 있다, 하나님의 말씀역사에 내가 사용되고 있다는 것입니다. 그런고로 교역자는 행복한 것입니다. 하나님께서 나를 통하여 역사하신다—이보다 더 즐거운 일이 어디 있겠습니까. 하나님께서 나를 통하여 그 놀라운 구원의 역사를 오늘 이루어가고 계시다―거기에 내가 employed 되어야 합니다. 거기에 내가 고용되고 있다, 사용되고 있다―이보다 더 행복한 일은 없는 것입니다. 확실하게 나를 통하여 역사하고 계신 것입니다. 그것이 가장 큰 기쁨입니다. 이것은 케뤼그마적 행복이라고 하는 것입니다. 혹은 카리스마적 행복이라고도 합니다.

　어떤 때에 또 기쁩니까, 하고 제게 물으면 대답하는 것이 또 있습니다. 교인들 임종을 볼 때 제일 기쁩니다, 하는 것입니다. 임종하는 사람, 두려움에 떨고 있습니다. 얼굴이 새까매집니다. 막 눈앞에 지옥이 보이는 것같습니다. 죽음을 앞에 놓고 고민합니다. 그때에 목사가 권위가 있습니다. 그에게 하나님말씀을 들려줍니다. 성경을 읽어줍니다. 위하여 하나님 앞에 기도합니다. 그럴 때에 그 얼굴이 환하게 밝아집니다. 그 새까맣던 얼굴이 환하게 밝아지고 웃음을 머금습니다. 그 자리를 일어설 때는 "목사님, 내일아침 천당에서 만납시다"하고 그가 인사를 합니다. 제가 돌아오면서 생각합니다. '내가 뭔데 한 사람을 사망을 이기고 하나님 앞에 가게 할 수 있단말인가?' 물론 복음의 역사이지요. 그러나 나를 통해서 한 사람이 구원받은 것입니다. 이게 얼마나 놀라운 일입니까. 그때에 엄청난 기쁨과 행복이 있는 것입니다. 사도 바울은 그래서 말씀합니다. '너희가 내게서 하나님의 말씀을 들을 때 사람의 말로 듣지 아니하고 하나님의 말씀으로 들었다. 이것은 성령의 역사요 이것은 하나님께서 나를 쓰신다는 뜻이요 이것은 하나님께서 너희를 선택하셨다는 것을 뜻한다.' "너희를 택하심을 아노라"―1장 4절에서 말씀합니다. 그런고로 나는 행복하다, 그런고로 쉬지 않고 감사한다, 라고 말씀하는 것입니다.

　또 나아가서는 오늘본문에 보니 핍박과 환난이 있다고 하였습니다. 핍박과 환난, 그런데 문제는 어떤 핍박 어떤 고난이냐입니다. 본문에서 말씀합니다. '유대사람들은 예수를 죽였고 선지자들을 죽였소. 그리고 기독교인들을 핍박하고 있습니다. 하나님을 기쁘시게 하지 않고 저들은 이방인에게 전도하는 것을 방해하고 있습니다. 이것은 아주 본질적인 것이오. 그런 핍박이 오늘 당신들에게도 있습니다. 당신들이 받고 있는 핍박은 아주 질높은 것입니다. 예루살렘교회가 받던 핍박이요 예수를 십자가에 못박은 사람들이 행하던 그 핍박을 우리가 당하고 있는 것이오. 이런 고난을 당한다는 것은 내가 그만큼 질높은 인생을 살고 있다는 것을 말해주는 것이 아닙니까. 그런고로 감사하고 그런고로 행복합니다.' 이런 말씀입니다. '예수님을 핍박하던 사람들이 오늘 당신들을 핍박하고 있습니다, 선지자를 죽인 사람들이 오늘 우리를 괴롭히고 있습니다, 우리가 당하는 고난은 그만큼 높은 가치의 고난입니다, 그런고로 나는 기쁩니다, 그러므로 나는 하나님께 감사합니다.' 그런 뜻입니다. 하나님의 말씀으로 듣고 하나님의 말씀으로 들려지고 하나님의 말씀으로 간증하고 하나님의 말씀이 저들 속에 생명으로 역사하는 것을 볼 때 바울은 기뻤습니다. 내가 역사하는 것이 아니고 하나님께서 나를 통하여 역사하시는 것이니까. 그 위대한 역사를 보면서 너무나도 행복했습니다. 쉬지 않고 하나님 앞에 감사하노라—쉬지 않고 계속적으로 감사한다고 하였습니다. 이것이 바로 사도 바울의 마음에 있었던 기쁨이요 교역자가 누리는 기쁨이요 우리가 다같이 함께 감사해야 될 기쁨이라고 생각합니다. △

우리의 영광과 우리의 기쁨

    형제들아 우리가 잠시 너희를 떠난 것은 얼굴이요 마음은 아니니 너희 얼굴 보기를 열정으로 더욱 힘썼노라 그러므로 나 바울은 한 번 두 번 너희에게 가고자 하였으나 사단이 우리를 막았도다 우리의 소망이나 기쁨이나 자랑의 면류관이 무엇이냐 그의 강림하실 때 우리 주 예수 앞에 너희가 아니냐 너희는 우리의 영광이요 기쁨이니라
                    (데살로니가전서 2 : 17 - 20)

우리의 영광과 우리의 기쁨

"너희는 우리의 영광이요 기쁨이니라" 하는, 참 놀랍고 결정적인 귀한 말씀이 오늘본문에 있습니다. 인간은 누구든지 그가 무엇을 기뻐하느냐에 따라서, 또 그가 무엇을 영광으로 생각하느냐에 따라서 행복할 수도 불행할 수도 있다고 생각합니다. 보아하면 우리는 무엇을 불행으로 알고 무엇을 행복으로 아느냐, 무엇을 기뻐하고 무엇을 슬퍼하느냐를 아직도 분명히 가리지 못한 가운데서 영문도 모르고 우선 불행하다, 하고 행복하다, 합니다. 오늘본문에서 사도 바울이 말씀하고 있는 저 아주 높은 수준의 영광, 높은 수준의 기쁨을 여러분은 생각해보았습니까? 우리가 추구하는 것은 대개 이렇지 못합니다. 어쩌면 이러한 영광, 이러한 기쁨은 알고 추구한다면 누구나 얻을 수 있는 것이라고 생각합니다. 누구에게나 주어지는 것입니다. 그러나 이상하게도 우리의 기쁨을 향한 노력은 빗나가고 있습니다. 우리가 생각하는 영광은 근본적으로 그 가치관이 잘못된 것이다, 하는 말씀입니다.

사도 바울은 지금 무엇을 기쁨으로, 무엇을 영광으로 생각하는가—한번 같이 생각해볼 문제입니다. 본문에서 그는 확실하고, 특히 가장 고상하고 영원히 변치 않는 종말론적 기쁨, 종말론적 영광을 피력하고 있습니다. 우선, 잠깐 지나가는 말씀으로 사단에 대한 말씀이 나옵니다. 사단이 길을 막았다, 하였습니다. 사단이 은혜의 길을 막고, 우리가 이 세상에서 좀더 행복할 수 있는 길을 막고, 특별히 사도 바울이 생각하는바 사단의 역사는 하나님의 사역을 지연시키고 하나님의 사역을 불가능하게 하는 것, 하나님의 사역을 아주

가로막는 것, 이런 것입니다. "막았도다"라는 말씀으로 헬라원문은 '에네코프센'이라고 하는 말을 쓰고 있는데 이 말은 좀 기술차원의 말입니다. 고의적으로 길을 막아서 장애물을 놓는다, 하는 뜻입니다. roadblock입니다. 우연하게 생겼거나 자연적인 것이 아니라 지나가지 못하게 고의적으로 길을 막아놓은 것입니다. 사단이 종종 하나님의 사역 앞에 고의적으로 길을 막는 일이 있더라는 말씀입니다.

그러나 바울은 생각합니다. 이런 일들로 인해서 오히려 더 크고 위대한 하나님의 역사가 이루어짐을 그는 고백합니다. 빌립보서 1장 12절 말씀은 제가 개인적으로 사랑하는 요절입니다. "나의 당한 일이 도리어 복음의 진보가 된 줄을 너희가 알기를 원하노라." 귀한 말씀입니다. 그는 가이사랴 빌립보에서 무려 3년 동안이나 재판도 없이 갇혀 지냈습니다. 시간을 그냥 버렸습니다. 너무나도 속이 탑니다. 그리고 로마로 가는데, 로마로 가는 바닷길에서 또 파선을 당합니다. 많은 어려움을 겪었습니다. 그리고 로마로 갔다해도 그는 자기가 원하는대로 넓은 광장에서 마음껏 복음을 전하는 기회를 얻지 못했습니다. 지금도 가보면 볼 수 있습니다마는 그 지하실, 돌로 된 아주 눅눅하고 음습한 지하실에 바울은 갇혀 있었습니다. 얼마나 속이 끓었겠습니까. 그는 여기서 생각했을 것입니다. '이건 마귀의 역사다. 분명히 마귀가 길을 가로막는 거다.' 그러나 그렇지 않았습니다. 그 일로 인해서 친위대사람들에게 복음이 전파되고 마침내 깊숙이에까지 복음이 전해지면서 놀라운 선교적 역사가 신비롭게 이루어지는 것을 뒤늦게 깨달았습니다. 그래서 하는 말씀입니다. 나의 당한 일이, 내가 당한 이 잘못되고 모순된 현실, 이것이 도리어 복음의 진보가 된 것을 너희가 알기를 바란다—이런 귀중한 간증을 하는 것입니다. 오늘도 같은 내용의 말씀인 줄 압니다. 사단이 길을 막았다, 그래서 내가 너희에게 여러 번 가려고 했지마는 가지 못했다, 합니다. 그렇다고해서 하나님의 선교가 지장을 받았느냐, 하나님의 사역이 잘못되었느냐, 그런 것은 아니다, 라고 생각을 합니다.

그리고 사도 바울은 이제 기쁨과 영광을 말씀하고 있습니다. 물론 이 영광을 말씀하는 순간 바울 자신이 큰 행복을 느끼고 있는 줄 압니다. 이것은 물질적인 것이 아니었습니다. 아무리 보아도 바울의 마음속에는 물질로 인한 기쁨은 없습니다. 물질이 없다고 슬퍼하고 물질이 있다고 성공이다, 라는 생각도 없습니다. 그의 기쁨과 영광은 물질과는 무관합니다. 또한 세상적인 것이 아닙니다. 그것 또한 생각할 바입니다. 그리스도인의 복이 무엇입니까. 예수님께서 여덟 가지 복을 말씀하십니다. 여러분 잘 아시는 산상보훈에 있는 말씀입니다. 심령이 가난한 자는 복이 있나니 천국이 저희것임이요… 이렇게 시작됩니다. 그러나 그 여덟 가지 복을 잘 살펴보면 첫번째가 "천국이 저희것임이요"이며 "의를 위하여 핍박을 받은 자는 복이 있나니 천국이 저희것임이라"하신 이 마지막도 "천국이 저희것임이라"입니다. 천국에서 천국으로입니다. 복되고 복되지 못하고는 그 기준이 천국에 있다는 말씀입니다. 땅에 있는 것이 아니라는 말씀입니다. 아무리 보아도 예수님께서는 축복에 대한 말씀, 행복에 대한 말씀을 하실 때 언제나 천국적이고 천국지향적입니다. 천국을 지향하지 못하는 거라면 이 땅에서 아무리 잘살아도 소용이 없습니다. 아무리 성공했다고해도 소용이 없습니다. 다 부질없는 것입니다. 정말로 부질없는 것입니다. 이걸 좀더 일찍이 깨달아야 했던 것입니다.

"너희는 우리의 영광이요 기쁨이니라"합니다(20절). 그것은 전혀 세상적인 것이 아닙니다. 또한 자기중심적인 것이 아닙니다. 내가 뭘 얻고 되고, 바라고 이루고, 뭘 먹고 뭘 입고… 그런 것이 아닙니다. 나 중심이 아니라 말하자면 다른 사람 잘되는 것 보고 내가 기뻐하는 것입니다. 이것을 잊지 말아야 합니다. 그래서 제가 늘 말씀드립니다마는 더불어 기뻐할 줄 모르는 사람은 영영 기뻐할 수 없습니다. 내가 먹어서 기쁘고 내가 잘돼서 기쁜 그 이기적인 기쁨은 한낱 찰나의 것입니다. 그 순간이 지나면 이미 기쁘지 않습니다. 가끔 그런 간증을 하는 분들을 봅니다. 아시는대로 제가 여기서 목회하는 가운데 여러분에게 늘 강조하는 것의 하나가 '익명적 헌신'입니다. 그래서 저는 가능한 한 여러분이 아무리 좋은 일 해도 제가 칭찬을 하지 않습니다. 왜요? 칭찬하면 하늘나라의 상이 없거든요. 나한테는 칭찬 못받아야 되는 것입니다. 그렇다고 책망까지는 안하겠습니다마는 그래도 어쨌든 사람으로부터 칭찬받는 것은 의미가 없습니다. 그러나 보면 어떤 때는 칭찬받고 싶어하는 분들이 있습니다. 표창장도 주고 감사장도 주고 하면 좋겠지요. 그러나 저는 여러분에게 그런 것 하지 않습니다. 왜 안하느냐? 여러분이 어느 때에 감사장을 받았다고 합시다. 칭찬을 받았다고 합시다. 그래 박수 한번 받고나면 기분이 조금은 좋겠지요. 꽃다발도 받고. 그런데 다음날부터 곧바로 허망해집니다. 그러지 말았어야 하는데. 아무 소용 없는 것입니다, 그것은. 정말로 소용없습니다. 자기중심적인 것, 그것은 아주 찰나적으로 지나갑니다. 의미가 없는 것입니다. 언제나 남을 생각하고 남을 기쁘게 하고, 남이 기쁨을 누릴 때 그 기쁨에 내가 더불어 기뻐하는 것, 그런 기쁨이라야 그게 진짜기쁨입니다. 다시말하면 함께 기뻐할 수 있는 기쁨이라야지 나만 기뻐할 수 있는 그런 기쁨은 기쁨일 수가 없는 것입니다.
　특별히 오늘본문의 말씀을 다시한번 깊이 상고하면 바울 그의 기쁨은 영원한 것이요, 종말론적인 것이며, 구체적으로는 "우리 주 예수의 날에 너희가 우리의 자랑이 되고 우리가 너희의 자랑이 되는 것(고후 1:14)"입니다. 저는 장례식에 가거나 추도예배를 드릴 때 꼭 이 말씀을 한번씩 드립니다. "그리스도의 날에"—여기서 이렇게 우리 헤어졌습니다. 한 사람은 살아 있고 한 사람은 죽었습니다. 그러나 이것이 문제가 아니지요. 이제 그리스도의 날에, 주님 오실 때에 다같이 만나게 되겠는데 그때 주님 앞에서 너희는 우리의 자랑이 되고 우리는 너희의 자랑이 되리라—얼마나 좋습니까. 그 자랑이 진짜자랑입니다. 그때가서 행복하여야 그것이 진짜행복입니다. 그때가서 영광을 누려야 그것이 진짜영광이 아니겠습니까. 어느 초등학교 교장선생님이 교장선생님 오랫동안 잘했다고해서 대통령표창장을 받았습니다. 그 대통령표창 받을 때 나도 그 자리에 참석했었습니다. 다들 축하했습니다. 그런데 웬걸요, 1년도 못되어 이번에는 징벌받아 동떨어진 섬으로 쫓겨났습니다. 그때에 그가 나보고 하는 말이 대통령표창은 왜 했느냐, 였습니다. 몹시도 마음아파하는 것을 보았습니다. 이세상일이라는 것이 다 그렇습니다. 그래서 "그리스도의 날에" 이것이 중요한 것입니다. 결정적인 것은 거기에 있습니다. 그때에 너희는 나의 자랑이 되고 나는 너희의 자랑이 되리라, 합니다. 아주 독특한 가치관을, 지극한, 또 구체적인 종말론적 가치관을 가지고 하는 말씀입니다.
　이제 바울이 무엇을 기뻐하고 무엇을 행복해하며 무엇을 영광으로 생각하는지를 봅시다. 첫째는, 사랑하는 자가 있다는 것입니다.

사도 바울이 지극히 사랑하는 자가 있습니다. 유명한 신학자 칼 바르트의 「행복론」에 보면 '사람은 보고 싶은 사람이 있어야 행복하다'라는 말이 있습니다. 여러분은 보고 싶은 사람 있습니까? 있다면 행복한 사람입니다. 그런데 아무리 돌아보아도 보고 싶은 사람 하나도 없으며, 다 밉기만 합니다. 이리 생각해도 밉고, 저리 생각해도 분합니다. 이렇다면 불행한 사람입니다. 보고 싶은 사람이 적어도 한 사람은 있어야 합니다. 아주 보고 싶습니다. 하루종일 보고 또 보고 싶습니다. 지금 보지는 못하지만 보고 싶습니다. 이것이 행복입니다. 두 번째는, 그 보고 싶은 사람을 만나는 것입니다. face to face, 얼굴과 얼굴로 만납니다. 만나서 눈과 눈이 마주칩니다. 이게 행복입니다. 나는 저 사람을 보는데 저 사람은 딴사람을 본다―이는 기막힌 일입니다. 짝사랑이 아닙니까, 이게. 눈과 눈이 똑바로 마주치는 것입니다. 아기들 보십시오. 엄마품에 안겨 있는데 보니 어른들은 자기네끼리 얘기하느라고 저를 봐주지 않습니다. 그러면 아기는 속이 탑니다. 나 좀 보라, 이것입니다. 막 잡아당깁니다. 나 좀 보라, 이것입니다. 내가 엄마를 보는데 엄마는 왜 딴데 보느냐, 이것입니다. 행복이라는 것은 서로 마주보는 것입니다. 칼 바르트도 그렇게 말합니다. 마주보는 것이 행복이라고. 세 번째는 그의 말을 듣고 싶은 것입니다. 또 그에게 말하고 싶은 것입니다. 그의 말은 얼마든지 들어도 좋습니다. 무슨 얘기든 우선 음성만 들어도 좋습니다. 한 두 어마디 시작하면 "그만!"하고 지겨워하기 일쑤라면 행복하지 못한 것입니다. 여러분 스스로의 마음도 한번 진단해보십시오. 저쪽말을 한없이 듣고 싶습니까? 아니면 지겹습니까? 지겨워진다면 이미 남남입니다. 이는 사랑하는 사이가 아닌 것입니다. 한창들 연애할 때 보면 그렇지 않읍디까. 나무밑에 가만히 마주서서는 뭘 얘기하는지도 모르겠으면서 밤새껏 얘기를 나누는 것입니다. 다들 한 번씩은 그런 때가 있었지요, 늘 그렇지 못해서 걱정이지. 저의 말을 한없이 듣고 싶은 것, 그것이 행복입니다. 또하나가 있읍니다. 그분에게 감추는 것이 없읍니다. 그분만 만났다하면 그만 밑바닥에 있는 것까지 다 말해버립니다. 자꾸만 말하게 됩니다. 그분에게는 자꾸만 말하고 싶습니다. 이것이 행복이라고 바르트는 말합니다. 우리가 하나님 그리워합니다. 하나님을 만나고 하나님의 말씀을 듣는 것이 무한히 좋습니다. 꿀송이보다 그 말씀이 답니다. 또 내가 하나님 앞에 그저 말씀드리고 싶습니다. 무슨 말씀이라도 드리고 싶습니다. 이게 행복이라는 것입니다.

그런데 막연하고 추상적이어서는 안됩니다. 구체적으로 내가 누구를 보고 싶어하는가, 누구를 그리워하는가, 누구를 만나서 행복한가, 그것입니다. 그 대상이 있어야 합니다. 반드시 대상이 있어야 합니다. 그런데 바울에게는 그 대상이 있었습니다. "형제들아 우리가 잠시 너희를 떠난 것은 얼굴이요 마음은 아니니 너희 얼굴 보기를 열정으로 더욱 힘썼노라." 아주 확실하게 보고 싶은 사람이 있는 것입니다. 아주 틀림없이 보고 싶고 만나고 싶고 그리워하고 있습니다. 이런 대상이 있다는 것입니다. 특별히 "마음은 아니니"하였습니다. 마음으로는 간절히 사모하고 있다, 잠시 떠나 있어도 그것은 마음은 아니다, 얼굴일 뿐 마음은 여전히 가까이 있다, 하는 말씀입니다. 그리워하여 열정으로 보고 싶다, 합니다. 보느냐 못보느냐가 중요한 것이 아닙니다. 보고 싶다는 것이 중요합니다. 전혀 보고 싶지 않다면 큰 탈입니다. 어떤 때 제가 전화를 걸든가하면 이런 말 하는 분이 있습니다. "목사님, 저 얼마나 생각하십니까?" 그래서 저는 대답을 이렇게 합니다. "전화거는 이 시간은 생각을 하지요." 그 참 힘든 것이요 어려운 것입니다. 그러나 여러분, 이것을 알아야 합니다. 보고 싶고 늘 마음속에 있고 생각을 하고, 더욱이 '열정적으로' 보고 싶은 대상이 있다면 그것만으로도 충분히 행복한 법입니다.

한 부인은 남편이 아주 술을 많이 먹고 밖으로 나돌고 늘 속을 썩입니다. 그의 친구되는 부인은 남편이 일찍 세상을 떠났습니다. 이 두 사람이 서로 얘기하는 것을 들어보았습니다. 저는 그 이야기를 들으면서 퍽 마음이 아팠습니다. 이쪽에서는 남편이 너무 속썩여서 이렇다저렇다 하니까 남편을 먼저 여읜 부인이 말합디다. "그런 남편이라도 하나 있었으면 좋겠다." 왜요? 그런 남편이지만 그러다가 사람될지 누가 압니까. 기대를 가질 수 있지 않습니까. 사랑의 대상이 있지 않습니까. 구체적인 대상이 있지 않습니까. 구체적인 대상을 잃어버리고나면 불행스러운 것입니다.

바울은 지금 데살로니가교인들을 구체적으로 사랑하고 있습니다. 사랑의 대상이 그렇게 있습니다. 그래 행복합니다. 더욱이 그 대상이란 바로 내가 전도해서 예수믿게 한 사람들인 것입니다. 한단 높은 수준에 있는 것입니다. H. 뢰인퀴저라고 하는 사람이 쓴「만일 나에게 동전 한푼이 있다면」이라고 하는 재미있는 책이 있습니다. 그 책 중에 나오는 얘기입니다. 어떤 노인이 한 서점에 와서 얼마만큼의 전도지를 샀습니다. 사서 손에 들고는 만감이 교차하는 것같은 표정을 짓고 있습니다. 그는 서점주인에게 한마디 합니다. "내가 늘 이렇게 와서 전도지를 사갔는데 어쩌면 오늘이 그 마지막날이 될 것 같소. 내 몸이 전과 같지 않아 자꾸 쇠하여져서 오늘은 간신히 지팡

이를 짚고 나왔지요. 전도지를 사러 다시는 못올 것같구려." 그러고는 덧붙여 말합니다. "내가 이 전도지를 가지고 시간나는대로 길거리에 나가 벌써 수십 년 동안을 가는 사람 오는 사람에게 나누어주었는데 이 시간에 생각해보니 내가 전도지 준 사람 가운데 예수믿게 된 사람이 과연 있는지, 이 전도지가 효력이 있는지, 효력이 있어서 예수믿는 사람이 하나라도 있다면 만나보고 싶고, 만나면 참으로 좋겠구만 나는 여태 전도지만 주었지 하나도 그 결과는 모르고 산다는 것이 마음에 괴롭습니다. 어쨌든 오늘이 나의 마지막 전도의 날이 될 것같습니다." 슬픈 이야기였습니다. 서점주인이 그 이야기를 끝까지 들어주었습니다. 바로 그렇게 이야기하는 동안에 저쪽 구석에서 책을 고르던 신사 하나가 그 이야기를 들었습니다. 그 신사가 가까이 와서 "선생님, 내 얼굴 모르시겠습니까?" 묻습니다. "모르겠는데요…" "물론 선생님은 나를 모르실 겁니다. 그러나 나는 선생님을 압니다. 12년 전에 선생님이 내게 전도지를 주셨습니다. 그것으로 내가 예수믿고 하도 감격해서 나도 그리하여야겠다 하고 지금까지 12년 동안 전도지를 사서 지나가는 사람, 만나는 사람에게 하나씩 주는 일을 해오고 있습니다." 노인은 그 사람을 붙잡고 한 사람 만난 반가움에 '내가 헛된 수고 하지 않았구나' 기뻐하며 눈물흘렸다고 합니다.

여러분, 내가 전도해서 예수믿는 사람, 구체적으로 누구라고 생각하십니까? 여러분에게 그런 사람 있습니까? 생각해보십시오. 우리는 육체적으로 결혼을 해서 자녀를 낳았습니다. 자녀가 없는 사람을 우리는 불행하다고 봅니다. 이어지는 자녀가 없기 때문입니다. 지식에 대해서는 우리가 가르친다고 할 때 제자가 있습니다. 내가 학교에서 가르칠 때 내 지식을 물려받는 제자가 있지 않습니까. 그런가하면 내가 전도해서 구원받은 사람이 있습니다. 이 얼마나 놀라운 것입니까. 영원히 지옥으로 갈 사람을 내가 구원해서 하늘나라로 보내는 것입니다. 그런 사람이 내게 있어야 합니다. 구체적으로 누구, 누구, 있어야 합니다. 그런데 사도 바울은 데살로니가교회를 세우고 많은 사람을 구원으로 인도하였습니다. 이렇게 구체적으로 생각합니다. 사도 바울로해서 예수믿는 사람들입니다. 이것을 알기 때문에 사도 바울은 기쁜 것입니다. 만일에 이렇게 내가 전도해서 예수믿는 사람이 하나도 없다면 그 사람은 참으로, 적어도 주님 앞에 갈 때는 불행한 사람입니다. 이를 잊지 말아야 합니다. 제가 토요일마다 기도할 때 여러분을 위해서 기도합니다마는 토요일날은 특별한 날입니다. 내일 주일날 누군가 하나를 데리고 교회에 나와야 할 터입니다. 적어도 토요일날은 아예 구체적으로 한 사람을 지명해서 만나고 전화도 하고 내일 교회나오면 내가 냉면 산다, 하든지 어떻게 해서든지 잘 인도해서 한 사람을 척 데리고 나와서 예배를 드려야 이게 진짜예배가 되는 거지 나 하나만 달랑 나왔다가 가버리면 그리 바람직한 것이 못됩니다. 어쨌든 나로 인해서 예수믿는 사람이 많이 있어야, 또 기억할 수 있는 사람이 있어야 합니다. 그것도 하나님 앞에까지 인정받을 수 있는, 내가 아니면 저 사람 예수믿지 않았을 거라고 하는 바로 그 사람 말입니다. 그것이 있을 때 나는 행복한 것입니다.

뿐만아니라 그 사람이 많은 환난 중에서 예수믿고 성숙했다면 더더욱 좋은 일입니다. 데살로니가전서 1장 3절에서 이미 보지 않았습니까. "너희의 믿음의 역사와 사랑의 수고와 우리 주 예수 그리스도에 대한 소망의 인내를…" 데살로니가교인들은 그런 교인들입니다. 환난 중에서 예수를 믿고 사도 바울의 말씀을 하나님의 말씀으로 듣고 경건한 신앙을 가졌는데 믿음의 역사와 사랑의 수고와 소망의 인내를 가진 이런 사람들입니다. 바울은 이제 생각할 때마다 이보다 더 좋을 수가 없습니다. 데살로니가교인들을 생각할 때마다 너무나 감사하고 너무나 기쁜 것입니다. 그래서 그는 이것을 마음에 큰 자랑으로 생각하였습니다. 긍지로 생각하였습니다.

또한 '그리스도의 날에' 구원받은 사람들을 거기서 함께 만날 것입니다. 여기서는 지금 헤어져 있지마는, 누가 먼저 죽을는지 모르고 누가 먼저 순교할는지 모르지만 그리스도의 날에 다같이 만날 그 때를 생각한 것입니다. 그래서 그는 기뻤던 것입니다. 어떤 어머니가 세상을 떠나게 되었습니다. 아들이 둘인데 하나는 예수를 잘믿고 하나는 예수를 안믿습니다. 아무리 믿으라 해도 안믿습니다. 이제 숨을 거두려 할 때 두 아들 손을 함께 잡고 기도한 다음에 한 아들 보고는 "Good bye."라 하고 한 아들 보고는 "See you again."하였습니다. "어째서 나에게는 Good bye라고 하십니까?"하고 한 아들이 묻자 "너는 예수를 끝까지 안믿으니 너와 나는 영영 다시는 못볼 게다. 그래서 Good bye다. 네 동생은 예수를 믿으니 내가 하늘나라에 가 있으면 다시 만날 것이다. 그래서 'See you again' 아니겠나"하고 어머니는 말했습니다. Good bye냐 See you again이냐, 이것이 문제인 것입니다. 사도 바울은 이제 그리스도의 날에 다시 다같이 영광되게 만날 것을 생각하고 있습니다. 그런고로 그것이 나의 기쁨이요 나의 영광이다, 하는 것입니다.

또 깊은 뜻의 말씀이 있습니다. 이렇게 구원하는 역사에, 이 놀라운 구원의 사역에 내가 쓰임받았다는 것입니다. 하나님께서는 누구를 통해서든 당신의 백성을 구원하실 것입니다마는 거기에 나도 쓰임받았다는 것이지요. 이것이 기쁜 것입니다. 여러분도 다 그렇습니다. 누구를 통해서든지 하나님께서 그의 백성을 인도하실 것입니다. 그러나 나를 통해서 이 역사가 이루어졌을 때 천하보다 귀한 생명을 얻는 일에 내가 사용된 것입니다. 내 가치가 얼마나 소중합니까. 이것이 바로 나의 기쁨이요 나의 영광이다, 하는 말씀입니다.

19절에 보니 "면류관"이라는 말씀을 하였습니다. 면류관이라는 말로 헬라말에는 두 단어가 있습니다. 하나는 '디아데마'라고 하는 말이고 이는 왕관을 말합니다. 왕이 쓰는 관이 디아데마입니다. 그런데 오늘본문에 나타난 '면류관'은 '스테파노스'입니다. 스테파노, 스테파노스, 스데반… 같은 말이며, 이는 승리사에게 씌우는 것입니다. 올림픽경기에서 일등 한 사람에게 씌워주는 것, 챔피언에게 씌워주는 것, 또 수고를 많이 했을 때 그 상으로 머리에 씌워주는 것, 이것이 스테파노스입니다. 그러므로 오늘 여기서 말씀하는 바는 너희가 우리의 면류관이다, 하는 말씀입니다. 스테파노스, 승리자에게 주는 영광, 바로 이것이 너희다, 하는 말씀입니다. 마지막으로 생각할 것은 여기에 이별은 없다는 것입니다. 세상에서는 보고 싶지만 못봅니다. 만나고 싶지만 못만납니다. 그러나 그리스도의 날에 그 영광 속에서는 다시 이별이 없습니다. 주님을 모신 가운데 영원한 기쁨을 누리게 될 것입니다. 그때를 생각합니다. 오로지 그것을 생각합니다. 그리고 현재를 생각합니다. 그럴 때에 데살로니가교인들이 얼마나 소중한지. 너희는 나의 영광이요 나의 기쁨이다, 생각해서 기쁘고 만나서 기쁘고 또 저 앞에 다시 영원한 세계의 그때를 생각하며 오늘 나는 기쁘다, 이것이 나의 영광이다, 이렇게 말씀하고 있습니다.

    지금 여러분은 무엇을 생각하고 사십니까? 무엇이 나의 기쁨이요 무엇이 나의 영광입니까? 오늘 사도 바울의 마음속에 있는 깊은 진리를 상고하면서 정말 내가 전도를 많이 함으로 나로 인하여 구원 받는 사람들이 점점 많아질 때 그걸 생각하면서 나의 영광 나의 기쁨은 점점 커지는 것입니다. 이같은 본질적이고 종말론적인 그 기쁨이 없기 까닭에 우리는 항상 이렇게 허우적거리며 소용없는 기쁨을 가지고 사는 것입니다. 참기쁨을 잃은 것입니다. 참기쁨은 영원히 변하지 않는 것입니다. 너희는 나의 기쁨이요 나의 영광이다—바로 그같은 행복과 충만함이 우리에게도 늘 있어야 할 것입니다. △

교역자의 마음

　이러므로 우리가 참다 못하여 우리만 아덴에 머물기를 좋게 여겨 우리 형제 곧 그리스도 복음의 하나님의 일군인 디모데를 보내노니 이는 너희를 굳게 하고 너희 믿음에 대하여 위로함으로 누구든지 이 여러 환난 중에 요동치 않게 하려 함이라 우리로 이것을 당하게 세우신 줄을 너희가 친히 알리라 우리가 너희와 함께 있을 때에 장차 받을 환난을 너희에게 미리 말하였더니 과연 그렇게 된 것을 너희가 아느니라 이러므로 나도 참다 못하여 너희 믿음을 알기 위하여 보내었노니 이는 혹 시험하는 자가 너희를 시험하여 우리 수고를 헛되게 할까 함일러니 지금은 디모데가 너희에게로부터 와서 너희 믿음과 사랑의 기쁜 소식을 우리에게 전하고 또 너희가 항상 우리를 잘 생각하여 우리가 너희를 간절히 보고자 함과 같이 너희도 우리를 간절히 보고자 한다 하니 이러므로 형제들아 우리가 모든 궁핍과 환난 가운데서 너희 믿음으로 말미암아 너희에게 위로를 받았노라 그러므로 너희가 주 안에 굳게 선즉 우리가 이제는 살리라 우리가 우리 하나님 앞에서 너희를 인하여 모든 기쁨으로 기뻐하니 너희를 위하여 능히 어떠한 감사함으로 하나님께 보답할꼬 주야로 심히 간구함은 너희 얼굴을 보고 너희 믿음의 부족함을 온전케 하려 함이라
　　　　　　　(데살로니가전서 3 : 1 - 10)

교역자의 마음

　오늘본문은 아주 공적인 편지이면서도 또 사도 바울의 마음속에 있는 사사로운, 또 개인적인 그런 감정이 잘 표현된 본문입니다. 데살로니가교회, 이것은 사도 바울이 세운 교회입니다. 또 많은 환난과 핍박 속에서 세운 교회입니다. 그리고 바울이 떠난 다음에도 많은 환난과 핍박이 있었습니다. 그럼에도 불구하고 그들은 믿음의 수고와 소망에 대한 인내, 이런 것들을 가지고 잘 참고 견딥니다. 특별히 뒤에 공부하게 되겠습니다마는 주님의 재림을 기다리는 그런 신앙이 아주 확고하기 때문에 많은 고난과 어려움을 쉽게 잘 견디고 이기고 나아오고 있는 것입니다. 그러나 역시 바울은 사도로서, 다른 말로는 교역자로서 교인에 대하여 많은 걱정이 있습니다. 그래서 그 교역자의 마음, 그가 세운 이 교회가 지금 성장하고 있는데 그 교인들에 대해서 바울이 지금 어떻게 생각하고 있는지, 그런 교역자의 심정을 오늘본문에 잘 말씀해주고 있습니다. 바울이 데살로니가교회를 세웠다—사실이야 어느 교회인들 다르겠습니까? 다 같겠습니다마는 그래도 자기가 세운 교회에 대한 애정은 각별한 것입니다. 우리가 예수믿는 사람 어디서 만나든지 다 반갑고 소중합니다. 그렇지마는 내가 전도해서 예수믿게 한 사람, 그분에 대한 애정은 결코 일반적인 것이 아닌 것입니다. 특별한 것입니다. 데살로니가교회는 바울 그가 세운 교회요, 그를 통해서 예수믿는 사람들입니다. 그렇기 때문에 사도 바울은 지금 그들에 대하여 특별한 관심이 있습니다. 그것이 오늘본문에 구구절절이 잘 나타나 있습니다.

　고린도전서 4장 15절에 보면 바울은 이러한 관계를 이렇게 말씀하고 있습니다. "그리스도 안에서 일만 스승이 있으되 아비는 많지 아니하니 그리스도 예수 안에서 복음으로써 내가 너희를 낳았음이라." 그러므로 너희는 나를 본받으라, 합니다(16절). 복음으로써 너희를 낳았다—출산하였다, 아주 소중한 말씀입니다. 그러니 너희는 내 자녀다, 이것입니다. 일반적으로 말하는 스승과 제자, 이런 관계가 아니고 이것은 아비와 자식의 관계라는 것입니다. 그리고 사제의 관계란 흔한 것이고, 그것은 지식의 차원이지만 아비와 자식의 관계란 영적으로 생명적 관계라는 것입니다. 그리고 서로 책임을 지는 관계입니다. 그런 소중한 관계와 뜨거운 사랑을 이렇게 표현하고 있는데, 오늘본문에도 보면 첫째로 생각할 것이 바울은 지금 데살로니가교인들을 지극히 사랑하고 있다는 사실입니다. 그래서 오늘말씀에 구구절절이 나타나고 있지 않습니까. 우리가 너희를 간절히 보고자 한다, 그리고 "너희도 우리를 간절히 보고자 한다 하니" 우리는 기쁘다, 합니다. 보고 싶어한다, 그리고 소식을 듣고 싶어합니다. 궁금해 마지않습니다. 여러분도 그렇습니다. 사랑한다 그립다 하면서 1년 내내 소식이 없으면 그 사랑은 부도난 사랑이요 가짜입니다. 궁금해서 가만히 있을 수가 있나요? 사랑하게되면 보고 싶고 듣고 싶고, 그리고 만나고 싶고 돕고 싶은 것입니다. 사도 바울은 지금 당장 데살로니가에 가고 싶습니다. 그러나 사정이 여의치 못합니다. 그래서 할수없이, 정 견디지 못하고 디모데를 대신 보냅니다. 대신 보내어 소식을 들으려는 것입니다. 바로 이것이 사랑이라는 것입니다. 그들에게 항상 끌리고 있습니다. 무엇보다도 중요한 것은 마음이 항상 그들에게 있다는 것입니다. 아주 뜨거운 애정이 여기에 나타나고 있습니다. 이 애정은 부모가 자식에게 가지는 애정과 꼭 같은 것입니다. 영적인 부모로서 영적인 자녀를 사랑하는, 그런 애정을 말하는 것입니다.

또 한 가지, 이 애정은 그냥 막연하게 감상적으로 사랑하고 눈물 흘리는 그런 것이 아닙니다. 이것은 교육적인 것입니다. 또한 어떻게 해서든지 그들을 키워나가야겠다는 뜻이 있습니다. 훈련을 주어서 성숙하게 하려고 하는 그런 사랑입니다. 나아가서는 어떤 희생이라도 지불할 마음이 있습니다. 이 교회를 위해서라면 바울은 처음부터 그랬듯이 지금도 어떤 희생 어떤 수고라도 마다하지 않습니다. 그런 간절한 마음이 있습니다. 또한 이 사랑은 창조적인 것입니다. 교회에 대한 목회자의 마음, 고린도서에는 특별히 그런 것이 잘 나타나고 있습니다. 보십시오. 가르치지요, 바른 길로 인도하지요, 잘못될 때 책망하지요, 또 징계합니다. 그런 것이 다 포함되어 있습니다. 그래서 잘못된 길로 가도 사랑합니다. 그릇되더라도 끝까지 사랑합니다. 마침내 어떤 목표까지, 그리스도의 형상을 이루기까지 사랑하는 것입니다. 그래 갈라디아서에서는 이렇게 말씀하고 있습니다. "너희 속에 그리스도의 형상이 이루기까지 다시 너희를 위하여 해산하는 수고를 하노니(갈 4:19)" — 그리스도의 형상이 이루기까지입니다. 얼마나 중요합니까. 교회 나온다고만 된 것이 아닙니다. 분명히 데살로니가교인들은 이제 태어났습니다. 태어났지만 그것만으로 된 것이 아닙니다. 가르쳐야 합니다. 바로 인도해야 합니다, 마침내 저만큼 나아가 그리스도의 형상이 이루기까지. 어떻게? 해산의 수고를 하노라, 합니다. 한 번 해산하는 것도 힘들지 않습니까. 그러나 계속적으로 해산의 수고를 한다는 것입니다. 그래서 어찌하든지 목표대로 거룩한 하나님의 자녀로 세움받게 되기를 바라고 그를 위해서 애정을 쏟고 있는 것입니다. 이 애정은 그런 의미에서 감상적인 것이 아니고 행동적이고 희생적이고 나아가서는 창조적인 것이다, 하겠습니다.

또한 오늘본문에 보니 바울의 마음속에 아주 큰 걱정이 있습니다. anxiety가 있습니다. 그는 최선을 다하였습니다. 그러나 걱정됩니다. 잘 자랄까? 믿음을 잘 지켜갈 수 있을까? 믿음을 잘 지켰다고 칭찬하면서도 걱정이 듭니다. 앞으로 큰 환난이 있을 때 잘 견딜 수 있을까? 그런 것입니다. 여러분, 죄송하지만 우리 교역자에게 오는 질문이 있답니다. 저도 그런 질문을 많이 받습니다. "목사님, 목회하는 가운데 제일 행복한 때가 언제입니까? 개인적으로는 말고 교인과의 관계에서 제일 행복한 때가 언제입니까?" 목사는 뭐라고 대답하는지 아십니까? 저 곽목사는 뭐라고 대답하는지 아십니까? 저는 준비된 대답이 있습니다. "훌륭한 임종을 볼 때 제일 행복합니다"하고 대답하는 것입니다. 정말 그런 경험이 있습니다, 제게. 많지요. 그 중에서도 제가 몇몇 경우는 잊을 수가 없습니다. 예수 안믿는 사람인데 어떻게든지 죽기 전에 예수믿겠다는 것입니다. 그래서 자녀들에게 목사님 모셔오라, 합니다. 그러니 제가 안갈 수 있습니까, 임종 가까운 분이 오라는데. 그래서 가보았더니 전혀 안면 없는 사람입니다. 그 온집안이 다 안면 없는 사람들입니다. 그래 "왜 나를 불렀습니까?"했더니 하는 이야기가 이랬습니다. 초등학교 1, 2학년 때인가, 친구들에게 이끌려 교회에 나가보았다고 합니다. 그런데 이상하게도 그때부터는 교회를 쳐다볼 때마다 '나는 언젠가는 교회에 나갈 거다' 생각했고, 또 누가 교회에 대해서 비난하는 소리를 하면 면박을 주었다고 합니다. 그런 거 아니라고, 교회는 그런 거 아니라고,

함부로 말하면 안된다고 '변호'를 했다는 것입니다. 그게 자기였고, "언젠가는 나가야지, 나가야지, 했는데 그만 이렇게 병들어서 죽게 됐습니다. 그러니 그냥 죽을 수 없잖아요? 목사님 바쁘시지만 그래서 이렇게 오시라고 했습니다." 그래 거기다 대고 지금 몇시간 안남은 것같은데 제가 기도하였습니다. 그리고 성경을 가르치고 복음을 전하고 세례를 베풀고… 이렇게 하면서 제가 한마디 물었습니다. "제가 뭐라고 기도드릴까요?" 그가 말합니다. "잘 죽어서 천당가게 해달라고 기도해주세요. 살려달라는 게 아니라 잘 죽어서 천당가게 해달라고, 그렇게 기도해주세요." "옳습니다. 그러면 제가 그렇게 기도할께요. 병낫게 해달라는 기도는 안할 것입니다." "아, 그럼요." 그래서 손을 딱 잡고 기도합니다. "하나님! 일생동안 지은 모든 죄를 십자가의 보혈로 사하시옵소서. 그리고 이 귀한 하나님의 자녀가 지금 하나님나라에 들어가기를 소원합니다. 문을 열어주십시오. 그리고 반가이 맞아주십시오." 이렇게 기도를 드렸습니다. "아멘!" 하는 순간 저는 깜짝놀랐습니다. 거기 둘러섰던 자녀들이 느닷없이 박수를 치는 것입니다. 깜짝놀라서 눈을 뜨고 물어보았더니 이야기합니다. 나는 눈 감고 기도하는데 자녀들은 아직도 예수를 안믿는 사람들이라서 저희아버지를 들여다보고 있었습니다. 임종이 임박한 아버지를 들여다보고 있는데 우두커니 천장만 쳐다보고 있던 아버지의 눈동자가 목사님 쪽으로 돌아가면서 "예수님 이름으로 기도합니다" 하는 순간 빙그레 웃으면서 숨을 거두더라는 것입니다. 이 자녀들이 그걸 보고 박수를 친 것입니다. 그 장례식에는 전혀 우는 사람이 없었습니다. 우리아버지 천당갔다고… 이런 일을 당했는데, 정말로 그렇습니다. 임종기도를 해보면 갈 사람이 기도하고 "아멘" 할 때 바로 가야 하는데, 그 타이밍이 잘 맞아야 되는데 그렇지 못할 때는 참 답답한 것입니다. 그 다음날 또 가야 되는 것입니다. 또 가고, 또 가고… 이렇게 되면 좀 헷갈립니다. 재미가 없는 것입니다. 그런데 그 타이밍이 딱 맞아떨어질 때가 종종 있습니다. 그럴 때는 정말이지 며칠을 두고 그렇게 기분이 좋을 수가 없습니다. 그게 목사의 행복 제1호입니다. 왜 그런지 아십니까? 지금 믿는다고 하는 사람 저거 끝까지 신앙을 잘 지킬는지, 마지막에 제대로 신앙고백을 하고 갈는지 알 수가 없거든요. 지금 잘믿는 거같지만 조금은 수상하단말입니다. 그야말로 천당문을 열고 척 들여보내야 마음을 놓지요. 그때까지는 아무래도 걱정인 것입니다. 보십시오. 교회도 들락날락, 새벽기도도 들락날락, 봉사도 하다말다, 어떤 때는 좀 섭섭하다고 삐져서 한바탕 난리고… 저 신앙생활 어떻게 하나? 걱정되는 것입니다. 휘청휘청하거든요. 그런데 임종이야말로 이건 끝난 것입니다. 그날까지, 그 시간까지는 솔직히 말해서 마음을 놓을 수가 없습니다. 임종하고야 완전한 것입니다. 이제 틀림없는 것입니다. 그전까지는 이제 또 어떤 시험을 당할는지 걱정입니다. 이것이 교역자의 마음입니다. 그래서 교역자의 마음에는 계속적으로 근심이 있습니다. 최선을 다했지마는 결과는 하나님께 있고, 하나님께서 어떻게 하실는지? 씨를 뿌리고 물을 주고… 여기까지는 내가 할 수 있습니다. 자라게 하시는 이는 하나님이시란말입니다. 많은 핍박과 환난을 통해서 교만을 꺾으시고, 높은 자이면 낮추시고, 더러운 자이면 씻기시고, 순수하게, 순수하게 영혼을 깨끗이해서 하늘나라로 데려가시지 않습니까. 목회자로서 경험적 간증입니다마는 예수를 잘 안믿고, 수십 년을 믿는다고 하지만 들락날락, 믿는지 안믿는지 알 수 없던 사람이 갑자기 열심을 내면 수상한 줄 아십시오. 바로 간다고요. 그렇게 열심을 내므로 아! 이 사람이 제대로 됐나, 하고 보면 바로 가더라고요. 그래서 나는 하나님께서 저 사람을 데려가시려고 이런 과정을 거치게 하셨구나, 생각하게 됩니다. 우리는 많은 시련, 많은 시험 속에서 믿음을 지켜야겠지요. 교역자의 마음은 다들 같이 깨끗하게 믿음을 잘 지켜가면 얼마나 좋겠습니까마는 간혹 이러저러한 일로 인해서 시험에 넘어지는 사람을 봅니다. 시험당하는 것들을 봅니다. 이것이 걱정거리입니다. 늘 걱정하는 것입니다.

특별히 오늘말씀에는 이런 말씀도 있습니다. "나도 참다못하여 너희 믿음을 알기 위하여 보내었노니…(5절)" 믿음, 그들의 믿음에 대해서 걱정입니다. 믿음을 잘 지켜가고 있는지 걱정입니다. 그래서 "이는 혹 시험하는 자가 너희를 시험하여 우리 수고를 헛되게 할까 함일러니" 합니다. 우리의 수고를 헛되게 할까 함이니라—그렇습니다. 그렇게 전도해서 잘 키워놨는데 어느 사이에 그만 시험하는 자가 옴으로 시험에 빠졌습니다. 그래 휘청거리다가 잘못됐습니다. 이 얼마나 마음아픈 일입니까. 저는 가끔 어떤 분들의 이런 전화를 받을 때가 있습니다. 이상한 모임이 많지 않습니까. 이단도 많고 사이비종교도 많습니다. 사이비종파도 많습니다. 그런데 어떤 분들은 이렇게 질문합니다. 어떠어떠한 모임이 있다는데 그거 괜찮은가요?—그러면 제가 아차! 시험에 들었구나, 그런 건 알 필요도 없는데 왜 알려고드나? 보면 벌써 몇번 가보았거든요. 이런 것이 다 걱정거리인 것입니다. 여러분, 교역자에게 걱정을 안끼치려거든 아예 여기저기 기웃거리지 마십시오. 그거 좋은 것이 아닙니다. 소망교회면 됐지 어딜 가서 또 과외수업을 하려고듭니까. 과외 필요없습니다. 본

공부만 잘하면 됩니다. 이런 것이 다 걱정거리입니다. 너희를 시험하는 자가 있어서 그 시험하는 일에 빠질까 걱정이다—이 걱정은 교역자에게서 떠날 날이 없습니다. 그 걱정, 장례식 할 때까지는 안 끝납니다. 이것을 알아야 됩니다.

 그 다음에는 보니 사도 바울이 어떻게 하든지 저들의 믿음을 도와주려고 합니다. 도와주려고 애를 쓰고 있습니다. 믿음을, 일어나도록 도와줍니다. "환난을 너희에게 미리 말하였더니"라고 말씀합니다(4절). 이러이러한 환난이 있을 것이다, 미리 가르칩니다. 그런고로 대비하라, 이런 어려움이 있을 것이다, 그런고로 열심히 기도하라—이렇게 해서 도와주려고 하는 것입니다. 믿음은 하나님께서 주시는 선물이요 어디까지나 여러분 본인의 것입니다. 교역자들은 여러분을 돕고 있을 뿐입니다. 도와주고 있을 뿐입니다. 도움이 필요합니다. 요새는 참 말들도 재미있게 만들어 씁니다. '도우미'라는 말이 있습니다. 무슨 일에 보면 도우미라 해서 예쁜 아가씨들이 나와서 도와주고 합니다. 도와주는 사람, 안내자는 필요하거든요. 꼭 필요합니다. 이런 유명한 이야기가 있습니다. 19세기 영국의 화가이자 시인인 단테 가브리엘 로세티에게 어느날 한 노인이 그림 몇 장을 들고 와서 그 중 한 그림을 내놓고 "선생님, 이 그림을 한번 평가해 주십시오. 잘 보시고 쓸만한지, 또 발전성이 있는지, 유망한지 보아주십시오." "누가 그린 건데요?" "제가 그린 겁니다." 로세티가 보니 별로였습니다. 솜씨가 고작이었습니다. 발전도 없을 것같았습니다. 그러니 어떻게 하겠습니까. 진실하게 말할 수밖에요. "듣기 좀 거북하시겠지만 선생님, 이 그림은 별로 가치가 없습니다. 그리고 앞으로 수고해도 발전이 없을 것같구만요. 정직하게 말씀드리는 것이니 이해하세요.” “알았습니다.” 노인은 아주 슬픈 표정을 지었습니다. 그리고 일어서서 문에까지 갔다가 다시 돌아오더니 “한 장 더 있는데요. 이 한 장도 좀 봐주시죠”하고 보였습니다. 그 그림을 보고 로세티는 깜짝놀랐습니다. 그림이 아주 좋은 것입니다. 조금 미숙하기는 하지만 젊음의 혼이 거기에 들어 있었습니다. 아주 훌륭한 그림이었습니다. 이건 누가 그린 건가, 해서 “선생님, 이 그림 그린 젊은이가 누구입니까? 이 젊은이를 만나게 해주세요. 아주 유망합니다. 제가 가르치겠습니다”하고 로세티는 말했습니다. 그랬더니 노인이 눈물을 흘리면서 하는 말이 “그건 제가 젊었을 때 그린 거예요. 그때 누군가가 저를 격려하고 도와주었으면 내가 성공했을 것인데 아무도 도와주지를 않아 도움받을 수가 없었기 때문에 그 재주는 썩어버리고 말았습니다”하는 것이었습니다. 여러분, 이것을 알아야 합니다. 아무리 재주가 있어도 누군가가 돕지 않으면 소용없습니다. 음악을 하면, 천재이면 뭘 합니까. 혼자서 천재가 되나요? 누군가가 도와줘야 합니다. 그림도 그렇고 일도 그렇습니다.

심지어는 신앙도 그렇습니다. 누군가가 거들어주어야 됩니다. 나 혼자서 한다고 생각해서는 안됩니다. 아주 겸손하게 도움을 받아야 되고 또 도움을 줘야 합니다. 교역자는 여러분의 신앙을 돕고자 합니다. 어떤 면으로든지 도와주려고 합니다. 기도로, 말씀으로, 훈련으로, 때로는 징계로, 여러 모로 돕고 있습니다. 그러나 신앙은 여러분의 것입니다. 여러분이 가는 신앙의 길을 교역자들이 여러 모로 돕고 있다는 것을 알아야 됩니다. 동시에 교역자에게는 독특한, 믿음에 대한 기쁨이 있습니다. 여러분의 믿음이 자랄 때, 여러분이 시험에서 이길 때, 환난을 견딜 때, 그것을 보면 좋은 것입니다. 더구나 여러분 가정에 대하여 이런 말 들을 때가 저는 제일 행복합니다. 오랫동안 티격태격 문제가 많았는데 말씀을 들으면서 그 말씀에서 은혜받고 부부가 화해하고, 자녀들이 믿음 안에서 바로 서고, 부모 자식 간에도 멀어졌다가 신앙 안에서 하나가 되고… 이런 소식을 들을 때는 말할수없이 기쁜 것입니다. 여러분의 믿음, 굳은 믿음, 성장하는 믿음, 높이높이 힘을 얻어서 승리하는 그런 믿음에 대한 소식을 들을 때가 제일 좋은 것입니다. 죄송하지만 가령 여러분이 돈 많이 벌었다는 소식, 목사에게 그리 큰 즐거움은 아닙니다. 믿음, 훌륭한 믿음, 훌륭한 경지에 도달한 믿음에 대하여 교역자는 많은 위로를 받고 기뻐하게마련입니다.

　10절에 볼 것같으면 교역자는 여러분을 위해서 기도합니다. "주야로 심히 간구함은"하고 말씀합니다. 교역자의 기도에는 사실 자신을 위한 기도는 많지 않습니다. 교역자는 언제나 교인들을 위해서, 여러분의 가정을 위해서, 여러분의 자녀들, 여러분의 사업을 위해서 기도합니다. 교역자는 언제나 교인들을 위해서 기도합니다. 그것을 잊지 마십시오. '우리 교역자님들이 나를 위해서 기도하고 있다'하는 것을 잊어서는 안됩니다. 그것은 교역자가 가지는 진심입니다. 9절에 보니 이런 말씀까지 있습니다. "우리가 우리 하나님 앞에서 너희를 인하여 모든 기쁨으로 기뻐하니 너희를 위하여 능히 어떠한 감사함으로 하나님께 보답할꼬." 이렇게 기뻐하며 하나님께 감사합니다. 그 믿음을 보고 감사하고, 어떻게 보답할꼬, 합니다. 왜요? 아무 것도 아닌 부족한 사람을 통해서 이같은 위대한 역사를 이루시기 때문입니다. 또 3절에 보니 "이것을 당하게 세우신 줄을 너희가 친히 알리라"하였습니다. 이 인연, 이렇게 만나고 이렇게 된 것이 다 하나님께서 세우신 관계입니다. 또 하나님께서 은혜주셨는데, 여러분, 이것을 알아야 합니다. 여러분에게도 은혜주셨지만 또 교역자에게 은혜주셨습니다. 빌립보서 2장에 "내 근심 위에 근심을 면하게 하셨느니라"하는 말씀이 있습니다. 어떤 때는 교역자의 기도를 들으시고 교역자에게 복을 내리셔서 여러분의 가정에 복을 내리시는 것입니다. 이것을 잊지 말아야 합니다. 그래서 때로 여러분의 가정에 어려움이 있을 때 교역자는 그것도 다 내 허물이요 내 잘못인 것처럼 생각한답니다. 제가 어느 목사님이라 밝히지는 않겠습니다. 어느 분이라고 하면 다 아실만한 목사님입니다. 그분이 언젠가 내게 이런 말을 하였습니다. 중요한 말입니다. "내가 시험에 빠졌더니 교인들이 사업에 실패하더구만…" 이것을 알아야 됩니다. 교역자가 시험에 빠질 때 교인들의 사생활까지도 잘못되어버립니다. 이렇듯 교인들이 잘못되는 것도 다 내 책임인 것처럼 생각하고 목회하는 것입니다. 잊지 말 것입니다. 사도 바울은 그래서 '너희 믿음의 부족함을 온전하게 하기 위하여 나는 쉬지 않고 주야로 하나님께 간구하노라'합니다. 여러분을 위하여 기도하는 교역자—이것을 절대로 잊지 말아야 합니다.

8절에 보니 확신하는 마음이 있습니다. "그러므로 너희가 주 안에서 굳게 선즉 우리가 이제는 살리라"하였습니다. 굳게 섰다—확신이 있습니다. 믿습니다. 확실히 설 것으로 믿습니다. 그렇습니다. 여러분을 믿어주는 마음이 있다는 것도 알아야 됩니다. 그리고 기뻐합니다. 믿고 기뻐하고, 저 먼 미래를 바라보면서 기뻐합니다. 그것이 교역자입니다. 여러분에게 세상에서 지금 중요한 친구도 많고 여러 가지 인연으로 맺어진 인간관계가 있겠지요마는 보십시오. 여러분이 오늘이라도 어려운 시험을 당하면 목사님 만나야지, 하고, 또 임종이 가까워오면 목사님 불러야지, 할 것입니다. 그러니까 미리부터 목사님하고 좀 친해두십시오. 어느 때는 그저 소 닭 보듯하다가 급할 때만 불러대라고 하니 '아무개가 어려운 일 당했는데요…' '그게 누구죠?' 이렇게 되는 것입니다. 교역자에게 이렇게 "누구죠?" 소리 듣게 되어서야 되겠습니까. 교역자와의 관계란 아주 종말론적인 것입니다. 아주 소중한 것입니다. 친척이다 자녀다 뭐다 해봐도 교역자와 여러분의 관계만한 것이 아닙니다. 나를 친구라고 해줄 사람이 누구입니까. 내 임종을 위해서 하나님 앞에 기도해줄 사람, 내 장례식을 인도해줄 사람이 누구입니까. 잊지 마십시오. 교역자와의 관계란 아주아주 소중한 것입니다. 또한 그런고로 교역자는 여러분을 생각하며 기뻐하고 여러분은 또 교역자를 생각하며 기뻐하고 의지하고… 그것이 바로 교회와 교역자의 관계인 것입니다. 교역자의 마음, 그에게는 근심도 있으나 기쁨도 있고 기도도 있으나 감사도 있습니다. 그리고 영광도 있습니다. 지난 시간 20절에서 보지 않았습니까. "너희는 우리의 영광이요 기쁨이니라." 사도 바울이 데살로니가교회를 향해서 하는 말씀입니다. 너희는 나의 영광이요 기쁨이다—그러한 교역자와의 관계, 그것을 우리가 바로 세워나갈 때 우리의 신앙은 더욱더 크게 성장할 것입니다. △

사도의 기도

하나님 우리 아버지와 우리 주 예수는 우리 길을 너희에게로 직행하게 하옵시며 또 주께서 우리가 너희를 사랑함과 같이 너희도 피차간과 모든 사람에 대한 사랑이 더욱 많아 넘치게 하사 너희 마음을 굳게 하시고 우리 주 예수께서 그의 모든 성도와 함께 강림하실 때에 하나님 우리 아버지 앞에서 거룩함에 흠이 없게 하시기를 원하노라

(데살로니가전서 3 : 11 - 13)

사도의 기도

아주 귀한 말씀을 본문에서 봅니다. 데살로니가교회에 보낸 서신 중에 기도가 있습니다. 바울의 서신에는 종종 기도문이 나옵니다. 에베소서에만도 세 번이나 있고 빌립보서, 골로새서 등 바울의 서신에는 늘 기도가 있습니다. 기도는 하나님께 드리는 것입니다. '내가 너희를 위하여 기도하노라.' 이렇게만 말씀해도 되겠지만 그게 아닙니다. 기도의 내용을 말씀합니다. 나는 이렇게 기도하노라, 이것이 내 소원이다, 너희를 향한 나의 소원이 이것이다, 하고 확실하게 알립니다. 그 다음에는 내가 이렇게 소원하니 너희들도 같은 마음으로 기도하기를 바란다, 나의 기도와 너희의 기도가 같은 제목으로 하나님 앞에 이어지기를 바란다, 하는 것입니다. 또한 '내가 이렇게 기도하고 있으니 이후로의 너희 생활은 나의 기도에 대한 응답이 되기를 바란다'—그렇게 소원하는 것입니다. 대단히 중요한 복음적, 현실적, 신학적인 의미가 여기에 있습니다. 그리고 목회학적인 의미가 여기에 있습니다. 여러분이 혹 누구를 위해서, 혹 특별히 사랑하는 자녀를 위해서 기도한다고 합시다. 그 경우, 막연하게 내가 너를 위해 기도한다, 그렇게만 말해서는 안됩니다. 학교 입학하기를 바란다, 출세하기 바란다, 돈벌기 바란다⋯ 그렇게 말해서는 안될 것입니다. 돈 못벌어도 좋고 출세 못해도 괜찮다, 신앙생활 잘하게 해주십사고 기도한다, 오직 믿음생활에 진실하게 살기를, 오직 그것을 위하여 기도하고 있다—이렇게 말하는 어머니가 있다면 그 기도는 반드시 이루어질 것입니다. 또 자녀들이 그 기도를 들을 때 '어머니는 역시 우리어머니다'하는 감동을 받고 그들도 같은 기도를 하게 될 것입니다. 하나님, 어머니의 기도와 같은 기도를 드립니다, 하는 그런 마음, 그런 기도가 될 것입니다. 어머니가 그 기도를 하고 자녀가 같은 기도를 하고, 이렇게 한 마음이 될 때 어떻게 그 기도가 이루어지지 않겠습니까. 바울의 마음이 바로 그런 마음입니다. 사도는 '어버이'입니다. 신앙적인 어버이의 입장에서 지금 데살로니가교회를 향하여 나는 하나님께 이렇게 기도하노라, 하고 말씀하는 것입니다. 기도내용을 여기에 썼습니다. 여기에 깊은 의미가 있다는 것을 다시한번 생각해보기 바랍니다.

　오늘본문에 보는 바와 같이 사도는 사도된 확실한 신앙적 정체의식을 가지고 있습니다. 그것을 알아야 합니다. 사도란 그리스도의 보내심을 받은 사람입니다. 부르심을 받고 보내심을 받은 사람입니다. 그래서 아포스톨로스, 사도라고 하는 이상 그에게 자기존재는 없습니다. 자기과거도, 자기미래도, 자기소원도 없습니다. 오로지 보내심받은 사명만이 있을 뿐입니다. 내 자격은 주께서 나를 보내셨음으로 있는 것이지 내게 자격이 있어서 보내신 것이 아닙니다. 주께서 보내셨으면 그대로가 자격이요 자기정체인 것입니다. 특히 사도행전을 읽어보면 알 수 있습니다. 사도들이란 과거에는 부끄러움도 많고 허물도 많고 나약함도 많고 실수도 많았지만 그것은 불문입니다. 사도들의 정체의식은 하나님께서 나와 함께 계시다, 하나님께서 나를 강권적으로 부르셨다, 그리고 부활하신 예수 그리스도께서 지금 나와 함께 계시다, 하는 것입니다. 그 의식으로 충만한 것입니다. 이것이 사도의 정체의식입니다. 그리스도께서 나를 부르셨습니다. 내 과거야 어쨌든, 자격이 있든없든 도덕적 문제가 되지 않습니다. 주님께서 나를 부르셨다는 것, 주님께서 나를 쓰신다는 것, 그래서 부활하신 주님의 생명력이 오늘도 우리 가운데 역사한다는 것, 그것이 중요한 것입니다. living Christ, 살아계신 그리스도께서 나를 붙드셔서 나를 쓰시는 것입니다. 내가 주의 이름으로 명하노니, 하고 말할 때 병이 낫습니다. 내가 고친 것이 아닙니다. 내가 주의 이름을 부르는 순간 주님께서 나타나신 것입니다. 내가 병고친 것처럼 나를 쳐다보지 말라, 내가 주의 이름을 불렀더니 주님께서 친히 나타나신 것이니 주님께 영광을 돌릴 것이지 내가 뭔데 나를 쳐다보느냐―이것이 사도의 정체의식입니다. 주의 일 하는 사람은 언제나 그런 마음입니다. 하나님께서 나를 통하여 역사하시는 것입니다.

제가 가끔 듣기 괴로운 말을 듣습니다. 그 하나가 뭐냐하면 마치 소망교회를 곽목사가 세운 것처럼 착각을 하는 사람들이 있다는 것입니다. "곽목사 대단하다!" 아닙니다. 절대로 그것이 아닙니다. 나는 이 압구정동이 동쪽에 있는지 서쪽에 있는지도 몰랐습니다. 내가 처음 여기 올 때는 때마침 밤이었습니다. 캄캄한 밤이었습니다. 차를 얻어타고 여기에 왔을 뿐입니다. 여기에는 누구도 유공자가 없고 '개국공신'이 없는 것입니다. 하나님께서 당신의 뜻대로 여기에 교회를 세우신 것입니다. 나를 보내셔서 세우신 것입니다. 나를 통해서 역사하실 뿐 그 누구도 여기에 '내가!'라고 하는 생각은 할 수가 없습니다. 우리는 이 점을 깊이 생각하여야 합니다. 잠시라도 그런 생각을 해서는 안됩니다. 내가 하나님의 일을 하는 것은 하나님께서 나를 쓰심입니다. He uses, 그가 나를 쓰시고 He employs, 그가 나를 고용하심입니다. 그가 마음대로 나를 쓰셔서 나를 통해 역사하시는 것입니다. 나는 아무 공로도 없고 아무 자랑도 할 수 없습니다. 사도들은 생각합니다. '주님께서 부르시고 주님께서 쓰시고 또 주님께서 길을 열어주시고…' 주님께서 길을 열어주셔서 갈 수가 있습니다. 주님께서 또한 능력을 주십니다. 능하게 하신다, 하였습니다. 주님께서 능하게 하심으로 나의 이것이 가능하였다—전적으로, 아주 전적으로 주님께서 친히 역사하시고 나는 거기에 쓰임받고 있다, 하는 것입니다. 그런고로 사도 바울은 기도하지 않을 수가 없으며, 기도를 통해서 하나님의 뜻을 물어야 하며, 하나님의 지시를 받아야 하며, 항상 영감을 얻어서 역사할 수 있는 것입니다. 그래서 그의 편지 중에 보면 이런 말씀이 있지요. '주께서 허락하시면 만날 것이고 주께서 허락하시면 볼 것이다.' 38선이 막혀 있는 것도 아니니 얼마든지 갈 수는 있습니다. 그러나 그러지 않습니다. 그는 언제나 주의 인도하심을 구체적으로 기다립니다. 순리적으로 기다립니다. 마음내키는대로는 절대로 덤비지 않습니다. 그래서 주님께서 길을 열어주시면 갈 것이고 주님께서 마다하시면 못가는 것입니다. 그렇게 주의 인도하심에 대해서 아주 민감하게 의식하고 살았습니다. 이것이 바로 사도된 정체의식이었던 것입니다. 오늘 데살로니가교회로도 마음은 지금 가고 싶습니다. 당장 달려가고 싶습니다. 가서 모아놓고 기도하고 설교하고 예배드리고 싶습니다. 그러나 가지 않습니다. 지금 가는 것은 주의 뜻이 아니라고 생각하기 때문입니다. 그는 다른 일도 많이 하여야 합니다. 할일이 많습니다. 보고 싶고, 그립고, 어서 만나보고 싶지마는 서두르지 않습니다. 그리고 오늘본문대로 디모데를 대신 보내는 것입니다. 자기의 수종을 보내면서 이 편지를 쓰고 있는 것입니다.

그런데 오늘본문에 보니 먼저 "하나님 우리 아버지와 우리 주 예수는 우리 길을 너희에게로 직행하게 하옵시며"라고 말씀합니다.

기도의 대상이 누구인가, 누구에게 기도하고 있는가—먼저 하나님 우리 아버지입니다. 우리 아버지 곧 나의 아버지요 너희의 아버지입니다. 아주 중요한 말씀입니다. 예수님께서 부활하시고 막달라 마리아를 만나시던 그때도 "내 아버지 곧 너희 아버지, 내 하나님 곧 너희 하나님"이라고 말씀하십니다(요 20:17). 예수님께서 우리를 위하여 십자가에 돌아가심으로써 우리가 감히 하나님을 아버지라 부를 수 있게 하시고, 하나님과 우리 사이를 아버지와 자녀의 관계로, 그런 새로운 관계로 맺어주시는 것입니다. 그런고로 우리는 하나님을 "아버지"라 부를 수 있게 된 것입니다. 예수님께서 '주기도문'을 가르쳐주실 때도 "하늘에 계신 우리 아버지…"라고 기도하라 하십니다. 신학적으로 아주 중요한 의미가 여기 있습니다. "하나님 우리 아버지" 그리고 동격으로 "우리 주 예수는"하고 바울은 말씀합니다. 이 또한 신학적으로 매우 중요한 대목입니다. 왜냐하면 예수 그리스도께서 우리의 구주가 되실 뿐만 아니라 우리의 기도의 대상이기 때문입니다. 하나님과 동격으로입니다. 흔히 '주니타리안 악투리'라고 하는바 삼위일체적 교회가 여기서 나오는 것입니다. 하나님, 예수, 성령으로부터 우리가 은혜를 입습니다, 같이. 곧 예수는 중간존재자가 아닙니다. 예수는 바로 우리의 기도의 대상입니다. 우리는 하나님과 예수, 그분에게 기도하는 것입니다. 동격적으로. 이런 것을 철학적으로 쉽게 정리해서 말할 때 삼위일체적 교리다, 하게 됩니다. 이제 하나님과 예수님께 기도하는데, 뭐라고 기도합니까. 이렇게 기도합니다. "우리 길을 너희에게로 직행하게 하옵시며…" 대단히 깊은 신앙적 간증이 여기에 나타나 있습니다. 아주 겸손한 사도의 자기정체의식이 여기에 나타나 있습니다. 주께서 길을 열어주셔야만 갈 수가 있습니다. 주님께서 허락지 않으시면 선교는 불가능한 것입니다. 그래서 하나님 앞에 기도하자는 것입니다. 어떻게? "직행하게 하옵시며…" 우리의 길을 너희에게로 직행하게 해주십사, 하였습니다. 이 말씀의 헬라말원문은 '가테오두나이'인데 '거침없이, 거리낌없이 직선적으로'라는 말입니다. 직접적으로입니다. 아무 걸리는 것 없이 direct로, 직선적으로 가게 하십시오, 라는 기도인데 바울의 그 마음속에 있었던 이 말씀의 뜻이 무엇일까, 이 말씀 속에 무엇이 담겨 있나, 생각해봅니다. 그의 많은 편지 중에 나타난 이야기들을 모아봅니다. 그러면 이 뜻을 알 것같습니다. 먼저 '직행하게 하십시오'란 길을 열어달라는 것입니다. 하나님께서 길을 열어주셔야 갈 수가 있습니다. 문을 열어주셔야 갈 수가 있습니다. 하나님께서 직접 문을 열어주시기를 바라는 그런 기도입니다. 또한 시간적인 의미도 여기에 있습니다. 언젠가는 갈 것을 압니다. 그러나 너무 멉니다. 그러나 속히 보고 싶으니 직행하게 하십시오, 속히 만나게 해주십시오, 하는 말씀입니다. 될수있는대로 빨리 가서 만날 수 있게 해주십시오, 하는 것입니다. 그러자면 주변여건이 이걸 허락하여야 하는 것 아닙니까. 여기일이 끝나야 하는 등 모든 주변여건이 그렇도록 되어져야 하는 것입니다. 그런고로 직행하게 해달라는 것은 그러기에 필요한 모든 여건을 만들어주십시오, 하는 물리적인 소원이기도 합니다. 그러나 좀더 영적인 의미가 여기에 더 크게 있다고 봅니다. 직행하게 하옵소서―오해와 편견이 없게 저희를 만날 수 있게 해달라는 것입니다. 지금 데살로니가교회에 작은 문제가 있습니다. 뒤에 다시 공부하게 되겠습니다마는 거기 지금 예수님의 재림을 기다리는 마음들 속에 그로 인한 시험도 있어서 신앙적으로 좀 흔들리는 구석이 있습니다. 그래서 오해가 없게 해주십사, 소원하는 것입니다. 사람들 보면 누구와 만나서 얘기할 때 정말 직행하듯이 직선적으로 말할 수 있는 사람이 있는가하면 어떤 분은 그렇지를 못합니다. 한참 기다려야 합니다. 많은 설명이 필요합니다. 그러고야 이야기할 수가 있습니다. 여러분이 누구를 만났을 때 아무 거리낌없이 "내가 온 이유는"하고 딱 잘라 결론부터 말할 수 있었으면 얼마나 좋겠습니까. 그게 바로 직행인 것입니다. 그렇지 못하면 우리가 예의를 갖추어서, 지난날에 도와주신 것을 감사한다, 뭘 어쨌는데 고맙다, 날씨가 어떻다, 하고 한참을 뜸들인 다음에 "왜 왔죠?"하고 물으면 그제야 조심스럽게 얘기하여야 되는 것입니다. 여러분 어떻습니까? 아무 설명 없이 그대로 직선적으로 말할 수 있는 대상이 있다면 얼마나 좋겠습니까. 그야말로 마음과 마음이 확 통하는 사이지요. 흔히 말하는대로 눈높이도 맞고 마음수준도 맞고 지식수준도 맞고 신앙도 같고 서로 사랑하고… 그런 관계에서만 이게 되는 것입니다. 전적으로 신뢰하는 관계에서만 가능한 것입니다. 직행하게 해주십시오—얼마나 중요한지 모릅니다. 가정에서도 부부 사이건 자녀들 간이건 서로 아무 거리낌없이 무슨 농담이라도, 좀 지나친 말이라도 할 수 있고 때로는 마음대로 화도 낼 수 있고, 그 앞에서는 화를 좀 낸다고해도 잘못될 것이 없고, 내가 기분나쁘면 화낼 수 있는 그런 대상이라면 얼마나 좋겠습니까. 그런 사람 하나 있으면 좋겠지요? 여러분이 그런 사람 되십시오. 직행한다는 말씀, 얼마나 중요한 말씀인지 모릅니다. 또한 아무 편견 없이 대할 수 있게 되어달라, 하는 그런 얘기입니다. 나아가 이 말씀은 바울 자신에게 걸린 문제이기도 합니다. 주저함없이, 아무 거리낌없이 찾아가서 만날 수 있게 해주십시오,

함입니다. 그런 여건이 되어야 하거든요. 예컨대 고린도서를 보아도 그걸 알 수가 있습니다. 사도 바울이 고린도에 간다고 말씀합니다. 간다고 해놓고는 안갔습니다. 여러 번 편지로 간다고 하고는 안갔습니다. 고린도교회사람들이 뭐라고까지 말하는고하니, 저 사람은 편지를 쓸 때는 용감하고 찾아오는 것은 꺼린다, 만나면 아무것도 아니다, 큰소리만 친다, 고도 말합니다. 이런 비난까지 있었던 것입니다. 왜요? 고린도교회에 오해가 많고 분쟁이 있었습니다. 많은 문제가 있기 때문에 바울이 고린도교회에 가는 것을 꺼렸습니다. 편지를 먼저 보내고 고린도교회의 문제가 다 가라앉고 분쟁하던 것도 멎고 조용해지고 화평이 되고난 다음에 찾아가고 싶은 것입니다. 그래서 고린도교회에 선뜻 가지를 않았습니다. 주저했습니다. 이것 또한 얼마나 중요한 일입니까. 목회학에 보면 이런 것이 있습니다. 재미있는 얘기입니다. 부부싸움 한 집이 있을 때는 그로부터 사흘 안에는 절대로 심방가지 마라, 합니다. 아버지 어머니가 싸우고 있습니다. 자식인 아이는 급해졌습니다. 목사님댁에 달려가서 목사님, 우리집 큰일났어요, 우리집에 갑시다, 우리 아버지 어머니 지금 싸워요, 합니다. 그때에 "그래?"하고는 바로 성경책 들고 나섰다가는 큰일납니다. 가서 어느 쪽을 두둔해야 됩니까. 잘못하다가는 이게 진주를 돼지한테 던지는 꼴이 되는 것입니다. 그러면 마지막에는 오히려 목사님 향해서까지 욕을 하게 되는 것입니다. 그런고로 부부싸움 한 집에는 최소 사흘은 기다렸다가 심방갈 일입니다. 실컷 싸우고나서 어느 정도 서로 화해도 되어 있을 때쯤에 찾아가서 화목하라, 하여야만 통하는 것입니다. 한참 싸우는 데 가서 "예수믿는 사람들이 이게 뭐요?"하면 "예수믿는 사람들은 안싸우나?"하고 더 싸우게 됩니다.

이렇게 되어서는 안되는 것입니다.

　이제는 알겠지요? 직행하게 하옵소서 ― 아무 문제 없이 모든 사람이 한 마음이 되는 그런 분위기가 되게 해달라는 것입니다. 그때에 가겠다는 것입니다. 사실은 이것이 바로 설교자의 마음입니다. 설교자가 예배드리러 강단에 오르기 전에는 늘 이 기도가 앞서는 것입니다. 오늘 예배드릴 때 은혜에 미참자가 없게 하시고 시험당하는 자가 없게 해주십시오, 모두가 마음을 열고 깨끗한 마음으로 예배하고 주의 말씀을 듣게 해주십시오 ― 이게 간절한 소원인 것입니다. 여러분의 마음속에 말씀이 직행하여야 하는 것입니다. 그런데 왜 그렇게 오해가 많습니까. 삐지는 사람도 많고. 요새는 좀 덜합니다마는 어떤 때는 예배 마치고 쉬는데 내 방문을 두드리는 사람이 있어 나가보면 "목사님, 왜 나보고 욕하는 겁니까?" 하고 덤비는 사람도 있습니다. 그것까지는 괜찮은 편이고 어떤 때는 '누가 또 고자질했어요?' 하고 나옵니다. 이게 다 무슨 현상입니까. 직행하지 못한 현상입니다. 주께서 우리를 너희에게로 직행하게 하옵소서, 하는 바울의 말씀은 사도적 기도입니다. 내가 너희를 찾아가서 이제 말씀을 전하게 되겠으니 그대로 고속도로처럼, 세례 요한이 말씀한 것처럼 너희는 주의 길을 예배하라, 하는 마음입니다. 주의 길이 아주 직행으로, 고속도로로 연결되어 있다면, 그런 마음가짐이 되어 있다면 얼마나 좋겠습니까. 그렇게 되게 해주십사, 하는 기도를 바울은 드리고 있는 것입니다. 정말 사도적 기도입니다.

　두 번째는, 이렇게 말씀합니다. "주께서 우리가 너희를 사랑함과 같이 너희도 피차간과 모든 사람에 대한 사랑이 더욱 많아 넘치게 하사" 사랑이 많아 넘치게 해주십시오 ― 환경이 달라지게 해주십사, 가 아닙니다. 사랑이 넘치게 해주십사, 입니다. 사랑이 모든것의 근본이기 때문입니다. 여러분은 어떤 기도를 많이 하는지 몰라도 기도 중에 가장 큰 기도가 이것인 줄 압니다. 뭘 주세요, 뭘 주세요, 잘 되게 해주세요, 뭘 해주세요… 이런 기도는 그만하십시오. 하나님 다 알고 계시니까요. "하나님, 사랑하게 해주세요" 이 기도 좀 해주십시오. "나 저거 사랑하게 해주세요." 얼마전에 TV에 노인들끼리 나와서 펼치는 프로그램이 있기에 보니 아주 재미있습디다. 사회자가 "80세가 되도록 서로 사셨는데 그 관계를 뭐라고 합니까?" 하고 질문했더니 대답이 "웬수!"라는 것이었습니다. "넉 자로 말해주세요" 하니까 "평생웬수!"라고 대답합니다. 사회자가 기대했던 것은 그게 아니었습니다. 그 긴 세월을 더불어 살아온 사이이니 "천생연분!"이라는 대답이 나와야 하겠는데 "평생웬수!"가 툭튀어나온 것입니다. 그런데 한번 생각해보십시오. 우리의 기도제목이 이것입니다. 가장 사랑해야 할 사람을 사랑하지 못하는 괴로움이 가장 큰 것입니다. 가장 큰 죄입니다. 그런고로 "하나님, 사랑하게 해주세요" "내 남편 사랑하게 해주세요" "내 아내 사랑하게 해주세요" "저 집나간 자식 사랑하게 해주세요" "저 말썽꾸러기 사랑하게 해주세요" 하는 것입니다. "저 자녀가 돌아오게 해주세요" 하는 기도는 하지 않아도 됩니다. 하나님, 제 자식을 사랑하게 해주세요—이것이 진정한 기도입니다. 정말로 뜨겁게 사랑하기만 하면 돌아옵니다. 문제가 안됩니다. 사랑한다 사랑한다, 하지만 사랑이 아니기 때문에 효과가 나타나지 않는 것입니다. 사랑하게 해주세요—이보다 더 귀한 기도가 어디 있겠습니까. 사랑, 풍성하게 해주십시오—사랑 앞에는 원수라도 다 녹아지는 것입니다. 완악한 사람도 사랑 앞에는 다 눈녹듯이 녹아집니다. 사랑하게 해주세요, 할 것입니다. 사랑이 풍성하게 해주세요, 모든것을 사랑으로 이해하게 해주세요, 할 것입니다. 그리고 사랑으로 봉사하게 해주세요, 할 것입니다. 우리가 봉사하는 것, 그 속에 깊은 사랑이 있어야 합니다. 사랑 없는 봉사, 사랑 없는 형식적 봉사는 의미가 없습니다. 하나님, 정말로 불 일듯 뜨거운 사랑으로 봉사하게 해주세요, 할 것입니다. "피차간과 모든 사람에 대한 사랑이 더욱 많아 넘치게 하사"라고 바울은 기도합니다. 그런데 여기에 사도 바울의 높은 사도적 의미의 기도가 있습니다. "우리가 너희를 사랑함과 같이 너희도 피차간과 모든 사람에 대한 사랑이 더욱 많아 넘치게 하사"—얼마나 귀한 기도인지 모릅니다. "우리가 너희를 사랑함과 같이"—내가 먼저 뜨겁게 사랑했습니다. 그리고 피차 사랑하게 해주십사, 한 것입니다. 예수님의 귀한 말씀, 마가의 다락방에서 십자가 지시기 전야에 제자들을 앞에 놓고 하신 마지막 기도가 이 기도입니다. "내가 너희를 사랑한 것같이 너희도 서로 사랑하라(아가파테 알렐루스 카도스 헤가페사 휘마스)." 요한복음 13장 34절, 유명한 말씀입니다. 서로 아가페의 사랑을 하라, 하시는 말씀입니다. 여기에 사랑의 모델이 있고 사랑의 동기가 있는 것입니다. 사랑의 힘이 여기에 있는 것입니다. 내가 너희를 사랑한 것같이—이것이 기본입니다. 그런고로 너희는 서로 사랑하라. 오늘 바울이 같은 맥락의 말씀을 하고 있습니다. 우리가 너희를 사랑한 것같이 너희가 서로 사랑하게 되기를 위해서 기도하노라, 합니다. 여러분, 사랑의 본을 보여야 됩니다. 사랑에 동기를 부여해야 됩니다. 수직적 사랑이 있고야 수평적 사랑이 있는 것입니다. 하나님의 사랑을 받았습니다. 그런고로 우리가 원수도 사랑할 수 있는 것입니다. 그와같이 사랑하게 해주십시오—오늘 우리가 이런 기도를 할 때 자, 어느 누구에게도 그렇습니다. 내가 너희를 사랑한다—이게 기본입니다. 내가 저들을 사랑하는 것처럼 저들도 서로 사랑하게 해주십시오—이 얼마나 놀라운 사도적 기도입니까. 아주 수준높은 기도입니다. 내가 저들을 사랑합니다, 그와 같이 저들도 서로 사랑하게 해주세요—얼마나 권위있는 기도입니까.

그 다음에 보니 세 번째는 "너희 마음을 굳게 하시고"합니다. 마음을 굳게 하시고—신앙적 용기를 바라는 것입니다. 여기 '굳게'라고 하는 말은 헤라말 원문이 '스테리크사이'인데 이 말의 뜻은 굳다는 것만이 아니고 세운다는 뜻입니다. 'to establish'입니다. 세운다, 마음을 세워주십사, 곧 용기를 주십사, 하는 것입니다. 마음을 세웁니다. 우리가 신앙을 세워야 된다, 그 말입니다. 다시말하면 신앙이 감상적인 게 아니라 체계화하고 신학화하고 또 체험화하여야 됩니다. 보십시오. 신앙을 내가 가졌지마는 이것이 성경적으로 확증되지 않으면 이 신앙이 오래가지를 못합니다. 또 철학적으로 이해가 되어서 확실하게 이성적으로, 심리적으로 이해가 되어야 흔들리지 않습니다. 신학화하지 못한 신앙은 몇시간 못가서 무너지고 맙니다. 또한 체험과 함께 굳어져야 합니다. 체험, 핍박과 환난 속에서 이기고 견디면서 세워지는 것이요 강건한 마음이 되는 것입니다. 그것을 다 아울러서 하는 말씀입니다. 마음을 세워주십시오, 담력을 주십시오, 라고 기도합니다. 요한복음 17장 15절로부터 보면 이런 말씀이 있습니다. 주님의 기도입니다. "내가 비옵는 것은 저희를 세상에서 데려가시기를 위함이 아니요 오직 악에 빠지지 않게 보전하시기를 위함이니이다… 저희를 진리로 거룩하게 하옵소서 아버지의 말씀은 진리니이다." 예수님께서도 제자들을 위하여 이렇게 기도하십니다. 내가 저 사람들을 데려가려고 기도하는 것이 아닙니다, 세상에 살지만 죄악에 빠지지 않도록 기도합니다, 하시는 것입니다. 사도 바울은 말씀합니다. '저희의 마음을 굳게 해주십시오, 시험에 빠지지 않게, 모든 시험을 넉넉히 이길 수 있게 하는 확실한 체험적 신앙을 주십시오.'

그리고 마지막으로 네 번째는 종말론적 소원이 있습니다. 이는 사도 바울 특유의 신학적 견해입니다. 언제나 종말론적입니다. 그리하여 "우리 주 예수께서 그의 모든 성도와 함께 강림하실 때에 하나님 우리 아버지 앞에서 거룩함에 흠이 없게 하시기를 원하노라." '요단강을 건널 때에 겁이 없게 하소서'하는 찬송가와도 같이 말입니다. 마지막은 우리가 이 세상 떠나는 것이 중요하거든요. 주님 앞에 가야겠는데 주님 강림하실 때 흠이 없게, 주님 강림하실 때 담대하게 다같이 들리워가게 해주십사, 하는 기도입니다. 아주 종말론적인 기도입니다. 그저 우리가 쉽게 쓰는 말로 말하면 '우리가 세상떠날 때 다 주님 앞에 흠없이 설 수 있게 해주십시오'하는 기도입니다. 우리가 늘 기도하여야겠지만 정말이지 이런 종말론적 기도를 잊어서는 안됩니다. 오늘이 나의 마지막날 되더라도 주님 앞에 부끄러움없이 서게 해주십시오—이 기도는 아침기도입니다. 잠자리기도입니다. 이 밤 자고 아침에 깨어나지 못한다 하더라도 주님 앞에 담대하게 설 수 있게 해주십시오, 하는 것입니다. 이스라엘사람들의 전통적으로 내려오는 잠자리기도는 이것입니다. "내 영혼을 아버지 손에 부탁하나이다." 그 기도를 늘 드리다가 예수님 십자가에 돌아가실 때 그 기도를 드렸습니다. "내 영혼을 아버지 손에 부탁하나이다." 종말론적입니다. 그것이 기도에 나타나고 있습니다. 주님 강림하실 때에 다같이 흠없이 서게 되기 위하여 기도하노라—그런 기도가 항상 우리에게서 이어져야 할 것입니다. △

하나님의 뜻 이해

종말로 형제들아 우리가 주 예수 안에서 너희에게 구하고 권면하노니 너희가 마땅히 어떻게 행하며 하나님께 기쁘시게 할 것을 우리에게 받았으니 곧 너희 행하는 바라 더욱 많이 힘쓰라 우리가 주 예수로 말미암아 너희에게 무슨 명령으로 준 것을 너희가 아느니라 하나님의 뜻은 이것이니 너희의 거룩함이라 곧 음란을 버리고 각각 거룩함과 존귀함으로 자기의 아내 취할 줄을 알고 하나님을 모르는 이방인과 같이 색욕을 좇지 말고 이 일에 분수를 넘어서 형제를 해하지 말라 이는 우리가 너희에게 미리 말하고 증거한 것과 같이 이 모든 일에 주께서 신원하여 주심이니라 하나님이 우리를 부르심은 부정케 하심이 아니요 거룩케 하심이니 그러므로 저버리는 자는 사람을 저버림이 아니요 너희에게 그의 성령을 주신 하나님을 저버림이니라

(데살로니가전서 4 : 1 - 8)

하나님의 뜻 이해

제가 가르친 후배 목사님 한 분이 언젠가 어떤 곳에서 강연을 하는 중에 하는 이야기에 제가 아주 귀담아듣고 또 두고두고 생각을 할 때가 있는, 그런 특별한 이야기가 하나 있습니다. 그분은 집이 대구에 있어 서울 올라와 대학을 다닐 때 하숙을 했습니다. 그 하숙집 주인아주머니가 얼마나 믿음이 좋은지, 교회에 대단히 열심이었습니다. 낮에 나가고 저녁에 나가고 구역예배 나가고 철야기도 하고, 그뿐 아니라 전도를 많이 해서 전도상을 받았다고 늘 자랑이고… 그런 아주머니였는데 이분이 보기에 영 헷갈리는 게 뭐냐하면 그 아주머니, 부부싸움 할 때는 거의 맹수같다는 것입니다. 싸움붙었다하면 온동네가 시끄러워 눈살을 지푸릴 정도여서 이분이 그때 아주 크게 헷갈렸다는 것입니다. 이런 때 보면 천사같고 저런 때 보면 악마같고… 이 분이 무슨 마음까지 들었는고하니 장가가기 겁나더랍니다. 저런 여자한테 걸렸다간 나 죽는다 싶었다는 것입니다. 꽤나 고민을 했다고 합니다. 그랬겠지요. 여러분, 예수믿는다는 것이 무엇입니까. 그러면 그 아주머니가 예수 안믿는 사람입니까. 또 다르게 말해서 그분이 우리 부르는 찬송과 달리 오늘저녁에 죽으면 천당 못갈까요? 어떻게 생각하십니까? 그분 천당갑니다, 분명히. 천당도 가고 지금 예수 잘믿습니다. 그런데 아직도 좀 설었습니다. 그게 문제입니다. 예수믿는다, 란 예수로 인해서 우리가 영혼을 구원받는 것입니다. 그러나 그 구원이 온 인격에, 사회생활, 가정생활에까지 미쳐나가는 데는 상당한 시간이 걸립니다. 다시 말합니다. 하나님께서 이스라엘백성을 애굽에서 구원하셨습니다. 분명히 홍해를 건너 애굽에서 광야로 옮겨놓으셨습니다. 그러나 이 사람들이 가나안에 들어 갈 만큼 거룩하고 성결한 수준에 도달하는 데는 40년 걸렸습니다. 우리가 예수 어제 믿기 시작하고 또 몇년 전에 믿기 시작하고, 그리고 중생하고, 그대로 아주 화끈하게 은혜받았다 하더라도 그렇습니다. 구원은 받았습니다. 또 받을 것입니다. 하지만 그 인격 전체의 구원에까지 이르는 데는 아직도 멀었습니다. 많은 시간이 걸립니다. 이를 잊지 말아야 합니다.

일차적으로는 영혼의 구원을 받았습니다. 이것을 중생이라고 이릅니다. 생명이 태어났습니다. 영적 생명의 출생이 있었습니다. '겐네데나이 아노텐'—born again, regeneration, 곧 생명이 거기서 태어난 것입니다. 그런데 보십시오. 여기 한 생명이 태어났습니다. 사람이지요, 분명히. 어린아이, 사람입니다. 분명히 사람이고 확실한 내 아들 내 딸이지만 그저 내버려두어보십시오. 미안하지만 강아지만도 못합니다. 얼마나 대중없이 헤맵니까. 아무거나 주워먹고, 더러운 데서 마구 뭉개고… 사람같지도 않지요. 그러나 종자는 분명히 사람이지요, 그것이. 이제 커야 사람될 것입니다. 그러나 지금은 강아지만도 못합니다. 그와도 같습니다. 우리가 구원받았습니다. 그러나 아직 완전한 구원에 도달하기에는 상당한 성장, 훈련기간을 요합니다. 두 번째는 세계관의 변화입니다. 사회학적으로는 신앙이란 뭐냐, 하면 가치관의 혁명이다, 합니다. 그건 사회적으로입니다. 신앙적으로 말하는 것이 아닙니다. 세상사람이 볼 때는 예수믿는다는 것은 가치관의 혁명입니다. 전에는 저런 것을 좋아했는데 오늘은 이런 것을 좋아합니다. 전에는 노름하는 거 재미있어서 거기 미쳤는데 이제는 그것이 아무것도 아닙니다. 수요일저녁에 교회나오는 것이 제일 좋습니다. 찬송부르는 것이 좋습니다. 봉사하는 것이 좋습니다. 가치관이 확 돌아간 것입니다. 가치관의 변화, 가치관의 구원입니다. 다음으로, 이성에 구원이 있습니다. 다시말하면, 요새 북한에서는 '신사고'라는 말을 쓴답디다마는, 사고가 바뀐 것입니다. 생각하는 방향이 바뀌었습니다. 생각하는 기준이 바뀌었습니다. 예수중심으로, 거룩한 세계로 향해서 생각이 확 바뀌어버렸습니다. 전에는 생각지 않던 것을 생각합니다. 전에는 못보던 것을 봅니다. 이런 이성으로, 사고 그 자체가 구원받은 것입니다. 그 다음으로 감성적 구원이 있습니다. 정서가, 느끼는 것이 달라졌습니다. 행복하고 불행하고 웃고 울고 기뻐하고 슬퍼하는 것이 다른 것입니다. 아주 그리스도적으로 달라졌습니다. 다른 말로는 예술감정까지도 중생했습니다. 그리고 하나 더 있습니다. 이게 마지막인데, 이게 어렵습니다. 뭐냐하면 육체 그 자체까지도 구원을 받았습니다. 육체가 가지는 본능, 육체가 가지는 욕망까지 구원받아야 됩니다. 음식으로 말하더라도 전에는 저런 것이 막 먹고 싶었는데 지금은 그것 먹어서는 안된다 해서 안먹는 것이 아니라 그것 먹기 싫어서 안먹는 것입니다. 그건 다른 것이지요. 예수믿는 사람이니 이런 거 먹으면 안되지 해서 안먹는 것하고 입맛이 싹 돌아서서 안먹는 것하고는 다른 것입니다. 전혀 다른 것입니다. 본능 자체, 욕망 자체에 변화가 왔습니다. 그리하여 지금은 아주 자연스럽게 거룩함을 따르고 선을 따르고 의를 따릅니다. 이렇게 달라진 것입니다. 이것이 조금도 어려운 것이 아닙니다. 가만히 보면 예수믿기는 믿는데 아직도 구원이 여기까지 미치지 않은 사람들은 그저 예수믿는 것을 힘들어합니다. 아, 그거 먹고 싶은데 못먹고, 그거 좀 하고 싶은데 못하겠는 것입니다. 속상한 것입니다. 아직도 덜돼서 이 모양이지요. 아직 거기까지 구원받지를 못했기 때문인 것입니다.

이제 데살로니가교인들, 좀더 깊이 연구해보면 사실 이 데살로니가교인들은 예수믿게된 지 얼마 안됐습니다. 기독교가 시작된 지도 몇십 년 안됐지마는 데살로니가교인들이 예수믿게 된 지도 얼마 안됐습니다. 다시말하면 새 교인들입니다. 그러니까 예수믿고 구원받고 감격하고 하늘나라약속을 바라보고 또 핍박도 이깁니다. 환난과 핍박도 다 극복할 수 있었습니다. 여기까지도 가능했는데 문제는 가치관과 윤리관에 변화가 없었다는 것입니다. 이래서 문제가 된 것입니다. 예수믿고 감사하고 성령받고 충만하고 전도하고 핍박을 이기고 순교까지도 합니다. 그런 것 가능합니다. 그런데 가만히 보니 부부싸움이 잦습니다. 화를 잘냅니다. 때로는 쓸데없는 욕심도 부립니다. 명예욕이 강합니다. 그리고 특별히, 오늘말씀에 보니 거룩하지 못합니다. 속된 것에 매여서 그것이 죄인지 아닌지도 분변치 못합니다. 그래서 사도 바울이 가르쳐주는 것입니다. 일깨워주는 것입니다. 중생은 단회적인 것입니다. 그러나 성화(聖化)는 언제나 점진적이고 반복적입니다. 많은 시간이 걸립니다. 태어나는 것은 순간으로 태어납니다. "아악" 울면서 태어나면 되는 것입니다. 생명은 그렇게 출생합니다. 그러나 그 생명이 하나의 성인으로 성장하기까지에는 많은 시간이 걸립니다. 몸만 자랍니까. 생각도 자라고 의식도 자라고 가치관도 자라고 판단력도 자라고 감성도 자랍니다. 엎치락뒤치락하면서 많은 사건 속에서 성장함으로 이렇다할 성인이 되는 것입니다. 그 얼마나 많은 시간이 걸립니까. 사실은 상당한 시간이 걸렸는데도 아직도 덜된 사람이 많아서 세상이 시끄럽습니다. 오늘본문에 주는 말씀은 바로 그것을 말씀하는 것입니다. 재미있는 얘기가 있습니다. 어떤 여자교인이 예수믿기는 하고 교회봉사도 잘하고 주일학교 선생이기도 한데 이 사람이 살금살금 댄스홀도 곧잘 가고 유흥업소에도 들락거립니다. 그래서 어떤 친구가 "너 그러면 안되지 않느냐?"하고 말렸습니다. 그랬더니 대답을 또 신학적으로 합니다. "예수믿어 우리는 자유인이야. 구원받은 자유인인데 무엇이 문제야?" 듣고보니 그 말도 옳은 것같아서 헷갈리거든요. 아, 이거 뭐라고 말해주나, 하다가 이렇게 말했다고 합니다. 어떤 사람들이 석탄 캐는 탄광을 구경가는데 다른 사람들은 다 작업복 비슷한 것으로 갈아입고 나섰다, 그런데 한 여자는 유독 하얀 블라우스를 입고 거기 따라나섰다, 이 경우, 이 여자는 어떻게 되겠는가, 석탄가루며 시커먼 먼지가 흰 블라우스에 묻고보면 다른 사람들보다 더 표나게 드러날 것 아니겠는가, 바로 그와도 같다, 당신이 유흥업소에 드나드는 것은 마치 그 여자가 흰 블라우스를 입고 탄광에 들어가는 거나 같은 것이다—이렇게 권면했다고 합니다. 여러분, 이걸 알아야 됩니다. 우리는 분명히 이 세상에 삽니다. 그 많은 유혹과 많은 혼란과 무질서 속에서 살지마는 우리 그리스도인은 자기의 거룩함을 지켜야 합니다. 지켜가도록 훈련을 받아야 합니다. 오늘말씀에 "하나님의 뜻"이라는 말씀이 나옵니다. 하나님의 뜻, 하나님의 우리를 향하신 뜻은 곧 거룩함입니다. 그런데 그 하나님의 뜻에 대하여 복종하는 사람이 있고 순종하는 사람이 있고, 감사하면서 따르는 사람이 있습니다. 그게 차이점입니다. 하나님의 뜻을 알고 따르기는 따르되 억지로 따릅니다. 매를 맞아가면서 따릅니다. 그런 사람이 있는 반면 어떤 사람은 기쁜 마음으로 따라갑니다. 그게 다르다는 말씀입니다.

저는 어렸을 때 시골에서 자라면서 송아지 길들이는 것을 보았습니다. 송아지 처음 나서 엄마소 따라다닐 때는 마음대로 이리 뛰고 저리 뜁니다. 거기서 조금 더 크면 그러지 못합니다. 코에 구멍이 뚫립니다. 소의 코에 뚫린 구멍이 본래 뚫려 있는 게 아닙니다. 사람이 뚫은 것입니다. 쇠꼬챙이를 불에 달궈서 그것으로 구멍을 낸 것입니다. 여러분이 귓불 뚫는 것처럼. 귓불의 그 구멍이 원래 있던 것이 아니지 않습니까. 그렇게 코뚫기를 떡 해놓고 거기에 코뚜레를 꿰어서 잡아당기니 얼마나 아프겠습니까. 이렇게 해서 길을 들이는 것인데 이리 가라 저리 가라 해도 처음에는 코가 찢어질 듯 아프니 안따릅니다. 이것을 사람이 앞에서 끌고 뒤에서 때립니다. 그렇게 해서 길드는 데 사흘 걸립니다. 그 사흘, 송아지는 얼마나 매를 맞는지 모릅니다. 그렇게 많이 맞고나서야 이제는 아예 매에 익어서 또 때릴까봐 말 잘듣습니다. 그래서 소는 한평생 주인 편안하게 주인 의사대로 움직여지는 것입니다. 길들일 때 보면 앞에서 잡아당기지요, 뒤에서 밀지요, 때리지요. 그때 저는 생각했습니다. 제가 송아지한테 꼭 하고 싶은 말이 있었습니다. '이놈아! 주인이 양보할 것같으냐. 곱게 따라라, 곱게 따라! 왜 고집을 부리다가 매를 맞느냐, 이 바보녀석아.' 이게 소 얘기가 아닙니다. 여러분들 보고 하는 얘기입니다. 곱게 따라갈 것이지 왜 억지를 부리다가 매를 맞습니까. 절대로 주인은 양보하지 않습니다. 그것을 알아야 합니다. 예수님께서, 하나님께서 한번 나를 딱 붙드셨으면 당신께서 뜻하시는 작품으로 나를 만드시고맙니다. 하나님께서 양보하실 것같습니까. 하나님께서 거룩하게 만들려고 하시는데, 내 생각과 내 마음과 내 가치와 인격과 감성을 거룩하게 만드시려 하는데, 그 거룩하게 만들려 하시는 길에 하나님의 뜻을 잘 이해하고 기쁨으로, 감사한 마음으로, 즐겁게 즐겁게 따라가면 아주 만사형통입니다. 이거야말로 자유할 수가 있는데, 이걸 뻔히 알면서도, 성령의 감화를 받아서 알고, 성경공부해서 알고, 이렇게 알면서도 꼭 반대로 가는 것입니다. 그러다가 얻어맞습니다. 피가 나도록 얻어맞습니다. 그렇게 맞으면서 살아가는 참 유감스러운 교인도 많습니다.

하나님께서는 우리가 세속적인 것, 더러운 것을 다 버리고 거룩하게 되기를 원하십니다. 거룩함이라는 것이 무엇입니까. 하나님께 속한 것입니다. '거룩한'은 헬라말로 '하기오스'이고 영어로는 holy입니다. 구별되었다는 뜻입니다. 하나님 쪽으로, 하나님 편으로 구별되었다는 뜻입니다. 그러니까 우리가 이 세상에 속하고 마귀에 속하고 세속적이고 더러운 것에 속했다가 떠나서 하나님께로 옮겨 한 단 더, 한 걸음 더… 이렇게 계속 가는 것입니다. 구별되는 것입니다. 구별되어야 하는 것입니다. 이렇게 구별되어나가는 역사가 이루어지는데 문제는 여기에 있습니다. 구별될 때마다 하나 잊지 말 것은 세속적인 것은 한쪽으로 버려야 한다는 것입니다. 잊어버리기도 하고 잃어버리기도 하고 억지로 빼앗기기도 하고, 계속 버리면서 거룩함을 계속 얻어나가는 것입니다. 버리고 얻고 버리고 얻고, 이렇게 진행되는데 문제는 여기에 있습니다. 우리마음이 하나님을 사랑하고 거룩함을 사랑하면 앞으로 앞으로 가면서, 점점 높이 올라가면서 상쾌하고 유쾌하고 기분이 좋습니다. 내가 점점 거룩해지는 것을 보면서 행복합니다. 그런데 내가 아직도 이 세상을 사랑하는 사람이라면 어떻겠습니까. 버리는 것이 아깝습니다. 아, 매일저녁 가던 그 술집 못가고, 그 포장마차 그냥 지나치려니 아쉽고… 이렇게 말입니다. 아직도 그걸 못끊었기 때문에 그쪽으로 계속 아까운 마음이 있는 것입니다. 그러면 거룩함으로 지향하는 발걸음이 아주 힘들고 괴롭고 답답합니다. 아시겠습니까? 그렇기 때문에 이 더러움과 세속, 무질서와 혼란, 이런 것을 버려야 되는데 요컨대 버린다고 하는 그 자체를 기뻐할 줄 알아야 합니다.

그리스도인에게는 순결이 곧 기쁨입니다. 거룩함이 곧 행복이라는 의식으로 이해되는 것입니다. 그러니까 참즐거움이 거룩함에 있습니다. 예배에 있고 봉사에 있고, 거룩한 일, 하나님께 속한 일이 전부 내게 행복으로 다가오는 것입니다. 이것이 온전한 구원입니다. 실상 purity, 순결이라고 하는 것은 곧 즐거움 그 자체인 것입니다. 이제 오늘본문으로 돌아가보면 지금 결혼문제를 말씀하고 있습니다. 결혼이 무엇입니까. 결혼은 원래 두 가지 목적으로 합니다. 하나는 순결이요 하나는 자유입니다. '결혼의 3대 의미'라는 것이 있습니다. 그 첫째가 고독으로부터의 자유입니다. 결혼하지 아니하면 고독합니다. 하나님께서 분명히 말씀하십니다. 사람이 독처하는 것이 좋지 않다, 라고. 가정을 이룬다는 것은 바로 고독으로부터의 자유를 의미하는 것입니다. 둘째, 방종으로부터의 자유입니다. 결혼하지 아니할 때 방종하게 됩니다. 방종함이 자유같아보이지만 그것은 자유가 아닙니다. 점점 더 어려움이 있습니다. 이리 얽히고 저리 얽히고… 자꾸 속박됩니다. 그래서 한 사람을 택해서 결혼하고 한 사람을 사랑하게될 때 거기서 오히려 자유함을 느낍니다. 셋째는 허무로부터의 자유입니다. 혹 가정을 위해서 수고하면서 힘들다고 하지만 그것이 아닙니다. 수고하는 것 그 자체가 생에 의미를 주는 것입니다. 여러분, 다 떠나고나서 아무도 없이 혼자 있어보십시오. 쿨쿨 잠을 자도 잔소리하는 사람 없고, 쓸데없이 나가도 말리는 사람 없고, 어디서 자고 와도 캐고드는 사람 없고, 일하는 게 도대체 의미가 없어지는 것입니다. 허무해집니다. 내가 누구를 위해서 일하는 것입니까. 자유를 위해서 일하는 것입니다. 자유만 있습니까. 동시에 거기에 순결이 있는 것입니다. 이제 오늘본문을 말씀하고 있는 그 당시, 이천 년전으로 돌아가봅시다. 그때는 데살로니가를 비롯해서 헬라, 로마 할것없이 다들 결혼생활이나 도덕생활이 문란했습니다. 기록에 보면 로마사람들은 이혼하기 위해 결혼하고 결혼하기 위해 이혼한다고 하는 말이 세네카의 글에도 있습니다. 요새도 그런 사람들 있습니다. 그렇게 엉망이었습니다. 심지어는 어느 가정에 손님이 오면 자녀들을 하나하나 소개하는데, 그 어머니가 어떻게 소개하는고하니 얘는 아무개 아들이고, 얘는 아무개 이들이고, 얘는 아무개 아들입니다, 하였다는 것입니다. 도대체 여럿자녀가 다 아비 다른 자녀들입니다. 어머니만 내막을 압니다, 그 핏줄의. 또 그렇게 공개적으로 살았습니다. 그 모양이었습니다. 또 이혼도 옛날에는 아주 쉽게들 했습니다. 기록에 보면 너무나도 어이없는 얘기들이 있습니다. 여자가 음식에 소금을 너무 많이 쳐서 짜면 '이 여자, 소금을 너무 많이 치는구만. 이혼!'—이러고 이혼해버리는가하면 음식 장만하는 뒷모습이 마음에 안들어! 그래서 또 이혼! 목소리가 너무 크다, 웃는 소리가 담장 넘어가서 안되겠다, 그래서 이혼!—이 꼴이었습니다. 쉽게 이혼하고 딴여자 다시 만나 결혼하고… 이렇게 엉망인지라 순결이란 없는 것입니다. 생각에도 없습니다. 순결은 곧 고통이다, 하였습니다. 어떻게 한 여자하고 살고 어떻게 한 남자하고 사느냐, 그건 말도 안된다, 지옥이다 그거는, 속박이다 그건. 감옥이다 그건—이렇게 생각했습니다. 이런 때에 주는 복음입니다. 이 사람들이 예수 믿습니다. 믿고 구원받았지만 가정생활에 관한 한 여전히 이전 그대로 사는 것입니다. 이제 사도 바울은 편지에서 말씀합니다. 가르칩니다. 그게 아니다, 하나님의 뜻은 거룩함이다, 순결이다, 라고. 본래 결혼이라는 것은 색욕을 좇아 이루어지는 것이 아닙니다. 오늘 본문에 주는 말씀도 분명히 그렇게 말씀하지 않습니까. "이방인과 같이 색욕을 좇지 말고…" 철학적으로 정리하면 결혼에는 생리학적 결혼이 있습니다. biological marriage입니다. 오로지 육체적 본능에 끌려서 되어지는 것입니다. 그런데 문제가 여기에 있습니다. 요새 연애하는 사람들을 보아도 정신적 사랑이 먼저 가고 육체가 갔느냐, 육체가 먼저 가고 정신이 갔느냐, 합니다. 똑같은 행위같지만 엄청난 차이가 여기 있습니다. 그런데 사실상은 정신과 육체, 신앙까지 하나가 될 때 거기에 진정한 행복이 있습니다. 정신적 사랑을 동반하지 아니한 성행위는 바로 간음이다, 라고 칼 바르트도 말합니다. 누구와의 관계라 해도, 아내와의 관계라 해도 그건 간음이다, 라고 했습니다. 왜요? 생리적인 것이니까. 동물적인 것이니까. 둘째로, 철학적 결혼이 있습니다. 예술적이고도 깊은 사고에서 인격과 인격이 만나면서 흔히 말하는대로 대화가 있고 마음이 통하는 것입니다. 마음과 마음의 사랑이 있었다—이게 먼저입니다. 그만큼 인간적입니다. 좀더 나아가 이것은 신앙적인 것입니다. 예수님 분명히 말씀하시기를 하나님이 짝지어 주신 것을 사람이 나누지 못하느니라, 하십니다. 하나님께서 정해주셨다—하나님께 감사하는 것입니다. 아내를 대하면서도 하나님께 감사, 남편을 사랑해도 하나님께 감사, 자녀를 사랑할 때도 하나님께 감사합니다. 하나님과의 관계에서 가정을 받아들이는 것입니다. 여기에 진정한 순결이 있고 행복이 있습니다. 가정생활이란 그렇습니다. 이런 정신적인 것, 신앙적인 것 다 합치고 육체적인 것이 갈 때 그것이 진정한 행복이라는 것입니다. 또한 이것은 순결 안에서 이루어지는 것입니다. 오늘말씀은 이것을 가리켜 거룩함이라고 하였습니다. 거룩함 안에 행복이 있습니다. 이것을 잊지 말아야 합니다. 거룩함이 나를 괴롭히는 것이 아니라 나를 행복하게 만들어주는 것입니다. 거룩하게, 깨끗하게, purity하게, 순결하게 살 때 자유한 것입니다. 마음도 정신도 몸도 자유한 것입니다. 행복하고, 가장 큰 행복을 즐길 수 있습니다. 그러나 그렇지 못하면 절대로 행복하지 못합니다. 제가 어느 때 한번 동부여자기술학교라고, 창녀들 데려다가 훈련시키는 기관의 지도위원으로 몇해 있은 일이 있습니다. 그래 거기에 여러번 가보았습니다. 그들이 쓴 수기도 읽어보고 또 몇 사람 상담도 해본 나머지 크게 충격받은 것이 있습니다. 창녀와의 관계에는 진정한 성적 행복이 없다는 것입니다. 왜요? 양심에 꺼리고 병이 있을까봐 걱정이고 그 순간 스스로가 비인간화하고 더러워지는 것을 느끼기 때문에 절대로 행복하지 않다는 것입니다. 그것을 알아야 합니다. 나이 들만큼 들어서도 무슨 예쁜 여자, 젊은 여자 꿰고, 요새는 또 '원조교제'니 뭐니 하고… 다 쓸데없는 짓입니다. 진정한 행복은 순결에 있는 법입니다. 다시말씀해서 신학적이고 철학적이고 또 생리학적이고—이 모든것이 종합적으로 이루어질 때 거기에 순결이 있고 그 순결에 진정한 가정적 행복이 있는 것입니다.

오늘본문에 이 문제를 놓고 사도 바울은 세 단계로 말씀합니다. 자세히 읽어보면 처음에 이런 말씀이 있습니다. '마땅히' 어떻게 행하며, 라고 '마땅히'라는 말씀이 한마디 있고, 그 다음에는 "너희가 우리에게 받았으니 곧 너희 행하는 바라" 하여 '받은 바'라는 말씀이 있으며, "너희에게 무슨 명령으로 준 것을 너희가 아느니라" 하고 '명령'이라는 말씀이 있습니다. 이 세 단어가 우리에게 주는 중요한 의미를 띠고 있습니다. 이제 보십시오. 거꾸로 설명하겠습니다. 명령이라는 것이 있습니다. injunctions, 헬라원문대로 볼 것같으면 '파랑겔리아스'인데 이것은 금지령이요 금기요, 강제적인 명령을 말하는 것입니다. 강제적 명령, 훈령입니다. 이렇게 해라, 않으면 벌받는다, 않으면 저주를 받는다, 이런 것입니다. 강제적으로입니다. 이걸 순종하지 않을 때는 많은 불이익이 돌아온다는 것을 본인이 압니다. 이렇듯 강한 명령이 있습니다. 자, 하나님의 뜻을 따라갈 때 이렇게 죽지못해서 저주받을까봐 두려워서 벌벌떨면서 순종하면 그게 하나님을 기쁘시게 하는 것이겠습니까. 오늘 우리가 언제든지 이렇게 저주의식에 매이는 것, 그거 하나님께서 기뻐하지 않으십니다. 우리가 아이들에게 심부름을 시킬 때도 그냥 명령을 하니 벌벌떨면서 순종을 하면 차라리 그만두어라, 하게 됩니다. 하나님을 기쁘시게 하려면 하나님의 뜻을 명령으로 받아들여서는 안되는 것입니다. 그러나 명령으로 받는 사람도 많고 명령으로 받을 때도 있습니다. 그렇게 받아야 할 때도 있습니다. 왜? 내 수준이 거기에 있기 때문입니다. 내 수준이 그거밖에 안되기 때문입니다. 명령으로 받을 수밖에 없는 이 수준에 사는 사람이 있는 것입니다. 다음으로, '받은 바'입니다. 받았다는 것은 헤라말원어가 '파렐라베테'인데 이 말은 무슨 뜻인고 하니 배웠다고 하는 뜻입니다. 우리로부터 배움을 받았다, 훈련받았다는 말입니다. 우리가 가르쳐주었습니다. 일러주고 권면을 해서 따라오는 것입니다. 그런 정도의 교인도 많습니다. 누누이 가르치고 설명하고 "이래야 됩니다" 하면 이제 조금씩 조금씩 따라옵니다. 이런 수준에 있는 것입니다. 그 다음으로 이제 '마땅히'라는 말입니다. 당연히 해야 할 일을 하는 것입니다. 여러분이 무슨 봉사 할 때 저쪽에서 고맙다고 인사하면 "아닙니다. 해야 할 일을 했을 뿐입니다" 하지 않습니까. 내가 해야 될 일을 했을 뿐이니 고맙다는 말을 들을 것 없는 것입니다. 모든 그리스도인의 윤리기준은 여기에 있습니다. 마땅히 행할 일을 하는 것일 뿐입니다. 다시 보십시오. 자, 하나님께서 우리를 사랑하십니다. 우리가 사랑하는 게 마땅하지요. 많은 은혜를 입었습니다. 우리가 은혜베푸는 것이 마땅하지요. 많은 신세를 졌습니다. 우리가 선한 일 하는 것이 마땅하지요. 하나님께서 나를 이처럼 사랑하사 독생자를 주셨습니다. 내가 하나님을 사랑하는 것이 마땅하지요. 그가 나를 이처럼 사랑하시니 그의 뜻을 내가 기쁨으로 따르는 것이 마땅하지 않습니까. 그 마땅함, 바로 그것이 그리스도인의 윤리입니다. 항상 그 수준에서, 그 높은 수준에서 살아야 합니다. 우리는 그런고로 아무리 좋은 일을 하고 희생하고 수고해도 고맙다는 인사를 받을 아무것도 없습니다. 당연히 할 일을 하는 것일 뿐이기 때문입니다. 바로 그런 마음이 그리스도인의 윤리다, 하는 말씀입니다. △

자기일을 하라

형제 사랑에 관하여는 너희에게 쓸 것이 없음은 너희가 친히 하나님의 가르치심을 받아 서로 사랑함이라 너희가 온 마게도냐 모든 형제를 대하여 과연 이것을 행하도다 형제들아 권하노니 더 많이 하고 또 너희에게 명한 것같이 종용하여 자기 일을 하고 너희 손으로 일하기를 힘쓰라 이는 외인을 대하여 단정히 행하고 또한 아무 궁핍함이 없게 하려 함이라
(데살로니가전서 4 : 9 - 12)

자기일을 하라

　데살로니가전서, 마지막 부분에 가까이 왔습니다. 이제 사도 바울은 교리적인 이야기보다는 윤리적인 이야기, 어떻게 하여야 하는가보다는 어떻게 믿는 사람은 살아야 하는가, 하는 문제에 대해서 말씀하고 있습니다. 무엇을 믿는가, 하는 것과 어떻게 살아야 하는가, 하는 것은 언제나 서로 이렇게 마치 원인과 결과의 관계처럼, 종자와 열매의 관계와도 같이 밀접하게 연계되어 있습니다. '그렇게' 믿으면 그렇게 행하게 되는 것입니다. 우리는 행한다고 하는 문제에만 초점을 맞추고 행해보려고 애쓰는 경우가 많은데 이것은 기독교적인 사상이 아닙니다. 바로 믿으면 행하여집니다. 행함을 우리가 왜 이렇게 강조하느냐, 하면 바른 믿음을 찾기 위함입니다. 이러한 결과가 오지 않았다면 그 믿음은 잘못된 믿음이기 때문입니다. 그래서 믿음을 진단하고, 믿음을 바로잡기로, 믿음의 진수를 찾아가기 위해서 우리는 행함을 또한 따라가야 하고, 이 생활규범을 깊이 이해하고 이 규범에 맞추어서 우리가 생활함으로 진정한 믿음을 확증해나가게 되는 것입니다. 오늘본문에 보면 우선 "형제사랑"이라는 말씀이 나옵니다. 형제사랑, 이것은 가정에, 이웃에 국한된 것이 아니고 심지어는 그 지방, 이방사람들까지 그 전체를 놓고 말씀하는 것입니다. 유대인이건 이방인이건, 예수믿는 사람은 다 형제입니다. 문화와 민족, 국가를 다 넘어서서 그리스도인 간에 나누는 그런 사랑을 "형제사랑"이라고 표현하는 것입니다. 특별히 이 형제사랑의 뿌리는 어디에 있는고하니 데살로니가전서가 전적으로 계속해서 말씀하고 있는 내용에, 그 주제에 준합니다. 뭐냐하면 주님의 재림을 기다리는 신앙, 메시야대망신앙을 근거로 하고 있습니다. 주님께서 곧 재림하실 것입니다. 확실하게 재림하실 것입니다. 재림하시는 주님을 기다리는 마음이 바로 신앙생활이요, 그 신앙생활이 바로 사랑이라고 하는 윤리로 열매를 맺게 되는 것입니다. 아시는대로 초대교회사람들, 유무상통하였다고 합니다. 내것을 내것이라 하지 않았다고 합니다. 자기의 있는 것을 다 팔아서 갖다놓으면 사도들이 그것을 가난한 사람들에게 나누어주어서 궁핍한 자가 없더라―부족한 사람이 없습니다. 다같이 넉넉하게, 그렇게 되었다, 합니다. 요새말로 가장 이상적 분배 행위가 이루어졌습니다. 사실을 알고보면 우리네, 뭐가 모자란 것이 아닙니다. 분배가 잘못되어서 문제입니다. 지금도 한쪽에서는 곡식이 썩어나갑니다. 보관을 못해서 큰일입니다. 그런가하면 한쪽에서는 굶어죽습니다. 세상에, 이렇게 부조리할 수가 없지요. 한쪽에서는 먹고 먹고 터지고, 또 살 빼느라고 진땀 빼고 또 한쪽에서는 못먹어서 삐쩍 말라 죽을 지경이라고 합니다, 영양실조로. 세상에, 이렇게 다를 수가 있습니까. 결국은 평준치 못하기 때문입니다. 바로 사랑 없음입니다. 주님의 재림을 기다리는 사람은 이제는 베푸는 사랑이라는 열매를 맺게 됩니다. 그것을 한마디로 말하여 '형제사랑' 곧 '필라델피아'라 합니다. brotherly love입니다. '필라'라는 말은 '필로스' 곧 사랑이라는 말이고, '아델포스'는 형제라는 말입니다. 이웃사랑과 형제사랑은 다릅니다. 그리스도인의 사랑은 형제사랑입니다. 다시말하면 인도주의적 사랑이 아니라 가정적 사랑입니다. 그대로 같이 산다고 하는, 그런 인간적 차원에서의 사랑이 아니고, 이것은 피를 나눈 한 형제라 하는, 한 식구라고 하는 그런 의미의 사랑이라는 것을 알아야 합니다. 그래서 기독교인의 사랑을 '필라델피아'라고 합니다. 아주 깊은 의미가 여기 있습니다.
　'형제'가 무슨 뜻입니까. '한 아버지'라는 말입니다. 한 아버지. 종적으로, 수직적으로 한 아버지를 모시고 두 자녀가 있습니다. 이게 형제입니다. 한 아버지의 자녀라는 뜻입니다. 우리는 다같이 하나님의 자녀입니다. 내가 하나님의 자녀이고 저도 하나님의 자녀요, 나도 하나님의 아들이고 저도 하나님의 딸입니다. 하나님의 아들과 딸, 만났습니다. 이게 바로 형제애라는 것입니다. 그러므로 우리 둘 사이에는 좀 언짢은 있더라도 아버지의 마음을 슬프게 해서는 안됩니다. 어떤 경우에도 아버지를 기쁘게 하기 위해서 우리 형제간에 사랑을 나눠야 하는 것입니다. 우리 사이에는 아무런 이해관계가 없다 하더라도 아버지에게는 소중하기 때문입니다. '탕자비유(눅 15:11-32)'에서 아버지는 말합니다. '네 동생, 내 아들, 내 아들이며 네 동생이 아니냐?' 그러나 그 형은 못마땅합니다. 동생을 영접하기를 꺼립니다. 그렇지만 아버지는 말합니다. 아버지의 뜻은 이렇습니다. 너도 내 아들이요 집을 나갔던 저 아들도 내 아들이다, 너도 저도 다 내 아들이다, 그런고로 너희는 형제다─형제란 지워버릴 수가 없는 사실입니다. 이제부터 동생 아니라고 한다고 동생 아니됩니까. 형 아니라고해서 형 아니됩니까. 이것은 영원히, 절대로 지울 수 없는, 헤어질 수 없고 변질될 수 없는 관계입니다. 이것이 형제라는 것입니다. 또, 그리스도인으로 볼 때는 한 그리스도로 인하여 구원받았다는 것입니다. 다같이 회개하고 다같이 예수의 피로 죄씻음받고 하나님의 자녀가 되었습니다. 우리의 한 구주입니다. 그 누구도 다 예수믿고 구원받는 것입니다. 그런 의미에서 높은 사람 낮은 사람이 없습니다. 다같이 형제입니다. 다같이 수평적으로 똑같은 위치에 있습니다. 우리교회에서도 그렇습니다. 직분은 다릅니다. 장로, 집사, 권사, 목사… 그러나 우리 모두는 하나님 앞에 다같은 형제입니다. 다같이 예수 그리스도로 말미암아 구원받은 사람들이기 때문입니다. 또하나, 종말론적인 의미가 여기에 있습니다. 이땅에서만이 아니라 우리는 하늘나라에 가서 영원히 함께 살아가야 할 사람들입니다. 그런 관계입니다. 그런고로 우리는 다같이 형제입니다. 이래서 '필라델피아'—우리는 형제다, 하는 형제애를 말씀하고 있습니다. 형제애를 실천하여야 하고, 형제애를 확인하여야 한다, 하는 말씀입니다. 그러면서 "서로 사랑함이라" 합니다. '서로 사랑함(to love one another)'— '아가판 알렐루스'입니다. 형제애는 '필리아'이고 여기서 서로 사랑한다는 것은 '아가페'입니다. 예수님의 사랑을 받은 사람들이 그 사랑을 서로서로 실천하는 것입니다. 형제애를 넘어서는 그리스도인의 사랑이 여기에 있는 것입니다. 우리가 '인류애'라는 말을 하지만 그것으로는 모자랍니다. 형제애가 되어야 합니다. 형제애로도 모자랍니다. 바로 그리스도의 사랑입니다. 예수님 친히 "내가 너희를 사랑한 것같이 너희가 서로 사랑하라" 하시는데, 서로 사랑하라, 하신 말씀이 '아가파테 알렐루스'입니다. 아가페의 사랑을 하라, 하심입니다. 대상이 누구냐, 나를 어떻게 대하느냐, 나에게 이익이 되느냐 불이익이 되느냐, 그것은 문제가 되지 않습니다. 아가페입니다. 예수님께서 나를 위하여 죽으신 것과 같은 그런 사랑을 내가 저에게 베풀어야 합니다. '서로'라는 말씀이 또한 중요합니다. 당시에는 계급이 많았습니다. 가난한 자, 부한 자에 인종차별도 많았습니다. 주인과 노예가 있었습니다. 이런 복잡한 계급사회이지만 그리스도인인 한 교회에 나와서 예배드리고 하나님을 찬양할 때는 서로 똑같은 것입니다. 노예도 주인이요, 주인도 노예입니다. 다 형제가 되는 것입니다. 이것을 우리가 잊지 말아야 합니다. 형제된 이 관계를 크게 생각하여 그밖의 조금 높고 낮고, 크고 작고, 그런 것은 별로 중요하지 않은 것입니다. 지식이 있고 없고가 중요한 게 아닙니다. 우리가 흔히 보는 현상이 있지요. 결혼할 사람들이 서로 따지는 게 많읍니다. 키가 커야 한다거나 날씬해야 한다거나 공부가 뛰어나야 한다거나 머리가 좋아야 한다거나 IQ가 어떻고 취미가 어떻고 성격이 어떻고 따집디다. 그러나 여러분, 살아가면서 보니, 다 소용없지요? 예수 잘믿으면 됩니다. 그리스도인의 성품 외에 더 바랄 것이 아무것도 없습니다. 그리스도 안에서 구원받았다는 것 자체가 점점 크게 느껴질 뿐 잘났고 못났고, 있고 없고, 이런 것은 별것 아니라는 것, 아무것도 아니라는 것을 점점 강하게 느낍니다. 그래서 서로 사랑하라, 하십니다. 특별히 오늘 중심되는 말씀 가운데 아주 재미있는 표현이 하나 있습니다. "하나님의 가르치심을 받아"라는 표현입니다. 헬라말원문은 '데오디다크토이'입니다. 'taught by God' 입니다. 대단히 중요한 말씀입니다. '디다스코'라는 말이 '가르치다' 라는 말이고 하나님으로부터 가르치심을 받은대로—무슨 말씀입니까. 하나님을 생각하고 저를 사랑하는 것입니다. 남편을 사랑할 때도 하나님을 생각하고 남편을 사랑하고, 아내를 사랑할 때도 하나님을 생각하고 아내를 사랑하는 것입니다. 이것이 그리스도인의 사랑입니다. 그리고 특별히, 하나님의 가르치심을 받았다는 것은 구체적으로는 하나님의 말씀을 통하여 성령의 감화 안에서 하나님을 알고, 하나님과 나와의 관계를 확증하면서, 거기서부터 사랑이 이루어진다는 것입니다. 이것이 하나님의 가르치심을 받아 사랑하는 것입니다.

사람을 보고 사람을 사랑하는 게 아닙니다. 하나님을 믿고, 하나님을 보고 그를 사랑하는 것입니다. 심지에는 내 자녀도 하나님을 보고, 하나님께 감사하면서 저를 사랑하는 것입니다. 저가 내 자식이어서, 저가 똑똑해서―그런 얘기가 아닙니다. 다 이유가 되겠지만, 가장 핵심적인 것은 하나님 앞에서, 하나님과 나와의 관계를 극대화하면서 거기서 사랑이 유출된다는 것입니다. 그러면 모든 사람을 아가페적으로 사랑할 수가 있게 되는 것입니다. 이게 첫번째 교훈입니다.

그리고 두 번째 교훈은 '일하라'하는 것입니다. '일하라'는 말이 왜 여기 나오겠습니까. 이는 데살로니가전서의 아주 중요한 교훈입니다. 지금은 없어졌습니다마는 오래전에는 저 구소련 크레믈린 바람벽에 큰 글자로 '일하기 싫은 자는 먹지도 말게 하라'라고 쓴 벽보가 붙어 있었습니다. 성경구절입니다. "일하기 싫은 자는 먹지도 말게 하라." 공산당 슬로건이 되었습니다. 그러나 중요한 의미가 있습니다. 성경에 있는 말씀에 "일하기 싫은 자는 먹지도 말게 하라" "일하라!"―일하라고 말씀하는 근본의도는 여기에 있습니다. 우리 신앙을 가진 사람들, 신앙이 깊을수록 열심히 일해야 됩니다. 그런데 보아하니 신앙이 생기면서 신앙이 '전문화'되어 기도만 하겠다는 사람이 있습니다. 제가 인천에서 목회할 때 심방을 많이 했습니다. 어떤 집에 심방갔더니 도시 발들여놓을 수도 없을 만큼 가난하고 어려운데, 겨울날 안방에다 콩나물을 키웁니다. 방안에 콩나물시루들이 꽉찼습니다. 윗목에 겨우 빈 틈이 나 있는데 거기가 잠자는 데라고 합디다. 여자 혼자 그렇게 콩나물을 키워서 시장에 내다 판다는 것입니다. "남편은 어디 갔소?" 물었더니 "기도하러 갔죠" 합니다. 어디서 이상한, 잘못된 교리를 받아서 예수님 재림한다고 흰 두루마기 하나 입고 산에 올라가 산다는 것입니다. "그럼 그 사람은 뭘 먹고 사나요?" "우리가 한 달에 한 번씩 쌀 갖다주죠." 콩나물 키워서 남편 치다꺼리하고, 남편은 산에서 지금 기도하고 있는 것입니다, 저만 천당가겠다고. 도대체 이런 이기주의가 어디 있습니까. 남편 할 도리는 뒷전으로 하고. 바로 이런 사람을 보고 하는 말씀입니다. "일하라." 주님의 재림을 너무 초조하게 시한부적으로 기다리는 것입니다. 주님 오시는 것은 확실합니다. 그러면 되는 것인데 내일이나 모레나, 아침이나 저녁이나… 요런 생각을 한 나머지 일손을 놓고 말았습니다. 직업을 잃어버렸습니다. 이런 사람들이 있습디다. 게다가 돌아가면서 말만 피웁니다. 이 집에 가서 "주님 곧 재림하실 텐데, 가진 거 다같이 나눠먹읍시다." 남의 것 가지고 그러고, 다 먹은 다음에 또 저 집으로 가서 그럽니다. 데살로니가교회에 그런 사람들이 있어서 하는 말씀입니다.

　　오늘도 신앙은 곧 생활화하여야 됩니다. 그렇지 못하고 신앙 자체가 전문화하여버리면 저렇게 되는 것입니다. 항상 산에 올라가 기도할 생각만 하고, 직장은 나가지 않고 금식기도만 하고, 성경공부만 하겠다고 쫓아다니고. 이거 어떻게 되겠습니까. 오늘성경말씀은 '일하라!' 합니다. 재림을 기다리는 마음도 좋고, 주님을 만났겠다는 생각도 좋지만 그 신앙이 사람을 게으르게 만들어서도 안되고, 자기 본분을 떠나서도 안되는 것입니다. 그래서 신앙을 가지고 더 부지런히 일하라, 권면하는 것입니다. 또하나의 문제는 이런 것입니다. 당시에는 더더욱 그러했습니다. 그때는 노예가 있었거든요. 노예는 하루종일 주인을 위해서 일하지요. 그런데 노예가 예수믿게 되었습니다. 노예의 주인도 예수믿습니다. 집에 가서 일할 때는 하나는 주인이고 노예입니다. 매를 맞아가면서 일을 해야 하고, 쉬지 않고 일해야 되지요. 그러나 주인이 예수를 믿고보니 교회에 와서는 노예보고 뭐라고 합니까. "형제여"하고 부르거든요. 신분이 하늘과 땅 차이인데, 그 둘이 교회에 와서만은 "형제여"하고 서로 악수하고 친교했단 말입니다. 여기서 어떤 노예는 재미를 봤습니다. 집에 가서 일을 하지 않는 것입니다. "당신도 일하구려, 형제여." 주인 보고 이래가면서요. 아니, 교회에서는 형제이지만, 본질적으로는 형제이지만, 집에 가면 주인과 노예 사이입니다. 일을 하여야 합니다. 그런데 일을 하지 않는 것입니다. 게을러집니다. "우리 주인이 그리스도 안에서 다 용서할 텐데 뭐, 너그럽게 사랑해주겠지." 이렇게 된단말입니다. 내가 사랑을 베푸는 것은 좋지만 다른 사람의 사랑을 조건으로해서 내가 게을러지든가, 본분을 다하지 않는 것은 잘못된 것입니다. 이게 문제였습니다. 여러분이 그리스도 안에서 서로 사랑합니다. 그렇다고해서 아내가 아내된 도리를 다하지 않고 되겠습니까. 한 삼사년전에 저 부천에 있는 어느 교회에서 여전도회, 남전도회 연합으로 헌신예배를 드린다고 해서 가겠다고 했더니, 그 곳 장로님서껀 집사님 두 분이 여기까지 일부러 왔습니다. 제 차를 같이 타고 가면서 차 안에서 장로님이 나한테 설교주문을 하는 것입니다. '설교주문'이 무슨 말인지 아십니까? "요렇게 말해주세요." 이렇게 주문을 하는 것입니다. 그분은 남선교회 회장이요 그의 부인은 여전도회 회장이라고 합니다. 그 부인이 하루종일 밖으로 나다닌다는 것입니다. 참기름 팔러도 다니고… 그거 팔아가지고 전도비 만든다고. 아들 둘 있는데, 삼부자가 라면 끓여먹기 일쑤라고 합니다. 그리고 살림 좀 제대로 하라고 하면 "장로가 믿음이 없나? 왜 이 모양이야?" 이런다는 것입니다. 그래서 나보고 "목사님, 이번에 오셔서 설교할 때 일 좀 하라고 설교해주세요"하는 것입니다. "집 좀 돌아보라고 말씀해 주세요." 그래, 가서 그렇게 설교하였습니다. 일하라고, 가정은 팽개쳐놓고 전도한다고 나다니고 해서야 되겠는가, 하고. 오늘본문도 사도 바울이 그래서 하는 말씀입니다. 예수믿는 것도 좋고, 확실하게 사는 것도 좋습니다. 그러나 신앙을 빙자해서 내 의무를 다하지 않는 것, 그것은 또다른 죄가 된다는 것을 알아야 합니다.

또한 초대교회는 저렇게 신앙과 은혜가 충만하고보니 유무상통하는 일이 많았습니다, 사랑이 넘쳐서. 돈있는 사람들이 집을 팔고 땅을 팔아서 교회에다 갖다바치고, 교회에서 이것을 없는 사람들에게 나누어줬습니다. 이런 유무상통이 있었다, 있는 사람과 없는 사람이 서로 통했다, 이것입니다. 이거 참 좋게 들리지요? 그러나 여기에 또 문제가 생깁니다. 그게 뭐냐하면 이렇습니다. 주는 사람은 주어서 좋습니다. 주는 기쁨이 있습니다. 그러나 받는 사람은 받다보니 거지 근성이 생깁니다. 일할 생각을 하지 않습니다. "교회등록만 하면 먹고살겠더구만. 아, 거 뭐 넉넉하더구만." 이제 일을 안하려고 드는 것입니다. 사랑을 늘 받아버릇하면 처음에는 은혜로 받지만 세 번 넘어가면 율법으로 받습니다. 당연히 받을 것을 받는 줄 압니다. 그 다음에는 "왜 안줍니까?" 이렇게 됩니다. 여러분도 그리해보십시오. 여러분 앞에 거지가(지금은 거지가 없지만) 옵니다. 다른 사람들은 거지한테 백 원 줄 때 나는 천 원을 줬다고 생각해봅시다. 거지로서는 그거 고맙지요. 얼마나 고맙겠습니까. 그렇지만 올 때마다 천 원을 주다가 어느 때 백 원을 주면 "왜 오늘은 백 원이죠?" 따지고듭니다. 이것을 알아야 합니다. 이게 자꾸 받아버릇하면 일에는 손을 놓습니다. 받는 것을 당연한 것으로 여기는 것입니다. 이제 사도 바울은 말씀합니다. '예수믿느냐. 일하라!' 여러분, 주는 사람은 되십시오. 가능하면 받는 사람 되지 마십시오. "하나님, 주는 사람으로 살게 해주시고, 받는 사람 되지 않게 해주십시오. 남에게 신세를 져야 하는 그런 사람으로 살지 않게 해주십시오." 기도하십시오. 이거 기도제목입니다. 다만 얼마라도 내가 주면서 살아야지 받으면서 살아서야 되겠습니까. 받아버릇하면 받을 수밖에 없는 처지가 되고맙니다. 그래서는 안됩니다. 사도 바울이 말씀합니다. '예수믿느냐? 이제 일하라.' 일은 하나님께서 주신 사명일 뿐더러 일 자체가 축복이고, 노동 자체에 행복이 있는 것입니다. 일하는 것이 어려운 것만은 아닙니다. 사랑하는 마음으로 일하면 행복합니다. 더구나 에베소서에 있는 말씀대로 구제할 것이 있는 것이라면 더욱 놀라운 일이지요. 내가 선한 일을 하기 위해서 돈을 법니다. 구제하기 위해서 돈을 법니다. 얼마나 아름다운 일입니까. 일하는 것 자체가 곧 행복한 일이 되는 것입니다. 축복인 것입니다. 이제 사도 바울은 세 가지로 권면합니다. 첫째가 조용히 하라, 하는 것입니다. 아주 중요한 말씀입니다. 예나 오늘이나 같은 교훈이 필요합니다. 일하는 사람이 대개 말이 많습니다. 일하는 사람이 자랑을 잘합니다. "내가 이런 일을 하노라." 나팔불거든요. 좀 조용히 일했으면 좋겠습니다. 우리교회에도 그런 분들이 있습니다. 고아원도 가고, 어디 봉사하러도 가는데 보면 꼭 나한테 전화하고 갑니다. 어떤 분이 자꾸 그러고 가니까 어떤 분은 "목사님, 그분이 그러지 않았으면 참 좋겠네요"하기에 제가 한마디 했습니다. "그분이 그렇지 않으면 성자될 거 아닙니까." 여러분, 조용히 일하십시오. 정말 은밀하게, 일하되 은밀하게, 부지런히, 성실하게 할 것입니다. 하나님만 아시면 됩니다. 사람 앞에 그저 떠들면서 일하지 않았으면 참 좋겠습니다. 사람 보는 데서는 일하는 척하고, 안보는 데서는 어디 갔는지 보이지도 않고. 이건 안되는 것입니다. 종용히 하라, 말씀합니다. 그 다음에는 '자기일을 하라' 하였습니다. 데살로니가후서 3장 12절에 유명한 말씀이 있습니다. "종용히 자기 양식을 먹으라." 탈무드에 이런 말이 있습니다. '자녀에게 스스로 벌어먹는 법을 가르쳐주지 않는 것은 도적질을 가르치는 것과 같다.' 굉장히 중요한 말입니다. 스스로 일하는 것을 가르치지 않았다면 도적질을 가르친 거나 같습니다. 좀 미안하지만, 제 개인애기 좀 하겠습니다. 우리집은 제가 자랄 때 비교적 넉넉한 편이었습니다. 옛날시골이니 별것은 아니지만 그래도 전체 면내에서 두 번째이니 그만하면 괜찮은 편이었습니다. 밥술이나 먹는 집인데, 그런데도 불구하고 저는 방학때는 가마니를 짜야 했습니다. 제가 가끔 물어보았습니다. "아버지, 이 가마니 짜야 몇푼 되지도 않는데, 이거 짜서 팔아야 돈도 안되는데 왜 자꾸 짜라고 하십니까?" 그랬더니, "짜야 되니까 짜는 거야, 이 사람아." 그러십니다. 하루에 여덟 장. 아침에 넉 장을 짜고야 놀다가 저녁에 들어와서 여덟 장을 짜야 합니다. 만약에 여덟 장을 다 못짜는 날이면 벼락이 떨어집니다. "사람은 일을 하고 밥을 먹어야 돼." 혼자서 기계로 짜야 하는 것인데 어려서 참 기계놀리기가 어려웠습니다. 기계에 매달리다시피해서 짰습니다. 또, 한번 아버지가 말씀하셨기 때문에 내 자존심을 위해서라도 짰습니다. 열심히 짰습니다. 그런가하면 많은 것을 배우게 하셨습니다. 사람은 어떤 때 무슨 일을 당할는지 모른다, 하고 주변에 있는 것들 다 가르쳐주셨습니다. 시계 수리하는 데도 가서 제가 시계 수리하는 걸 배워서 지금도 제가 시계수리를 할 수 있습니다. 라디오 만지는 것도 배웠습니다. 그래서 제가 교회의 전기니뭐니를 다 만지는 것입니다. 재봉도 가르쳐주셨습니다. 우리집에 재봉틀이 있었습니다. 그래서 제가 바지까지는 손수 만들어 입었습니다. 다 할 줄 압니다. 왜? 사람은 언제 무슨 일을 당할는지 모른다, 이것입니다. 정말입니다. 뒷날 광산에 끌려갔을 때도 전기기술 있는 기술자가 되었기 때문에 살아남을 수 있었습니다. 피난나와 다닐 때 집집마다 다니면서 시계수리 해주고 밥 얻어먹었습니다. 전기, 큰 기술은 아니지마는 이것 가지고 군대에 들어가서 다시 또 제가 통신사가 됐지 않습니까. 거기서 많이 사용할 수가 있었고, 오늘까지 교회에서도 사용할 수가 있는 것입니다. 제가 웬만한 라디오나 전축은 손수 조립을 해서 사용했습니다. 보십시오. 제가 돈이 없어서 한 것입니까. 우리 아버지가 마치 Jew와도 같아요. 사람은 일할 줄을 알아야 일을 하지 않겠느냐, 이것입니다. 멍청하면 무슨 일을 하느냐, 이것입니다. 일을 배워야 한다는 것입니다. 일 할줄 알아야 일이 생깁니다. 도대체가 밥먹는 재주밖에 없고야 무슨 일을 하겠습니까. 그런고로, 부하건 가난하건 사람에게는 일을 가르쳐야 합니다. 일을 가르치지 않는 것은 도적질을 가르치는 것입니다. 왜? 자기가 벌지 못하면 남이 번 걸 먹어야 되지 않습니까. 도둑놈이 따로 있습니까. 불한당이라는 게 뭔지 아십니까? 땀 흘리지 않는 자가 불한당입니다. 땀을 흘리고 살아야지, 땀 흘리지 않고, 일 안하고 살면 도둑놈입니다. 불한당입니다.

데살로니가후서 3장 10절에 보면 이런 말씀이 있습니다. "누구든지 일하기 싫어하거든 먹지도 말게 하라." 먹이지 말라, 하였습니다. 꼭 일을 해야 되고, 가르쳐야 되고. 그 다음에 "손으로" 일하라, 하였습니다. 몸을 바쳐서 손으로 일하라, 말만 하는 것이 아니라 손으로입니다. hand made라는 게 중요한 것입니다. 요새 걸핏하면 사다먹고, 그저 옷도 사고 하는데 안될 일이지요. 얼마전에 미국 갔다가 이런 일을 보았습니다. 자투리 파는 데가 있습니다. 자투리 천 사다가 집에서 옷가지를 만드는 것입니다. 또 재단한 종이를 팝디다. 내가 재단 안해도 됩니다. 다 재단한 종이를 자투리에 딱 대고 따라 자르기만 하면 됩니다. 갖다대고서 박으면 되는 것입니다. 이렇게 해서 다 만들어입어요. 좀 옹색하지만 '어머니가 만들어주었다' — 이 얼마나 좋습니까. 이런 hand made가 필요한데 요새는 영 안됐다 싶을 정도입니다. 가끔 승강기에서 보면 중국음식집 철통 들고 타는 아이 있습니다. 그런데 하나, 자장면 한 그릇 시키는 사람, 이거 문제입니다. 그 사람이 기독교인이 아니기를 바랄 뿐입니다. 예수믿는 사람이 그따위짓 하면 안됩니다. "자장면 하나!"하고 전화걸면 손님 잃을까봐 가지고 오겠지요. 그러나 그게 무슨 짓입니까. 내 손으로 해야 합니다. 그 좋은 부엌에 좋은 냉장고에 좋은 타일 놓고서, 손 됐다 뭘 하나요? 그러니 병들지요. 이것을 알아야 합니다. 음식도 손으로 하고, 뭐든지 손으로 하는 것입니다. 더구나 남을 위해서 손으로 하고, 고아들을 위해서 손으로 만들고, 양로원을 위해서 손으로 만들고… 참 중요한 일입니다. 손으로 일하라, 합니다. 잠언 31장 19절에 보면 현숙한 여인의 표상을 말씀하면서 "손으로 솜뭉치를 들고 손가락으로 가락을 잡으며"라고 말씀합니다.

그 다음으로 오늘본문에 보니 "외인을 대하여"라는 말씀이 있습니다. 외인을 대하여—우리 그리스도인들은 선교적 관점에서 해야 될 일이 있습니다. 더욱더 그래야 됩니다. 안믿는 사람들을 의식하면서 믿는 사람으로서의 길을 가야 합니다. 더 단정히 하고, 더 부지런히 하고, 더 열심히 하고, 더 손으로 일하여야 되는 것입니다, 선교적 목적으로. '예수믿는 사람들이 저 모양이다'하는 손가락질 받으면 안되는 것입니다. 선교가 안되니까요. 그래서 '단정히 하라'합니다. 무질서해도 안되고, 방종해도 안되고, 낭비해도 안되는 것입니다. 예수믿는 사람은 단정히 할 것입니다. 또 "궁핍함이 없게"하고 말씀합니다. 예수믿는 사람이 부지런히 일해서 잘살아야 합니다. 예수믿는 사람이 못살면 선교가 안됩니다. 효율적으로 선교하려면 부지런히 일해야 되는 것입니다.

　유명한 성 프란체스코가 하루는 정원에서 하루종일 채소 가꾸는 일을 하고 있었습니다. 제자 하나가 가까이 와서 물어보았습니다. "선생님, 오늘의 석양이 선생님 생애의 마지막날이라고 한다면 선생님은 요 남은 시간에 무엇을 하시겠습니까?" 프란체스코는 빙긋이 웃고 말합니다. "하던 일을 해야지." 주님 재림하신다고해서 그냥 힘을 놓고 꿇어엎드리지 말고, 하던 일 하십시오, 부지런히, 손으로, 정직하게. 그것이 바로 주님을 맞이하는 길이라는 것을 잊지 말아야 합니다. △

항상 주와 함께 있으리라

형제들아 자는 자들에 관하여는 너희가 알지 못함을 우리가 원치 아니하노니 이는 소망 없는 다른 이와 같이 슬퍼하지 않게 하려 함이라 우리가 예수의 죽었다가 다시 사심을 믿을진대 이와 같이 예수 안에서 자는 자들도 하나님이 저와 함께 데리고 오시리라 우리가 주의 말씀으로 너희에게 이것을 말하노니 주 강림하실 때까지 우리 살아남아 있는 자도 자는 자보다 결단코 앞서지 못하리라 주께서 호령과 천사장의 소리와 하나님의 나팔로 친히 하늘로 좇이 강림하시리니 그리스도 안에서 죽은 자들이 먼저 일어나고 그 후에 우리 살아 남은 자도 저희와 함께 구름 속으로 끌어 올려 공중에서 주를 영접하게 하시리니 그리하여 우리가 항상 주와 함께 있으리라 그러므로 이 여러 말로 서로 위로하라

(데살로니가전서 4 : 13 - 18)

항상 주와 함께 있으리라

우리는 지금 데살로니가전서에서 특별히 예수님의 재림에 대한 사실과 재림대망신앙을 가지고 살아가는 사람들에게서 문제되고 있는 것들, 교회론적으로 문제되는 것들을 공부하게 됩니다. 이것은 2천 년전 바로 그때로 돌아가서 생각을 하여야 합니다. 예수님께서 승천하실 때 하늘로부터 음성이 들려왔습니다. "본 그대로 오리라." 너희가 본 바와 같이, 들리워 올라간 것을 본 바 그대로 오리라, 이렇게 약속하신 것입니다(행 1:11). 이것을 바라본 사람들, 그 마음속에 무슨 생각을 하였을까요? '틀림없이 오실 것이다. 재림하실 것이다.' 그 신앙은 확실합니다. 무엇보다도 확실한 것입니다. 그런데 문제는 언제 오실까, 입니다. 그 시간에 대해서는 말씀이 없거든요. 그들은 다만 곧 오실 거다, 그저 며칠 후면, 몇 시간 후면 오실 거다, 라고 생각하였습니다. 그 중에서도 특별히 생각한 것이 뭐냐하면 '우리 생애 중에, 우리가 살아 있는 때, 우리 죽기 전에, 본 사람들이 죽기 전에 주님 오실 것이다'하는 것이었습니다. 그것은 주관적인 생각이지요. '본 그대로 오리라'하신 말씀이 시간을 말씀하시는 것은 아니거든요. 그럼에도 불구하고 저들은 이렇게 나름대로 너무 초조하게 결정적인 그런 시간을 생각하게 되었습니다. 여기서 두 가지의 부작용이 생겼습니다. 그 하나는 일을 하지 않는 것입니다. 곧 오실 텐데 뭐, 일할 거 없지, 이제 곧 들리워 올라갈 건데 뭐, 있는 것도 다 못먹겠구만, 그러니 그냥 앉아서 기다리지… 사람들이 게을러졌습니다. 일손을 놓았습니다. 뿐만아니라 일을 만들었습니다. 내것 다 먹고는 남에 집에 가서 "같이 나눠 먹읍시다, 주님 곧 오실 테니"

하고 무위도식 하는 사람들이 생겼습니다. 이래 아주 교회가 어려워졌습니다. 바로 이래서 사도 바울의 이 메시지가 주어지는 것입니다. 일하기 싫은 자는 먹지도 말게 하라, 자기일을 하라, 자기양식을 먹으라—이렇게 가르칩니다. 지난 시간에 공부한대로입니다. 자기양식을 먹으라, 열심히 일하라, 주님 오실 때까지 일하는 것이다, 너무 그렇게 초조하게 생각하지 말고 오늘 해야 할 일을 다 해야 될 것이다—이런 교훈입니다. 두 번째로 나타난 부작용은 이것입니다. 우리는 이렇게 살아서 주님을 만나게 되지만 앞서 죽은 사람들은 안됐다, 어떡하면 좋지? 우리는 주님을 만나게 됐는데, 앞서 죽은 사람들은 어쩌나? 참 불쌍하다—이런 생각을 한 것입니다. 사도 바울이 그래서 오늘본문에, 이 편지에서 그 점을 아주 집중적으로 말씀하는 것입니다. 그것이 오늘본문의 내용입니다. 재림에 대한 신앙을 사실적으로 믿는 그리스도인들의 그 신앙과 교리중심에 이런 문제가 생긴바 본 그대로 오시리라, 곧 오시리라, 우리 생애 중에 오시리라, 생각하면서 먼저 죽은 사람들을 안쓰러워하고 슬퍼하고… 그래서 15절에서 말씀합니다. "결단코 앞서지 못하리라." 해답입니다. '먼저 죽은 사람보다 지금 살아 있는 너희가 주님을 맞이한다해도 결단코 앞서지 못하리라, 그런고로 쓸데없는 생각 하지 마라' 하는 것입니다. 이러한 맥락에서 사도 바울은 오늘 죽음의 문제에 대해서 누누이 가르칩니다.

  그리스도인의 죽음—이에 대하여 오늘본문은 아주 명쾌하게, 자상하게 설명하고 있습니다. 그래서 주로 장례식 때, 혹은 입관예배 때, 이런 때에 이 본문을 많이 보고, 이 본문을 통해서 설교하게 됩니다. 보면 첫째로, 그리스도인의 죽음을 두고 '잔다' 하였습니다.

'죽었다' 하지 않고 '잔다' 하였습니다. 오늘의 짧은 본문 속에 13절, 14절, 15절에 걸쳐 세 번이나 말씀합니다. 죽음을 가리켜 하는 말씀입니다. 죽음의 별명이 '자는 것'입니다. 그리스도인의 죽음을 죽은 것으로 보지 않고 자는 것으로 보았습니다. 아주 중요한 표현입니다. 사도 바울만 이렇게 사용하는 게 아닙니다. 사도 바울의 전용용어가 아닙니다. 예수 그리스도께서도 똑같은 표현을 쓰셨습니다. 마태복음 9장 24절, 마가복음 5장 39절, 누가복음 8장 52절에 보면 예수님께서 죽은 사람을 두고 말씀하시기를 "죽은 것이 아니라 잔다" 하셨습니다. 회당장 야이로의 딸이 병들어 죽어가고 있을 때, 그 아버지가 예수님 앞에 와서 '내 딸이 죽어갑니다. 살려주세요'하고 예수님께서 '그러자, 너희집에 가자' 하시고 가십니다. 도중에 아이는 죽었습니다. 그 집에 들어서 보니 벌써 울고불고 야단이었습니다. 죽은 것이 확실하기 때문에 저들은 그렇게 통곡을 하고 있는데, 예수님 말씀하시기를 '죽은 것이 아니라 잔다' 하신 것입니다. 그러니까 사람들은 그 아이가 죽은 줄 아는 고로 그 말씀 하시는 것을 듣고 비웃더라, 하고 성경은 말씀합니다. '허 참, 내가 죽은 거 확인했는데, 분명히 죽었는데, 잔다니 이게 무슨 소린가?' 여기서 생각할 것은 예수님께서 죽은 거 몰라서 하신 말씀이 아니라는 사실입니다. 죽었지만 예수님의 시각으로는 자는 것입니다, 그것은. 왜요? 곧 일어날 것이니까요. 그것이 몇시간 후든 몇년 후든 몇백 년 후든은 상관없습니다. 다시 일어날 것이기 때문에 예수님의 그런 시각으로 볼 때는 자는 것입니다. 잠을 좀 길게 자서 그렇지 자는 건 자는 것입니다, 틀림없이. 죽은 것이 아니라 자는 것이다―이것이 예수님의 말씀입니다. 또 유명한 얘기가 있지요. 요한복음 11장에 보면, 나사로가 병들었는데 그 누이들이 예수님께 사람을 보내어 하는 말이 '주님께서 사랑하시는 자가 병들었나이다' 하였는데 예수님 말씀이 '죽을병이 아니니라' 하십니다. 그런데 나사로는 죽었습니다. 죽은 지 나흘이나 된 다음에 예수님 돌연 하시는 말씀이 '내 사랑하는 친구, 나사로가 잠들었느니라' 하십니다. "내가 깨우러 가노라" 하십니다. 이에 제자들이 재미있는 대답을 합니다. "잠들었으면 낫겠나이다." 대화가 좀 난센스같습니다. 하지만 사실입니다, 그 장면이. 생명의 부활을 믿는 자와 믿지 못하는 자 사이에 이런 차이가 있는 것입니다. 예수님께서는 퍽 유머러스하십니다. '잠들었으니 깨우러 가자.' 나사로는 분명히 죽었습니다. 성경은 말씀합니다. "이에 예수께서 밝히 이르시되 나사로가 죽었느니라(요 11:14)." 죽었고 장례까지 치렀습니다. 그걸 두고 하시는 말씀입니다. '잠들었다.' 이것이 예수님의 '죽음관'입니다. 죽음을 그렇게 생각하시는 것입니다.

잠들었다―무슨 말씀입니까. 왜 죽음을 가리켜 잠들었다고 하십니까. 여러분, 이걸 잊지 마십시오. 기독교인의 부활신앙, 영생을 믿는 신앙에 비추어볼 때는 죽음이라는 것은 아무것도 아니기 때문입니다. 영원이라는 생명 속에 이 죽음이라고 하는 시점은 아무것도 아니거든요. 하므로 우선 제일 중요한 것은 죽음을 별것 아닌 것으로 생각할 줄 알아야 한다는 것입니다. 죽음과 함께 모든것이 끝난 다고 볼 것이 아닙니다. 오늘본문에도 "소망 없는 다른 이와 같이 슬퍼하지 않게 하려 함이라" 하였습니다. 옳은 말씀입니다. 장례식 때 너무 많이 울지 마십시오. 그거 바람직하지 않습니다. 그렇다고해서 덕되지 않게 춤을 출 것도 아닙니다. 너무 야단스러운 것, 좋지 않습니다. 저도 목사가 돼서 장례식을 많이 인도하고 하지만 너무 통곡

하고 야단스러우면 '저 사람이 예수를 믿는 건가, 안믿는 건가?' 하게 됩니다. 인생이 왔다 가는 것은 당연한 일입니다. 먼저 가고 나중 가는 차이가 있을 뿐입니다. 다 죽습니다. 미국사람들 보면 죽으면서도 유머가 있습니다. 남편이 죽어가는데 옆에서 부인이 자꾸 우니까 죽어가는 남편이 뭐라고 하는지 아십니까. '울지 마라. 너도 곧 따라올 건데 뭘 그러냐?' 먼저 가고 나중 가고, 그런 것입니다. 버스 타고 가다가 먼저 내리고 나중 내리는 거랑 똑같은 것입니다, 그것은. 별것도 아닌 것 가지고 그렇게 난리들이지요. 불효자는 웁니다. 불효자는 울어요. 불효자가 우는 거지 별것 아닙니다. 영원을 기약하고 영생을 목적하고 가는 우리로서는 죽음은 별것 아니다—그것부터 생각을 할 줄 알아야 합니다. 죽음, 시시하게 생각하는 것입니다. 잔다, 곧 깰 거다—이렇게 생각할 수 있어야 합니다.

스코틀랜드의 한 병사가, 신앙이 좋은 청년인데, 그만 부상을 입었습니다. 부상이 심해서 수술을 할 참인데 의사가 하는 말이 '이 수술은 참 어렵구만. 나도 수술은 많이 하지만 이건 참 자신이 없다'합니다. "몇 퍼센트나 가능성이 있습니까?" "잘 해야 1% 정도 " 그 의사가 수술을 시작하면서도 괴로워서 집도하기 전에 이렇게 근심하고 있습니다. 그러니까 오히려 그 병사가 의사를 격려합니다. "걱정하시지 말고, 걱정일랑 말고 수술하세요." 그러고는 빙그레 웃습니다. 그리고 덧붙이는데 "수술이 잘되면 내가 그리워하는, 사랑하는 우리 어머니의 얼굴을 볼 수 있을 것이고, 수술이 잘 안되면 예수님의 얼굴을 보게 될 것이고…" No problem, 걱정없다, 이것입니다. 수술 잘 못돼서 죽으면 주님 만나게 될 것이고, 수술이 잘되어서 살아나면 어머니 만날 것이고, either way, 이쪽이나 저쪽이나 I don't care. 얼마나 멋있는 얘기입니까. 여러분, 죽음이라는 것이 너무 심각해서는 안됩니다. 적어도 신앙적 관점에서 볼 때, 죽음을 평범하게, 아주 가벼운 일로 볼 수 있는 것입니다. 제가 옛날에 종말론을 연구하면서 죽음의 심리학에 대한 책을 많이 읽을 기회가 있었습니다. 다른 것이 아닙니다. 생명이란 곧 의식입니다. 그런고로 여러분, 죽음을 생각하고 얼마나 힘들까, 얼마나 아파야 죽을까, 아무 걱정 하지 마십시오. 잠드는 것과 같습니다. 여러분 잠들 때 언제 잠드는지 아십니까? 조금조금씩 졸리다가 깜빡 잠들지 않습니까. 그와 똑같습니다. 그 다음의 일은 나 모릅니다. 그걸 알아야 합니다. 그러니 미리부터 걱정하지 마십시오. 매일같이 잠드는 것의, 그것의 하나일 분입니다. 그저 잠드는 것입니다. 정말로 죽음은 자는 것입니다. 적어도 내가 경험하는 죽음은 자는 순간과 같은 것입니다. 그러나 잠을 잘자는 훈련은 할 필요가 있습니다. 아무튼 죽음을 가볍게 생각해야 한다는 것입니다.

두 번째는, 죽음을 또하나의 생명의 단계로 보고 있습니다. 또하나의 stage로, 또하나의 process로 봅니다. 생명의 한 과정입니다. 세상에 태어났습니다. 자라났습니다. 성장했습니다. 차츰차츰 늙어갑니다. 남자는 26세부터 늙고 여자는 24세부터 늙는다고 합니다. 여기 24세 넘으신 여러분은 이미 사양길에 들어섰습니다. 많이 죽었습니다, 벌써. 많이 죽었어요. 죽음을 향해서 많이 갔어요, 벌써. 그걸 알아야 합니다. 사람은 성장기의 5배를 살게 되어 있다고 합니다. 그러니까 건강하게 살면 120세까지 살 수가 있는 것입니다. 그러나 이상하게도 5분의 1까지 성장해가지고 그 다음에 계속 죽음을 향한 길을 성장기의 5배나 걸어가는 것입니다. 그러니까 사람은 계속 죽어가는 것이지요. 계속 생을 향해서 치닫는 시간은 생 전체의 5분의 1밖에 없습니다. 그 다음부터는 계속 죽음을 향해서 내려가고 있는 것입니다. 올라가는 언덕은 5분의 1입니다. 내려가는 길이 멉니다. 참 오래 죽습니다. 이것이 죽음의 의미입니다. 생의 과정입니다. 이렇게 살고, 저렇게 살고, 죽음이라는 과정을 통해서 사는 것입니다. 또하나의 생의 process다, Life is process — 그 점을 깊이 생각하여야 합니다.

또한 '잔다' 하는 것은 '휴식'이라는 뜻입니다. 여러분, 우리에게 잠이 없다면 어떻게 되겠습니까. 건강의 비결은 잘먹는 것과 잘 자는 것입니다. 잠을 잘자야 됩니다. 가끔 이런 말을 듣습니다. "목사님, 철인입니까, 초인입니까? 외국에 그렇게 왔다갔다 하시는데 시차도 안느끼십니까?" 사실 저는 시차 그리 안느낍니다. 조금 그런가보다 하지 시차라는 거 모르는 편입니다. 미국 가서는 거기서의 일 하고, 여기 와서는 여기일 하고, 몸이 훈련이 잘되어 있어서 아무 때나 '자자' 하면 자고, '깨자' 하면 깨는 것입니다. 비행기에서도 잘 자는 것입니다. 비행기에서 저녁을 먹고나서 '이제는 자야겠다' 하고 눈을 딱 감으면 어떤 때는 내리 여덟 시간을 잡니다. 깨서 "영화 안하냐? 영화 좀 보자" 하면 승무원 아가씨들이 "영화 두 편 다 했습니다" 하는 것입니다. 어쨌든 잠 잡니다. 지난번에도 뉴욕 갈 때 보니 정확하게 여덟 시간을 잤더라고요. 잘자는 것이 건강의 비결입니다. 언제나, 어디서나 잠을 잘자야 되고, 잘먹고 소화해야 됩니다. 그 두 가지가 참 중요한데, 잠이 뭡니까? 휴식이지요. 잠을 자야 살게끔 되어 있습니다. 어떤 일이 있건 간에 그렇습니다. 저는 공부를 하느라고 애써봤지마는 밤을 새워 공부한 역사는 없습니다. 왜요?

창조의 원리가 그게 아니니까. 밤은 자라고 준 거니까 자야 된다, 이 것입니다. 그게 보약입니다. 보약 중의 보약이 잠을 잘자는 것입니다. 잠을 깊이 자는 것입니다. 오래 잔다고만 좋은 것은 아닙니다. 저는 평생 하루 5시간 반을 잡니다마는 그저 깊이 자면 되는 것입니다. 그런데 중요한 것은 잠이 휴식이라는 것입니다. 잠은 휴식입니다. 이렇게 고달픈 세상을 삽니다. 여기에 잠이 없다면 어떻게 되겠습니까. 자는 시간이 없다면 어떻게 살겠습니까. 우리 인생에 있어서 죽음이라는 것은 안식입니다. 히브리서에 보면 영원한 안식에 들어간다, 하였습니다. 안식으로서의 죽음, 이것을 생각하여야 됩니다. 죽음은 잠입니다.

또한 잠이라는 것은 잠시 잊는 것입니다. 곧 깬다는 뜻입니다. 자니까 깨지요. 이것은 잠깐 지나가는 일입니다. 시한부적입니다. 그것이 몇년이건 간에 시한부적인 휴식을 말하는 것입니다. 특별히 오늘본문에서는 "예수 안에서 자는 자들"이라고 말씀합니다. 요한계시록 14장 13절은 장례식 때 많이 인용하고 읽는 본문입니다. "주 안에서 죽는 자들은 복이 있도다." 오래 사는 게 복있는 것이 아니고 주 안에서 죽어야 복있는 것입니다. 죽는 장면이 주 안에 있어야 하는 것입니다. 믿음 안에서, 주 안에서 죽는다는 게 얼마나 중요한 의미를 가졌는지 모릅니다. 결정적인 것입니다. 그 한 순간을 위해서 우리가 일생을 산다고 해도 과언이 아닙니다. 주 안에서 참 장엄하게, 경건하게, 멋지게 죽어야 합니다. 얼마나 중요합니까, 그 시간이. 주 밖에서 죽는 자가 있거든요. 잘믿는 줄 알았는데 마지막에 가서 "예수믿으십니까?" 물으면 "안믿어!" 하면서 죽습니다. 가만히 있을 것이지. 그런 사람이 있다니까요. 그런 답답한 사람이 있습니다. 그런가하면, 신앙이 있는 듯 없는 듯했는데도 마지막 장면에 참 귀한 신앙고백을 하는 사람이 있습니다. "천당에서 내일 아침 다시 만납시다, 목사님. 그동안 감사했습니다." 그러고 가는 사람이 있습니다. 얼마나 아름답습니까. 자기 부인에게 "통장에 얼마 남아 있소?" 물어서 "내가 그동안 헌금을 많이 못한 게 괴로운데 그거 다 찾아다가 목사님께 헌금하시오" 하고 유언하는 사람도 있습니다. 주 안에서 죽는다는 것, 대단히 중요한 일입니다. 고린도전서 15장 22절에 보면 "아담 안에서 모든 사람이 죽은 것같이 그리스도 안에서 모든 사람이 삶을 얻으리라" 하는 말씀이 있습니다. 아담 안에서 모든 사람이 죽었다, 하는 것은 유전적인 것이고, 그리스도 안에서 산다, 하는 것은 선택적인 것입니다. 그리고 우리가 이 중생의 교리와 함께 죽음을 이해하여야 됩니다. 중생하는 순간, 예수믿고 중생하는 순간에 새생명으로서의 영적 생활이 출생하는 것입니다. 영적 생명이 출생하는 것입니다. 그게 주 안에서 출생하는 것입니다. 그리고 믿음으로 사는 생, 또 성령 안에서 살아가는 생이 그리스도 안에 사는 생이며, 그의 연장으로 그리스도 안에서 신앙고백과 함께 죽을 때, 주 안에서 죽는 것입니다. 근세독일제국의 유명한 재상 비스마르크, 그는 무려 19년 동안이나 재상으로 있었는데 신앙이 아주 좋은 분이었습니다. 84세로 세상을 떠날 때 그는 이런 말을 합니다. '영생에 대한 희망이 없다면 우리는 아침에 자리에서 일어나 옷을 입을만한 가치도 없는 것이다.' 영생을 모르고 살고, 영생을 지향하지 못한다면 우리 사는 것은 아무런 의미가 없는 것입니다. 아침에 옷을 입을만한 가치도 없다—그렇습니다. 영생지향적으로 살기에 생에 의미가 있는 것입니다. 주 안에서 죽는다는 것, 이렇듯 중요합니다.
　다음으로, "주 강림하실 때까지"라고 하는 말씀이 중요합니다. 몸과 영이 구별되는 것을 죽음이라고 합니다. 몸과 영이 구별된 interim, 그런 중간기간이 있습니다. 이게 죽음이라는 기간입니다. 그러나 주님께서 재림하실 때 부활을 하게 됩니다. 그렇게되면 몸과 영이 다시 합쳐집니다. 그것이 바로 영생입니다. 이것은 생명의 또 다른 상태를 의미합니다. '영'만의 생명의 상태, 육체가 함께 있는 생명의 상태, 그리고 영과 육이 분리된 상태, 나아가 다시 신령한 몸으로 부활한, 그런 결합된 온전한 생명의 상태를 생각하게 됩니다. 이제 다시한번 깊이 생각하여야 합니다. 예수님께서 재림하실 때 주 안에서 죽은 사람들, 부활합니다. 그리스도 안에 있던 사람들은 그리스도와 함께 부활합니다. 우리의 부활을 미리 증거해준 첫열매가 예수님의 부활입니다. 예수님의 부활 속에 그리스도인들의 부활이 신비롭게 감추어 있습니다. 거기에 보장되어 있는 것입니다. 그리스도와 함께 살다가, 그리스도와 함께 부활하는데, 여기서 우리가 생명의 단계를, 그리스도적 생명의 단계를 생각하여야 합니다. 무슨 말씀인고하니, 예수님께서 세상에 계시다가 죽으셨습니다. 그 다음에 부활하셨습니다. 그 부활한 신령한 몸을 생각합니다. 신령한 몸을 입으신 예수 그리스도, 그 변화를 우리는 부활이라고 합니다. 그래서 부활이라는 말과 변화라는 말을 같은 단어로 사용합니다. 오히려 부활이라는 말보다 변화라는 말이 더 많이 사용됩니다. 그런데 이 그리스도적 생명, 부활하신 예수님의 생명을 생각해보십시오. 거기에 온전한 영이 있고, 온전한 육체가 있습니다. 그러면 오늘 우리가 사는 생활이란 무엇입니까. 우리는 분명히 영이 있고 육체가 있는데, 합해서 우리 인간인데, 지금 불완전한 영에 불완전한 육체입니다. 육체가 자꾸 썩지 않습니까. 자꾸 늙지 않습니까. 고장나지 않습니까. 거치면 어디가 아파서 꿰맸다가 붙였다가, 이렇게 보수도 하고, 수리도 하고, 어떤 건 도로 갖다붙이기도 하고… 별짓 다하는데, 이래가다가 정 못쓰게 낡으면 묻어버리고 마는 것이지요. 이런 것이거든요, 육체라는 것은. 아주 불완전한 것입니다. 불완전한 육체에 불완전한 영입니다. 그러면 우리가 이제 죽습니다. 그럴 때 영이 자유합니다. 죽을 때 영이 자유합니다. 그때 완전한 영이 됩니다. 그리고 우리가 이제 주님의 재림을 맞을 때, 그 때 다시 완전한 몸을 입게 됩니다. 주님의 몸과 같이, 주님의 부활하신 바와 같은 몸을 가지게 됩니다. 이제는 더 늙지 않습니다. 이제는 죽지도 않습니다. 온전한 몸입니다. 그러면, 완전한 생명체란 무엇입니까. 부활하신 그리스도십니다. 완전한 영에 완전한 몸, 이것이 완전한 생명입니다. 그리고 오늘 우리가 입고 있는 이 육체는 그리로 지향하는 단계이기도 하고 하나의 상징적 존재이기도 합니다. 그 정도밖에는 안되는 것입니다. 우리는 자꾸 지금 사는 것이 완전한 줄 알고, 죽을 때 끝나는 줄 압니다. 그것이 아닙니다. 완전한 생명은 저기에 있고, 지금 우리는 불완전한 세계에서 완전을 지향하고 있는 것입니다. 영도 계속 성장하는 가운데 있습니다. 육은 자꾸 늙어지는 가운데 있습니다. 그러나 어느 순간에 영과 육이 분리되었다가 예수님 재림하실 때 다시 합쳐지는 것입니다. 그때에 변화된 완전한 몸을 입게 됩니다. 이것을 부활이라고 합니다. 이것이 재림하실 때 이루어질 역사입니다. 이렇게 됨으로써, 이런 것을 지향하고볼 때 "소망 없는 다른 이와 같이 슬퍼하지 않게" 됩니다. 이러한 귀한 생명을 지향하고 있으면서 왜 슬퍼하겠느냐, 그리로 가는 단계에 불과한데—그 말씀입니다. 그런가하면 마지막절에 보니 "그리하여 우리가 항상 주와 함께 있으리라 그러므로 이 여러 말로 서로 위로하라" 합니다. 서로 위로하라, 누가 죽었다고 슬퍼하지 말고, 떠났다고 슬퍼하지 말고, 죽어간다고 슬퍼하지 말라, 이런 생명의 과정, 생명으로 가고 있는 단계를 바라보면서 서로 위로하라, 하였습니다.

이제 신앙의 사람 몇사람을 소개합니다. 프랑스의 철학자 파스칼, 서른아홉 살에 세상을 떠납니다. 그는 이렇게 말하고 있습니다. 죽으면서 하는 말입니다. '주여, 나를 버리지 않을 것을 확실히 믿습니다.' 감리교창시자인 요한 웨슬리는 나이지긋한 87세에 세상을 떠나면서 '무엇보다도 확실한 것은 하나님께서 우리와 함께 계시다는 것이다. 이것은 분명하다' 하고 주님 앞으로 갔습니다. 유명한 부흥사 무디는 '이것은 나의 승리다. 오늘은 내가 면류관을 받는 날이다. 나는 오랫동안 이날을 기다려 왔노라' 하고 눈을 감았습니다. 얼마나 아름다운 일입니까. 모름지기 우리는 죽음에 대해서 언제나 확실한 의식을 가지고 있어야 됩니다. 언제 있을 일인지 모르기 때문입니다. 올 때는 순서적으로 왔지만 갈 때는 순서가 없습니다. 요새같이 뜻밖의 사고가 많을 때는 더욱 그렇습니다. 제가 1963년에 처음 미국에 유학갔을 때, 위샤임이라는 목사님하고 친해가지고 그 교회에서 협동목사로 봉사하게 되었는데, 나는 차가 없고 그분은 차가 있어서 늘 저를 태워주느라 수고했는데 차를 탈 때마다 "벨트!" 하고는 안전벨트 매라고 하였습니다. 저는 안전벨트라는 것 그때 처음 보았습니다. 자기가 벨트를 매면서 나보고도 매라는 것입니다. 매고 나서는 운전대를 딱 잡고 잠깐 기도를 하더라고요. 그래, 제가 몇번 보고나서 물어보았습니다. "나는 식사기도도 할 줄 알고 잠자리기도도 할 줄 알지마는 벨트기도는 모르는데, 벨트기도 좀 가르쳐주시오. 그 어떻게 기도하는 거요?" 그랬더니 그는 껄껄 웃으면서 "벨트기도는 그렇게 길지를 않아요. 간단합니다" 합니다. "뭐라고 하는데요?" 내 영혼을 아버지 손에 부탁하나이다, 하고 기도한다는 것입니다. 왜요? 이대로 가다가 꽝하면 가야겠으니까. 사실 그런 세상 아닙니까. 죽음은 멀리 있지 않습니다. 다른 건 다 몰라도 좋습니다. 죽음에 대한 것만은 확실하게 알아야 됩니다. 그리고 항상 현실적으로 현재적으로 생각하여야 합니다. 소망 없는 이와 같이 슬퍼하지 말라, 말씀합니다. 이 말로 서로 위로하라, 가르칩니다. △

오직 깨어 근신하라

형제들아 때와 시기에 관하여는 너희에게 쓸 것이 없음은 주의 날이 밤에 도적 같이 이를 줄을 너희 자신이 자세히 앎이라 저희가 평안하다, 안전하다 할 그때에 잉태된 여자에게 해산 고통이 이름과 같이 멸망이 홀연히 저희에게 이르리니 결단코 피하지 못하리라 형제들아 너희는 어두움에 있지 아니하매 그날이 도적같이 너희에게 임하지 못하리니 너희는 다 빛의 아들이요 낮의 아들이라 우리가 밤이나 어두움에 속하지 아니하나니 그러므로 우리는 다른 이들과 같이 자지 말고 오직 깨어 근신할지라

(데살로니가전서 5 : 1 - 6)

오직 깨어 근신하라

　이미 말씀드린 바와 같이 데살로니가서는 사도 바울의 서신 중 맨처음에 기록된 서신입니다. 그래서 이 서신에는 초대교회의 모습, 처음 믿는 사람들의 열심, 또 그 열심에 따르는 부작용, 아직은 순진하고 미숙한 신앙의 정열… 이런 것이 잘 나타나 있습니다. 예수께서 우리를 위하여 십자가를 지시고 부활하시고 승천하시고, 그리고 재림을 약속해주셨는데, 아시는대로 그 재림을 기다리는 재림대망신앙을 기초로해서 이 교회가 이루어졌습니다. 좀더 신학적으로 한번 논리적인 말씀을 드리면 유대사람은 원래 '초림'에 대하여 (다시 오심을 '재림'이라 하고 예수님께서 베들레헴에 오신 것을 '초림'이라고 합니다) 이미 수 세기에 걸쳐 대망사상을 가지고 있었습니다. 지금도 있습니다. 그만큼 그들은 소위 'Messianic expectation'을 그들 신앙의 골자로 하고 있습니다. 그래서 그들의 신앙은 그 속성 자체가 '기다림'입니다. '기다림'이 신앙이고 그 '기다림'에 합당하게 사는 것이 경건입니다. 언제나 기다리는 속성을 가지고 있는데 이제 예수께서 오셨다가 승천하시고 다시 재림을 약속해주심으로해서 이미 가지고 있던 그 대망사상이 예수 그리스도를 기다리는 마음으로, 그러니까 세속적인 메시야를 기다리던 그 사람들이 이제는 우주적인, 온세계를, 온우주를 심판하시는 그 예수를 기다리면서 교회가 이루어지는 것입니다. 기다린다고 하는 면에서는 맥락이 같지만 기다림의 대상이 달라진 것입니다. 전에는 어디까지나 유대나라의 회복을 가져올 정치적 메시야를 기다렸습니다. 그러나 이제 기다리는 예수는 그런 예수가 아닙니다. 세상끝에 오시는 예수, 영화롭게 오시는 예수, 온세상을 심판하시는 예수, 그 예수를 기다리게 됩니다. 이런 대망사상이 초대교회신앙의 핵심입니다. 그런데 이제 문제가 되는 것은 본문말씀대로 그 '때와 시기'에 관한 것입니다. 그 대망사상에 너무 열중하다보니 거기서 다른 생각은 못하게 되었습니다. 특별히 고난당할 때, 핍박당할 때, 이런 때는 더욱더 이런 대망신앙에 열중하게 됩니다. 미숙한 신앙으로 그렇게 종말론적 신앙을 가지게 된 데서 문제가 생긴 것입니다. "때와 시기에 관하여는"—이렇게 말씀합니다. 때와 시기를 놓고 그 신앙에 문제가 생긴 것입니다. 그 때와 시기는 하나님께 맡겨놓고, 오늘은 내가 해야 할 일을 성실하게 해나갔으면 좋겠는데, 때와 시기에 너무 초조하게 신경을 씀으로해서 이제는 아무 일도 아니하게 되었습니다. 아침에 오실라나 저녁에 오실라나, 오늘 오실라나 내일 오실라나—일이 이렇게 되고보면 윤리적으로 문제가 생기는 것입니다. 주님의 재림을 간절히, 구체적으로 기다리는 것은 칭찬할만하지마는 너무 거기에 집착하여 초조하게 기다림으로해서 생활에는 손을 놓아버렸습니다. 사도 바울이 데살로니가서를 쓰게 된 것이 그래서입니다. 따라서 이 데살로니가서에서 특별히 강조되는 것이 주의 재림에 관한 구체적인 교훈입니다. 이제 그 교훈의 결론부분에 와 있는데, 여기서 이렇게 말씀합니다. "때와 시기에 관하여는 너희에게 쓸 것이 없음은 주의 날이 밤에 도적같이 이를 줄을 너희 자신이 자세히 앎이라." 도적같이 올 줄로—다시말하면 언제 오시는지 모르게, 생각지 못한 때에 오실 거라는 것입니다. 그 시간을 초조하게 기다린 나머지 일도 하지 않고 오히려 문제만 일으키는 그런 사람들이 많이 생긴 것입니다. 오늘본문은 그래서 하는 말씀입니다.

'때와 시기'라고 번역을 했습니다마는 '때'라는 말은 헬라원문이 '크로논'이고 '시기'라는 말은 '카이론'입니다. 헬라어에서는 시간이라는 개념에 두 가지가 있습니다. '크로노스' 그리고 '카이로스'입니다. 크로노스는 우주적인 시간입니다. 하나님의 시간이기도 합니다. 카이로스는 나의 시간입니다. 내게 주어진 시간입니다. 무릇 시간에는 객관적 시간이 있고 주관적 시간이 있습니다. 우주적 시간이 있고 나 자신의 시간이 있습니다. 내가 처한 지금 이때, 이것은 내 시간입니다. 어떤 때는 지루하고 어떤 때는 좀 바빠 지나가기도 하고. 즐거운 시간은 빨리 지나가고 고통스러운 시간은 길고, 아프고보면 하루가 천년같이 길고 즐거운 시간은 잠깐으로 지나가고. 때와 시기 ―영어로는 times and seasons로 번역합니다마는 크로노스, 카이로스는 성서적으로나 신학적으로 대단히 중요한 의미로 구분되는 용어입니다. 지금은 그럴 시간이 아니기 때문에 시간에 대한 신학적 이론을 더 깊이는 말씀드리지 않겠습니다. 문제는 주님 오시는 크로노스, 주님 오시는 카이로스가 언제냐입니다. 주님 오시는 시간과 내가 맞이할 시간이 언제인가, 하는 것입니다. 이를테면 공부하는 학생을 봅시다. 공부 잘하는 학생은 시험보는 데 대해서 별로 신경을 안씁니다. 아무 때라도 좋다, 시험있으면 보는 거지 뭐, 하지만 공부 잘하지 못하는 학생들은 선생님 붙잡고 "시험 언제 볼 거예요?" 꼭 물어봅니다. 그래서 시험 바로 전날 밤샘하는 것입니다, 편히 놀다가. 시험 한 달 뒤에 본다, 하면 '아이고 시간 많이 남았다' 하고 편히 놀아버립니다. 그러다가 임박하여 다급해지면 그때가서야 밤을 새우는데, 만일 시험보기 직전 한 사흘 동안이라도 공부하는 것처럼 하면 천재될 것입니다. 그런데 사람들이 그렇게 긴장하지 못하는 데 문제가 있는 것입니다. 공부를 잘하는 학생은 사실 시험보는 날짜에 대해서 별로 신경을 안씁니다. 평소에 늘 공부하니까요. 시험을 보든 안보든 나는 나대로 공부하는 것입니다. 그러니 시험보는 때에 대해서는 집착을 하지 않는 것입니다. 우리의 신앙생활도 너무 그렇게 주님의 심판, 주님의 축복, 혹은 주님의 은사, 내게 주시는 은혜… 이런 것에 신경쓰는 것, 기회주의적 신앙이 되기 쉬우므로 바람직한 것이 아닙니다.

오늘본문에 말씀한 바의 의도를 심리학적으로 잘 살펴보면 왜 때와 시기에 대해서 너무 그렇게 신경을 많이 쓰지 말라 하느냐하면 먼저 기회주의적 신앙이 될까봐서입니다. 주님 재림하시는 그때가 언제인지만 알 수 있으면 거기다가 초점을 맞추고 신앙생활 하겠다는 것입니다. 이것은 기회주의적입니다. 그러므로 우리는 건강할 때도 신앙생활 잘하고 병든 때도 잘해야 합니다. 보면 대체로 병들면 비교적 기도도 많이 합니다, 죽을 것같으니까. 그러면 열심히 신앙생활 하는데, 건강하면 안죽을 것같아서 좀 해이해지고, 그렇습니다. 이런 기회주의적 신앙이 되어서는 안되겠다, 말씀합니다. 또하나, 주님의 재림이 가까웠다, 하면 그럼 어떻게 맞이할 것이냐, 할 때 아무 일도 아니하고 정말로 흰 옷을 입고 성전에 모여가지고 맞이할 생각이거든요. 다시말하면 일하는 중에 맞이할 생각이 아니고 일을 쉬고 정적(靜的)으로 맞이하려고 한다, 이 말씀입니다. 거기에 문제가 있습니다. 가까웠다 하니 일 아니할 생각입니다. 지금 있는 것만 먹고, 지금 있는 것 서로 다 나눠쓰고 끝내고 말겠다, 생각하였습니다. 주님을 맞이하겠다는 건지 일하기 싫어서 그러는 건지, 그 어느 쪽이 원인인지 알 수가 없을 만큼 되어버렸다는 것입니다. 그 다음으로 이보다 더 중요한 게 하나 있습니다. 주님의 재림 가까운데 그게 언제냐, 알고 싶어하는 속내는 주님의 재림 임박한 그때가서 잘믿겠다는 것입니다. 그전에는 놀고먹고, 먹고 마시고 놀고 하다가 결정적인 시간에 잘믿으면 될 거 아니냐—그런 생각을 가진 사람들이 있습니다. 이것은 카이로스의 문제입니다마는 개인적인 시각으로 봐도 그렇습니다. 어떤 사람들 보고 예수믿으라 하면 예수를 그렇게 벌써부터 믿다니, 그래도 한 오십은 넘어서 믿어야지 한창 놀기 좋은 지금부터 믿어서야 되겠는가, 그건 잘못하는 거다, 합니다. 그런 생각 하는 사람들이 많습니다. 교회 안나오는 사람들 가운데 이런 사람 많습니다. 어떤 사람 보고 전도했더니 정말 그렇게 말하는 사람이 있습디다. 성경을 좀 알더라고요. "예수님 십자가 옆의 십자가에 달린 강도, 죽기 전에 딱 한마디 하고 천당갔다면서요? 나도 그저 그렇게 갔으면 좋겠어요." "그것도 아무에게나 주어지는 기회가 아닙니다. 내 한 가지 물읍시다. 어느 순간 뜻밖의 차사고로 꽈당 죽어버린다면 어떻게 되겠소?" "그러면 기도할 시간이 없지요." 그렇지요. 언제 그런 일을 당할는지 압니까. 예수님 옆에 달렸던 강도도 보통 '재수좋은' 사람이 아닙니다. 그거 아무에게나 주어지는 기회입니까. 그 강도가 예수님을 만났다는 것 자체가 크나큰 축복의 기회인 것입니다. 어쨌든 사람들이 죽는 날 좀 멀었다 싶으면 지금 먹기도 하고 마시기도 하고 못된 짓 좀 하다가 죽기 직전에 회개하고 천당갔으면 좋겠다, 하고 생각하는 사람이 적지 않습니다.

  때와 시기에 대하여 많이 신경쓰는 사람들이 사실상 좋은 목적으로 그러느냐하면 그런 게 아닌 것입니다. 좋은 동기에서가 아니고, 이것을 계기로해서 일 안하려는 생각이며, 이것을 계기로 방탕

하고 싶은 것입니다. 타락하고 싶고, 세상적인 향락을 즐기고 싶은 마음이 거기 있는 것입니다. 그리스도인은 경건 자체가 행복이어야 합니다. 좀전에 우리 찬송불렀습니다마는 이렇게 찬송을 성도들과 같이 부를 때, 이게 아주 아름답고 귀한 것입니다. 이것이 가장 행복한 것이다, 생각을 해야지 '아, 노래방에 가야 되는데… 거기서 한 곡조 좍 뽑아야 쓰겠는데…' 하다니요. 여간 큰 문제가 아닌 것입니다. '찬송부르는 게 제일이다, 노래방 그거 못쓰겠다'라고 생각할 것입니다. 경건, 가도, 명상, 특별히 봉사, 이런 것들이 그 자체가 즐거움이어야 합니다. 그 자체에 행복이 있습니다. 행복의 극치가 거기 있는 것입니다. 나를 필요로 하는 사람을 위하여 나를 아끼지 않고 희생하고, 봉사하고, 그래서 나로 인해서 저 사람이 기뻐하게 될 때 나는 더불어 기뻐하는 것입니다. 그런 기쁨을 생각해야 됩니다. 여기, 임산부가 있습니다. 배가 부르고 몸이 무겁습니다. 그런 몸으로 힘들게 활동하는 것을 보고 "참 수고하십니다" 하고 인사할 때 "아이구, 이거 늦게 하나 생겨가지고 귀찮아요. 어쩌다가 이게 생겨가지고…" 이렇게 말하는 사람이 있는가하면 "아니에요. 이거 얼마나 복된 거예요. 얼마나 행복한 일입니까. 나는 이 시간이 아주 즐겁습니다" 하고 밝게 말하는 분이 있습니다. 아이 가지는 것이 즐겁고, 아이 낳는 것이 즐겁고, 키우는 것이 즐겁고… 이래야지, 그렇지 못하고 '어쩌다가 이건 생겨가지고 말썽이래?' 한다면 문제가 아닐 수 없는 것입니다. 그리스도인은 주님을 기다립니다. 주님을 기다리면서 봉사하고, 주님을 기다리면서 수고합니다. 언제까지 기다려도 좋습니다. 그 기다림 자체가 행복인 것입니다. 사실 기다림이라는 것이 행복한 것 아닙니까? 행복이란 원래 기다리는 마음이거든요. 그리워하는 마음이거든요. 그 속에 이미 충만한 행복이 있다는 말씀입니다. 이렇게 사는 사람이 바른 신앙인인데, 그렇지를 못하고 아직도 세상향락이 좋아서 거기에 빠져 즐기다가 죽기 전에 회개하고 갔으면 좋겠다, 하는 것은 크게 잘못된 것입니다.

오늘본문에 사도 바울은 두 가지로 말씀합니다. 도적같이 이르리라(2절), 그리고 도적같이 임하지 못하리라(4절). 어떤 사람에게는 도적같이, 어떤 사람에게는 절대로 도적같이 임하지 아니하리라, 하였습니다. 대단히 재미있는 표현입니다. 무슨 말씀입니까. 도적이 올지 안올지 전혀 모르고 늘 그랬듯이 오늘도 도적이 안올 거다, 이렇게 전혀 생각지 않고 있는 중에 왔습니다. 생각지도 못한 날 왔습니다. 생각지 못한 시간에 도적이 왔습니다. 이렇게되면 그 도적은 도적이지요. 그러나 만일에 '도적이 오늘저녁에 올는지도 모른다' 하고 문단속을 할 뿐만 아니라 아예 준비를 하고 있는데 도적이 왔습니다. 그러면 그건 도적이 아니라 손님인 것입니다. 모르고 있는 자에게는 도적같이 임할 것이요, 기다리지 않는 자에게는 도적같이 임할 것이지만, 기다리고 준비하고 있는 사람에게는 결코 도적같이 오지 아니하리라, 말씀하는 것입니다. 그러므로 '도적같이'란 생각지 않은 때, 의식이 없을 때, 그리고 평안하다, 안전하다, 하면서 전혀 주님의 재림을 상상도 아니하고 있는 그때에 임한다는 말씀입니다. 무슨 소리! 그런 일은 없다, 하고 있는 바로 그때에 임하는 것, 그게 도적인 것입니다. 철학자 키에르케고르의 말에 재미있는 말이 있습니다. '사람이란 한 가지는 알고 한 가지는 모른다.' 누구나 한 가지는 알고, 한 가지는 모른다는 것입니다. 아는 것 한 가지는 죽는다는 것입니다. 누구나 죽는다는 걸 아는데도 불구하고 거기에 합당하게 사는 사람이 없으니 문제입니다. 누구나 다 죽습니다. 그렇지 않다는 사람 없습니다. 누구도 알고 있는 진리인데, 이 진리 앞에서 내가 바로 서지 못하는 데 문제가 있습니다. 그리고, 사람이 모르는 것 한 가지는 자기의 죽을 날입니다. 어쩌면 '다행히도' 그것을 모릅니다. 죽을 날을 안다면 어떻게 되겠습니까. 사람들은 자기의 죽을 날을 모르기 때문에 안죽을 것처럼 생각하고 사는 것입니다. 오래오래 살 것처럼 생각하고 저 마음대로 살아갈 수 있는 것입니다. 그러나 분명한 것은 죽을 날이 있다는 사실입니다. 내가 알거나모르거나 죽을 날은 있습니다. 그게 어느 때냐 하는 게 문제일 뿐입니다. 언제나 오늘일 수 있고, 언제나 현실적인 것입니다.

그런데 3절에는 "해산 고통이 이름과 같이"라는 말씀도 있습니다. 요한복음 16장 21절에도 예수님께서 말씀하십니다. "여자가 해산하게 되면 그 때가 이르렀으므로 근심하나"—얼마 안남았다는 것은 압니다. 짐작은 해요, 분명히. 며칠 안남았다, 압니다. 하지마는 몇시 몇분이냐, 그건 모릅니다. 또 열 달이라고는 하지만 열 달 못되어 나올 수도 있는 것입니다. 가까워진 줄은 분명히 알고 있습니다. 그러나 결정적 시간만은 모르는 것입니다. 예수님께서 친히 말씀하시고 좀전에 부른 찬송에도 있습니다마는 열 처녀 비유 가운데 보면 신랑이 온다고 하였습니다. 신랑은 올 것입니다, 분명히. 그것이 몇 시라는 건 모르지만 이 밤에 옵니다. 신랑이 오기는 오는데 졸려서 다들 잠들었다, 하지 않습니까. 그러나 오는 것은 압니다. 올 줄은 알고 있습니다. 그런데 등불을 예비하고 존 사람이 있고 예비 안하고 잔 사람이 있더라, 결국은 신랑이 와서 다 깨우게 될 때, 등불을 예비하지 못한 사람은 그 잔치에 참여할 수가 없었다—예수님께서 친히 하신 말씀입니다. "해산하게 되면 그 때가 이르렀으므로…" 분명히 우리가 모든 면에서 세상종말이 가까워졌다는 것을 알고 있습니다. 생태학적으로도 말하고, 철학적으로도 말하고, 심리학적으로도 말하고, 요새는 도덕적으로도 말합니다. 모든 면에서 세상이 끝날 때가 왔다, 하는 것을 우리가 알고 있습니다. 그리고 카이로스를 본다면, 나 자신으로 보아도, 개인으로 보면 전부 다 얼마 안남았지요. 이 자리에 앉으신 분들 대체로 지난날 산 것보다 앞으로 살 날이 더 적게 남았습니다. 그것만은 틀림없습니다. 내가 앞으로 이 자리에 없겠지마는, 모르기는 하지만 여러분 가운데 오십 년 후에 이 자리에 있을 사람이 몇이나 될까요? 결국은 빤한 것입니다. 조금 먼저 가고 조금 뒤에 가는 것일 뿐 결국은 다 가게 되어 있는 것입니다. 그래 오늘본문에는 결정적인 말씀이 있습니다. "결단코 피하지 못하리라." 주님의 재림을 결단코 피하지 못하리라—다같이 맞이하여야 됩니다. 알거나모르거나 믿거나안믿거나 준비가 있든없든 주님께서 오실 것입니다. 그런데 준비한 자에게는 귀한 손님을 맞듯이 영광된 날이 될 것이고 준비가 없는 사람에게는 아주 저주스럽고 부끄러운 심판의 날이 될 것이다, 하는 말씀입니다. 그리고, "그 날이 도적같이 너희에게 임하지 못하리니…" 하였습니다. 왜요? 알고 있으니까. 알고 있지요, 기다리고 있지요, 준비하고 있지요. 그에게는 결단코 이날이 도적의 날이 될 수 없습니다. 중요한 말씀입니다. 주님의 재림을 알고 주님의 재림을 기다리는 사람에게는 결코 그날이 도적같이 임하는 날이 아니라는 말씀입니다. 아침이면 어떻고 저녁이면 어떻습니까. 이미 준비는 끝났으니까요. 언제 오셔도 좋습니다. 그런 마음으로 사는 것이 바로 그리스도인의 생활입니다. 5절에 상징적으로 말씀하기를 "빛의 아들이요 낮의 아들이라" 하였습니다. 로마서 13장 12절로 보면 "밤이 깊고 낮이 가까웠으니 그러므로 우리가 어두움의 일을 벗고 빛의 갑옷을 입자 낮에와 같이 단정히 행하고…" 이렇게 말씀합니다. "밤이 깊고 낮이 가까웠으니"—이 말씀의 뜻을 자세히 한번 새겨봅시다. 지금은 밤입니다. 아직도 밤입니다. 밤이 점점 깊어가고 있습니다. 그리고 낮이 가까워지고 있습니다. 아직도 내 눈에 낮이 보이지는 않습니다. 그러나 이 깊은 밤의 연속에는 저 끝에 아침이 있습니다. 그걸 잊지 말아야 합니다. 지금은 밤이지만 이 밤의 끝에는 저 아침이 오고 있는 것입니다. 밤이 깊고 낮이 가까운 현시점, 카이로스입니다. 현시점이 거기에 있습니다. 그러면 문제가 있습니다. 이렇게 말씀합니다. '그런고로 낮에와 같이 단정히 행하라.' 아직 밤입니다. 그러나 낮에와 같이입니다. 가끔 새벽기도 나오시는 분들 가운데, 남자고 여자고 다 마찬가지입니다마는 아주 깨끗하게 세수를 하고 이렇게 저처럼 넥타이를 매고 단정하게 나오는 분도 있지마는 어떤 분은 새벽이니까 그저 대충대충 하고 나옵니다. 어떤 때는 세수도 안하고 넥타이도 안매고 옷도 아무렇게나 하나 걸치고 나옵니다. 이런데 예배 마치고 누가 어디 심방갑시다, 어떤 모임에 갑시다, 하고 말하면 "나 화장 안했는데. 나 옷 못입었는데…"합니다. 못간다는 말입니다. 못갈 수밖에요. 지금은 어두워서 화장 안해도 괜찮고 아무런 옷 입어도 될 것입니다. 하지만 새벽기도 마치고 나올 때는 환하거든요. 또한 막바로 어디 갈는지도 모릅니다. 그렇게되면 캄캄한 밤이지만 우리는 벌써 마음이 저 아침에 가 있습니다. 낮에와 같이, 입니다. 밤이지마는 낮에와 같이 단정히 행하라, 합니다. 이 얼마나 중요한 일입니까. 남이 보든 안보든입니다. 지금은 캄캄해도 아침은 올 것이니 낮에와 같이 단정히 하라, 하는 것입니다. 단정히 하라, 그게 필요합니다. 지금이 밤이라고해서 밤에 맞도록 지낼 수는 없는 것입니다. 지금은 밤이지만 곧 얼마후에 낮이 될 거란말입니다. 지금 우리는 주님을 못보고 있습니다. 그러나 주님 오실 것입니다. 주님 오실 때, 그때를 생각하고 오늘을 살아야 합니다. 그 때, 맞을 때 부끄러움 없도록 살아야지요. 우리 젊은사람들, 공부하느라고 애 많이 씁니다. 학교 가랴, 학원 가랴, 뭘 하랴 뭘 하랴, 참 복잡합니다. 이들이 왜 이렇게 하여야 되느냐? 지금으로 생각하는 게 아니지요. 앞으로 10년 후, 20년 후면? 그때를 생각해서 지금 준비해야지요. 준비가 없다면 그때가서 어려워지니까요. 그래서 하는 말씀입니다. '낮에와 같이 단정히 행하라.' 이제 크로노스가 저 앞에서 카이로스로 다가오고 있거든요. 그렇기 때문에 우리의 마음과 생각은 벌써 저기에 가 있어야 한다, 하는 말씀입니다.

그래 오늘본문말씀에 결론으로 이렇게 말씀합니다. "그러므로 우리는 다른 이들과 같이 자지 말고 오직 깨어 근신할지라." 깨어, 자지 말고, 다른 이들과 같이―상대적으로 다른 어떤 분위기 속에서 종속적으로 살아서는 안된다는 것입니다. 다른 사람 잔다고 자고, 다른 사람 논다고 놀고, 다른 사람 게으름피우니 나도 게으름피우고 해서는 안되지요. 그리스도인은 세상사람 사는대로 따라서 살아서는 안된다, 하는 것이 첫째입니다. 그리고, 깨어 있으라, 합니다. 의식을 가지고 있으라, 합니다. 어떤 의식? 다가오는 미래에 대한 의식입니다. 미래지향적 의식을 가지고 있어야 합니다. 젊은사람은 나이많았을 때를 생각해야 합니다. 예수믿는 사람은 주님 만날 생각을 해야 합니다. 늙었을 때를 생각 안하면 안되지요. 이렇게 생각은 항상 미래에 가 있어야 되는 것입니다. 그게 바로 깨어 있는 것입니다. 좀더 좁혀서 생각하면 가령 공부하는 학생들은 시험볼 때를 생각해야 합니다. 언제든지 앞에 당연하게 다가오는 미래를 의식하면서 살아가는, 그게 깨어 있는 것입니다. 재미있는 얘기가 있습니다. 인도의 어느 산골마을에 걱정거리가 생겼습니다. 뭐냐하면 바로 그 산골 어귀, 사람들이 많이 드나드는 그 길에 식인 사자가 하나 있는 것입니다. 사자라고 다 사람을 잡아먹는 게 아닌데 거기에는 그런 무서운 사자 한 마리가 있어 사람을 보면 잡아먹습니다. 사람들이 밤에 산너머로 가다가는 잡혀먹히는 것입니다. 그래서 정부에 얘기를 했더니 사냥하는 사람이 셋 왔습니다. 밤에 지프차를 타고 왔는데 그 지프차는 지붕이 없었습니다. 그런 지프차를 사자가 나온다는 데다 딱 세워놓고 한 사람은 총을 들고 지프차 앞에서 사자 나오기를 기다리고 있고, 한 사람은 뒤에서 사자 나오기를 기다려 버티고 있고, 한 사람은 계급이 좀 높아서인지 지프차 안에 떡 탄 채 총을 들고 있었습니다. 졸고 앉았고. 이랬는데, 아침에까지 봐도 사자가 오질 않습니다. 그래서 앞에 섰던 사람이 말하기를 "이거, 오늘 밤엔 사자가 나타나지 않누만" 하고, 뒷사람도 "어, 그러네? 괜히 밤만 새웠구만." 그러면서 들여다보니 지프차 안에 있던 사람이 죽어 있습니다. 그 사람은 졸고 있었고, 졸고 있다는 걸 알고 있었거든, 사자가. 앞에 있는 사람도 깨어 있었고 뒤에 있는 사람도 깨어 있었는데 가운데 떡 앉아 있던 사람은 졸고 있었던 것입니다. 사자가 그 사람을 덮친 것입니다. 이런 이야기가 있는데, 깨어 있어야 한다는 것이지요. 항상 밝은 의식을 가지고 있어야 합니다. 몽롱해서는 안 됩니다. 사람을 몽롱하게 만드는 것이 많습니다. 오락이 그렇고, 도박이 그렇고, 술먹는 것이 그렇습니다. 이게 다 사람 정신흐리게 만드는 것입니다. 맑은 정신으로도 살기 어려운 세상에 이렇게 몽롱하게로야 살 수 있겠습니까. 그런고로 우리는 정신을 똑바로 차려야 한다, 하는 것입니다. 그것이 오늘일 수 있고, 현재일 수 있고, 내게 있는 일이라고 늘 생각을 하여야 합니다.

그리고 "근신할지라" 하였습니다. 미래지향적으로 사는 생활, 영적인 생활, 그리스도 중심적인 생활을 말씀함입니다. 누가복음 12장 42절로 43절에 보면 종말을 어떻게 맞이할 것인지, 예수님께서 비유로 말씀하십니다. 청지기가 자기도 일하고 밑엣사람들에게, 여러 종들에게 일을 많이 시킵니다. 이러니 주인이 돌아와서 그렇게 하는 것을 보면 그가 얼마나 복이 있겠느냐, 하시는 말씀입니다. 여러분, 손을 씻고 흰옷을 입고 "오, 주여." 이렇게 맞이하려고 하지 말고 일하면서 맞이할 것입니다. 여러분은 어떻습니까? 저는 집에 들어갔을 때 식구가 아무 일도 아니하고 가만히 앉아 있는 것보다는 부지런히 일하고 있는 모습을 보면 제일 아름다워보입니다. 일하는 사람이 아름답고, 일하는 손이 아름답고, 일하는 얼굴이 아름다운 것입니다. 우리는 주님을 맞을 때 정적으로, 모든 일을 중단하고 맞으려 하지 말고 부지런히 주의 일 하는 중에 맞으려 하는, 그러한 믿음을 가지고, 그런 생활양식을 가지고 살아가야 하겠습니다. 예수님 분명히 말씀하십니다. '내가 올 때, 주인이 올 때 종이 일하는 것을 보면 그 종이 얼마나 복되겠느냐.' 부지런히 일하는 중에 깨어 기도하고 그런 중에서 주를 맞이하겠다고 하는 확실한 생활양식을 가져야 할 것입니다. △

신앙인의 완전무장

　자는 자들은 밤에 자고 취하는 자들은 밤에 취하되 우리는 낮에 속하였으니 근신하여 믿음과 사랑의 흉배를 붙이고 구원의 소망의 투구를 쓰자 하나님이 우리를 세우심은 노하심에 이르게 하심이 아니요 오직 우리 주 예수 그리스도로 말미암아 구원을 얻게 하신 것이라 예수께서 우리를 위하여 죽으사 우리로 하여금 깨든지 자든지 자기와 함께 살게 하려 하셨느니라 그러므로 피차 권면하고 피차 덕을 세우기를 너희가 하는 것같이 하라
(데살로니가전서 5 : 7 - 11)

신앙인의 완전무장

　신앙인의 무장, 완전무장에 대한 말씀이 오늘본문에 있습니다. "믿음과 사랑의 흉배를 붙이고 구원의 소망의 투구를 쓰자"하였습니다. 예수님의 말씀은 때때로 그 말씀 자체가 사실적이면서도 어떤 때는 상징적이고 비유적이기도 하였습니다. 그래서 제자들이 그 말씀의 뜻을 깨닫지 못하는 때가 많았습니다. 총명이 부족하고, 때로는 마음속에 나름의 서원과 정욕이 있음으로해서 예수님의 그 소중한 말씀의 깊은 뜻을 더러 제대로 이해하지 못하였던 것같습니다. 그중 가장 대표적인 것이 예수님께서 감람산으로 기도하러 올라가실 때 "검 없는 자는 겉옷을 팔아 살지어다"하신 말씀에 대한 제자들의 반응입니다. 이를 제자들이 알아들을 수가 없었습니다. 누가복음 22장 35절로 36절을 봅시다. "저희에게 이르시되 내가 너희를 전대와 주머니와 신도 없이 보내었을 때에 부족한 것이 있더냐 가로되 없었나이다 이르시되 이제는 전대 있는 자는 가질 것이요 주머니도 그리하고 검 없는 자는 겉옷을 팔아 살지어다"하십니다. 당시 그곳에서 겉옷이라는 것은 아주 중요한 것이었습니다. 이것은 펴면 이부자리이고, 일어나면 옷입니다. 한마디로 말하자면 담요를 둘러메고 다니는 셈입니다. 다니다가 어디서든지 자야 되기 때문입니다. 먼 길을 다니기도 하고 가까운 길을 가기도 하지만 아무데서나 노숙을 할 수 있어야 됩니다. 그것이 풍속이 돼서 필로 둘둘 감아 걸치는 그런 옷이 있는 것입니다. 이것이 '겉옷'입니다. 겉옷은 아주 소중하여 옛날에 저 아간이 슬쩍했을 정도로 보화와도 같은 것이었습니다. 좋은 겉옷 하나가 더없이 귀한 재산이었습니다. 그런데 어쩌자고 절대필

수품인 이 겉옷을 팔아 없애라시는 것입니까. 겉옷을 팔아 검을 사라, 하시다니요. 그렇게까지 말씀하실만한 때였던 것입니다. 지금 내일 어디서 자고 모레 어디서 덮고, 뭘 입고 걷고 덮고 자고, 하는 것이 중요한 게 아니다, 이 말씀인 것입니다. 지금 급한 것은 검이다, 중요한 것은 검이다, 검을 사라, 말씀하실 때 '저희가' 뭐라 아룁니까. "여기 검 둘이 있나이다." 이에 대한 예수님의 대답이 참 걸작입니다. "족하다." 이러시니 우매한 제자들이 감을 잡을 수 있겠습니까. 그랬다가 예수님 체포당하실 때, 베드로가 검을 빼어 휘두르고… 검을 사라—무슨 말씀입니까. 이것은 상징적인 교훈입니다. 진짜 칼을 가져라, 하신 것이 아닙니다. 칼을 가지고 다니다가 대항을 하라, 찔러라, 하시는 것이 아니거든요. 지금 비상시가 닥쳤습니다. 제자들이 그동안에는 예수님과 함께 살아왔지마는 이제는 홀로서야 할 결정적인 시간입니다. 몇시간 후에 예수님께서 체포당하십니다. 그리고 십자가를 지십니다. 제자들은 홀로서야 합니다. 지금부터는 예수님을 사랑하는 마음으로 홀로서서 많은 환난과 싸워 이겨야 합니다. 그동안은 예수님께서 대행하여주셨지만 이제는 그렇지 않습니다. 이제는 너희 스스로, 홀로서서 많은 시험과 많은 죄와 많은 유혹과 악마의 세력과 싸워 이겨야 한다, 그런고로 '겉옷을 팔아 검을 사라' 하시는데, 그 깊은 뜻을 제자들이 알 수가 없었지요. 참 어렵지 않습니까. 지금도 이렇게 말씀하시면 저 역시 오해하겠습니다. 예수님께서 이렇듯 어렵게 말씀하신 때가 많이 있습니다. 뒤늦게야 사람들이 그 뜻을 알게 되었습니다.

그리고 사도 바울은 에베소서 6장 14절로 17절에서 오늘본문보다 더 길게 신앙인의 무장에 대해서 말씀합니다. "그런즉 서서 진리로 너희 허리띠를 띠고 의의 흉배를 붙이고 평안의 복음의 예비한 것으로 신을 신고 모든 것 위에 믿음의 방패를 가지고 이로써 능히 악한 자의 모든 화전을 소멸하고 구원의 투구와 성령의 검 곧 하나님의 말씀을 가지라." 이렇게 완전무장태세를 일러줍니다. 결국 신앙인은 악과 더불어, 죄와 더불어 싸웁니다. 죄와 사단, 악마와 더불어 줄기차게 싸워나가는 전투 가운데서 살아가는 것입니다. 요새도 보니 어떤 운동선수가 아주 좋은 성적을 내고 우승을 하면 마이크를 갖다대고 어떻게 이겼는지, 묻는데 제일 많은 대답이 뭡니까. 자기와의 싸움에 이겼다는 것입니다. 운동 하나도 결국은 자기와의 싸움입니다. 여러 가지 의미를 담았습니다. 어느 상대와 싸우는 게 아닙니다. 나 자신과 싸우는 것입니다. 그리스도인은 확실히 자기와 더불어 죄와 더불어, 영적으로는 악마의 세력과 더불어 싸웁니다. 거기서 이겨야 하는 것입니다.「손자병법」생각이 납니다. '적을 모르고 나도 모르면 백전백패다.' '적을 알고 나를 모르면 일승일패다.' '적도 알고 나도 알면 백전백승이다.' 너무나도 상식적인 얘기 아닙니까. 적도 알고 나 자신도 알아야 됩니다. 그래야 싸움에 이길 수 있는 것입니다. 일반적으로 군인이란 승리하는 데 세 가지 요건이 필요합니다. 첫째는 정신력입니다. 흔히 사기충천이다, 하는 말을 합니다. 옛날, 제가 군대에 있을 때는 '기압이 빠졌다'하였습니다. 정신력이 없다는 말입니다. 요새는 '정신전력'이라는 말을 씁니다. 정신력이 확실해야 전쟁은 이길 수가 있습니다. 요새 우리나라에 이 정신력에 문제가 생겨서 모두들 걱정하고 있습니다. 정신력이란 뭐냐, 왜 싸우느냐입니다. 목적이 분명하여야 됩니다. 내가 뭣때문에 싸우는 것입니까. 왜 생명까지 바쳐가면서 싸우는 것입니까. 내가 왜 군대에 나가서 보초를 서는 것입니까. 목적이 분명하여야 됩니다. 이걸 알아야 합니다. 내가 여기 있음으로 이 나라가 평안하고, 내가 여기 보초를 섬으로써 많은 사람이 살 수 있는 것이다—이 얼마나 중요합니까. 원래 싸우지 않은 전쟁이 가장 큰 전쟁입니다. 싸우지 않은 승리가 가장 큰 승리입니다. 싸워서 부딪히게되면 결국은 양쪽이 많은 희생을 봅니다마는 워낙 힘이 강하면, 워낙 완전무장을 하고 서 있으면 아무도 다가오지 못합니다. 그래서 전쟁 없는 승리가 가장 큰 승리다, 그렇게 말합니다. 우선 정신력이 분명하여야 됩니다. 그리고 적이 누구냐, 이것을 분명히하여야 합니다. 여기에 문제 있는 것입니다. 내가 누구와 더불어 싸우는 거냐?—말씀드린대로 나 자신과 더불어, 내 죄와 더불어, 내 과거와 더불어 싸우고, 모든 불의한 허물로부터 벗어나고, 이 세상죄악, 부정부패, 많은 시험 다 물리쳐야 되지 않습니까. 어쨌든 내가 무엇과 더불어 싸우느냐입니다. 종교개혁자 마르틴 루터는 죄, 사망, 사단, 율법, 진노를 대상으로 삼았습니다. 어쨌든 무엇이 적이냐, 내가 누구와 더불어 싸우느냐가 확실해야 됩니다. 그리고 또하나가 있습니다. 무엇을 위하여 싸우느냐입니다. 내가 오늘 이렇게 여기 서 있는데, 이 전쟁에 나섰는데, 이는 무엇을 위해서냐입니다. 그것이 분명하여야 됩니다. 나의 생명보다도 높은 가치의 것이라야 되는 것이거든요. 우리그리스도인들은 '하나님의 영광을 위하여' '하나님의 의를 위하여'라는 목적을 지닙니다. 모름지기 우리는 무엇을 위한 싸움이냐가 확실한 사움을 하여야 합니다. 또한 total commitment입니다. 내가 죽고사는 것보다 이 싸움이 더 중요한 의미를 가지는 것입니다. 그래서 죽음을 두려워하지 않아야 합니다. 전쟁에 나가는 사람이 죽음을 두려해서는 절대로 안되는 것이지요. 그러다간 죽습니다. 오히려 전쟁에 나가는 사람은 목숨은 떼어놓고, 생명에 대한 애착은 떼어놓고 내가 싸우는 이 싸움의 의미를 더 높은 가치에 둘 때 비로소 용감한 군인이 될 수가 있고, 싸워 이길 수 있는 것입니다. 예수님께서 '한 알의 밀이 땅에 떨어져 죽으면 많은 열매를 맺고 죽지 않으면 그대로 있느니라'하십니다. 목숨을 버리는 자는 얻을 것이요, 목숨을 지키려고 비겁하게 몸부림치는 사람은 다 목숨까지 잃어버리게 될 것이다, 하십니다. 정신력, 이것이 군인에게 있어서는 첫째 요건입니다.

그리고 두 번째는 무기입니다. 아무리 싸울 마음이 있어도 손에 총칼이 없으면 안됩니다. 무기가 없으면 아무것도 할 수 없습니다. 옛날에는 총이다 칼이다 하였습니다. 우리는 일본사람으로부터 침략을 받아 36년 동안 고생을 했습니다. 왜요? 솔직히 말하면 무기가 없었습니다. 저사람들은 벌써 '명치유신' 해서 총을 들고 왔는데 우리는 칼을 가지고 대들었습니다. 우리는 활로 칼로 싸우고 저쪽은 총으로 싸웠습니다. 그러니 지는 거 아니겠습니까. 무기가 아주 중요한 것입니다. 태평양전쟁에서 왜 일본이 지고 미국이 이겼느냐―이에 대해서도 각각의 해석이 있겠지마는 언젠가 한번「진주만」이라는 영화를 보았더니 거기서 보인 해답은 이렇습니다. 일본사람들은 배를 타고 망원경을 들고 적이 여기서 오나 저기저 오나, 살피다가 수평선 위에 뭐가 나타나야 "적이 온다!" 하는 것입니다. 그러나 미국 배는 그때 벌써 레이더를 갖추고 있어서 적이 눈에 보이기 전에 이미 적을 발견한 것입니다. 어느 방향에서 오고 있다는 걸 진작 알아버립니다. 레이더라는 것, 이거 하나 때문에 이겼다는 것입니다. 무기, 아주 중요한 것입니다. 무기가 있어야 싸우고, 좋은 무기를 가져야 이기는 것입니다. 저는 옛날에 제일선에서 경험을 하였습니다. 이쪽에는 기관포라는 게 있었습니다. 미국사람들이 준 건데 그건 총알이 큽니다. 이걸로 탕탕탕탕 쏘는데, 저쪽에서 이쪽으로 쏘는 것은 조그마한 총입니다. 따쿵따쿵 합니다. 상대가 안되는 것입니다. 그냥 그저 기관총 4대를 대고는 막 갈깁니다. 그야말로 병풍 넘어가듯이 넘어가는데 저쪽에서 쏘는 총알은 여기까지 오질 못합니다. 그때 이쪽은 군인이 몇 없었습니다, 저쪽에는 수백 명인데. 그런데 얘기가 안되더라고요. 무기가 좋아야 합니다. 현대전은 무기전입니다. 그래서 무기경쟁이 치열합니다. 좀더 큰 무기, 좀더 화력이 좋은 무기를 가지려 합니다. 어느덧 우리는 전쟁한 지 오래됐습니다마는 지금 얼마나 많은 무기가 있습니까. 미사일도 있습니다. 미사일이 뭡니까. 목표를 딱 정해놓고 스위치 하나 누르면 목표지점으로 그게 날아갑니다. 비행기가 날아가 내려다보고 쏘고 폭탄 떨어뜨리고 하는 것은 옛날얘기입니다. 그런 짓을 하는 게 아닙니다. 지도 펴놓고 거리 맞춰가지고 딱 누르면 제 발로 가서 떨어지고 마는 것입니다. 더구나 이스라엘나라에는 아주 특별한 무기가 있지요. 날개가 1미터 밖에 안되는 비행기가 있습니다. 무인비행기입니다. 조그마합니다. 큰 비행기 다닐 필요가 없습니다. 폭격기는 다 옛날얘기입니다. 이거 하나를, 무인비행기를 하나 공중에 띄워놓고 거기에다 데이터를 보내고 여기서 대포를 쏘면 대포알이 거기서 조정을 받아가지고 원하는대로 가서 떨어지는 것입니다. 옛날처럼 큰 비행기가 폭탄을 싣고 가서 뿌리고 뭐하는 것이 아닙니다. 이런 세상이다, 이런 말씀입니다. 지하목표물을 파괴하는 기계도 있습니다. 땅속에 있는 것까지 다 알아가지고 여기서 딱 누르면 거기 가서 터지고 마는 것입니다.

땅속에 감춰둔 것까지도 파괴합니다. 그야말로 무기전 아닙니까. 좋은 무기, 훌륭한 무기, 가공할 무기… 무기가 좋아야 이깁니다.

그런데 우리그리스도인은 뭘 가지고 싸웁니까. 성령과 말씀의 검으로입니다. 말씀으로 이기는 것입니다. 예수님께서 말씀의 검으로 이기셨습니다. 마귀한테 시험을 당하실 때 세 번 다 말씀을 하시는데 그게 다 성경말씀입니다. 사람이 떡으로만 사는 게 아니다, 주 여호와를 시험하지 말라, 오직 여호와만 섬기라―전부 성경에 있는 말씀입니다. 성경을 많이 알고, 성경을 많이 기억하여야 됩니다. 시험이 올 때마다 성경말씀으로 척척 대항을 하여야 됩니다. 그래야 이길 수 있습니다. 내 힘으로, 내 의지로 이기는 것이 아닙니다. 말씀으로 이기는 것입니다. 그래서 우리가 성경을 많이 알아야 됩니다. 또한 전략이 좋아야 합니다. 작전이, 계획이 좋아야 합니다. 어느 시점에서 어디서 어떻게 하느냐―전략이 아주 중요합니다. 이것은 하나님의 전략입니다. 선교적 전략입니다. 하나님의 전략을 완전히 신뢰하고 나가 싸울 것입니다. 그의 명령대로 싸울 것입니다. 합동하여 선을 이룰 것입니다. 특별히 하나님의 전략 안에서 나의 해야 할 일이 무엇인가를 알아야 합니다. my function, my part를 알아야 합니다. His part and our part―그의 할 일이 있고 나의 할 일이 있습니다. 저가 할 일이 있고, 내가 할 일이 있습니다. 여러분 하나하나가 할 일이 따로 있습니다. 다른 사람이 내 몫을 감당하는 게 아닙니다. 이 싸움에는 내가 할 일이 있다는 것을 잊지 말아야 합니다. 하나님께서 나와 함께하시고 하나님께서 나에게 역사하실 때 내가 해야 할 부분이 있습니다. my function, 그걸 잊지 말아야 합니다. 군인의 세계란 그렇습니다. 사실은 저 앞에서 싸우는 사람, 몇사람 안돼요. 뒤에 후방부대도 있고요. 그리고 옛날에는 또 피란민으로 다니던 어린아이들, 그 가운데서 출세하여 목사도 되고 했습디다마는 '쑈리'라는 게 있었습니다. 불쌍한 아이들, 한 열댓 살난 아이들을 군인들이 데려다가 구두도 닦이고, 청소도 시키고 하였습니다. 그것도 필요는 합디다. 부엌에서 일하는 사람들도 있고 운전사도 있고 무전사도 있고… 다 자기 할 일이 있는 것입니다. 하나님의 전략 속에 나의 할 일이 있습니다. 내가 할 일을 내가 함으로 이 큰 전쟁에 승리를 보장할 수 있는 것입니다.

　오늘본문에 보면 9절에서 이제 목적에 대해서 말씀하고 있습니다. "하나님이 우리를 세우심은 노하심에 이르게 하심이 아니요 오직 우리 주 예수 그리스도로 말미암아 구원을 얻게 하신 것이라." 구원, 그리스도로 말미암아 얻는 구원—이것이 이 전략의 목적입니다. 10절에 보면 최종승리가 보장되어 있습니다. "예수께서 우리를 위하여 죽으사 우리로 하여금 깨든지 자든지(살든지 죽든지, 라는 말입니다) 자기와 함께 살게 하려 하셨느니라." 그리스도와 함께 있습니다. 산 사람도 죽은 사람도, 오늘도 내일도 승리는 그리스도와 함께 있음으로 보장되어 있다는 말씀입니다. 그런데 오늘성경에 보면 기본적으로 깨어 있으라, 각성하라, 근신하라, 말씀하면서 두 가지의 무장을 들고 있습니다. 하나는 흉배요 하나는 투구입니다. 흉배와 투구, 이것은 아주 중요한 것입니다. 옛날에는 창으로, 칼로 싸우기 때문에 가슴에 흉배를 붙였습니다. 심장이 있기 때문입니다. 예를 들면 손 하나 떨어질 수 있고, 다리 부러지거나 잘려나갈 수도 있습니다. 그러나 심장은 그것과 다릅니다. 하나님께서 참 사람을 묘하게 만들었지 않습니까. 중요한 것은 다 철창 속에다, 갈빗대 속에다 집어넣으셨습니다. 갈빗대 속에 있는 것들이 고장나면 골치아 픕니다. 심장, 간장, 위장, 췌장… 다 하나님께서 속에다 집어넣어놓으셨습니다. 귀중한 것이므로 이것들은 갈빗대로 싸여 있는데 전쟁에 나가서 이것들이 상하면 안되니까 흉배를 붙이는 것입니다. 철판으로, 아주 탄탄한 걸로 붙여놓아서 이것들 상하지 않도록 했거든요. 또, 머리가 중요하지 않습니까. 그래서 투구를 쓰는 것입니다. 철모를 씁니다. 굉장히 무겁습니다. 총알이 날아올 때 다른 데는 까짓것 다쳐도 도리없지만 머리 다치는 것은 안되니까 투구 참 중요한 것입니다. 무겁다고 그거 안썼다가 죽은 사람 많습니다. 정말 철모는 중요합니다. 머리에다 쓰는 것입니다. 보십시오. 우리 하나님께서도 이 머리, 이 뇌가 아주 중요하니까 이거를 딱딱하게 '바가지 씌워'놨지 않습니까. 바가지 씌우기만 하셨나요? 혹시 이게 뜨거워질까봐 위에다 '풀'을 심어주셨습니다, 머리카락을. 그 농사가 제대로 안돼서 머리 벗겨진 사람도 많지마는 어쨌든 이게 절대로 필요한 것입니다. 여름에 머리칼 없는 사람은 밖에 나가기 힘듭니다. 골이 띵하고 아프고 그렇습니다. 이 머리칼, 여러분 미장원에 다니라고 만들어주신 게 아닙니다. 너무 괴롭히지 마세요, 그거. 하나님께서 주신 소중한 머리카락 지지고볶고… 너무 괴롭히지 마십시오. 그것도 죄입니다. 자꾸 부스러지니 그냥 두십시오. 그냥이 좋은 것입니다. 귀한 것이 들어 있기 때문에 보호하기 위해서 이렇게 덮어놓으신 것입니다. 그러나 전쟁에 나갈 때는 이것만으로도 안되지 않습니까. 그래서 위에다 쇠로 만든 투구를 씁니다. 무겁지마는 사는 게 더 중요하니까 씁니다. 불편하냐 편하냐가 문제 아니지요, 사느냐 죽느냐가 문제지. 무거우냐 가벼우냐가 문제입니까, 사느냐 죽느냐가 문제지.

그러므로 무거운 철모를 써야 합니다. 항상 쓰고 있어서 이게 익숙해져야 됩니다. '흉배를 붙이고, 투구를 쓰라.' 이렇게 완전무장을 말씀하면서 사도 바울은 이렇게 말씀하고 있습니다. "믿음과 사랑의 흉배"라 하였습니다. 믿음과 사랑으로 덮어서 가슴을 보호하여야 됩니다. 심장을 보호하여야 됩니다. 믿음과 사랑으로. 군인이 가슴에 무거운 흉배를 붙이는 것같이 그리스도인은 가슴에 믿음과 사랑을 덮어놓아야 된다, 이 말씀입니다. 믿음과 사랑. 언제나 믿음이 먼저입니다. 여러분, 사람이 가지는 죄 중에 가장 무서운 죄는 '의심'이라는 죄입니다. 그저 속을 때 속아도 되니까 똑똑한 척하지 말고, 미리 의심하지 마십시오. 그저 믿으세요. 믿음보다도 좋은 일은 없습니다. 「CEO가 되는 길」이라는 책을 읽고 큰 감동은 받은 게 있습니다. 오늘 세상을 인도한다는 이 아주 중요한 인물들, CEO들은 자랄 때 그 어머니가 아들인 자녀를 끝까지 믿어주었다는 것입니다. 장난기 심하고 실수 많고 사고 많을 때 다른 사람들은 다 안믿어주어도 그 어머니는 그 아들을 믿어주었다는 것입니다. 세상사람들 다 안믿어도 나는 너를 믿는다―그 한마디가 그 사람의 일생을 성공의 길로 인도했다는 것 아닙니까. 여러분, 어떤 일이 있어도 이 말만은 삼가십시오. "니 말을 어떻게 믿냐?" 절대 이 말은 하지 마십시오. 당신이 안믿으면 누가 믿을 것입니까. 어머니가 안믿는 자식을 세상의 누가 믿어줄 것입니까. 어머니는 '나는 너를 못믿는다'라는 말은 절대로 해서 안되는 것입니다. 그까짓 돈 몇푼 손해나면 나라지요. 솔직히 말하면 어머니 속이는 재미가 괜찮은 것 아닙니까. 왜요? 어머니는 사랑하니까 믿거든요. 그게 얼마나 아름답습니까. 뻔히 알면서도 '나는 너를 믿는다, 믿는다'합니다. 이게 결국은 사람을 만드는 것입니다. 요새 똑똑한 어머니들이 자식을 망칩니다. "내가 속을 줄 아니? 얘, 내가 니 배속에 들어갔다 나왔다, 이놈아!" 이래놓으니 아이들이 마음을 붙일 데가 없지 않습니까. 이래서 밖으로 나도는 것입니다. 여러분, 어떤 일이 있어도 믿으십시오. 믿음, 그리스도인은 믿는 사람입니다. 왜 그렇게 의심이 많습니까. 믿으세요. 하나님을 믿고, 사람을 믿고, 나 자신도 믿으세요. 믿음이 중요합니다. 그리고 사랑입니다. 가슴은 따뜻하여야 됩니다. 사랑이 있어야 합니다. 사랑이 아니면 어떤 일도 옳을 수가 없습니다. 'Only love can justify means.' 오직 사랑만이 방법을 정당화할 수 있습니다. 어떤 일이라도 사랑으로 한 일이면 옳은 일이고, 사랑이 떠난 일이라면 그 무엇이든지 다 좋은 일일 수가 없습니다. 자식들이 용돈을 달라 할 때 사랑하는 마음으로, '그러자'하는 마음으로 주면 사랑이지만, 달란다고 귀찮으니까 "옛다, 가져라!" 해버린다면 이것은 절대로 잘되는 일일 수가 없습니다. 오직 가슴은 믿음과 사랑으로 채워야 합니다. 이게 무기입니다. 믿음과 사랑을 잃어버려서는 안됩니다. 그러면 심장이 터져나갑니다. 생명을 잃어버립니다. 그런가하면 "소망의 투구"라 하였습니다. 가장 소중한 것이 머리속에 있으니까 쇠로 만든 투구를 쓰는 것입니다. '헬멧을 쓴다' 이것입니다. 그래서 보호하는 것입니다. 무슨 말씀입니까. 항상 머리는 소망에 차 있어야 한다는 말씀입니다. 먼 소망, 하나님의 약속을 바라보는 소망입니다. 어떤 일이 있어도 과거에 매여서는 안됩니다. 미래, 오로지 소망입니다. 우리의 생각과 뜻은 항상 먼 소망에 있어야 된다는 것을 잊지 말아야 합니다. 그래서 머리는 소망으로 둘러쌉니다. 소망이라고 하는 헬멧을 써야 합니다. 그래서 위에는 소망으로 머리를—그의 생각, 판단 전부 소망에 기준합니다. 그의 보는 것, 소망에 기준합니다. 듣는 것, 소망 안에서 해석합니다. 머리는 소망의 투구로, 가슴은 사랑과 믿음으로—믿음, 소망, 사랑이 충만할 때 모든 시험을, 모든 악마의 세력을 이길 수 있는 것이다, 하는 말씀입니다.

아브라함 링컨에 얽힌 재미있는 얘기가 있습니다. 미국남북전쟁에 불씨가 되었다고 하는 소설 「Uncle Tom's Cabin」의 저자 스토우 부인이 전쟁 끝나고 아브라함 링컨을 독대로 만나게 되었습니다. 그는 링컨을 존경 가득한 눈으로 쳐다보고 말했습니다. "5년에 걸쳐 연전연패 하였는데도 불구하고 어떻게 그렇듯 끝까지 용감하게 싸워 마지막승리를 쟁취할 수 있었습니까? 대단히 용감한 분으로 알았는데 오늘 만나보니 아주 온유 겸손한 인간성이 넘치는 분이군요. 놀랍습니다. 이렇게 온유한 분이 어떻게 그 험한 전쟁에서 이길 수 있었습니까?" 링컨은 대답합니다. "전쟁은 내가 하는 것이 아니고 하나님의 방패로 하나님의 무기로 하는 것이었기 때문입니다." 하나님을 향하는 마음, 하나님을 목적하는 마음, 하나님께서 주신 방패, 하나님께서 주신 말씀, 이것으로 싸웠기에 5년 동안 연전연패했으나 마지막승리를 거둘 수가 있었다는 고백입니다. 여러분, 내 힘으로 싸우는 것이 아닙니다. 가끔 우리는 내 의지로, 내 결심으로 뭘 해보려고 덤비는데 그 자체가 벌써 잘못된 것입니다. 하나님께서 나와 함께하시지 않으면 이길 수가 없습니다. 하나님께서 내게 확실한 목적을 제시하시고, 내게 확실한 정신력을 주시고, 확실한 믿음, 확실한 사랑, 확실한 소망을 주실 때 비로소 이길 수 있습니다. 성령과 말씀의 검으로 이길 수 있는 것입니다. 나 스스로는 안됩니다. 오직 주의 은혜로 승리할 수 있는 것입니다. △

오래 참으라

형제들아 우리가 너희에게 구하노니 너희 가운데서 수고하고 주 안에서 너희를 다스리며 권하는 자들을 너희가 알고 저의 역사로 말미암아 사랑 안에서 가장 귀히 여기며 너희끼리 화목하라 또 형제들아 너희를 권면하노니 규모 없는 자들을 권계하며 마음이 약한 자들을 안위하고 힘이 없는 자들을 붙들어 주며 모든 사람을 대하여 오래 참으라 삼가 누가 누구에게든지 악으로 악을 갚지 말게 하고 오직 피차 대하든지 모든 사람을 대하든지 항상 선을 좇으라

(데살로니가전서 5 : 12 - 15)

오래 참으라

　오늘본문에서는 교회생활에 필요한 기본적인 윤리를 말씀하고 있습니다. 우리가 어떻게 믿느냐, 무엇을 믿느냐, 하는 것은 아주 중요합니다. 바른 신앙을 가져야 하는 것입니다. 또한 예수믿는 사람은 어떻게 살아야 하는가―그 또한 중요합니다. 그리고 우리가 중요시하는 또하나는 교회생활입니다. 우리는 교회와 더불어 삽니다. 교회와 더불어 신앙생활을 합니다. 교회와 더불어 믿음을 키워갑니다. 그리고 교회와 더불어 우리는 가정생활까지도 교회 안에서 이루게 됩니다. 그런고로 우리 믿는 사람이 어떻게 교회생활을 하여야 하느냐, 하는 것이 대단히 중요한 것입니다. 이것이 잘못되면 신앙생활 전부가 흔들리게 되는 것을 볼 수 있습니다. 오늘 말씀하시는 바 기본적인 교회생활 윤리, 이것을 짧게 요약해서 말하면 존경과 화평과, 그리고 돌보는 일입니다. 돌보는 일은 다른 말로 말하면 '봉사'입니다. 이렇게 respect, peace, care를 기본적인 교회생활 윤리로 말씀합니다. 윗사람에 대해서 존경할 것이요, 형제자매들 간에 화평을 이루어야 하며, 우리보다 아직은 좀 부족한 사람, 약한 사람, 처음 믿는 사람, 아직도 규범을 잡지 못한 사람, 바른 궤도에 들어서지 못한 사람에 대해서는 또 돌보아야 합니다. take care.

　먼저 여기 지도자에 대해서 말씀합니다. 이 말씀은 혹 장로장립 때, 혹은 목사위임식 때 교인들을 권면하는 분들이 많이 쓰는 본문입니다. 장로님에 대해서 혹은 목사님에 대해서 교인들은 이렇게 하면 좋겠습니다, 할 때 이 말씀을 가지고 늘 권면합니다. "주 안에서 너희를 다스리며 권하는 자들"이라 하였습니다. 다스리는 자, 장로입니다. 권하는 자, 목사입니다. "다스리며 권하는 자들을 너희가 알고"라 하였습니다. 알아주라, 하는 말씀입니다. 간단하지마는 '안다'는 말이 중요합니다. 지도자에 대한 이해, 이것을 촉구하고 있습니다. 그러면서 "저의 역사로 말미암아 사랑 안에서 가장 귀히 여기며"라 하였습니다. 가장 귀히 여기라—respect, 존경하라는 것입니다. 참으로 중요한 일입니다. 존경할 자를 존경하고 사는 것, 그것이 바로 신앙생활입니다. 존경을 모르고 사는 사람, 참으로 불행한 사람입니다. 우리 인생에 있어서, 우리 한평생을 살아가면서 존경을 늘 마음에 두고 살아야 합니다. 윗사람에 대한 존경, 이걸 못배운 사람은 참으로 불행합니다. 가정에서 부모를 공경하고 존경하는 것, 그 윗사람에 대한 자세가 바로 되어 있는 사람은 학교에 가면 선생님한테 잘하게 됩니다. 회사에 나가면 윗사람을 잘 대하게 됩니다. 아주 편합니다. 조금도 어렵지 않게, 이렇게 됩니다. 그런데 이런 존경을 모르고 사는 사람, 막돼먹습니다. 이건 참 곤란합니다. 군대에 가서든지 혹은 사회생활 하는 가운데 윗사람을 만나게되면 항상 이 사람은 불쾌합니다. '왜 저 사람을 받들어? 저 사람이 나한테 왜 명령을 해?' 속이 항상 끓습니다. 참 불행한 일입니다. 존경할 줄 아는 것, 윗사람을 존경하는 그 마음, 이것을 체질적으로 잘 익혀야 합니다. 존경이란 절대로 내가 비굴해진다는 것이 아닙니다. 존경함으로 그를 높이는 동시에 내가 함께 존귀해진다는 것을 알아야 합니다. 그런데 누군가를 높이면 내가 낮아지는 줄 아는 사람이 있습니다. 참으로 곤란한 사람입니다. 남을 높이면 내가 함께 올라가는 것입니다. 이스라엘사람들의 아주 중요한 격언이 있습니다. 아내들 보고 하는 말입니다. '네 남편을 임금님 높이듯 높이라. 그리하면 너는 여왕이 되리라.' 두말할 것도 없지요. 남편이 왕되면 나는 여왕 아닙니까. 이어서 반대로 '남편을 머슴 만들려고들면 너는 노예가 되리라' 하였습니다. 두말할 것 없지요. 머슴의 아내이니 노예 아닙니까. 이렇듯 남을 높이면 나도 함께 올라간다는 걸 알아야 되는데 소인배는 그렇지 못한 것입니다. 시원치 않은 인격의 사람은 그렇지를 못하여 남을 낮춰야 내가 올라간다고 생각합니다. 남을 아예 짓밟아야 내가 올라가는 줄 압니다. 남을 무시하여야 내가 높아지는 줄 압니다. 이렇듯 존경을 못배운 사람은 한평생 불행할 따름입니다. 그래서 가정에는 사실 할아버지, 할머니, 아버지, 어머니, 그리고 손자, 손녀… 이렇게 다 있는 것이 좋습니다. 제가 자랄 때는 할아버지, 할머니, 아버지, 어머니, 그리고 나였으니 다 나보다 윗사람이고 나는 맨밑, 꼴찌였습니다. 언제나 어른들만 있는, 그 속에서 자랐습니다. 그래 저는 어디서건 윗사람을 모시는 것, 하나도 불편하지 않습니다. 제가 부목사로 있다가 원목이 되었을 때도 제 위에 또 원로목사님이 계셨습니다. 11년 동안 모셨습니다. 그러나 저는 전혀 불편을 몰랐습니다. 불편은커녕 얼마나 좋습니까. 더욱이 그분은 항상 나보다 더 일찍 새벽기도 와주시니 좋았습니다. 늘 와서 기도하고 계십니다. 얼마나 좋습니까, 어른 모시고 있다는 게. 이런데, 어떤 분들 보면 원로목사님 모시고 목회하는 것을 아주 불편하게 여깁니다. 당회장이 둘인가 셋인가, 불평입니다. 체질적으로 문제가 있기 때문입니다. 윗사람을 모시고 조금도 불편할 것이 없습니다. 무릇 양로원 많은 나라는 장래성이 볼것없습니다. 이것을 알아야 합니다. 양로원이라는 게 본디 필요가 없는 법입니다. 좀더 높이높이 생각할 때 우리는 다 어른들을 모시고 살 것이요, 좀더 이상적으로 말하면 심지어는 나와 관계없는 어른까지 다 모시고 살아야 합니다. 그러면 양로원이 필요없지 않습니까. 양로원이 있는 나라는 망한다는 것을 알아야 합니다. '사회복지'니뭐니 하지만 완전히 노인촌 만들자는 소리입니다. 존경을 잃어버렸기 때문에 그렇습니다. 현대인들이 존경하기를 싫어하거든요. 누구한테 매이는 거 싫고, 어른 있는 거 싫고. 모름지기 어른을 모실 줄 알아야 합니다. 어른을 모시고 편안한 마음, 이것이 행복의 길입니다. 여러분, '하나님 아버지' 아닙니까, 어른을 모셔야 합니다. 교회로 말하면 목사님도 계시고 장로님도 계시고 권사님도 계시고… 어른들이 있거든요. 웃어른이 있습니다. 그를 잘 모시고 그를 높이고, 그의 사랑을 받고 사는 게 얼마나 아름답습니까. "그 교회 가보니 왜 그렇게 어른이 많아? 그거 구조조정 해야겠더구만." 이래서야 되겠습니까. 체질적으로 문제가 있어서 그렇습니다. 인간의 원초적 본능이 그렇지 않습니다. '존경' 있어야 합니다.

웃사람에 대해서 "가장 귀히 여기며…" 하였습니다. 목사님을 존귀히 여기고… 우리교회에 보니 이런 분이 있습니다. 초등학교 1학년인 개구쟁이 아들녀석이 "엄마, 엄마, 나는 커서 목사 될래" 하기에 "얘 좀 봐. 장난꾸러기에 공부도 잘 안하면서 어떻게 목사 되니? 목사, 아무나 되는 거 아니야" 했더니 "아니야. 나 목사 될 거야." "왜?" "가만히 보니 아빠는 엄마한테 꼼짝못하고, 엄마는 목사님한테 꼼짝못하데. 목사님이 제일이잖아? 나 꼭 목사 될래." 그 집안 괜찮은 집안입니다. 분위기를 그렇게 만들어놓았습니다. 존경을 가르쳤습니다. 가장 높은, 가장 귀한 어른—이렇게 해놓으면 아이들이 '목사님은 귀한 분이다. 장로님은 귀한 분이다' 하고 쳐다보면서 체질적으로 마음에 질서를 가지게 되고, 정신적으로 존경을 배우게 되는 것입니다. 그리고 그의 말씀 하나하나가 내 귀에, 마음에 와서 닿게 되는 것입니다. 그래서 윗사람에 대해서, 지도자에 대해서 존경하게 됩니다. 하되, 이해하라, 어떻게 이해하느냐―그는 나보다 지혜가 많습니다. 그는 나보다 경륜이 높습니다. 그는 또 나를 사랑합니다. 그런 분입니다. 교회의 어른들은 어른입니다. 지혜가 많고, 믿음도 높고, 많은 경륜이 있고, 우리를 사랑해주는 분이다―그런고로 그와 함께할 때 내가 지혜를 얻을 수가 있습니다. 그를 존경하면서 나도 보다 더 큰 사람으로 성숙, 성장하게 되는 것입니다. 그러면서 순종의 덕을 배우게 됩니다. 존경, 그리고 순종, 그리고 순종함으로 거기서 자유를 얻게 됩니다. 좀더 나아가 어떤 면에서는 나도 어느 순간에 가서는 지도자가 되는 것입니다. 보십시오. 교회에서는 목사님을 존경하지만 집에 가서는 내가 또 가장이거든요. 나도 지도자가 되는 것입니다. 내가 윗사람을 잘 모실 때 자녀들도 나를 잘 모시게 되는 것입니다. 그래서 효자가 효자를 낳는다고 하지 않습니까. 내가 부모님께 효도할 때 내 자식이 나에게 효도하게 됩니다. 효도하는 걸 본 것이 없는데 어떻게 효도하겠습니까. 윗사람을 잘 모신다는 것이 줄줄이 이어지는 것입니다. 그런 가풍이 이루어집니다. 존경이 그 질서의 기강이 되는 것이지요. 대단히 중요한 일입니다. 이렇게해서 지도자에게 큰 힘을, 위로를, 용기를 줍니다. 알아주라, 하는 말에 깊은 의미가 있는 줄 압니다. 지도자, 그의 인간성을 알아야 합니다. 그도 인간됨이 있습니다. 그에게 나약함도 있습니다. 그에게 피곤함도 있습니다. "목사님, 40년 동안 새벽기도에 나오셨다는데 피곤하지 않습니까?" 묻는 사람 보고 대답했습니다. "당신이 피곤하면 나도 피곤하지. 어떻게 피곤하지 않다고 하겠수?" 저 배고프면 나도 배고프지. 저 졸리면 나도 졸리지. 어떻게 그런 질문을 합니까. 인간적인 나약함이 있습니다. 어려움이 있습니다. 피곤함도 있습니다. 제가 목사로서 어려운 점이 있다면 그 하나가 주일을 안식일로 편안하게 지키지 못한다는 것입니다. 제가 생각하는 주일은 예배하고 돌아와서 아이들과 같이 죽 지내고, 점심을 잘 차려 먹고, 즐거운 시간을 가지는 것인데, 목사는 천생 이렇게 못하는 것입니다. 아이들과는 완전히 '이산가족'입니다. 남들은 주일날 안식일이라고 쉬지만 나는 중노동하는 날입니다. 이게 다르다, 이 말씀입니다. 여러분은 어떻게 보실는지 모르나 저는 일주일에 딱 한 끼 밖에는 집에서 식사를 못합니다. 그러니 하기야 남편치고는 좋은 남편이지요. 그렇지 않습니까. 집에서 안먹으니 아내야 편해서 좋지 뭐. 그러나 실은 그럴 수 없을 만큼 바쁩니다. 그러면 이걸 이해해야 지요. 난들 이게 좋아서 이러나요? 바빠서 그런 것입니다. 이것을 알아야 합니다. 나약함과 수고와, 때로 중요한 결단을 내릴 때는 고독한 것입니다. 마지막 결정은 내가 하는 것이니까요. 이런 모든 사정을 알아드려야 합니다. '저분 저렇게 수고하신다. 우리를 위해서 수고하신다.' 가끔 우리 장로님들이 내가 5부설교를 하니까 "목사님 피곤하지 않으십니까?" 합니다. 지난 주일에는 유아세례까지 주었습니다. 그러면 이런 거 다 우리가 알아야 합니다. 가끔 보면 누가 자꾸 만나서 얘기하자고 청합니다. 1분만요, 2분만요, 하고 조릅니다. 그래서 제가 "당신은 얘기하고 나는 들어야 되는데, 그 듣는 것 자체가 피로한 것입니다." 합니다. 제발 주일날 당회장실 들어오지 마십시오. 거기 써붙였습니다. 예배시간을 위해서 들어오지 말라고 써붙였는데도 불구하고 한글을 잘 못보는지 그냥 두드리고 들어온다고요. 중요한 일이라면서요. 다섯 번 설교한 사람에게 또 얘기하자고 덤비는, 그런 미련한 사람이 어디 있습니까. 이건 '이해하지 못하는' 사람입니다. 지도자의 수고를 알아드려야 합니다. '그도 피곤할 것이다. 그도 어려울 것이다.' 그걸 생각하여야 합니다. "우리가 위로해 드릴까?" 생각을 하여야 합니다. 마땅히 지도자와 교육자에 대해서 알아드리는 마음이 우리한테 있어야 합니다. 수고를 알아드리고, 다스림을 알아드리고, 권하는 것을 알아드리고, 그리고 그런 관계에서 좋은 관계를 유지하여야 됩니다. 그것이 바로 여러분 자신의 신앙생활에 크게 도움이 된다, 하는 말씀입니다.

두 번째로는 "너희끼리 화목하라" 하였습니다. 형제자매간에 우리교회에서는 화목이 제일입니다. 좌우간 교회는 화목하여야 됩니다. 한경직 목사님의 명담이 있습니다. 언젠가 교회성장이 어떻고, 어떻게 하면 교회가 부흥되고, 하니까 연세높으신 한목사님, 껄껄 웃고 말씀합디다. "별다른 방법이 있나요뭐. 교회는 그저 싸우지만 않으면 부흥합니다." 백번 맞는 말씀입니다. 더 바랄 것도 없습니다. 싸우지만 않으면 부흥합니다. 우리교회는 싸우지 않는 교회이기 때문에 부흥하는 것입니다. 그리고 여러분의 마음속에도 믿음이 자라려면 화평하여야 됩니다. 누구를 미워하고, 누구를 시기하고, 누구를 질투하고, 삐지고, 섭섭하고… 이러고돌아가면 신앙이 안되는 것입니다. 신앙생활이 안됩니다. 오로지 화평입니다. 화평하고야만 설교가 들리고 기도가 응답받는 것 아닙니까. "예물을 제단에 드리다가 거기서 네 형제에게 원멍들을만한 일이 있는 줄 생각나거든 예물을 제단 앞에 두고 먼저 가서 형제와 화목하고 그 후에 와서 예물을 드리라" 하고 예수님께서도 말씀하십니다 (마 5:23,24). 화평 없이 기도해도 소용없고, 제사드려도 소용없다, 그 말씀입니다. 화평, 기본적인 것입니다. 유명한 말이 있습니다. '크리스천이란 다른 사람들이 하나님 믿기에 쉽도록 하는 사람들이다.' 다른 사람들이 예수믿기 쉽도록 여로 모로 내가 하여야 할 소정의 역할이 있다는 말입니다. 내가 누구를 미워해도 안되고, 누구의 미움을 받아도 안됩니다. 오직 화평이 있고야 우리의 믿음이 자랍니다. 예수님 말씀대로 화평케 하는 자는 복이 있습니다. 화평치 못한 가운데 내가 있어서, 내가 산소같은 사람이 되어 역할을 잘 함으로 화평을 만듭니다. peace maker — 헬라말로 '에이레노포이오이'입니다. 화평을 만드는 것입니다. 또한 화평을 유지하도록 합니다. peace keeper, 화평을 유지케 하는 사람입니다. 교회생활의 기본이 화평입니다. 그러고야 위로도 되고, 전도도 됩니다.

그 다음에는 이제 봉사하는 일이 있습니다. 돌보는 일이 있습니다. 부족한 자가 있으니까요. 우리 가운데는 부족한 자가 많거든요. 그들을 돌보아야 합니다. 마음이 약한 자 있습니다. 위로할 것입니다. 생각이 짧아서 문제되는 사람, 위로하여야 됩니다. 어떤 분들 보면, 옛습속에서 벗어나지 못하여 아직도 어디 미신하는 데 가서 결혼식날을 잡아와서는 어느 달 어느 날에 목사님 시간 있습니까, 합니다. 심지어는 시간까지 못박습니다. "몇 시에 시간 있습니까?" 꼭 고 날짜 고 시각에 하여야겠다는 것입니다. 저로서는 참 어려운 때입니다. 이걸 뭐라고 꾸중하겠습니까. 예수믿은 지 오래지만 아직도 그것을 벗어나지 못하고 있습니다. 마음대로 날 잡기가 꺼림칙하니까 기왕이면 고 날 고 시에 하고 싶은 것입니다. 이런 나약한 사람,

어떻게 하겠습니까. 이렇듯 의지가 약한 사람, 아직도 두려워하는 사람, 잘 받아들이고 오래 참아주어야 합니다. 유명한 얘기가 있습니다. 성 마카리우스라는 분, 성 아우구스티누스에게 많은 영향을 끼친 사막의 수도사입니다. 어느날 한 마을처녀가 임신을 했습니다. 배가 불렀습니다. 온동네사람들이 추궁합니다. "아비가 누구냐?" 이 처녀는 대답을 못합니다. 비밀한, 특별한 사정이 있는가봅니다. 갖은 욕을 다 듣고 별소리를 다 해도, 어느 남자로 인해서 내가 아이를 가졌다, 말을 못합니다. 나중에는 부대끼다못하여 엉뚱하게도 사막의 성자 마카리우스가 아이아버지라고 대답해버립니다. 사람들은 마카리우스를 찾아갔습니다. "당신이 그 처녀를 임신시켰다며?" 하고들 삿대질을 합니다. 마카리우스, "아, 그렇습니까?" 그러고 맙니다. 그런 일이 있었는지 없었는지는 스스로가 일지 않습니다. 생가에 '저 처녀, 무슨 말못할 사정이 있는가보다. 그러기에 내 이름을 갖다댔겠지' 하고 그 굴욕을 다 참았습니다. 처녀가 맞아죽게 생겼을 때 그는 자기의 거처에 데려다 살도록 해주었습니다. 얼마뒤 그 처녀를 임신시킨 장본인이 드러났습니다. 결국은 내가 그 아이 아버지다, 하고 나선 것입니다. 동네사람들이 마카리우스한테 또 몰려왔습니다. "당신이 아니고 그 사람이 아비라며?" 마카리우스 하는 말이 "아, 그렇습니까?" 합니다. 이 얼마나 놀라운 얘기입니까. 그럴만한 사정이 있겠지, 내 이름을 갖다댄 이유가 있겠지, 하고는 억울하고 분하고 할 일에도 말이 없습니다. 왜요? 그 처녀를 살리기 위해서입니다. "아, 그렇습니까?" 힘없는 자를 붙들어준다는 것이 이런 것입니다. 나약한 자를 붙들어주는 것입니다. 부족한 자를 돌보아주는 것입니다, 이런 것이. 우리가 신앙생활 하는 가운데는 좀 앞선 사람이 있고 뒤진 사람이 있고, 강한 사람이 있고 약한 사람이 있습니다. 휘청휘청하는 사람이 있고 튼튼하게 선 사람이 있습니다. 그럴 때 강한 자는 약한 자의 약점을 감당하여야 합니다. 비방해서는 안되는 것입니다. 그래서 오늘성경은 말씀합니다. "모든 사람을 대하여 오래 참으라."「최후의 만찬」의 화가 미켈란젤로가 유명한 말을 하였습니다. '내가 무엇보다 먼저 배워야할 것은 실수하는 사람을 볼 때 비웃지 않는 것이다." 내가 빨리 배워야 될 것이 있다, 남 실수 하는 것 보고 비웃지 말자, 비판하지 말자, 한 것입니다. 여러분, 남 실수 하는 것 보고 비웃지 마십시오. 비웃어보면 바로 당신이 실수하게 됩니다. 남 실수하는 것 보고 비웃지 않는 것, 속단하지 않는 것, 비방하지 않는 것, 옳으니 그르니 비판하지 않는 것, 그게 바로 부족한 자의 약점을 돌보아주는 것입니다. 너무 그렇게 속단하지 마십시오. 그렇게 비판할 수가 없습니다. 남의 약점에 대해서 깊이 이해해보십시오. 충분히 이해할 수 있는 이유가 있습니다. 어느 시골 초등학교 선생님이 아침에 학생들 가르치다 보니 학생 하나가 얼굴이 벌겋습니다. 다가가면서 보니 녀석에게서 술냄새가 납니다. 그래서 옛날의 자신이 생각났습니다. 아버지가 돈 주고 술 받아오라고 하면 술 받아오다가 도중에 반쯤 먹어버리고 거기에 물을 채워 갔던 그 생각이 났습니다. '요 녀석도 내가 하던 실수를 했구나. 아침에 아버지 술 받아다 드리다가 한 절반은 먹어놓고 왔구나.' 그렇게 생각하고 세워놓고 때렸습니다. "이 녀석, 너 아버지 술심부름 하다가 이랬지?" 그랬더니 "아니요." "아니라니?" 하고 또 때립니다. 그 아이, 마지막에 울면서 하는 말이 "먹을것이 없어서요. 양조장에서 버리는 술지게미 가져다가 먹었어요" 하는 것입니다. 이 선생님, 그 아이 붙잡고 목놓아 울었습니다. "내가 잘못했다. 내가 죽일놈이다." 배가 고파 술지게미 먹어서 술냄새나는 아이를 때렸으니 이 무슨 가슴찢어질 일입니까. 부디 속단하지 마십시오. 남의 실수 보고 비웃지 마십시오. 남 잘못하는 것 보고 너무 쉽게 판단하지 마십시오. 그 사람은 그 사람대로 다 이유가 있습니다. 충분한 이유가 있습니다. 남의 얘기 쉽게 하는 것 아닙니다. 우리가 큰 의는 이루지 못하더라도 남의 얘기 하지 맙시다. 남 잘하는 얘기는 하십시오. 남 나쁘다는 얘기는 하지 마십시오. 죽기살기로 하지 마십시오. 한번 결심해보십시오. 잠깐 성자가 됩니다. 잠깐 좋은 사람이 됩니다. 모든 사람이 여러분 좋다고 할 것입니다. 그런데 비판은 하면서 "우리끼리 말인데, 걱정돼서 그러는데 어쩌고저쩌고 기도합시다 어쩌고… 쓸데없는 소리 합니다. 이래놓고 어디선가 비판하면서 고소해하고 있습니다. 마귀가 얼씨구나 하지요. 너 잘한다, 참 잘한다, 이럽니다. 좋은 점만 말하십시오. 나쁜 점은 보지도 말고, 기억하지도 마십시오. 판단은 하나님께서 하실 일입니다. 내가 할 일이 아닌 것입니다. 굳게 결심합시다. 교회생활 할 때 우리는 약한 자의 약점을 잘 감당하고, 깊이 이해하고, 또 기다립시다. 기다리는 것입니다. 언젠가는 다 알게 될 터이니.

　유명한 얘기가 있습니다. 제2차세계대전 때 유대사람 육백만을 죽인 대표적인 사람 아이히만을 붙잡아 사형선고를 하고 막 사형을 집행하려고 하는 그 즈음에 영국에 살고 있던, 골란즈라고 하는 유대사람이 많은 자기돈을 없애가면서 아이히만 구명운동을 폈습니다. 죄없는 육백만 이스라엘인을 죽인 사람이니 당연히 죽어야 마땅하지 않습니까. 그 인간을 살리자고 나선 것입니다. 왜 그러느냐, 물었더니 그는 다섯 가지를 이유로 들었습니다. "첫째, 사형을 집행한다고

해서 죽은 유대사람이 살아나지 않는다. 둘째, 육신은 어차피 오래 살지 못한다, 사형집행 아니해도 좀있으면 죽을 건데 왜 굳이 죽여야 하겠느냐. 셋째, 하나님께서 벌써 심판하셨다. 영적으로 그는 충분히 심판을 받았을 것이다. 넷째, 성경에 보면 동생을 때려죽인 가인을 하나님께서 용서하시면서 그에게 증명을 주어서 아무도 손대지 못하도록 하셨다. 동생을 죽인 가인을 하나님께서 보호하셨다. 다섯째, 식은 사랑을 되살리자. 이제라도 사랑을 다시 살려야겠다—이것입니다. 그래, 사재를 털어 아이히만 구명운동을 벌였습니다. 생각해보십시오. 우리는 깊이 생각하여야 합니다. 악을 악으로 갚을 것이 아닙니다. 악한 사람에 대해서 우리는 어느 사이에 내가 더 악해지는 것입니다. 악을 갚다가 더 악해집니다. 그런고로 오늘말씀은 "항상 선을 좇으라" 합니다. 사도 바울은 로마서 12장 21절에 말씀합니다. "악에게 지지 말고 선으로 악을 이기라." △

하나님의 뜻

항상 기뻐하라 쉬지 말고 기도하라 범사에 감사하라 이는 그리스도 예수 안에서 너희를 향하신 하나님의 뜻이니라 성령을 소멸치 말며 예언을 멸시치 말고 범사에 헤아려 좋은 것을 취하고 악은 모든 모양이라도 버리라

(데살로니가전서 5 : 16 - 22)

하나님의 뜻

　오늘 주는 말씀, 우리가 너무나도 잘 알고, 요절로 암기하고 있는 말씀입니다. "항상 기뻐하라 쉬지 말고 기도하라 범사에 감사하라…" 이렇게 하라고 주님께서 명령하시는 줄로 우리는 압니다. 그런데 '항상 기뻐할 일이 없는데 어떻게 기뻐하나? 지금 죽을 지경인데 어떻게 감사하나? 이 명령은 좀 이치에 맞지 않는다. 감사할만한 일이 있어야 감사하고, 기뻐할만한 일이 있어야 기뻐하고, 기도할만한 일이 있어야 기도할 것 아닌가.' 우리는 이렇게 생각하기 쉽습니다. 그러나 이 말씀의 주제는 거기에 있지 않습니다. 이것이 '너희를 향한 하나님의 뜻'이라는 데 있습니다. 그리스도 안에서 우리를 향한 하나님의 뜻, 거기에 초점이 있는 것입니다. 항상 기뻐하라—그것이 하나님의 뜻이라는 것입니다. 우리를 향하신 하나님의 소원, 하나님의 의지가 거기에 있다는 것입니다. 그런고로 우리는 오늘의 말씀에서 하나님의 뜻이 어디에 있는지, 우리를 향한 하나님의 마음이 어디에 있는지, 하나님께서 궁극적으로 내가 어떤 사람이 되기를 원하시는지를 생각하여야 합니다. 궁극적으로 우리가 어떤 사람이 되기를 원하시는가, 또 어떻게 살아가기를 원하시는가—그것을 오늘 본문에서 깨달아야 한다는 말씀입니다. 문맥의 깊은 뜻을 우리가 헤아려야 하겠습니다.

　관심이란 마음을 두는 것입니다. 사람의 사람된 속성은 그의 관심에서 찾습니다. 그 관심이 어디로 향하고 있느냐입니다. 항상 돈만 생각하는 사람은 수전노입니다. 누가 한번 전혀 안보던 옷을 새로 입고 나섰다면 "그거 참 잘 어울립니다." "계절에 맞습니다." "그

옷을 입으시니 정말 옷이 날개인 것같습니다. 아주 돋보이고 화사해 보입니다. 아니, 더욱 인자해보입니다." 이렇게 여러 가지로 신비적 가치, 예술적 가치를 말할 수 있겠는데, 그렇게 말하는 사람을 많지 않고 "얼마 주고 샀수?" 이렇게부터 물어보거든요. 좀 있다가는 "어디서 샀수?" 요렇게 물어본단말입니다. 이런 사람은 돈에 관심이 많은 사람입니다. 모든 문제가 돈으로 해결될 수 있다고 생각하는 사람입니다. 그 사람에게 좋은 옷이라고 내게도 좋은 옷은 아닙니다. 주제파악을 하십시오. 얼마짜리냐? 참 어리석은 마음에서 비롯됩니다. 마음에 항상 돈이 있습니다. 돈이면 다 해결되는 것 아니겠는가, 하는 생각이 잠재의식 속에 있기 때문에 이렇게 표출되는 것입니다. 또한 모든것을 물질로 보려고 합니다. 물질이면 다라고 생각하는 그런 유물주의적 가치관이 있습니다. 그런가하면 모든것에서 육체적인 쾌락을 추구하는 것, 이건 참으로 불쌍한 일이지만, 이게 현실입니다. 쾌락입니다. 먹고, 마시고, 흔들고, 광란하고… 돈만 있으면 그리합니다. 얼마나 불쌍한 사람입니까. 이런 사람을 향락주의자라고 합니다. 어떤 사람은 이성과 합리성에 기대어 삽니다. 모든것을 이치에 맞도록 합리적으로 사고하고 처리하려고 합니다. 이는 철학적 사고의 사람이라 하겠습니다. 그리고, 자기생각만 하는 사람이 있습니다. 남의 처지는 전혀 고려치 않습니다. 자기중심적인 이런 사람을 우리는 흔히 이기주의자라고 합니다. 대하기 힘든 사람입니다. 가령 결혼에서 실패하는 이유를 보면 이기주의 때문입니다. 이기주의자는 애시당초 결혼을 하지 말았어야 합니다. 해놓고 결국에는 같이 불행하게 되는 것입니다. 이기적인 그것을 벗어나지 못하는 한 문제가 되는 것입니다. 사랑이란, 이기주의로부터 탈출하는 것이라

하겠습니다. 그래서 나 중심적 사고에서 상대방 중심의 사고로 바뀌는 것입니다. 우리가 자녀를 사랑하는 것도 바로 그런 것이 아닙니까. 자식을 낳아 키우면서 어느 사이에 그만 나는 없어지고 자식들 중심으로 돌아가는 것입니다. 생각이 그쪽으로 돌아갑니다. 이것이 사랑 아니겠습니까.

그러면 그리스도인이란 누구입니까. 그리스도인은 언제나 하나님의 뜻을 먼저 생각합니다. 하나님께 영광, 하나님께서 기뻐하시는 것, 거기에 관심이 있습니다. 효자가 누구입니까. 바로 부모님의 마음에 관심을 두고 사는 자입니다. 부모님이 기뻐하는 것, 이걸 생각하는 것이 바로 효의 근본입니다. 빌립보서 2장 13절에 보면 이런 말씀이 있습니다. "자기의 기쁘신 뜻을 위하여 너희로 소원을 두고 행하게 하시나니…" 저는 이 요절을 개인적으로 지극히 사랑합니다. initiative willing, 하나님의 주도적 의지가 있는 것입니다. 하나님께 기쁘신 뜻, 그리고 주도적 의지가 있습니다. 마치 뭐와 같은고하니, 우리가 자식을 낳으면 그에게 소원을 두는 것과 같습니다. 아이가 이런 사람이 되어줬으면… 그런 게 있는 것입니다, 낳자마자. 낳는 그 순간 벌써 소원이 있는 것입니다. 그렇게 되기를 간절히 바라고 기도합니다. 제 개인적인 얘기입니다마는 제 아들이 목사가 될 때, 저는 하나님 앞에 이렇게 기도하였습니다. '이제 저는 아무 소원도 없습니다.' 이보다 더 큰 선물은 없으니까요. 왜요? 낳자마자 목사가 되라, 하였거든요. "너는 목사가 되어라." 그런데 그 소원이 이뤄지는 그 시간이니 더 바랄 것이 없었던 것입니다. 낳자마자 이렇게 목사가 되기를 바라고, 기도하고, 거기 소원을 두고 그 방향으로 계속 수고하고, 키워가고, 애쓰는 것과도 같이 하나님께서도 우리를 세상에 내시는 순간부터 우리에게 두시는 소원이 있습니다. 사도 바울은 진작 그것을 깨달았습니다. 어머니의 태로부터 택정함을 받았다, 하였습니다. 어머니의 태로부터 나는 이방인의 사도가 되기 위하여 이 세상에 존재한다―이 얼마나 귀중한 얘기입니까. 하나님의 뜻을 잘 읽은 사람입니다. 하나님의 뜻을 깊이 이해하고 그 뜻에 맞도록 생을 살아간 사람입니다. 아주 성공적으로 산 사람입니다. 하나님께 소원이 있다, 하나님의 주도적 소원이 있다, 주도적 의지가 있다, 그러니까 하나님의 소원이 그냥 바람으로만 그치는 것이 아니고, 그 방향으로 나를 이끌어가고 있는 것입니다. 그렇게 되도록, 그 소원이 이루어지도록, 그 의지가 현실로 나타나도록 그렇게 하나님께서 역사하고 계시는 것입니다. 우리가 미처 모르지만 하나님께는 이미 만들어놓으신 시나리오가 있습니다. 그의 뜻―이것은 절대적인 것입니다. 이것이 이제 구체적인 현실로 나타나게 되는데, 그렇기 위해서 우리가 그 뜻을 먼저 헤아려야 합니다. 깊은 곳에서 헤아려야 합니다. 거기에 하나님의 뜻이 있고, 하나님의 사랑이 있습니다, 아주 깊은 곳에. 이것을 우리가 깨달아야 합니다.

우리는 오늘본문에서 하나님의 뜻을 봅니다. 하나님의 뜻이 무엇입니까. 기뻐하라, 기도하라, 감사하라, 하는 것입니다. 요한삼서 1장 4절은 유명한 말씀입니다. "내가 내 자녀들이 진리 안에서 행한다 함을 듣는 것보다 더 즐거움이 없도다." 여러분, 부모의 뜻이 무엇입니까. 부모의 기쁨이 무엇입니까. 자녀들이 행복하게 사는 것입니다. 그래 제가 결혼주례 할 때면 으레 하는 말이 있습니다. "너희들이 행복하게 살면, 그것이 바로 부모님께 효도하는 것이다. 부모님의 소원은 다른 것이 아니다. 효도관광이나 시켜드리려 하지 말고 그저 행복하게만 살아다오. 너희들이 행복하게 살면 지금 저 앞에 앉아 있는 부모님들께 기쁨을 드리는 것이고, 보람을 드리는 것이고, 심지어는 '나는 생을 헛되이 살지 않았다' 하게 할 수 있는 것이다." 내가 기뻐하는 것, 내가 행복하게 사는 것이 바로 부모님께 효도하는 것입니다. 그와 같이, 우리가 기뻐하고, 기도하고, 감사하고… 이것은 하나님을 기쁘시게 하는 것입니다. 우리는 때때로 부자가 되기를 원합니다. 성공도 바랍니다. 명예도 바랍니다. 그러나 하나님께서는 그렇지 않습니다. 그런 외적인 것을 하나님께서 기뻐하시는 게 아닙니다. 문제는 우리가 기뻐해야 한다는 것입니다. 기뻐하여야 되고, 기도하여야 되고, 감사하여야 됩니다. 자신에 대해서는 기쁨으로, 하나님과의 관계에서는 기도하는 사람으로, 그리고 이웃에 대해서는 늘 감사하는 마음으로—그러한 인간상, 그러한 존재로, 그러한 인간형으로 살아가기를 하나님께서 원하십니다. 하나님께서 우리에게 바라시는 것은 무슨 제사음식이 아닙니다. 하나님께서 돈이 없어 우리보고 자꾸 돈 내라고 하시는 게 아닙니다. 하나님께서 우리에게 바라시는 것은 아주 순수한 것입니다. 기뻐하고, 기도하고, 감사하는 것, 그것을 원하십니다. 좋은 소리가 나야 종입니다. 소리가 나지 않는다면 그것은 종이 아닙니다. 복은 기쁨이 있어야 복입니다. 돈벌어가지고 서로 미워하고, 시기하고, 근심걱정 하고, 잠을 못자고 괴로워한다면 그게 어찌 복입니까. 하나님께서는 물량적인 것, 외형적인 것이 아닌 오직 내적인 기쁨을 바라십니다. 순수한 기쁨입니다. 그리고 하나님과 종말론적 관계를 이어가는 기도, 그리고 모든 일에 감사하는 사람, 모든 일에 감사할 줄 아는 바로 그런 사람이 되기를 하나님께서는 바라십니다. 그것이 하나님의 소원입니다.

먼저 '기뻐하라' 합니다. 우리가 기뻐하는 게 하나님의 소원인데, 거기에 주가 붙었습니다. '항상' 기뻐하라, 하였습니다. '항상'—그것은 시간을 초월하여입니다. 혹은 절대성을 말하는 것입니다. 시간과 환경을 초월해서, 깊은 곳에서, 또 근본으로 돌아가서, 그리고 저 먼 미래를 바라보면서 깊이 깨닫고, 은혜를 은혜로 알고, 기뻐하는 사람 되기를 원하십니다. 기쁨, 아주 중요한 것입니다. 많은 나라의 격언이 그렇습니다마는 특별히 히브리사람의 결론은 이렇습니다. '결국은 웃는 자만이 영원한 것이다.' 우리도 그런 말 하지 않습니까. '웃는 자가 최후승리자다.' 맞으면서도 웃으면 이긴 것입니다. 때리고도 불안해지면 진 것입니다. 다 잃어버리고도 감사하면 이긴 것입니다. 얻었다고 하지마는 불안에 떨게되면 그 사람은 결코 복된 사람이 아니지요. 기뻐하려면 깨달음이 있어야 합니다. 기쁨은 깨달음에서 오는 것입니다. 깨달음이 없는 사람은 기쁨이 없습니다. 제가 아는 목사님 사모님 한 분, 자동차사고로 남편이 식물인간된 지 20년 넘었습니다. 하루같이 그 어지러운 걸 다 치우고, 하루에 세 번씩 식사를 만들어서 입에다 떠넣어주고 몸을 깨끗이 해주고… 20여 년 수고하는데 남편은 한 번도 고맙다는 말을 못합니다. 물론 기뻐하지도 못합니다. 그래서 이 사모님 소원이 뭐냐하면 남편이 한 번이라도 자기를 쳐다보고 "여보, 수고하오" 하는 것이랍니다. 그 말만 하면 소원이 없겠다고 합니다. 깨달음이 없습니다. 감각이 없습니다. 느낌이 없습니다. 기쁨이라는 것은 결국 어떻게 깨닫느냐에 있는 것입니다. 어떻게 생각하느냐에 있습니다. 긍정적으로 적극적으로 생각하게될 때 감사하게 되는 것입니다. 죄송하지만 제가 북한에 자주 가는데, 갈 때마다 감회가 다릅니다. 왜냐하면 내가 북한에서 왔으니까요. 바로 며칠전에 고향에도 가보았습니다. 저는 아주 처음부터 끝까지 넘치는 감사의 눈물을 흘리면서 한 세 시간 동안 고향 땅을 돌아보았습니다. 51년만입니다. 내가 그때 만일 피란을 못나갔으면 나도 지금 여기 있을 것 아닌가, 이 모양으로 여기 있을 거다, 생각하니 그렇습니다. 아버지가 총살당한 현장을 돌아보았습니다. 그때를 떠올립니다. 그런 것을 다 생각하고보니 얼마나 감사한 일입니까. 생각을 합니다. 제가 늘 얘기하지만 6·25전쟁을 겪은 사람은 절대로 불평할 권리가 없습니다. 더구나 우리가 이만큼 산다면, 깊이 생각하고보면 우리는 절대로 원망 불평할 권리가 없습니다. 우리가 이 한반도 조그마한 땅에서 어떻게 이렇게 잘삽니까. 이게 도대체 무슨 복입니까. 온세계 다녀보십시오. 이만큼 사는 나라가 몇이나 있나. 우리는 정말 행복합니다. 행복에 겨워 삽니다. 그러면서도 왜 그렇게 불평이 많습니까. 깨달음이 없는 것입니다. 잘못 생각하기 때문입니다. 겸손하게 생각하고, 겸손하게 평가하십시오. 그러면 모든것에서 기쁨을 얻을 수 있습니다. 그리고 우리가 누리는 소중한 구원의 생명을 항상 축제와 같이 받아드려야 합니다. 예수 안믿는 사람의 삶과 예수믿는 사람의 삶은 엄청난 차이가 있습니다. 우리는 영원한 하늘나라를 약속받고 오늘을 삽니다. 그것이 없다면 오늘 이 세상 사는 것- 오래 살면 어떻고, 덜 살면 어떻습니까. 잘살면 어떻고, 못살면 어떻습니까. 별것 아닙니다. 그러나 우리는 구원받고, 하나님의 자녀 되고, 하나님의 사랑을 느끼면서 약속받은 하늘나라를 바라고 살아갑니다. 이 얼마나 놀라운 일입니까. 그런고로 기뻐하는 것입니다. 사도 바울은 로마감옥에 있으면서 빌립보서를 씁니다. 빌립보서의 총주제가 뭡니까. 기뻐하라는 것입니다. '희락의 복음'입니다. 내일 죽을지 모레 죽을지 모르지만 항상 기뻐하라, 내가 다시 말하노니 기뻐하라, 합니다. 다시 말하노니 기뻐하라, 계속 기뻐하라고 가르칩니다. 그 마음에 기쁨이 충만하기 때문입니다. 왜요? 깨달음에 있는 것입니다. 은혜를 깨닫기 때문에, 은혜로 깨닫기 때문에, 은혜를 지향하고 있기 때문에 그는 이렇게 기뻐하라, 하는 것입니다. 예수님, 내일아침같이 십자가를 지십니다. 바로 오늘저녁같이, 이 저녁에 주님 말씀하십니다. '나는 기쁨으로 충만하다.' 그리고 말씀하십니다. '내가 주는 기쁨은 세상이 주는 것과 다르다. 나는 평안하다. 나에게는 기쁨이 있다. 이건 세상이 주는 것과 다르다.' 예수님의 마음속에는 절대적 기쁨이 있었습니다. 십자가를 바라보시면서도 기뻐하셨습니다. 그러기에 겟세마네동산에 올라가실 때도 찬송을 부르셨습니다. 이건 놀라운 것입니다. 우리는 기쁨을 생각할 때 가끔 이걸 물질로 생각하고, 혹은 육체적 욕망의 성취로 생각하고, 혹은 소유욕의 성취로 생각하지마는 거기에는 기쁨이 없습니다. 다시한번 말씀드립니다. 기쁨은 절대적인 것입니다. 그래서 "항상 기뻐하라" 합니다. '항상'입니다. 절대적인 것이니까요. 절대성이 있어야 하는 것입니다. 이러면 기쁘고 저러면 슬프고… 이런 기쁨으로는 안되는 것입니다. 그리스도인의 기쁨은 절대적인 것입니다. 하나님의 뜻은 우리가 절대적 희락을 가지고 살아가기를 원하십니다. 우리가 인격이 성장하고 믿음이 성장합니다. 성숙하면서 달라지는 게 그것입니다. 점점 기쁨이 커집니다. 전에는 이런 건 기뻤고 저런 건 슬펐습니다. 이런 건 행복했고 저런 건 근심했습니다. 그러나 점점 높은 수준에 도달하면 항상 기뻐하게 됩니다. 예수 잘믿는 사람이 누구냐―죄송하지만 기도 많이 하는 사람이 아닙니다. 봉사 많이 하는 사람이 아닙니다. 웃는 사람입니다. 밝은 얼굴입니다. 가장 밝은 얼굴, 가장 행복한 마음, 그것이 잘믿는 사람입니다. 항상 기뻐하라―왜? 주님의 뜻이 그것입니다. 주님의 뜻이 기뻐하는 것입니다. 여러분은 어떻습니까? 우리가 아이들을 대하고, 아이들을 같이 만날 때도 볼 때마다 아이들이 밝은 얼굴로 기뻐하면 우리가 기쁩니다. 조금이라도 낌새가 다르면 "어디 아프냐? 뭐가 잘못됐냐?" 걱정인 것입니다. 제가 아주 오래오래 기억하는 하나의 일이 있습니다. 어렸을 때 아버지 어머니 주무시는 방의 옆방에서 잠을 잤는데, 그때가 중학교 1학년이었던가 싶습니다. 무슨 걱정거리가 있는 것도 아닌데 무심코 제가 한숨을 쉬었습니다. "휴우…" 땅이 꺼지게 한숨을 쉬었더니 아버지께서 문을 탕탕탕탕 두들기십니다. "왜 그러십니까?" 했더니 "무슨 일로 한숨을 쉬는 거냐?" "아무 일도 없어요." 그랬더니 그때 주신 교훈을 내가 잊지 못합니다. "부모 앞에서 한숨을 쉬는 것이 불효인 줄을 모르느냐?" "잘 알았습니다." 그 다음부터는 절대로 한숨을 쉬는 법 없습니다. 여러분, 부모님 앞에 가서 한숨쉬면 안됩니다. 근심띤 얼굴을 보이면 안됩니다. 효도가 따로 없습니다. 웃는 얼굴을 보여드리는 것이 효도입니다. 항상 밝은 얼굴을 보여드리는 것이 효도입니다. 우리가 하나님 앞에 나올 때, 하나님을 기쁘시게 하는 하나님의 뜻이 항상 기뻐하는 것입니다. 그런데 교회에 들어서자마자 "주여, 큰일났습니다. 망했습니다. 나 죽어갑니다. 어찌하여 이러십니까?" 몸부림을 치고… 이거 주의 뜻을 모르는 사람입니다. 잘못 믿는 사람입니다. 예수를 믿는다는 것은 바로 행복한 마음입니다. 그래서 저의 목회 모토가 '행복한 교인'입니다. 밝은 얼굴, 항상 기뻐하는 것, 그것이 하나님의 뜻입니다. 그것이 우리를 향하신 하나님의 뜻입니다. 그리스도 안에서 우리를 향하신 하나님의 뜻입니다.

두 번째는 "기도하라" 하였습니다. 여러분이 여기 기도하러 나오셨습니다마는 한번 생각해보십시오. 기도라는 것이 그리 쉽질 않습니다. 기도하게 하는 것이 얼마나 어려운지 모릅니다. 그런데 "쉬지 말고" 기도하라 하였습니다. 사실 기도는 우리가 해야 할 일인데, 주님께서도 말씀하십니다. 구하라 주실 것이요, 찾으라 만날 것이요, 두드리라 열어주시리라—이거 이치 안맞습니다. 우리가 기도할 건데, 아쉬운 건 우리쪽인데, 기도하라, 주마, 하셨거든요. 우리가 기도하길 원하십니다. 무엇이 필요한지 다 아십니다. 그러면서도 주시지 않습니다. 저는 이런 분을 한번 보았습니다. 8남매를 낳고 이머니가 세상을 떠났어요. 계모가 왔습니다. 계모가 아무리 잘하려고 해도 이 전처 자식들이 어머니라고 불러주지를 않습니다. 큰일났습니다. 그래서 가족회의를 하고 이렇게 결정을 했습니다. 모든 용돈은 어머니만 주기로. 그리고 "어머니"라고 부르지 않으면 절대로 양말도 안주고, 손수건도 안주고, 옷도 안준다, 하였습니다. 그렇게 가정규칙을 만들었습니다. 그랬더니 전에는 와서 옆구리 쿡 찌르고 "양말!" 그러던 아이들이 이제는 "어머니" 합니다. 좀 지나쳤지마는 어떻습니까. 여러분? 부모님들은 "어머니" "아버지" 소리가 듣고 싶은 것입니다. 그보다도 좋은 게 없습니다. 어렸을 때는 아빠, 엄마, 그러다가 좀더 크면 "어머니" 합니다. 그러다가 이제 '어머님' 하게 되면 일 년에 그 소리 한번 듣기 어려워집니다. "엄마"때는 하루에 몇번씩 듣지 않습니까. 이게 다른 것입니다. 하나님께서는 우리가 계속 기도하기를 원하십니다. 어떻게? 쉬지 말고 기도하기를 원하십니다. 쉬지 말라는 것은 끊지 말라는 것입니다. 'without ceasing'입니다. 하나님과 나와의 수직적 관계가 계속 이어지기를 바랍니다. 돈 좀 생겼다고해서 기도 끝나고, 또 바쁘다고해서 기도 안하고… 하나님께서 그런 것을 원치 않으십니다. 여러분, 잊지 마십시오. 어떤 일에도 기도를 쉬어서는 안됩니다. 사무엘이 사울 왕 앞에서 말하지요. '내가 기도하는 것을 쉬는 죄를 범치 않을 것입니다.' 이유 없습니다. 아쉬운 것만 가지고 교회와서 기도하지 마십시오. 죽을 지경이 된 다음에만 기도하지 마십시오. 교회와서 기도할 때 소리소리지르고, 철야하고, 금식하고, 몸부림치는 사람은 쉬지 않고 기도하지 않는 사람입니다. 늘 기도해서 기도의 맥이 이어지고 기도의 호흡이 이어진 사람은 그렇게 아니해도 됩니다. 그저 여기 와서 "하나님 아버지"하고 입을 열면 벌써 오냐, 오냐, 하시는 것입니다. 이렇게 교제의 문이 확 열려 있습니다. 이건 생전 기도 안하다가 일이 터지니 와서 기도하니 벌써 마음에 응답이 없는 것입니다. 답답합니다. 그러니 몸부림을 치고 발광을 하는 것입니다. 다시 말합니다. 쉬지 말고 기도하여야 됩니다. 우리가 누구를 사귀어도 그렇고, 부모님과도 쉬지 않고 교제가 있어야지요. 아침마다 문안하고, 저녁마다 문안하고… 일이 있어도 없어도 서로서로 이렇게 되어야 얘기가 되는 것입니다. 코빼기도 안보이다가… 오히려 만나는 게 겁나는 것입니다. 전화 오는 게 겁난다고요. 왜? 사고가 나야 전화라도 오니까. 이렇게되면 안된다는 말씀입니다. 하나님께서도 다 아십니다. 벌써 문간에 들어서면 '아이쿠, 또 사고났구나.' 그럴 것 아닙니까. 쉬지 말고, 일이 있거나 없거나, 크거나 작거나 항상입니다. 그래 제가 늘 말씀드립니다마는 우리가 새벽기도 나온다, 하는 거 한번 시작했으면 끝날 때까지 만사를 다 중단해도 계속해야 되는 것입니다. 쉬지 말고—얼마나 구체적입니까. 이것이 하나님의 뜻입니다. 좀더 구체적으로 말씀하면 기도 안하는 사람을 기도하게 만드십니다. 알아서 하십시오. 기도 중간중간 쉬는 사람을 쉬지 않고 기도하게 만드십니다. 그것이 하나님의 뜻입니다. 왜? 하나님께서 만나고 싶으신 것입니다. 저놈을 만나려면 한대 쳐야 돼, 그냥 둬선 못만다니까—이렇게 되어서는 안된다는 것입니다. "쉬지 말고 기도하라." 하나님의 뜻입니다.

마지막으로 "범사에 감사하라" 하였습니다. 감사하다는 말, 그게 바로 하나님께 영광돌리는 것입니다. 그런데 겸손한 자만이 감사가 있습니다. 특별히 범사에 감사—in every circumstance입니다. 모든 환경에서입니다. 잘되든 못되든 풍년이든 흉년이든 감사하라—하나님께서는 감사하고 기뻐하는 것을 원하십니다. 「탈무드」에 이런 말이 있습니다. '부모가 죽더라도 한 달 이상은 슬퍼하지 마라.' 우리는 언제든지 어려운 일을 당한다 하더라도 하나님 앞에 감사하는 것을 잊지 말아야 됩니다. 폴리캅이라고 하는 유명한 서머나교회의 감독, 그분의 순교는 역사적으로 유명한 것입니다. 화형으로 순교하게 되는데, 86세때입니다. 그는 마지막으로 이렇게 말합니다. "하나님, 저를 이렇듯 의미있고 중요한 세대에 살게 해주신 것을 감사합니다." 지금 죽는 아픔이 중요한 게 아닙니다. 그동안 살아온 것이 너무도 감사하지 않습니까. 저는 병원에 가서 환자를 만날 때도 꼭 감사기도를 절반 이상 합니다. '이거 고쳐주세요. 큰일났습니다. 살려주세요.' 그건 별로 바쁘지 않습니다. 살려주고 안주고는 하나님께서 알아서 하실 일이지요. 중요한 것은 바로 이 시간에 감사하는 마음입니다. 그동안 건강하게 해주신 것을 감사합니다. 건강한 몸으로 좋은 일만 하는 게 아닙니다. 못된 일도 많이 했습니다. 그럼에도 불구하고 아직까지 건강하게 해주신 것, 그리고 오늘까지 지켜주신 모든 것, 이것저것을 생각하면서 감사합니다. 감사가 먼저입니다. 마지막 말도 감사입니다. 화형에 처해지는 그런 어려움을 당해도 그 마지막 말이 감사입니다. 이것이 '범사에 감사'입니다. 하나님의 뜻입니다. 하나님께서는 오늘도 우리가 하나님 앞에 감사하기를 원하십니다. 범사에 감사하기를 원하십니다. 빌립보서 4장 6절로 보면 이렇게 말씀합니다. "아무것도 염려하지 말고 오직 모든 일에 기도와 간구로 너희 구할 것을 감사함으로 하나님께 아뢰라 그리하면 모든 지각에 뛰어난 하나님의 평강이 그리스도 예수 안에서 너희 마음과 생각을 지키시리라." 감사함으로, 감사와 더불어 기도하라, 합니다. 여러분, 몸부림치면서 갈구하는 거 중요하지 않습니다. "감사합니다" 할 때 하나님께서는 벌써 다 알아서 응답하십니다. 감사의 말이 나와야 응답하십니다. 그것을 잊지 말아야 합니다. 그리고야 응답을 받게 되어 있습니다. 어느 아주머니가 남편이 예수 안믿고 술을 너무 많이 마시고 하는 것 때문에 늘 마음고생 하고, 몸도 상하여 있습니다. 어느날 남편이 또 만취하여 돌아왔습니다. 어지러운 걸 다 치우고 뉘였는데 그 옆에서 잠자리기도를 하려고 하니까 신세타령이 나오는 것입니다. '하나님, 어쩌다 내 결혼생활은 이 모양입니까? 내가 술시중이나 하려고 세상에 태어났습니까? 언제까지 이 짓을 해야 됩니까?' 남들처럼 다정하게 살지는 못하더라도 날마다 이게 뭐냐—신세타령 하다보니 눈물이 줄줄 흘러내립니다. 그런데 성령이 감동을 합니다. 지난 주일날 교회가서 설교들을 때 "감사함으로 아뢰라" 했는데, 감사해야 기도 들으신다는데, 원망하면 안된다던데― 생각을 돌렸습니다. '감사해보아야겠다.' 그런데 아무리 생각해도 감사할 거리가 없습니다. 그래서 뭐라고 했는지 아십니까. "하나님, 감사할 일은 없습니다마는 좌우지간 감사합니다" 하였습니다. 했더니 성령이 강하게 역사하면서 감사할 생각이 나는데, 구체적으로 말씀드릴까요? '그래도 과부보다야 낫지 않니? 저러다가도 사람 될지 알겠냐?' 또 생각이 나는데 '저렇게 비틀거리는데도 제집 찾아오는 게 신통해.' 그래 감사하고, 저렇게 술을 마시면서도 건강을 지키는 게 감사한 것입니다. 특별히 감사한 것은 주일날 집 봐주니 감사합니다. 이래저래 감사하다보니 얼굴빛이 환하게 밝아질 수밖에요. 남편이 눈을 떠서 보니 아내가 히죽히죽 웃고 있거든요. "왜 웃어?" 이랬단말입니다. 아내는 "감사할 일이 많아서 그래요. 행복해서 그래요" 하고 말합니다. "쓸데없는 소리 하지 말어!" "아니에요. 들어보세요." 구체적으로 이야기해주었습니다. 남편이 누워서 듣고 하는 말이 뭔지 아십니까. "걱정마. 예수믿어줄께." 그러더랍니다. 이 분의 간증은 이렇습니다. 그렇게 많은 날 동안 원망하는 기도 드렸는데 안들어주시더니 딱 한 번 감사했더니 들어주시더라, 그것입니다. 범사에 감사―하나님의 뜻입니다. 여기에 도달하여야 되는 것입니다. 이것이 하나님의 원하시는 바입니다. "항상 기뻐하라 쉬지 말고 기도하라 범사에 감사하라 이는 그리스도 예수 안에서 너희를 향하신 하나님의 뜻이니라." 우리가 하나님의 뜻을 알았습니다. 마땅히 이 뜻에 맞도록, 이 뜻에 가까이 가도록 살아갈 것입니다. △

그가 이루시리라

평강의 하나님이 친히 너희로 온전히 거룩하게 하시고 또 너희 온 영과 혼과 몸이 우리 주 예수 그리스도 강림하실 때에 흠없게 보전되기를 원하노라 너희를 부르시는 이는 미쁘시니 그가 또한 이루시리라 형제들아 우리를 위하여 기도하라 거룩하게 입맞춤으로 모든 형제에게 문안하라 내가 주를 힘입어 너희를 명하노니 모든 형제에게 이 편지를 읽어 들리라 우리 주 예수 그리스도의 은혜가 너희에게 있을지어다

(데살로니가전서 5 : 23 - 28)

그가 이루시리라

　데살로니가전서, 이제 마지막 대목에 왔습니다. 사도 바울은 기도로써 이 서신을 마무리하고 있습니다. "모든 형제에게 문안하라" 하는 부록의 말씀으로 본문은 끝나게 되고, 이어 축복기도로써 붓을 놓습니다. "우리 주 예수 그리스도의 은혜가 너희에게 있을지어다."

　바울은 데살로니가교회를 위하여 기도하면서 동시에 데살로니가교회가 그와 같은 기도를 하도록 부탁합니다. 내 소원이 이것이요 너희의 소원도 이와 같기를 바란다, 하는 귀하고도 중요한 의미가 여기 있습니다. 기도란 하나님 앞에 조용히 하면 되겠지만 그는 기도문을 여기 썼습니다. 말하자면 이것은 모범답안입니다. 표본입니다. 내가 이와같이 기도하니 너희도 이와같이 기도하라, 내 소원이 이것이니 너희도 이렇게 기도할 뿐더러 이것을 생의 목적으로 삼고 살아야 하리라, 하는 말씀입니다. 또 데살로니가교인들의 소원도 바울의 소원과 같기를, 즉 소원이 일치되기를 원하는 것입니다. 여러분 아시는대로 사랑이라는 것은 서로 마주보는 데 있는 것이 아니라 같은 방향을 보는 데 있습니다. 소원이 하나가 되는 것이 사랑입니다. 내게 네가 필요하고, 네게 내가 필요하다—그런 것을 사랑이라고 할 수 없습니다. 참사랑은 한 방향을 보는 것입니다. 마음과 뜻, 궁극적 관심이 하나가 되는 것입니다. 궁극적 관심이 하나가 되어야 사랑입니다. 그것이 바로 기도입니다. 기도제목이 하나가 된다, 기도하는 마음이 하나가 된다—그것이 바로 사랑입니다. 온전한 사랑입니다. 영적인 사랑입니다. 보아하면 그렇지 못한 경우가 많습니다. 사랑한다 하면서도 서로 생각이 다릅니다. 소원도 다릅니다. 어떻게 되겠습니까. 재미있는 얘기가 있습니다. 두고두고 웃을만한 얘기입니다. 나이 오십줄 들어선 어느 부부에게 하루는 '귀인'이 찾아와서 말합니다. "당신들 사는 걸 보니 참 행복해보입니다. 그렇게 금실좋게 사니 내가 당신들의 소원 한 가지씩을 들어주겠소." 부인보고 "당신 소원은 뭐요?" 하고 물었더니 이 부인 대답하는데 "난 그저 우리 내외가 같이 세계여행을 한번 했으면 좋겠어요" 합니다. 가고 싶은 나라, 온세계 한바퀴 빙 돌아보고 왔으면 좋겠다, 합니다. "그렇습니까" 하고 귀인은 그 당장 round-the-world ticket을 주었습니다. 이번에는 남편보고 소원을 물었습니다. 그런데 남편은 대답하기를 머뭇거리더니 "저리 좀 가십시다, 비밀스런 얘기라서…" 하고 귀인을 저만치 데리고 가서는 귀에 대고 뭐라 하는고하니 "30년 연하 마누라 데리고 살아봤으면 좋겠어요" 히는 것입니다. "그러지 뭐." 귀인은 그 소원 당장 들어주겠다고 합니다. 그 순간 남편의 나이가 80세 돼버렸다고 합니다. 알아듣겠습니까? 소원이 다르다, 이것입니다. 그렇게 남보기에는 좋아보이는데, 잉꼬부부인 줄 알았는데 속은 딴속이더라는 것입니다. 이게 아니지요. 소원이 같아야 합니다. 정말 비밀인, 하나님과 나만이 알고 아무도 모르는 소원이 똑같아야 합니다. 남편이 기도하는 것, 아내가 기도하는 것, 자녀가 기도하는 것, 우리교인들이 기도하는 것, 똑같은 목적을 가지고, 똑같은 소원을 가지고 하나님 앞에 기도하는 것, 그것이 바로 사랑인 것입니다.

그래서 사도 바울은 말씀합니다. 중심에 원하는 바를 하나님 앞에 기도합니다. 기도문을 썼습니다. "평강의 하나님이 친히 너희로 온전히 거룩하게 하시고…" '평강의 하나님' — 바울의 전용어입니다. '샬롬의 하나님'입니다. 진노의 하나님이 아니고 평강의 하나님이십니다. 하나님과 우리 인간의 화평을 위하여 주님께서 오셨습니다. 주님께서 오신 목적이 '샬롬'입니다. 그런고로 '평강의 하나님, 우리에게 복주시는 하나님, 은혜의 하나님이 우리에게 은혜주셔서 온전히 거룩하게 하여주십시오'라고 기도하는 것입니다. 유대사람들의 신앙고백에 하나님께서는 거룩한 하나님이십니다. 하나님께서는 우리인간에게 마땅한 도리를 가르쳐주고 계십니다. 그러나 하나님께서 원하시는 것은 인간적인 것이 아닙니다. 하나님적인 것입니다. 하나님 닮아가기를 원하십니다. 그런고로 하나님께서는 거룩한 하나님이십니다. 하나님의 백성의 윤리의 기준도 거룩함입니다. 그래서 '하나님께서 거룩하시니 너희도 거룩하라, 하나님께서 온전하심같이 너희도 온전하라'하십니다. 하나님의 백성은 하나님을 닮아갑니다. 비록 인간이지마는 우리는 항상 모든 면에서 하나님을 닮아가는 법입니다. '하늘에 계신 우리 아버지, 이름이 거룩히 여김을 받으시오며…' 주기도문이 이렇게 시작됩니다. 하나님의 이름이 거룩히 여김을 받으시옵소서, 거룩하신 하나님께서 거룩하게 높임을 받으시옵소서—이것이 기도제목입니다. 우리의 기도도 그렇습니다. 우리의 생활이 어떻게 해서든지 거룩한 생활이 되어야 합니다. 어쩌면 하나님께서 우리로 거룩한 사람 만들기 위하여 모든 사건들을 주시는 것입니다. 교만한 사람은 겸손하게, 높은 사람은 낮게, 게으른 사람은 부지런하게, 세상으로 마냥 기울어지는 사람을 끌어당겨 하나님께로 인도하시는 것입니다. 거룩하게 하시는 하나님—그것을 알아야 합니다. '거룩하신 하나님'만이 아니고 '거룩하게 하시는 하나님'이십니다. 거룩을 원하시는 하나님이십니다. 그러면 우리가 하나님의 자녀로, 하나님 앞에 무슨 소원을 구하겠습니까. '하나님, 우리를 거룩하게 하옵소서.' 우선 이것입니다. 바울의 마음속에 그것이 있습니다. 인물 잘나고, 떡벌어지게 잘살고, 백년천년 오래 살고… 그거 원하는 것이 아닙니다. '거룩하게 하옵소서. 이 하나님의 자녀들을 거룩하게 하옵소서.' 그것이 기도제목이었습니다. 거룩— '하기오스'라는 말은 원래 구별한다는 뜻입니다. 섞는 게 아닙니다. 구별하는 것입니다. 구별하는데 어떻게? 소극적으로는 세속으로부터 구별하는 것이고, 죄로부터 구별하는 것이고, 내 인간적인 것으로부터 구별하는 것인데, 어느 쪽으로? 적극적으로는 하나님 편으로입니다. 하나님 편으로, 하나님의 뜻에 가까이 구별하는 것입니다. 한마디로 하나님의 거룩하심을 닮아가는 것입니다. 그것이 소원입니다. 하나님을 믿는 사람은 마땅히 거룩을 목적으로 하여야 됩니다. 그것이 기도제목이어야 합니다. 주의 이름이 거룩히 여김을 받으시옵소서, 다음의 기도제목은 '하나님이여, 저를 온전히 거룩하게 하시옵소서'입니다. 그렇게 기도할 수밖에 없습니다. "하늘에 계신 너희 아버지의 온전하심과 같이 너희도 온전하라"하고 예수님 말씀하십니다(마 5:48). 하늘아버지의 온전하심같이 너희도 온전하라—하나님 닮아야 합니다. 하나님의 자녀이면 하나님 닮아야 합니다. 어떤 모양으로든지 닮아야 되는 것입니다. 그게 바로, 그 소원이 '거룩하게 하옵소서'하는 소원입니다. 조금전에 우리가 부른 찬송 102장, 일부러 '주 예수보다 더 귀한 건 없네'하는 이 찬송을 불렀습니다. 이 찬송을 작곡한 사람은 캐나다의 복음성가 가수 쉬어(G. B. Shea)라고 하는 분입니다. 이분에게 신앙좋은 누가 물어보았습니다. "당신은 하나님께 대해서 무엇을 알고 계십니까?" 그때 그는 아주 겸손하게 대답을 했습니다. "나는 하나님께 대하여 많이 알지 못합니다. 그러나 분명히 아는 것은 그분이 나의 삶을 변화시켰다고 하는 사실입니다. 그를 믿음으로해서, 그를 앎으로해서 내가 변화하였습니다." 어떻게? 거룩하게 된 것입니다. 속된 인간이 거룩하게 된 것입니다. 더러운 인간이 깨끗하게 된 것입니다. 보다 더 거룩하게—그것이 곧 소원이어야 합니다. 여러분은 어떤 기도를 드립니까? 오늘도 장사를 잘하게 해주세요, 칭찬받게 해주세요, 부하게 살도록 해주세요—그렇습니까? 바울의 소원은 그것이 아닙니다. '하나님이여 거룩하게 하시옵소서.' 이것이었습니다. 우리가 이런 땅에 살지마는 어디까지나 하나님의 백성으로 살아가는 것입니다. 요한복음 17장 15절에 보면, 예수님께서 마지막으로 제자들과 성만찬을 행하실 때 하나님 앞에 기도하신 내용이 있습니다. "내가 비옵는 것은 저희를 세상에서 데려가시기를 위함이 아니요 오직 악에 빠지지 않게 보전하시기를 위함이니이다." 비록 세상에 살지마는 악에 빠지지 않고 거룩하게 살아가기를 원합니다—왜요? 그리함으로 이 세상을 구원하기 위해서입니다. 죄악세상에 살면서 깨끗하게, 속된 세상에 살면서 거룩한 사람으로 살아가는 것이 하나님의 뜻입니다. 우리는 그 하나님의 뜻을 받들어서 기도할 것입니다. 직장을 바꿔주세요, 집을 옮겨주세요, 사람을 바꿔주세요… 그런 기도가 아닙니다. 하나님, 나를 거룩하게 하시옵소서, 내 생각을 거룩하게 하시옵소서, 내 생활을 깨끗하게, 거룩하게 하시옵소서—그것이 기도제목이 되어야 한다, 하는 말씀입니다. 거룩하기를 원하는 기도입니다.

신학적으로 말하자면 우리구원의 역사는 중생(重生), 성화(聖化), 영화(榮化)의 단계를 거칩니다. 먼저 성령으로 말미암아 말씀 안에서 중생함을 얻습니다. 헬라말로 겐네테 아노텐, 영어로 be born again 혹은 regeneration이라 하지요. 다시 태어나는 것, 영적으로 태어나는 것입니다. 그것은 일시적이고 순간적입니다. 어느 순간 내가 모르는 사이에 영적으로 출생하는 역사가 이뤄집니다. 그러나 '성화'는 단계적으로, 천천히, 계속적으로 이뤄지는 것입니다. 특히 인격적으로 이뤄집니다. 그것을 알아야 합니다. 우리의 영은 이미 구원을 받았으나, 하나님의 사람이 되었으나, 아직도 거룩하지 못한 데가 많습니다. 잊을 수 없는 추억이 있습니다. 인천에서 목회할 때 장로님 한 분, 집사님 한 분과 셋이서 (그때는 자동차를 타고 다닐 일이 거의 없으니까 걸어다녔지요) 걸어서 어디를 가고 있는데 가는 도중에 술을 만드는 양조장이 있었습니다. 양조장 앞을 지나가는데 아시는대로 술냄새가 진동을 합니다. 그 앞을 지나갈 때마다 저는 싫지만 그리 지나가지 않을 수가 없어서 늘 지나다니는데, 같이 가는 장로님이 뭐라고 하는지 아십니까. "거 좋구나." 이래요. 술냄새가 좋아서요. 엎친데덮치기로 집사라는 사람이 또 "햐, 좋고말고." 이러는 것입니다. "이 사람들이 무슨 소리 하는 거요, 이거!" 하고 제가 핀잔을 줬더니 "목사님, 이런 건 좀 모른 척해주세요"합니다. "아니오. 좀 압시다." 그랬더니 "우리 두 사람이 옛날 젊었을 때 술 많이 먹었습니다. 술친굽니다, 사실은. 그리고, 술끊은 지가 10년이 넘었습니다. 그런데 예수믿는 아직도 술냄새가 요렇게 들어오면 '좋구나'하게 됩니다." 거룩해지려면 코가 거룩해져야 하고 입맛이 거룩해져야 하는데 아직 덜됐더라고요. 그래서 엎치락뒤치락하는 것입니다. 이스라엘백성이 애굽을 나와 가나안으로 들어가는데, 옛날버릇이 그냥 있지 않습니까. 옛날버릇이 있어서 그저 삐끗하면 원망하고, 불평하고, 우상섬기고… 그러지 않습니까. 가나안땅에 들어가기까지 40년 걸렸습니다. 그러니 너무 그렇게 드라마틱하게, 마술적으로 변화하리라고는 기대하지 마십시오. 마치 마술하는 사람들이 보자기 들고 있다가 "어잇!" 하니까 비둘기가 나오고 "어잇!" 하니까 없어지고 하는 것처럼, 그렇게 변하는 것이 아닙니다. 거룩함이란 그렇게 이뤄지는 게 아닙니다. 많은 시련을 겪으면서 깨닫고, 어떤 때는 큰 충격을 받고, 어느 때는 꼼짝못하게 붙들려, 그래서 하나씩 하나씩 고쳐가는 것입니다. 하나씩하나씩 버리고, 털어버리고, 씻어버리고, 꺾어버리고, 묻어버리고… 이러면서 차츰 거룩하게 되는 것입니다. 우리그리스도인은 예수믿는 그 시간부터, 중생하면서부터 죽을 때까지 소위 purification 혹은 sanctification — 성화의 과정을 거치는 것입니다. 성화의 긴 process를 가는 것입니다. 그것이 예수믿는 것입니다. 그러니 너무 조급히 서둘러서 "예수믿는 사람이 왜 그래?" 그런 소리 하지 마십시오. 다 그래가면서 고치는 것입니다. 그래가느라 많은 시간이 걸립니다. 다른 것에서보다도 이것을 제일 구체적으로 알기 쉬운 것이 바로 결혼생활에서입니다. 결혼생활, 이제는 이 사람하고 살아야 되니 내가 생각을 바꿔야 됩니다. 그래야 되는데 옛생활을 못버리지 않습니까. 그러면 안되는 것입니다. 신혼여행 가서 옛애인한테 전화걸었다가 신랑한테 얻어맞는 신부가 있다니까요. 그런 전화는 그만걸어야지, 이제. 그런 것이 다 아직 덜된 거라고요. 당분간 옛날 boyfriend 생각은 나겠지. 하지만 어떡하겠어요? 전화 그만걸어야지. 자꾸 잊어버려야지, 이젠. 그와 같이 말입니다. 성화라고 하는 것은 긴 과정입니다. 그러면 우리힘으로 가능한가, 이게 문제입니다. '하나님이여, 힘을 주십시오. 하나님이여, 나를 거룩하게 하시옵소서.' 이 기도입니다. 내가 끊지 못하는 거 끊게 해주세요, 버리지 못하는 거 버리게 해주세요, 청산하지 못하는 거 청산하게 해주세요, 하는 것입니다. 또, 주님의 뜻 사랑하여야 하는데, 사랑해야 할 사람을 사랑하지 못합니다. 선한 일을 기뻐하지 못합니다. 하나님의 일을 열심히 하지 못합니다. 이게 다 뭣입니까. 아직도 거룩하지 못한 것입니다. 아직도 많은 단계를 거쳐야 하는 것입니다. 거쳐가면서 거룩해지는 것입니다.

특별히 오늘성경은 좀더 구체적으로 말씀합니다. "너희 온 영과 혼과 몸이 우리 주 예수 그리스도 강림하실 때에 흠없게 보전되기를 원하노라." 이것이 두 번째 기도입니다. '거룩하게 하옵소서'라는 말씀과 같은 말씀입니다. 영과 혼과 몸— '영'이란 헬라말로 '프뉴마'입니다. 영어로 spirit입니다. '혼'이란 '프슈케'라고 하는 말입니다. 영어로 soul이라고 번역됩니다. '몸'이란 '소마', body입니다. 프뉴마, 프슈케, 소마—이 세 가지를 잘 보전하게 되기를 바란다는 것입니다. 이것을 신학적으로 '삼분설'이라고 합니다. 성경에 보면 이분설도 있고 삼분설도 있습니다. 둘이 함께 있습니다. 우리가 '영혼과 육'이라고 하지요. 영과 혼이 합쳐졌습니다. 이건 이분설입니다. 그러나 오늘본문에는 삼분설이 있습니다. 영과 혼과 육이라 하였습니다. 이는 신학적으로 대단히 중요한, 까다로운 문제입니다. 우리가 보통으로는 그저 영혼과 육, 두 가지로 나누는 이분설로 쉽게 이해하고 있지마는 성경은 삼분설로 말씀합니다. 너무나 정신적인 세계, 영적인 문제, 더구나 2천 년전에 기록한 이 개념을 우리가 정리하기 어렵습니다만 '영'이라고, 프뉴마라고 하면 하나님의 형상을 말씀합니다. "하나님은 영이시니"하지 않습니까. 하나님께서도 영을 가지셨습니다. 영적 존재십니다. '하나님의 형상' 그게 바로 영입니다.

하나님의 형상을 우리가 닮았습니다. 하나님의 형상을 우리가 가졌습니다. 그것이 바로 영입니다. 다음으로 '혼'이라고 하는 것은 넓게 말하면 마음을 가리키는 것입니다. 그래서 헬라어로 프슈케라 발음하는데, 영어로는 사이칼러지(psychology), 곧 'P'자가 앞에 붙습니다. 그러나 'P'자는 발음하지 않습니다. 그런데 헬라어로는 그걸 발음합니다. '프슈케'라고. 사이칼러지—마음, 심리를 말하는 것입니다. 마음, 그리고 마음이라는 넓은 개념 속에 보이지 않는 사유의 기능인데, 이 속에 이성이라든가, 양심이라든가 혹은 총명이라든가 판단력 같은 것이 다 포함돼 있습니다. 특별히 이성적이라는 것, 이것이 바로 혼에 관한 것입니다. 그 다음에 몸이라는 것이 있습니다. 몸이란 고깃덩이입니다. '소마' 'Body'입니다. 사람은 이 세 가지로 되어 있거든요. 이에 대해서는 옛날어른들이 재미있게 얘기하였습니다. '사람은 영혼을 가졌고, 동물은 각혼을 가졌고, 식물은 생혼을 가졌다' 하였습니다. '혼'자를 넣지마는 이것이 식물의 세계에서, 동물의 세계에서, 인간의 세계에서 차원이 다르거든요. 그런데 여기서 우리가 알아야 할 것은 이것입니다. '영'이라고 하는 것은 하나님의 형상을 닮은 거기에 가장 중요한 주인입니다. 그리고 그 밑에 이성이 있습니다. 이성이 영의 지배를 받아야 하고, 몸은 이성의 지배를 받아야 합니다. 그런데 이게 거꾸로 될 때가 있습니다. 몸이 혼을 지배하고, 혼이 영을 지배해버립니다. 이리되면 구원받지 못하는 사람입니다. 지배하는 것이 잘되어야, 그러니까 control이 잘되어야 됩니다. 통제가 잘되어야 됩니다. 그래서 영이 이성을 지배합니다. 아침에 일찍 일어나는 훈련이 잘된 사람은 '내일아침 일찍 일어나야겠다' 생각하고 자면 이른아침에 일어나집니다. 그런데 몸이 훈련이 잘 안된 사람은 그 시간에 가서 자명종 꾹 눌러놓고 자버립니다. 이는 아직 훈련이 덜된 사람입니다. 특별히 입맛같은 것도 '이거는 좋은 거다' 생각하면 벌써 좋다고 생각하는 순간에 입맛이 확 돕니다. 맛있게 먹을 수가 있습니다. 그러나 정신세계에서 '저거는 깨끗지 않다. 저거는 몸에 이롭지 않다' 생각하는 순간 입맛이 싹 가셔버립니다. 그런 거 먹었다가는 당장 탈이 나는 것입니다. 정상적인 사람은 영이 혼을 지배하고, 혼이 몸을 다스립니다. 이렇게 통제체제가 바로됐을 때, 그게 건강한 사람이고 온전한 사람입니다. 그런데 영은 있는데 벌써 영이 잠들었습니다. 살았는지 죽었는지도 모르게 되었습니다. 그리고 혼도 병들었습니다. 그러니까 그것이, 그 기능이 마음대로 작용을 합니다. 그러다보니 육체가 제멋대로입니다. 이것을 가리켜 구약성경에서는 "사람이 육체가 됨이라" 하였습니다. 노아홍수 직전의 사람들이 그랬습니다. 영도 혼도 다 죽었습니다. 고깃덩이만 있습니다. 하나님께서 보실 때는 이건 다 죽은 것입니다. 산 사람이 아닌 것입니다. 그와 같다는 말씀입니다. 그래서 사도 바울은 영과 혼과 몸이 그리스도께서 재림하실 때까지 온전하게 보전되기를 바란다고 기도하고 있습니다. 이제 보십시오. 영혼은 구원받을 것입니다. 그렇지마는 그 몸이 너무 더러워졌습니다. 슬픈 일이 아니겠습니까. 저는 언젠가 신학대학에서 공부할 때 기숙사에서 아침에 일어나 이를 닦는데, 마침 아무도 없고 다른 한 사람과 둘이서 이를 닦게 되었는데, 그 사람이 이를 닦다말고 서서 눈물을 흘리고 있는 것입니다. 나이가 좀 많은 분이었는데 왜 그러느냐고 했더니 묻지 말라고 합니다. 좀 알고 싶다니까 진지하게 하는 말입니다. "내가 젊었을 때 허랑방탕 살았거든." 국제성병에 걸렸다는 것입니다. 그렇게 타락했다가 다 청산하고, 예수믿고, 깨끗하게, 진실하게 살아서 오늘 교역자가 되기 위해서 신학교를 다니고 있는데 그옛날의 후유증 때문에 잇몸이 전부 삭아버려 어금니가 빠진다는 것입니다. 이를 닦다말고 그 빠진 어금니를 손에 들고 우는 것입니다. 기가막혀서. 이거 어찌하겠습니까. 그리스도의 날까지, 주님 오실 때까지 영도 혼도 몸도 깨끗하게 보전되기를 바랍니다—이 얼마나 중요한 기도입니까. 만신창이되어가지고 하나님 앞에 가서야 되겠습니까. 하나님 앞에 가기야 가겠지. 그러나 만신창이된 더러워진 몸, 더러워진 혼, 그 부끄러움 많은 과거—이래가지고 되겠습니까. 흠이 너무 많습니다. 허물이 너무 많습니다. 그걸 말씀하는 것입니다. 그리스도께서 오실 때까지 영과 혼과 몸이 흠없이 깨끗하게 보전되기를 원하노라—그렇게 기도하는 것입니다.

　시소에스라고 하는 수도원장이 나이많아 세상을 떠나게 되었습니다. 제자들이 모여들어 마지막으로 무슨 말씀을 하시나, 듣고 싶어서 침대 주변에 둘러서서는 "하시고 싶은 말씀을 들려주시기 바랍니다" 청하였습니다. 이분이 이제 마지막으로 말을 하는데, 그는 젊었을 때 속으로 생각하기를 '나는 성자가 되리라' 하였다고 합니다. 그러나 청년이 되어 많은 유혹을 받고 많은 시련을 겪으면서 '나는 아무래도 성자되기는 어렵겠구나' 생각을 했다고 합니다. 조금 더 나이가 든 다음에는 '난 아무래도 성자되기는 글렀어' 하고 결론을 내렸다고 합니다. 지금 내가 하나님 앞에 기도할 수 있다면 '내가 성자 되려고 한 것조차 잘못이었습니다. 저는 절대로 성자가 아닙니다' 하는 것이다—그렇게 말하고 숨을 거두더라 합니다. 여러분, 우리는 때때로 보다 더 거룩하게, 보다 더 온전한 사람으로 살아보고 싶습니다. 그러나 세월이 가면서 느끼는 것은 이건 우리 힘으로 할 수가 없다는 것입니다. 거룩하게 되는 것, 온전하게 '영' '혼' '몸'을 지켜가는 것도 알고보면 다 하나님의 은혜입니다. 기도하고, 하나님께서 은혜주셔야만 거룩함을 지켜갈 수 있는 것입니다. 그리고 사도 바울은 말씀합니다. "너희를 부르시는 이는 미쁘시니…" 미쁘다는 말은 미덥다, 헬라말로 '피스토스', faithful, 믿을 수 있는 분이라는 것입니다. 그런고로 그가 또한 이루시리라—기도하면서 바울은 동시에 신앙을 고백합니다. 그리스도께서 이루실 것입니다. 그리스도께서 거룩하게 하실 것이고, 그리스도께서 '영' '혼' '몸'을 온전하게 하실 것입니다. 역시 우리는 하나님의 은혜에 의해서만 거룩해질 수 있고 은혜생활을 지켜갈 수 있는 것입니다. 그런고로 기도하여야 합니다. 로마서 12장 1절을 봅니다. "너희 몸을 하나님이 기뻐하시는 거룩한 산 제사로 드리라." 너희 몸을 하나님이 기뻐하시는 거룩한 산 제사로 드리라. 몸—'소마'까지, 영만이 아니고 몸까지 거룩한 제물로 드리는 그러한 생을 위하여 하나님 앞에 기도합니다. 사도 바울은 이렇게 마지막 기도를 하고나서 문안의 말을 하고, 끝에 축도함으로써 데살로니가전서를 마쳤습니다. △

사도 바울의 감사

바울과 실루아노와 디모데는 하나님 우리 아버지와 주 예수 그리스도 안에 있는 데살로니가인의 교회에 편지하노니 하나님 아버지와 주 예수 그리스도로부터 은혜와 평강이 너희에게 있을지어다 형제들아 우리가 너희를 위하여 항상 하나님께 감사할지니 이것이 당연함은 너희 믿음이 더욱 자라고 너희가 다 각기 서로 사랑함이 풍성함이며 그리고 너희의 참는 모든 핍박과 환난 중에서 너희 인내와 믿음을 인하여 하나님의 여러 교회에서 우리가 친히 자랑함이리 이는 하나님의 공의로운 심판의 표요 너희로 하여금 하나님 나라에 합당한 자로 여기심을 얻게 하려 함이니 그 나라를 위하여 너희가 또한 고난을 받느니라

(데살로니가후서 1 : 1 - 5)

사도 바울의 감사

　　우리가 바울의 편지를 늘 보지마는 그의 편지는 언제나 처음에 문안을 하고 바로 감사로 시작합니다. 이것은 우리가 늘 깊이 생각해야 할 점입니다. 바울은 이 편지에서 하고 싶은 말씀이 많습니다. 꼭 교훈도 하고, 충고도 하고, 또 바르게 지도해야 될 어떤 내용이 있습니다. 그러나 그 모든것을 일단 접어두고, 먼저 감사부터 합니다. 우리는 이 점을 꼭 생각하여야 합니다. 언제든지 감사하는 마음, 그것부터 먼저라는 것을 잊지 마십시오. 가끔 우리는 기도도 하게 되는데, 기도에도 감사의 내용이 꼭 먼저입니다. 어떤 때는 깜박 잊어버리고 "하나님 아버지" 해놓고는 처음부터 주소서 주소서 하더라고요. 그럴 때는 제가 그렇게 기도하신 분을 붙잡고 한마디 합니다. "오늘 기도하신 내용 중에 감사가 있었습니까?" "아하, 깜박 잊어버렸네요." "그럴 겁니다." 왜요? 항상 불만만 있으니까. 마음속에 없는 말을 어떻게 하겠습니까. 모름지기 마음속에 감사가 먼저 있어야 합니다. 저는 우리교인들을 방문할 때, 혹 병원에 찾아가서 지금 입원하고 있는 사람을 보고도 그 자리에서 먼저, 당장 아파서 죽어가는 형편이지마는 감사부터 먼저 합니다. "오늘까지 건강하게 해주신 것, 감사합니다. 돈없어서, 또는 객사하든가 급하게 가는 사람도 많은데, 그래도 병원에 입원해서 또, 여러 사람의 사랑을 받으며 이렇게 치료받을 수 있는 기회 주신 것 감사합니다. 모든 사람은 육신이 죽으면 다 끝난다고 생각하지마는 우리는 죽어가는 순간에도 하늘나라를 바라보며 기뻐할 수 있으니 감사합니다. 내가 이렇게 입원하고 있을 때, 많은 사람들이 나를 도와서 걱정하고, 근심하고, 간호하고 이렇게 사랑을 나눌 수 있게되니 이 또한 감사합니다…" 제가 이렇게 기도해보니 대개 처음에는 "감사합니다" 할 때 "아멘" 하지 않다가 몇마디 이렇게 죽 하면 그제야 "아멘" 하더라고요. 감사하는 마음을 일으켜야 됩니다. 감사하는 마음을 소생시켜야 하는 것입니다. 그것이 먼저입니다. 그리고 드릴 말씀을 이어야 합니다. 그런데 이상한 것이 있습니다. 답답한 얘기부터 먼저 하기 시작하면 감사를 잊어버린다니까요. 사실이 있기는 있는데, 다 잊어버리게 됩니다. 감사하는 말부터 먼저 하기 시작하면 원망과 불평이 다 사라집니다. 생각하면 감사할 것 너무 많지요. 아주 많습니다. 그걸 자꾸 생각하십시오. 어떤 부인, 남편이 밤낮 술먹고 들어와서 늘 짜증스럽더니 어느날은 문득 마음속에 은혜가 오는데, 감사하는 마음이 생기더라고 합니다. 왜요? 저렇게 술먹고 다니면서도 제집 찾아오는 게 신통하거든요. 차사고 나지 않고 제집 찾아오는 것, 이게 보통 감사할 일이 아니더라는 것입니다. 또, 저러고 돌아가서는 건강을 유지할 수 없겠는데 그런데도 저 나이 되도록 아직 건강하게 지내는 것, 이것 또한 감사하고… 그렇게 꼽아보니 감사할 게 꽤도 많더랍니다. 이 사람이 그리스도인입니다. 그리스도인의 생활표지, sign of Christian life는 감사입니다. 그것을 잊지 말아야 합니다. 얼마나 감사하는지, 감사의 동기가 무엇인지, 감사의 내용이 무엇인지, 감사의 속성이 무엇인지 스스로 한번 분석해보십시오. 여기서 그 사람의 사람됨이 나타나게 되는 것입니다.

오늘본문에 사도 바울은 말씀합니다. 감사를 하는데 특별히 "너희를 위하여"입니다. 번역이 조금 직역이 됐습니다마는 '너희를 위하여 감사한다'는 것은 너희를 생각하여, 너희 때문에 감사한다는 말씀입니다. "너희를 위하여 항상 하나님께 감사할지니" 하였는데 '너희 때문에' 감사한다는 뜻입니다. 대체로 감사가 나 자신에게 있을 수 있습니다. 나 자신에게 주신 은혜를 감사할 수 있지마는 우리가 이웃과의 관계, 쉽게는 가까운 이웃, 아내 때문에, 남편 때문에, 자식 때문에, 혹은 내 친구 때문에… 이렇게 다른 사람을 생각하면서 감사합니다. 왜 그렇겠습니까. 왜 다른 사람을 생각하며 감사합니까. 고마우니까 그렇습니다. 그분과 나와의 인간관계가 고마운 것이니까. 성도의 교제가 고마우니까. 그게 감사로 되는 것입니다. 감사가 뒤바뀌면 무엇이 됩니까. 원망이 됩니다. 나는 너희 때문에 원망하고… 그래서 빌립보서 1장에 보면 이런 말씀이 있지 않습니까. "내가 너희를 생각할 때마다 나의 하나님께 감사하며 간구할 때마다 너희 무리를 위하여 기쁨으로 항상 간구함은… (빌 1:3,4)" 이것이 그리스도인입니다. 생각할 때마다, 이리 생각해도 저리 생각해도 고맙습니다. 남편을 생각해도, 아내를 생각해도, 자식을 생각해도, 또 우리교회 생각해도, 또 우리 권사님들, 장로님들 생각해도, 생각하면 생각할수록 다 고마운 것입니다. 그래서 감사가 나오는 것입니다. 여러분, 그렇습니까? 아니면 참 누구한테 섭섭하고, 누가 있어 괴롭고, 생각할 때마다 분하고 억울하고… 그 사람은 그리스도인이 아닙니다. 감사는 하나님께 하는 것입니다. 그러나 그것만이 아닙니다. 구체성이 있습니다. 그것은 바로 인간관계에 있는 것입니다. 관계성에 있는 것입니다. 그러니까 여러분, 정말로 신앙의 사람이라면 우선 부모님께 대하여 감사합니다. 내게 이런 좋은 부모님을 주신 것 감사합니다. 또 자녀들에 대하여 감사합니다. 이런 자녀들을 주신 것 감사합니다, 합니다. 또 아내에 대해서 감사합니다. 이런 아내

주신 것, 저런 아내 주신 것 감사합니다, 합니다. 소크라테스의 아내가 유명한 악처라지요. 악처치고도 넘버 원 악처입니다. 소크라테스가 철학을 가르치느라고 여기저기 돌아다니다가 저녁에 들어오면 이 부인은 남편의 얼굴에다 물벼락을 씌웠습니다. 그리고 거기다가 마구 악담을 했다고 합니다. 그러면 소크라테스는 "아, 천둥소리 요란하더니 비가 오는구나" 하였다고 합니다. 어느 친구가 이런 소크라테스 보고 그런 악처하고 어떻게 한평생을 편안히 살겠느냐, 그런 여자 왜 내버리지 않고 같이 사노, 하였더니 소크라테스가 명답을 합니다. "이 사람아, 생각을 해보게나. 그 사람이 아니었으면 내가 철학자 됐겠나?" 소크라테스처럼 생각하라는 것은 아닙니다. 그러나 아내에 대해서, 남편에 대해서, 이웃에 대해서, 내 아는 모든 사람에 대해서 감사합니다. 어떻게? 하나님께 감사합니다. '저분 알게 해주신 것을 감사합니다.' 교역자는 여러분과 같은 교인을 주셔서 감사합니다. 저는 우리장로님들, 권사님들, 집사님들을 볼 때 너무나도 고맙습니다. 참으로 감사합니다. 여러분은 또 '우리에게 이런 목사님을 주신 것' 감사하고요. 서로서로입니다. 너희를 위하여 내가 하나님께 감사한다, 너희 때문에 하나님께 감사한다—because of you입니다. 너희로해서 내가 하나님께 감사한다—바로 이런 사람이 그리스도인입니다.

그리고 본문에 보니 특별히 "항상"이라 하였습니다. 항상—'판토테' 곧 always입니다. 모든 경우에서 항상 감사합니다. 이런 일에도 감사하고 저런 일에도 감사하고—이것은 경우와 환경을 초월한 것입니다. 감사가 넘치니까 이런 것 저런 것 좀 불평스러운 것이 있어도 문제되지 않습니다. 다 넘어설 수 있고, 다 소화할 수 있습니다. 항상 감사합니다.

또 하나, 이렇게 감사하는 것이 당연한 일이다, 하였습니다. 헬라어에서는 '호페일로멘'—강한 표현입니다. 그 감사가 마땅하다, 그것입니다. 감사하는 것이 마땅하다—이 얼마나 중요한 얘기입니까. 항상 감사하고, 너희를 위하여 감사하는 것은 마땅한 일이다—이렇게 사도 바울은 이 편지 서두에서 말씀하고 있습니다.

감사가 막연한 게 아닙니다. 그것을 알아야 합니다. 그래서 이런 말이 있습니다. 처세학적 말입니다. '칭찬할 때, 구체적으로 칭찬하면 칭찬이요 추상적으로 칭찬하면 아첨이다.' 정말로 이유를 대면서 "이래서 당신은 훌륭합니다" 하여야 그게 칭찬이지 "이리 보나 저리 보나 좌우간 당신은 훌륭합니다" 하면 그것은 아첨입니다. 내용이 확실해야 되는 것입니다. 사도 바울은 막연하게 '당신들로해서 내가 감사합니다' 한 것이 아닙니다. 다음과 같이 구체적으로 감사의 이유를 들고 있습니다.

첫째, 믿음입니다. "너희 믿음이 더욱 자라고"하였습니다. 그래서 하나님께 감사한다, 하였습니다. 그도그럴것은 사도 바울의 신학에서 믿음은 가장 소중한 것입니다. 믿음만이 율법의 욕구를 충족할 수 있습니다. 의인은 믿음으로 말미암아 삽니다. 오직 믿음으로 구원받는 것입니다. 그런데 바울신학에서는 믿음은 하나님께서 주시는 선물입니다. 정말 믿음은 선물입니다. 이것을 잊지 말 것입니다. 자꾸 의심이 생긴다면 그것은 참으로 큰병입니다. 그래서 제가 결혼주례 할 때마다 꼭 강조하는 것이 그것입니다. 남편과 아내, 서로 믿어라, 의심을 하면 그 사랑은 다 물러간다, 합니다. 의심하며 사랑받는 사람 없습니다. 믿음만이, 잘 믿어줄 때 그에게 사랑이 가는 것입니다. 사랑을 병들게 하는 것은 의심이다, 그런고로 믿어라—그렇게 간곡히 부탁을 합니다. 이것, 정말입니다. 그런데 중요한 건 이것입니다. 무슨 병이 있어서 그런지 신경성인지 정신병인지, 의심이 많은 사람 있습니다. 그걸 어떡하면 좋습니까? 자꾸 의심하다보면 또 꿈을 꿉니다. 게다가 조금 야만성이 있는 미개한 사람은 꿈과 현실을 혼동합니다. 알아들었습니까? 꿈꾼 것을 두고 아, 이게 보통꿈이 아닐 거다, 아마도 계시일 거다, 합니다. 꿈속에서 남편이 다른 여자하고 있는 걸 보고는, 세 번 이런 꿈을 꾸고나면 그걸 사실로 생각합니다. '아, 이게 보통꿈이 아니다. 여자의 육감이라는 게 무서운 거야.' 그 눈으로 척 보는 것입니다. 저녁에 늦게까지 안들어오면 맞다, 맞아, 또 곁길로 샜구나, 이렇게 자꾸 생각을 하면 마지막에는 현재 사건으로 있었던 것보다 더 확실해보이는 것입니다. 그게 사람 잡습니다. 무서운 것입니다, 의심이라는 것이. 실제로 그런 일이 엄청나게도 우리교회에 있었습니다. 남편이 의사인데 그 부인에게 의부증(疑夫症)이 생겼습니다. 그 증세가 날로 커졌습니다. 그래 무슨 말까지 했는고하니 "내가 다 봤다. 분명히 봤다. 그 간호원하고의 사이에 아이까지 낳았다." 이러고 소문을 냈습니다. 시어머니에게도 그런 말 했습니다. 남편은 기가막혔지만 사실이 아니므로 "쓸데없는 소리!" 그러고는 태연한 것입니다. 시누이가 가만히 보니 좀 이상한 데가 있어 올케보고 병원에 같이 가서 아이 출생카드를 보자고 잡아끌었습니다. 병원까지 가서 문간에 딱 들어서는데 이 부인, 걸음을 딱 멈추고 "아니야, 내가 거짓말한 거야" 하는 것입니다. 기막힌 노릇이지요. 의심이라는 게 쌓이고쌓이면 마지막에 이렇게 되는 것입니다.

여러분, 선물 중에 가장 큰 선물은 하나님 믿는 믿음입니다. 하나님이 믿어져야 믿지 않습니까. 안믿어지는데야 어떡합니까. 믿어지는 것, 하나님께서 선물로 주신 것입니다. 그뿐아니라 사람에 대해서도 믿는 것, 이것 참 귀한 선물입니다. 그걸 알아야 합니다. 이런 사람도 있습디다. 비행기를 타고 가는데 제 옆에 앉은 사람 보니 열세 시간을 가는데 끝까지 눈을 동그랗게 뜨고 있더라고요. 아무것도 못먹습니다. 그 좋은 음식 다 그냥 나보고 먹으라 하고 놔두고… 어쨌든 몇가지는 제가 얻어먹었습니다마는… 왜 그러느냐, 물었더니 죽을까봐 걱정돼서 그렇다는 것입니다. 비행기 떨어지면 어떡하나, 걱정을 하는 것입니다. 그래서 제가 "죄가 많군요" 하였습니다. 그것도 큰일입디다. 이런 불행이 어디 있습니까. 좌우간 비행기 타고 못 자는 사람은 문제가 있는 사람입니다. 믿음—사도 바울은 생각합니다. 믿음은 하나님께서 주신 은혜입니다. 은혜로 주시는 것입니다. 하나님께서 은혜로 너희에게 믿음을 주셨다, 그런고로 감사하노라, 합니다.

뿐만아니라 보배로운 이 믿음이 자라고 있습니다. "더욱 자라고"—이렇게 번역된 헬라말원문은 '휘페라우크샤네이'인데 이 원문의 뜻은 뉘앙스가 좀 깊습니다. 영어로는 'grows exceedingly'로 번역됩니다. 식물처럼 무럭무럭 자랍니다. 커진다는 뜻입니다. 믿음이 그렇게 자란다—이 얼마나 굉장한 일입니까. 겨자씨가 자라는 것처럼 점점 커지는 것입니다. 이것은 은사로 말미암아 이루어집니다. 은사에 속하는 것입니다. 믿음은 은혜에 속하고 믿음의 성장은 은사에 속합니다. 많은 시련 속에서 자랍니다. 이런저런 고통, 질병, 실패… 이런 것을 당하면서 믿음이 자라는 법입니다. 역시 믿음은 좀 환난을 겪어야 자랍니다. 평안과 안일 가운데서는 잘 자라지 않습니다. 예수믿는 사람은 예수믿으면서부터 많은 시련을 겪게 되어 있습니다. 그 시련 속에서 믿음이 깊어지고, 높아지고, 강해지고, 순수해집니다. 그런 믿음의 성장을 보면서 바울은 하나님 감사합니다, 하게된 것입니다. 그리고 믿음에 대한 감사는 가장 고상한 감사라 하겠습니다. 왜요? 바울에게 있어서는 믿음이 너무도 소중하니까요. 우리가 자녀들에 대해서도 공부 잘하고, 건강하고, 칭찬받고, 상받았고, 하는 것을 보아서가 아니라 '진심으로 저 마음속에 믿음이 있구나. 믿음이 자라고 있구나. 너의 마음속에 믿음이 있는 것을 나는 감사한다' 하는 이것이 우리의 마음이고 진실이 되어야 하는 것입니다. 다른 것 다 없어도 괜찮다. 믿음만 있으면 된다―이리되어야 할 것입니다. 왜요? 믿음이 있다는 것은 바로 하나님께서 그를 선택하셨다는 것을 의미하기 때문입니다. 하나님께서 저와 함께 계시고 지에게 은혜를 베푸신다는 것을 의미하기 때문입니다. 그리고 그 믿음이 자라고 있다는 것은 은사를 계속 공급하고 계시다는 뜻입니다. 그걸 알기에 '하나님 감사합니다' 하는 것입니다. 바울의 마음이 그런 것입니다. 두 번째는 사랑입니다. "너희가 다 각기 서로 사랑함이 풍성함이며"―그래서 하나님께 감사하노라, 하였습니다. 서로 사랑하는 이 사랑은 그 뿌리가 그리스도께 있습니다. 예수님 친히 말씀하십니다. "내가 너희를 사랑한 것같이 너희도 서로 사랑하라." 아가파테 알렐루스, 서로 사랑하라―그런데 '내가 너희를 사랑한 것같이'입니다. 주님의 사랑을 받은 사람들이 서로 사랑하는 것입니다. 그러므로 사도 바울은 저들이 서로 사랑하는 걸 보면서 주님의 사랑을 생각하는 것입니다. 모두가 주님의 사랑의 결과로 사랑한다는 것을 알기 때문에 감사하는 것입니다. 주께 감사하는 것입니다. 하나님, 저들에게 사랑을 주셔서, 사랑을 알게 해주셔서, 사랑을 부어주셔서 저들이 그 사랑의 열매로 서로 사랑하게 되었으니 감사합니다—서로 사랑하는 것이 윤리적, 도덕적인 것이 아니거든요. 종교적이고 신앙적인 것입니다. 그것을 알기 때문에 하나님의 그 크신 축복에 대해서 감사하고 있는 것입니다. 요한복음 13장 35절에 보면 예수님께서는 "너희가 서로 사랑하면 이로써 모든 사람이 너희가 내 제자인 줄 알리라" 하십니다. 예수님의 제자 된 표지가 사랑입니다. 사랑하는 것을 보고야 저가 그리스도의 제자라는 것을 모두가 알게 되는 것입니다.

그 다음에 보면 '사랑함이 풍성함이며' 하였습니다. 풍성하다—헬라말원문은 '플레오나제이'이고 영어로는 increases입니다. 점점 더 커진다는 말씀입니다. 점점 더 많아진다는 뜻입니다. 어느 면에서 어떻게 풍성해지느냐하면 사랑의 깨달음에서입니다. 전에는 요런 것만 사랑인 줄 알았습니다. 그런데 풍성해지니까 저것도 사랑이고 이것도 사랑입니다. 건강도 사랑이요 병도 사랑이요, 성공도 사랑이요 실패도 사랑입니다. 전에는 사랑을 이해하는 영역이 아주 좁았습니다. 그런데 풍성하고보면 사랑 아닌 것이 없습니다. 사도 바울은 이것을 감사하고 있습니다. 깨달음에 있어서 풍성합니다. 어느 목사님이 주일날 설교를 하고 예배 마친 다음에 교인들 다 가고나면 목사님은 사실 좀 허전하답니다. 그래서 어느 나이많은 목사님은 항상 광고가 깁니다. 어느 때 보니 한 20분씩이나 광고를 합디다. "왜 그렇게 광고를 길게 합니까?" 물었더니 "나는 교인을 모아놓으면 보내고 싶질 않아" 합니다. 저도 이제 그 나이가 됐습니다. 모아놓으면 보내고 싶지를 않습니다, 도대체가. 다 보내고나면 쓸쓸하고 허전하고… 그런 것입니다. 그렇습니다. 그게 목사의 심경인데, 한번은 예배 마치고 책상앞에 앉아 차를 들고 혼자 명상을 하고 있는데 급하게 따르릉 전화가 옵니다. 깜짝놀라서 전화를 받아보니 "교회 집사님 한 사람이 차사고로 지금 응급실에 있습니다" 하는 것입니다. 병원을 알아가지고 차를 타고 갔습니다. 가보니 그분 온몸이 다 부서졌습니다. 얼굴을 붕대로 감아놨는데 눈 한쪽만 보이게 하고 있었습니다. 손을 잡고 뭐라고 위로할 말이 없었습니다. "어쩌다 이렇게 됐습니까?" 이것은 사실 목사가 할 말은 아닙니다, 보통 하는 말이지. "어쩌다가 이렇게 됐습니까?" 했더니 집사님은 뭐라고 하느냐? "목사님, 염려하지 마세요. 괜찮습니다. 하나님께서 나를 위하여 오래오래 참으셨지요." 그리고 한쪽눈에서 눈물이 주르르 흐르는 것입니다. 여러분, 그 뜻을 알만합니까? 많은 뜻이 담긴 말입니다. "하나님께서 오래오래 참으셨지요. 그래도 나를 버리지 아니하심을 감사합니다." 그 한마디에 그만 목사님과 집사님이 다같이 울었습니다. "하나님께서 오래오래 참으셨지요. 뻔히 잘못된 길로 가는 걸, 못되게 노는 것을 하나님께서 오래오래 참으셨습니다. 당장 벼락을 쳤으면 지옥으로 떨어졌을 텐데 여기서 멈춰가지고 이제 목사님을 만나게 하시니 하나님께서는 참으로 고마우신 분입니다." 이것이 사랑이 풍성해진 것입니다. 우리 세상사람들은 그걸 불행으로 봅니다. 그러나 그렇지 않습니다. 불행해질 수가 없지요. 그건 사랑이니까요. 하나님의 엄청난 사랑이고, 구체적인 사랑이기 때문입니다.

뿐만아니라 사랑이 풍성하다는 말씀은 사랑의 대상이 풍성하다는 말씀입니다. 전에는 이런 사람은 사랑하고 저런 사람은 미워했습니다. 친구가 있는가하면 원수도 있었습니다. 그러나 정말로 하나님의 사람에게는 원수가 없습니다. 사도 바울이 빌립보감옥에서 많은 매를 맞고 혼절했다가 깨어났을 때 하나님 앞에 기도하면서 찬송을 불렀습니다. 왜요? 기도하면서 그는 생각할 때, 이제 아무도 미워하는 사람이 없습니다. 억울하게 매를 맞았지만 때리는 그들도 밉지를 않습니다. 오히려 불쌍합니다. 오로지 불쌍할 뿐입니다. 스데반이 돌에 맞아 죽으면서도 자기를 죽이는 사람들 위해서 기도했습니다. 왜? 그들이 불쌍하지 않습니까. 어쩌다가 저렇게 됐담, 저렇게 악령에 사로잡혀 헤어나지 못하다니, 저렇게 부자유하고 양심을 잃어버리다니, 안됐다 싶은 것입니다. 보십시오. 예수님께서도 십자가 지실 때 당신을 죽이고 창을 찌르는데도 불구하고 "하나님이여, 이들의 죄를 사하소서. 저들이 하는 것을 모르기 때문입니다" 하십니다. 이것이 바로 사랑의 풍성입니다. 사랑이 풍성하게되면 원수가 없습니다. 절대로 미워하는 사람이 없습니다. 다 사랑하고, 오히려 감사하고, 행복으로 충만합니다. 사랑이 풍성하다, 하는 말씀은 또한 사랑이 능력으로 작용하고 있다는 말씀입니다. 사랑하기 때문에 힘이 납니다. 사랑하기 때문에 낙심하지 않습니다. 사랑하기 때문에 행복합니다. 자유합니다. 모든 사람과 더불어 화목할 수 있습니다. 이게 보통능력입니까. 사랑의 풍성, 사랑의 충만함을 사도 바울은 하나님께 감사하고 있습니다. 리처드 범브란트라고 하면 아시는 분은 아실 것입니다. 루마니아의 유대계 목사님으로서 공산치하에 무려 14년 동안 감옥에 있다가 나와 온세계를 다니면서 공산주의가 얼마나 잘못됐는가를 알려준, 대단히 중요한 인물입니다. 그는 이렇게 말합니다. 그리스도인의 본 된 사람으로서 말합니다. '기독교라는 종교는 사랑에 도취된 사람들이 모여서 이룹니다. 사랑에 도취된 사람들은 사물을 생각하는 데 혼돈될 때가 있습니다. 왜냐하면 나, 너, 저의 차이를 잃어버리기 때문에 내 일이 네 일이요, 남의 일이 내 일이요, 그 사람의 일이 또 저 사람의 일이요… 이렇게 혼돈이 오는 것입니다. 다 하나로 인식이 되기 때문입니다. 다른 사람 아플 때 나도 아픕니다. 다른 사람 걱정할 때 내가 또 같이 걱정을 하니까 이게 나인지 너인지, 네가 나인지 내가 너인지 알 수가 없는 것입니다. 사랑에 도취된 사람은 그런 것입니다. 이것이 그리스도인입니다.' 사랑이 풍성하게될 때 모든 사람을 사랑합니다.

사도 바울은 믿음, 사랑에 이어 또 인내에 대해서 말씀합니다. 오래 참았습니다. 핍박과 환난 속에서도 잘 참았습니다. 이래서 감사합니다. 인내는 소망의 열매입니다. 믿음, 소망, 사랑—소망이 있고야 인내할 수 있습니다. 소망이 없는 인내는 굴욕입니다. 소망이 넉넉하면 참는 것은 아주 쉽습니다. '해피 엔드'를 아는 사람은 두려워할 것이 없습니다. 조금전 프랑스와 우리가 축구해서 우리가 아주 5대 0으로, 어쩌다 이렇게 형편없이 졌습니다. 그런데 이걸 알아야합니다. 이런 축구를 하는데, 생방송 하는 것을 보는 것과 이제 결과를 다 알고 보는 것과 어느 쪽이 더 재미가 있겠습니까. 어찌생각하면 그냥 이길까 질까 조마조마하면서 봐야 재미있지 않겠느냐 싶은데 안그렇습니다. 심리학적으로, 통계학적으로 보면 그렇지 않은 것입니다. 미리 결과를 알고 녹화한 것 내일아침 보게되면 그게 더 좋습니다. 왜요? 결과는 다 알고 있으니 초조할 것도 없고 심장병 걸릴 것도 없고, 땅바닥을 칠 것도 없지 않습니까. 요새 TV에서 보여주는 사극「여인천하」를 보자하니 정난정 이 여자가 고생하더라고요. 그것 보는 것도 그렇습니다. 여러분도 역사를 알고 있지 않습니까. 난정이 출세하거든요. 걱정할 것 없는 것입니다. 결과를 모르면 '저거 나중에 죽으면 어떡하나?' 하겠지만, 안죽습니다. 출세한다고요. 바로 그런 얘기입니다. 우리는 소망을 가졌습니다. 미래를 미리 알고 있는 것입니다. 그러니 참는 게 문제입니까. 구경하듯이 지나가면 되는 것입니다. 합동하여 선을 이룬다는 것을 내가 알고 있거든요. D-day, final goal, final triumph, 마지막 승리를, 그 약속을 내가 알고 있거든요. 딱 손에 쥐고 있는데, 그까짓 욕 좀 먹으면 대수입니까. 좀 고생하면 대수입니까. 좀 앞서 죽으면 어떻고 뒤에 죽으면 어떻습니까. 문제가 되지를 않는 것입니다. 바울이 감사하는 것은 저들이 많은 핍박과 환난을 소망을 가지고 잘 참아내고 있는 걸 보기 때문입니다. 너무나도 고마운 것입니다. 그래서 내가 하나님께 감사하노라, 합니다. 그리고 여기서 종말론적 의미를 부여합니다. 너희가 하늘나라에 들어가기에 합당한 자로 수련을 받고 있는 것이다, 그 모든 일을 통하여 하나님나라를 향해서 가도록 너희를 인도하시는 하나님의 경륜이 거기에 있고, 축복이 거기에 있다, 합니다. "이는 하나님의 공의로운 심판의 표요 너희로 하여금 하나님나라에 합당한 자로 여기심을 얻게 하려 함이니 그 나라를 위하여 너희가 또한 고난을 받느니라." 그런고로 사도 바울은 데살로니가교회를 생각하면서 하나님께 감사의 기도를 드리고 있습니다. 바로 이러한 감사, 이러한 생활방식, 생활자세가 우리에게 있어야 할 것입니다. △

하나님의 공의

너희로 환난 받게 하는 자들에게는 환난으로 갚으시고 환난 받는 너희에게는 우리와 함께 안식으로 갚으시는 것이 하나님의 공의시니 주 예수께서 저의 능력의 천사들과 함께 하늘로부터 불꽃 중에 나타나실 때에 하나님을 모르는 자들과 우리 주 예수의 복음을 복종치 않는 자들에게 형벌을 주시리니 이런 자들이 주의 얼굴과 그의 힘의 영광을 떠나 영원한 멸망의 형벌을 받으리로다

(데살로니가후서 1 : 6 - 9)

하나님의 공의

　　전주에 '예수병원'이라는 병원이 있습니다. 그 병원에서 아주 오랫동안 원장으로 지내던 크레인 박사라고 하는 분이 있습니다. 저도 여러번 만나보았습니다마는 이분의 아버지가 또한 선교사였습니다. 가끔 저는 이런 생각을 합니다. 우리는 흔히 효도, 효도, 하면서도 부모님께 효도관광 시켜드린다고 하는 얘기는 많이 하지마는 아버지의 뜻을 따라서 아들이 선교사가 되는 이런 일들을 볼 때 참 높이 존경하는 마음을 가지게 됩니다. 선교사님들을 보면 참 좋은 선교사님들의 자녀들이 다 선교사가 되고, 심지어는 그 딸들도 선교사와 결혼을 하고, 해서 그 가문이 대대로 선교활동을 하는 것을 볼 때, 이런 것이 정말 효도가 아닌가, 생각할 때도 있습니다. 그런데 이 크레인 박사가 선교사로 저 시골에서 목회를 할 때 아주 비참한 장례식을 인도한 적이 있다고 합니다. 한 교인의 장성한 아들이 뱃놀이를 나갔다가 익사했습니다. 같은 날 집에는 또 불이 나서 부인이 타죽었습니다. 죽은 여인의 남편이자 죽은 아이의 아버지 되는 이 한 사람만 남은 것입니다. 그 장례식입니다. 물에 빠져죽은 아들, 불에 타죽은 어머니를 함께 놓고 장례식을 인도하게 된 것입니다. 얼마나 답답하고 괴로운 일입니까. 이런 때면 목사님들이 참 어려움을 겪는답니다. 저도 몹시 어렵고 괴로운 장례식을 한번 해본 적이 있습니다. 집에 불이 나서 아버지, 어머니, 아들, 딸, 이렇게 넷 다 죽었습니다, 일시에. 그 네 식구를 한데 갖다놓고 장례를 치렀습니다. 그 장례식 설교, 정말 힘들었습니다. 이 크레인 박사도 모자가 다 죽고 가장만 하나 남은 그 장례식을 집례하는데, 참 훌륭한 말씀을 하였다고 하는 기록이 있습니다. 홀로 남은 그 가장 보고 말합니다. "하나님을 원망할 테면 얼마든지 하십시오. 하나님을 원망하고 싶으면 얼마든지 하십시오. 원망할만한 이유는 충분하니까요. 하나님, 내가 뭘 잘못했습니까, 무슨 죄가 많기에 이렇게까지 아내와 아들을 함께 데려가는 것입니까, 원망할만하니까 마음껏 원망하십시오." 그리고 또 이렇게 말했습니다. "동시에 지금 하나님을 두려워한다면 두려워할 이유도 충분합니다. 참으로 하나님께서는 두려운 하나님이십니다. 하나님 앞에 우리는 아무것도 할말이 없는 사람들입니다." 했더니 그 남자, 한참 생각을 하더니 "하나님을 두려워하는 편을 택하겠습니다. 전혀 원망하지 않으렵니다. 원망하지 않으렵니다" 하고 조용히 눈물을 흘리더라고 합니다. 여러분, 어떤 경우이건 아무도 원망해서는 안됩니다. 저도 그때 네 사람을 장례할 때 "하나님께서 하시는 일, 우리는 가부를 말하지 맙시다. 하나님을 어떤 경우에도 원망하지 맙시다"하고 말씀했던 기억이 있습니다. 마침 제가 그 장례식 설교할 때 한 것과 같은 내용이기에 크레인 박사의 경우를 한번 소개해보았습니다.

정말입니다. 우리는 어떤 일을 당해도 하나님을 원망해서는 안됩니다. 오히려 더 두려워하여야 합니다. 더 큰 두려움을 생각할 수 있어야 합니다. 하나님의 공의로우심에 대해서 말입니다. 때로는 납득이 가기도 하고 납득이 안갈 때도 있습니다. 그러나 믿음이 뭐겠습니까. 하나님 하시는 일에 대해서 가부를 말하지 맙시다. 잘못됐다고 말하지 맙시다. 언젠가라도 "하나님 잘하셨습니다. 그러해야 했던 이유가 있었구만요. 내가 미처 몰랐는데 그러해야만 했었구만요" 하고 인정을 하고 간증할 수 있어야 합니다. 하나님의 심판, 이 마지막 심판이라는 것은 이 세상에 있는 것이 아닙니다. 그러니까 이 세상에서 복되고, 불행하고, 성공하고, 실패하고… 그런 것은 대수로운 일이 아닙니다. 문제는 하나님 앞에 가서 어떤 모습으로 거기에 서게 되느냐 하는 것입니다. 이를테면 순교자 보십시오. 순교자란 세상에서는 비참한 사람입니다. 이산가족되고 재산몰수당하고, 비참하게 죽습니다. 그러나 하늘나라에서는 최고의 영광, 생명의 면류관이 순교자에게 주어지지 않습니까. 그런고로 그날에 가서 우리가 누가 복되다는 말을 해야 합니까. 여기서 복되다 어떻다, 할 것이 아닙니다. 재벌이면 뭐하고, 권력자면 뭘 합니까. 소용없는 것입니다. 그러므로 여기서는 판단하지 맙시다. final judgment, 마지막 심판은 저 하나님 앞에 가서입니다. 그날에 '너희는 나의 자랑이 되고, 나는 너희의 자랑'이 될 것이고, 그날에 영광이 있고, 그날에 부끄러움이 있을 것입니다. 최종심판, 거기에다 기준을 두고, 그리고 생각합시다. 여기서 우리는 가부를 말하지 말아야 합니다.

　또한 언제나 심판은 보다 미래적인 데 있습니다. 너무 현재에서 판단하지 마십시오. 조금만 더 두고 봅시다. 행인지 불행인지 두고 보아야 알겠습니다. 사람이 자기 생에 있어서 제일 고생한 때, 그건 중요한 것입니다. 제가 제 생에서 제일, 절실하게, 이것이 아마도 인간이 겪을 수 있는 가장 큰 고생일 거다 한 때가 있습니다. 북에서 광산에 끌려가 고생하던 때입니다. 한 오륙 개월, 그야말로 인생지옥을 겪었습니다. 지금도 거기서는 수십만 명이 '강제노동수용소'라는 곳에 있습니다. 그건 정말 인생지옥입니다. 사람이 이름은 없고 번호만 있습니다. 아침저녁으로 두 끼 식사를 합니다. 부엌도 없습니다. 식탁도 없습니다. 쥐구멍만한 창구멍으로 소금국물 하나하고 수수밥 내주면 이거 먹고 냇가에 가 씻어 갖다놓고 일터로 나가야 됩니다. 언제 어떻게 죽든지 장례식도 없습니다. 그야말로 죽기 전에 지닌 노동력을 사용하고 있을 뿐입니다. 수많은 사람들, 그래서 죽고 또 도망가다가 잡혀서 죽고… 그런 것을 매일같이 보고 살아야 했습니다. 그 당시에는 '어쩌다가 이런 걸 보게 되었나' 싶었고 거기 있는 사람들 보니 다 살고 싶지를 않았습니다. 도망가다 잡힐 걸 뻔히 알면서도 도망갑니다. 왜요? 죽고 싶어서입니다. 내 생명에 대하여 '까짓것!' 싶은 것입니다. 그런데 그때의 그 얼마간의 경험, 생각하면 하나님께서 내게 주신 굉장한 선물이었습니다. 거기서 많은 것을 생각하게 되었고, 많은 것을 배웠습니다. 그래 그 뒤로는 어떤 어려움이 있더라도 그런 어려움 같은 건 어려움이라고 생각지 않습니다. 그때에 비하면 오히려 낭만적이라 할 정도입니다. 사치스럽다 할 정도입니다. 웬만한 것은 걱정도 하지 않습니다. 왜요? 걱정할만한 가치도 없기 때문입니다. 이것을 알아야 됩니다. 언제든지 판단은 조금 더 먼 미래를 두고 하여야 합니다. 이 현재의 시점에서 행이다 불행이다, 판단해버리지 마십시오.

또한 하나님의 심판은 깊은 곳에 있습니다. 미처 깨닫지 못하지만 현재적으로 있습니다. 이를테면 애굽의 바로 왕, 그 마음이 강퍅해집니다. 그 많은 이적을 보았으면 온유, 겸손해져야 되겠는데 그렇지 않고 자꾸만 강퍅해집니다. 그 강퍅해지는 사실이 바로 현재적으로 심판을 받은 것입니다. 그걸 알아야 합니다. 교만해지는 것, 자기도 자기마음을 마음대로 못하고 자꾸만 교만해집니다. 그것도 심판을 받은 것입니다. 양심이 흐려졌습니다. 판단력을 잃어버렸습니다. 몽롱해졌습니다. 멍청해졌습니다. 완악해졌습니다. 벌써 심판을 받은 것입니다. 물리적인 심판만이 심판은 아닙니다. 심리적으로 심판을 받은 것입니다. 영적으로 심판을 받은 것입니다. 현재적 심판이 있는데 사람들은 미처 깨닫지 못하고 있다, 하는 말씀입니다. 문제는 하나님의 공의로운 심판이 있다는 것입니다. 공의로운 역사가 오늘도 나타나고 있는 것입니다. 그걸 인정하여야 되고 알아야 되고 계속적으로 자각하여야 됩니다. 여기에 하나님의 심판이 있다고. 우리가 입을 열어 남을 탓할 수도 없고, 이것이다 저것이다 말할 수 없습니다. 그러나 우리 마음깊은 곳에서는 '여기에 하나님의 공의가 있다'고 인정한 연후에야 하나님의 은혜를 찬양할 수 있게 되는 것입니다.

그러고보면 은혜 아닌 것이 없습니다. 하나님의 심판 앞에 비춰 보면 죄 아닌 것이 없고, 이걸 결정하고나면 다 은혜입니다. 은혜 아닌 것이 없습니다. 종교개혁자 마르틴 루터는 말합니다. '하나님의 침묵보다 더 큰 진노는 없다.' 하나님 침묵하고 계시지요? 조용하지요? 이것이 가장 무서운 하나님의 진노입니다. 이걸 알아야 됩니다. 조용한 것같은데, 그 속에 지금 하나님의 진노가 나타나고 있는 것입니다. 스페인사람들의 속담에는 이런 말이 있습니다. '하나님께서는 심판을 연기하기는 하시지만 잊지는 않으신다.' 연기하실 때는 잊은 것같지만 절대로 예외없이 하나님께서는 공의롭게 심판하신다, 하는 말입니다. 앞서 5절에서 보면 이렇게 말씀하였습니다. "이는 하나님의 공의로운 심판의 표요 너희로하여금 하나님나라에 합당한 자로 여기심을 얻게 하려 함이니 그 나라를 위하여 너희가 또한 고난을 받느니라." 그 나라에 들어가기 위해서 고난을 받느니라, 하는 말씀입니다. 사도행전 14장 22절에 보면 사도 바울은 이렇게 말씀하고 있습니다. "우리가 하나님나라에 들어가려면 많은 환난을 겪어야 할 것이라." 많은 환난을 겪어야 할 것이다—여러분, 인정하시겠습니까? 환난 없이 들어갔으면 좋겠는데 왜 환난을 주시는가? 왜 굳이 환난을 겪어야 하는가? 이 세상에서도 편안하게 살고, 그리고 내세에도 편안했으면 좋겠는데, 그러나 성경은 그렇게 말씀하고 있지 않습니다. '하늘나라에 들어가기 위해서는 많은 환난을 겪어야 하리라.' 우리는 이 당위성을 인정하여야 됩니다. 여러분 스스로를 돌아보십시오. 나 자신의 심리상태를 한번 스스로, 하나님의 공의로우심 앞에서 스스로 판단해보십시오. 나라고 하는 존재가 일이 잘되고 편할 때 바른 믿음에 살아갈 수 있는 사람인가, 겸손할 수 있는 사람인가, 한번 스스로 물어보십시오. 환난과 핍박이 없이 내가 나 될 수 있는 것인가, 이것을 말입니다. 여기시 고난의 당위성을 받아들어야 됩니다. 그것이 바로 하나님의 공의에 대한 수용자세입니다. 사도 바울 보십시오. 그는 말씀합니다. 내게 '육체의 가시'가 있다, 라고. 왜요? 그럼으로 겸손하다는 것을 인정하였습니다. 육체의 가시가 없이는 나는 겸손할 수 없는 사람이다, 하였습니다. 겸손하지 못하면 받은바 은혜를 다 쏟아버리고 말 것이다, 하였습니다. 인정을 한 것입니다. 여러분은 어떻습니까? 어떻게 평가하십니까? 아주 깊고깊은 말씀입니다. '나는 고난이 없이는 사람답게 살 수 없는 사람입니다. 고난이 없이는 진실하지 못합니다. 고난이 없이는 나는 나약해질 수밖에 없는 존재입니다. 고난이 없이는 종말론적 세계를 지향하는 종말론적 신앙을 가지지 못하는 사람입니다.' 그걸 알아야 합니다. 재미있는 설문조사결과가 있습니다. 우리나라사람들은 '내세를 믿느냐?' 물었더니 90%가 내세를 믿는다는 대답인데, '하나님을 믿느냐?' 물었더니 그렇다는 대답이 30%밖에 없다는 것입니다. 그런데 미국학생들 보고 '하나님을 믿느냐?' 물었더니 그렇다, 한 것이 90%인데 '내세를 믿느냐?'에는 40%만이 그렇다는 응답이었습니다. 왜 그럴 것같습니까? 편하기 때문입니다. 사람이 편하면 멍청해져서 특별히 내세지향적인 신앙을 가지지 못합니다. 나이많아져서야 비로소 내세를 생각하게 되는 것입니다. 늦었지요, 이미. 북한에서 혹 방송을 듣고 제게 편지들을 써보냅니다. 그런데, 이제 보십시오. 남한에서 저를 모르는 분들이 방송을 듣고 감동을 하고, 은혜를 받았다고 제게 감사하는 편지를 보내는 경우, 그 내용을 보면 으레 '할렐루야, 목사님 평안하십니까? 은혜가 어떻고어떻고…' 이런 것인데, 북한에서 오는 편지는 내용이 그렇지 않았습니다. '주님 오실 날이 가까웠는데 목사님, 안녕하십니까?' 꼭 이렇게 시작해서 저는 큰 감동을 받는 것입니다. 내세지향적입니다. 주님 오실 날이 가까웠는데—거기에 관심이 있습니다. 왜? 지금 많은 환난과 고통 가운데 있기 때문입니다. 그리고 못된 마음, 잘못된 생각 다 버리고 참으로 긍휼히 여기는 마음도 가지고, 사랑하게도 됩니다. 북한에 있는 교인들, 지하에 있는 교인들이 이런 말을 합니다. "우리교인들은 굶어죽지 않습니다." "…" "서로서로 도와주니까요. 교인들끼리 조그마한 것이라도 나누어 먹으니까요." 우리교인들끼리는—거기에 진정한 사랑이 있습니다.

특별히 오늘본문에 보면 환난을 당하는 사람들, 참된 안식이 있습니다. 그러므로 그리스도인은 환난을 생각할 때, 그 당위성, 그 필수적 요소를 인정하여야 됩니다. 이 세상에도 환난은 있어야 하고, 교회에도 환난은 있어야 하고, 나 개인으로도 환난은 꼭 있어야 합니다. 이것을 인정하는 것이 하나님의 공의에 대한 수용자세입니다. 이것을 인정할 줄 아는 그런 믿음으로 살아가야 하는 것입니다. 아울러 본문에서는 이제 "환난 받게 하는 자" 즉 가해자에 대하여 말씀하고 있습니다. 고난에는 애매한 고난도 있고 죄 때문에 당하는 고난도 있고, 베드로서의 말씀대로 그리스도를 위하여 당하는 고난도 있습니다. 어쨌든 내가 고난을 당하는데, 나에게 고난을 받게 한 자가 있거든요. 나를 괴롭히는 자가 있습니다. 이것은 어떻게 할 것인가입니다. 예수님 십자가에 돌아가십니다. 그보다도 더 억울한 일이 어디 있습니까. 예수님을 십자가에 못박습니다. 그러나 예수님께서 가상칠언(架上七言) 중 맨먼저 하신 말씀이 무엇입니까. "아버지여 저희를 사하여주옵소서 자기의 하는 것을 알지 못함이니이다." 이렇게 말씀하십니다. 「벤허」라는 영화, 어떤 분이 하나 보내줘서 그 테이프가 제 방에도 있습니다. 참 훌륭한 작품입니다. 세기적인 작품입니다. 간간이 다시 보곤 합니다. 거기에 아주 극적인 대목이 있습니다. 벤허가 그 많은 핍박을 받으면서도 그다지 항거를 하지 않습니다. 원수를 미워하지 않습니다. 많은 고생을 하면서도 끝까지 참고 이겨내지 않습니까. 예수님 십자가에 못박히시는 장면을 보고 "그분이 '아버지여, 저들의 죄를 사하여주옵소서'라고 말씀하시는 순간 내 마음 속에서 증오가 다 사라지고 말았다. 이제는 나는 아무도 미워하지 않는다. 나는 미워할 수 없는 사람이 되었다!" 그의 이 말이 핵심입니다. 이것을 알아야 합니다. "아버지여 저희를 사하여주옵소서." 이 말씀이 내 마음에서 증오의 칼을 빼앗아갔다, 한 것입니다. 우리는 모름지기 가해자에 대해서 생각을 하여야 됩니다. 예수님 보십시오. 십자가를 지고 가시면서도 말씀하십니다. "예루살렘의 딸들아 나를 위하여 울지 말고 너희와 너희 자녀를 위하여 울라 (눅 23:28)." 가해자의 운명을 생각하십시오. '나를 괴롭히니 나는 괴롭다. 어째서 나를 이렇게 괴롭히느냐. 하나님은 왜 날 이토록 어렵게 만드실까?' 그게 아니고, 지금 고난당하시면서도 나를 해치고 괴롭히는 그들의 운명을 생각하십시오. 이것이 그리스도인의 마음입니다. 여러분이 혹 매를 맞는다 합시다. 매를 맞을 때 '아프다. 괴롭다. 왜 때릴까?' 하는 게 아니고 '나를 때리는 저 사람은 장차 얼마나 후회가 클까? 매맞는 나는 편히 잘 수 있지만 나를 때리는 저 사람은 잠을 못잘 텐데…' 그 생각을 하여야 됩니다. '매맞는 나는 복 받겠지만 때리는 저 사람은 삼사 대까지 복을 못받을 텐데…' 이걸 생각하여야 된다는 것입니다. 이게 바로 그리스도인의 마음입니다. 맞는 내 입장에서 생각하지 말고 때리는 저쪽의 운명을 생각해보십시오. 하나님의 공의가 있거든요. 이제 심은대로 거두게 될 것입니다. 오늘 아주 분명하게 말씀합니다. "너희로 환난 받게 하는 자들에게는 환난으로 갚으시고…" 하나님의 공의가 나타나는 것입니다. 내게 환난을 가했으니 저 사람이 환난을 겪을 것이고, 나에게 강퍅하게 했으니 저가 강퍅하게 당할 것이고, 나를 억울하게 했으니 저가 억울함을 당할 것이다—불쌍하지 않습니까. 하나님의 공의는 이에는 이로 갚는 것입니다. 그런고로 가해자에 대해서 불쌍히 여기는 마음을 가지라는 것입니다. 그것이 먼저입니다. 불쌍한 눈으로 보고, 그런 마음으로 대하여야 한다, 그 말씀입니다. 다음과 같은 실화가 있습니다. 남편이 잔뜩 술취해가지고 술취한 한 친구를 달고 들어왔습니다. 밤중입니다. '2차' 해야겠으니 술상 차려들이라고 부인을 채근합니다. 부인은 군말없이 술상을 차려주었습니다. 따라온 친구, 거 참 신기하구나, 했습니다. 남편이 술취한데다 엎친데덮치기로 역시 술취한 친구까지 하나 달고 들어왔으니 그것만 해도 내 마누라같았으면 난리가 났겠거늘 이 집 부인은 도대체 쓸개가 있는 건가 없는 건가, 군소리 한마디 없이 술상을 이렇게 잘 차려들이다니… 그는 정색을 했습니다. 참지 못하고 물었습니다. "아주머니, 어떡해서 이렇게 저희들을 잘 대해주십니까?" 그저 좋은 얼굴만 하고 있는 부인에게 그는 끝까지 졸랐습니다. "제발 이유를 말씀해주세요." "어서 말하구려, 여보." 남편도 거들었습니다. 무슨 말 들을 건지도 모르고. "내게도 생각이 있어서 그래요." 마침내 부인이 입을 열었습니다. "우리가 결혼생활 10년인데 그렇게 예수믿으라고 하는데도 이 이는 예수 안믿어요. 앞으로도 안믿을 것같아요. 그래서 말입니다. 나는 예수믿으니 어차피 천당갈 건데 이샷고생 좀 하면 어떻습니까. 저 사람은 꼭 지옥가게 생겼으니 그 전에라도 좀 잘살아보라고 이렇게 대접을 하는 거예요." 두 사람 다 술맛이 싹 달아나버렸습니다. 이후, 별수없이 그들도 예수믿게 되었다고 합니다. 여러분, 내가 받는 핍박을 생각지 말고 나를 핍박하는 자의 운명을 생각하십시오. 아주 고차원적이지요. 그러나 그것이 오늘성경에 나타난 바 공의를 생각하는 것입니다.

핍박받는 우리는 어떻습니까. 7절에 말씀합니다. "우리와 함께 안식으로" 갚으신다, 합니다. 핍박받는 자는 오히려 마음이 편합니다, 안식하게 될 것이므로. 그리스도인들 간에 서로 위로하면서 안식하게 될 것이고, 또 영원한 안식이 앞에 있습니다. 그걸 생각하여야 합니다. 그러므로 핍박받는 사람은 조금도 두려워할 것이 없고 슬퍼할 것이 없습니다. 문제는 내가 당하는 환난과 핍박이 애매한 것이냐, 내 죄 때문이냐입니다. 정말로 그리스도를 사랑하고 그리스도의 사람으로서 당하는 고난이라고 한다면 아무것도 문제되지 않습니다. 예수님 친히 말씀하신 대로입니다. "핍박을 받은 자는 복이 있나니 천국이 저희 것임이라." 정말입니다. 핍박받는 자, 편안합니다. 그리스도의 이름으로 매맞는 자, 편안합니다. 그리스도의 이름으로 손해보는 사람, 절대로 두려움이 없습니다. 정말로 안식이 있습니다, 안식이. 그런고로 핍박받을 때 누구를 원망할 것도 아니고, 핍박 자체가 장차는 내 상급이요, 내게 주신 영광이요, 내게 주신 특권인 것입니다. 핍박은 아무나 받습니까. 하나님께서 특별히 지명한 사람만이 그같은 핍박을 받는 것입니다. 그런고로 그 성격을 알고, 하나님의 공의, 하나님의 공의로운 속성을 안다면 핍박당할 때 우리는 기뻐하게 되는 것입니다. 그래서 보니 그렇습니다. 환난받게 하는 자들에게는 환난으로 갚으시고 환난받는 우리에게는 안식으로 갚으시는 것이 하나님의 공의로우심입니다. 그러므로 핍박은 많이 당할수록 좋습니다. 매는 많이 맞을수록 좋습니다. 그리스도의 이름을 위해서라면 내가 손해를 많이 볼수록, 심은대로 거두는 것이니까, 많이 받을수록 좋은 것입니다. 잊지 말아야 하겠습니다.

이제 중요한 말씀이 이어집니다. 7절 끝에서 8절에 보면 "예수께서 저의 능력의 천사들과 함께 하늘로부터 불꽃 중에 나타나실 때에 하나님을 모르는 자들과 우리 주 예수의 복음을 복종치 않는 자들에게 형벌을 주시리니…" 마지막 심판의 기준이 율법적인 것이 아니고 복음적인 것입니다. 얼마나 도적질을 했느냐, 살인을 했느냐, 거짓말을 했느냐, 간음을 했느냐… 이런 죄목이 아니더라고요. 마지막 심판은 하나님을 아느냐 모르느냐, 하나님을 인정했느냐 아니했느냐에 있더라고요. 또한 놀라운 것은 복음을 복종했느냐입니다. 복음이 무엇입니까. 은혜이거든요. 예수님의 말씀으로 돌아가서 해설을 얻도록 합시다. 예수님, 이렇게 비유로 말씀하십니다(마 22:2-14). 아들을 위하여 혼인잔치를 베푼 임금이 종들을 보내어 그 청한 사람들을 심지어는 다들 입고 올 예복까지 보내주고 오라 했는데 저마다 누구는 소를 샀으니 못가겠다는 둥 누구는 장가갔으니 못가겠다는 둥 별의별 핑계를 다 대고 안오는 것입니다. 그렇게 잘 차려놓고 '오십시오'하고 invitation, 초청장을 냈는데 안오는 것입니다. 임금이 몹시 섭섭했습니다. 섭섭한 나머지 사거리로 다니면서 거지고 병신이고 할것없이 다 불러오라, 내 집을 채우라, 하고 종들을 보냅니다. '내 집을 채우라.' 사실 우리가 손님을 초대해보면 알 수 있습니다. 제가 얼마전 어떤 결혼식을 주례하러 갔는데, 그날의 신랑 신부는 미국에 살다가 결혼식 하러 여기 온 사람들입니다. 그러니 하객이 적을 수밖에. 호텔에 400테이블을 잡아놓았는데 가서 보니 온 사람이 150명도 못되는 것입니다. 시쳇말로 썰렁합디다. 이렇게 잘 차려놨는데 손님이 적어놓으니 혼주들이 어찌할 바를 모릅니다. 일껏 준비해놓았는데 손님 안오니 큰일이거든요. 손님이 없다는 것, 화가 날 일입니다. 그 임금도 화가 나서 모조리 잡아다가 죽이라, 합니다. 오늘본문 8절에 "우리 주 예수의 복음을 복종치 않는 자들에게 형벌을 주시리니" 하였습니다. 의롭지 않다고, 진실하지 않다고, 거짓말하였다고, 도적질하였다고… 그래서가 아닙니다. '복음을 복종치 않으면' 형벌을 주신다는 마지막 통첩입니다. 와서 받아먹으라, 다 용서하마, 다 용서하고 은혜로 받아들일 테니 오너라, 하시는데 이걸 거부하는 것입니다. 이를 진멸하시겠다고 하십니다. 오늘본문에 사도 바울도 말씀하는 것입니다. 복음을 복종치 않는 자들에게는 형벌을 주시리라—상당히 중요한 신학적 의미가 여기 있습니다.

    그리스도인은 그러므로 언제나 하나님의 공의를 진실하게 인정할 것입니다. 여러분, 지금 내가 어떤 처지에 있든지 이것은 나를 향한 하나님의 공의로우심이요, 그 속에 또 하나님의 높은 사랑이 있습니다. 하나님의 공의와 사랑을 동시에 받아들일 줄 아는 믿음을 가져야 합니다. 내가 무슨 억울함을 당하든가 할 때도 억울할 것 없습니다. 내가 억울한 일을 많이 당하면 당할수록 하나님께서 크게 보상해주실 테니까요. 오히려 나를 억울하게 하는 저 사람을 불쌍히 여길 줄 아는 그런 신앙적 자세를 가져야 되겠습니다. 마지막 심판의 기준은 복음에 있다는 것, 이 엄청난 진리를 똑바로 알아야 할 것입니다. △

바울의 기도

그날에 강림하사 그의 성도들에게 영광을 얻으시고 모든 믿는 자에게서 기이히 여김을 얻으시리라 (우리의 증거가 너희에게 믿어졌음이라) 이러므로 우리도 항상 너희를 위하여 기도함은 우리 하나님이 너희를 그 부르심에 합당한 자로 여기시고 모든 선을 기뻐함과 믿음의 역사를 능력으로 이루게 하시고 우리 하나님과 주 예수 그리스도의 은혜대로 우리 주 예수의 이름이 너희 가운데서 영광을 얻으시고 너희도 그 안에서 영광을 얻게 하려 함이니라
(데살로니가후서 1 : 10 - 12)

바울의 기도

　이미도 말씀드린대로 바울의 편지 중에는 여기저기 계속해서 기도가 나타납니다. 다시 오늘 데살로니가후서에서도 바울의 기도를 볼 수가 있습니다. 그는 늘 기도하였으며, 또한 특별히 교회를 위해서 기도하였습니다. 늘 교회를 설립하고, 만부득이 다른 교회를 세우기 위해서 그 자리를 떠났습니다마는 그러나 언제나 그가 세운 교회를 위하여, 또 그 교회가 계속 부흥하고 있을 때 그 교인들을 위하여 사도 바울은 계속 기도하였습니다. 기도로 교회를 성원했습니다. 때로는 이런 생각도 합니다. 기도로 심방하는 것입니다. 기도로 목회도 하는 것입니다. 교회는 영적인 공동체입니다. 그런고로 기도, 아주 중요한 것입니다. 교인들은 교역자를 위하여 기도하고, 교역자는 교인들을 위해서 기도합니다. 그럼으로써 기도가 항상 하나님 앞에 상달되고 있어야 한다는 것을 늘 잊지 말아야 합니다.

　기도라는 것이 왜 중요합니까. 소원이라고 하는 게 있지요? 기도에는 하나님 앞에 아뢰는 소원이 있습니다. 그 소원은 곧 그 사람의 인격을 가늠해주는 수준입니다. 한번 여러분이 누구에게 "당신의 소원이 무엇입니까?"하고 물었다 합시다. 그 대답이 뭐냐? 그에 따라서 그 사람의 인격을 알아볼 수가 있습니다. "당신의 소원이 뭡니까?" "돈입니다." 이런 사람, 수전노입니다. "당신의 소원이 뭡니까?" "평안했으면 좋겠습니다." 그럼 빨리 가야지요. 이 세상에는 평안이 없으니까요. 잠언에 보면 귀한 말씀 있습니다. '죽기 전에 두 가지 소원을 들어주십시오.' 잠언저자는 그렇게 말씀합니다. '죽기 전에, 한평생 구했지만 이제 이 기도를 응답해주세요. 첫째, 허탄한 말을 하지 않게 해주세요. 하나님, 남은 생애에라도 거짓말하지 않게 해주세요.' 이 얼마나 굉장한 기도입니까. 우리는 온통 거짓말입니다. 우리는 믿을 수가 없습니다. 말할 때도 거짓말, 듣는 사람도 거짓말. 다 참말이라고는 서로 생각조차 하지 않습니다. 그것이 불행입니다. '죽기 전에 내 소원을 들어주세요. 이제부터 남은 시간은 거짓말하지 않고 살게 해주세요.' 두 번째 소원으로 '가난하게도 마옵시고 부하게도 마옵소서'하는 유명한 기도문이 있지 않습니까. 그 사람의 소원이 그 인격의 수준을 말해줍니다. 또, 기도는 그 사람의 믿음의 수준을 말해줍니다. 그 사람이 어느 정도의 믿음을 가지고 있는가, 어느 수준 급의 믿음인가는 그 사람의 기도를 들어보면 알 수 있습니다. 기도는 사람이 듣는 게 아니겠지요마는 그러나 어떤 분의 기도를 보면 항상 시작부터 끝까지 달라고 하는 것입니다. 이떤 분의 기도는 또, 아주 원통함을 아뢰는 한풀이입니다. 이래서 못살겠습니다, 저래서 못살겠습니다, 하나님 이럴 수가 있습니까ㅡ협박, 공갈하듯 합니다. 믿음의 수준이 낮기 때문입니다. 어째서 저 사람은 사랑하시면서 나만은 이렇게 버려두십니까? 왜 나만 못살게 구십니까?ㅡ이런 기도, 이게 믿음이 있는 것입니까 없는 것입니까. 그래서 믿음은 바로 그 기도를 보아서, 기도의 제목을 보아서 그 수준을 알아볼 수가 있습니다.

여러분, 기도의 응답을 믿습니까? 반드시 이루어지리라고 믿습니까? 그렇다면 참 조심해야 합니다. 말 한마디 한마디가 얼마나 중요한데요. 함부로 말할 수가 없는 것입니다. 유명한 이야기가 있답니다. H. G. 웰즈라고 하는 소설가가 있습니다. 그가 쓴 「대주교의 죽음」이라고 하는 단편소설은 너무나 유명합니다. 여기 나오는 대주교는 기도를 잘하는 것으로 소문이 났습니다. 있는 미사여구를 다 써서 "오, 주 여호와여" 해가면서 기도를 너무 아름답게, 감동적으로 해서 많은 사람들이 기도를 들으러 왔다는 것 아닙니까. 그의 설교 보다는 그의 기도를 들으러 왔습니다. 30년 동안을 그렇다가 어느날 갑자기 대주교가 심장마비로 죽었습니다. 왜 갑자기 그리되었나, 알아보았더니 어느날 하나님 앞에 기도하는데 여전히 "오, 전능하신 하나님이시여" 하고 시작했는데 하나님께서 음성으로 들려주시기를 "오냐, 무슨 일이냐?" 하셨습니다. 생전처음 하나님의 음성을 듣는 그 순간 기도로 유명하던 이 대주교가 심장마비로 죽은 것입니다. 하나님의 음성을 듣기 위해서 30년을 기도했지만 정작 하나님의 음성이 들리니까 그만 기절해 죽은 것입니다. 여러분은 기도하실 때 하나님께서 "오냐" 하시는 음성이 들려옵니까. 아예 안들을 걸로 생각하고 소리지릅니까? 하나님, 우리에게 항상 가까이 말씀하십니다. 그것을 들어가면서 기도하여야 되는 것입니다.

사도 바울은 오늘분문에서 세 가지 제목으로 기도하고 있습니다. 특별한 제목입니다. 첫째는 이것입니다. "하나님이 너희를 그 부르심에 합당한 자로 여기시고"―부르심에 합당한 자로 여겨주십시오, 하는 기도입니다. 바울의 신학에서 철저한 것은 우리 예수믿는다는 것은 하나님의 부르심에 근거한다는 것입니다. 하나님의 선택적 교리에 뿌리를 두고 있습니다. 구약에서는 선택적 교리요, 신약에서는 소명적인 것입니다. 부르심입니다. 그러니까 내가 하나님을 찾아간 것이 아니라 하나님께서 나를 찾아오시는 것입니다. 내가 하나님을 찾아 발견하는 것이 아니고 하나님께서 나를 오랫동안 찾아서 이제 만나주시는 것입니다. 하나님께서 나를 부르십니다. 하나님의 부르심에 내가 응답을 합니다. 그 응답자로서의 바른 자세, 합당한 자세가 되게 해주십시오, 라고 하는 아주 신학적인 기도입니다. 특별히 바울신학적 의미가 여기 있습니다. 신앙이 뭐냐, 할 때 요새 흔히 이렇게 말합니다. '신앙이라는 것은, 믿음이라는 것은 response다.' 하나님께서 말씀하시고 우리가 응답하는 것입니다. 응답하는 자세가 기도입니다. 그 다음으로 total acceptance다, total commitment다… 여러 가지로 말합니다마는, 이제 그 하나만 생각합시다. total response입니다. 응답하는 것입니다. 응답이 문제입니다. 내가 하나님을 찾아서 대답을 받아내겠다는 게 아닙니다. 하나님께서 이미 말씀하셨습니다. 또, 지금 나를 부르고 계십니다. 이에 내가 어떻게 응답하느냐, 하는 것입니다. 다른 말로 바꾸어 말하면 바로 듣는 자세를 이르는 것입니다. 믿음이 뭐냐? 믿음은 들음입니다. 믿음은 들음에서 나는 것입니다. 듣는 자세가 믿음입니다. 여러분, 효도가 뭡니까? 효는 듣는 것입니다. 학생이 뭡니까? 듣는 자입니다. 어떤 자세로 듣느냐가 문제지요. 정신을 차리고 똑바른 자세로 100%, total acceptance, 전적으로 수락하는 것입니다. 무슨 말을 하든지 그대로 "아멘"하고 받는 것입니다. 받아들이는 것입니다. 그게 응답입니다. '동물은 반사로 살고 인간은 응답으로 산다' 하는 말도 합니다. 무슨 소리인고하니 동물은 reaction으로 산다는 것입니다. 배고프면 배고프다 하고 아프면 아프다 합니다. 아무리 예쁜 강아지라 해도 꼬리를 밟으면 "깨갱"합니다. 깨갱, 그게 반사작용입니다. 휙 돌아서서 뭅니다. 이것은 동물입니다. 그러나 사람은 그렇지 않습니다. 인격적 존재는 response를 합니다. 응답을 하는 것입니다. 저쪽 행동에 대해서 내가 응답을 합니다. 내가 버스를 탔는데 사람이 많습니다.

다 섰는데, 내 발가락이 아프기 시작합니다. 보니 예쁜 아가씨가 하이힐 뒷굽으로 내 발을 꼭 누르고 있습니다. 강아지같았으면 "깨갱"하겠지만 사람이니 그렇지 않습니다. 넌지시 쳐다보니 아주 예쁜 아가씨라 "조금 더 밟고 계시지요"합니다. 그게 응답입니다. 그냥 반사작용으로가 아니라 깊이 생각을 하고 대답을 하는 것입니다. 응답적 존재인 것입니다, 인간은. 하나님께서 항상 말씀하시고 나는 하나님 앞에 응답하는 존재로 살아가는 것입니다. 하나님의 부르심에 대한 응답, 이것은 피조물의 기본자세입니다. 기본입니다. 하나님 말씀하시지 않습니까. "아담아, 어디 있느냐?" 거기에 우리가 응답을 합니다. "나 여기 있습니다." 그래야 됩니다. 바로 응답입니다. 그러니까 우리는 하나님께서 하시는 모든 역사에 대해서 진실하게, 겸손하게 그리고 온전하게 응답하여야 되는 것입니다. 그리고 응답하는 자로 합당한 자, 응답하는 중에서 아주 합당한 응답을 해야 되겠는데, 어떤 응답이냐? 대표적인 예를 아브라함에게서 봅니다. 하나님께서 아브라함을 부르십니다. "아브라함아." 아브라함은 "예"하고 응답합니다. "고향을 떠나라." "예." 그리고 떠납니다. 갈 바를 알지 못하고 갑니다. "아들을 주신다." "예." 그리고 기다립니다, 100세가 되도록. 또 아들이 지금 컸습니다. "그 아들을 바쳐라." "예." 그리고 바칩니다. 이게 응답입니다. 왜요? 믿음으로 수용하고 있기 때문입니다. 아들을 주신 하나님께서 그 아들 달라시면 드려야지요. 무슨 할 말이 따로 있겠습니까. 하나님께서 살인을 하실 것입니까. 하나님께서 생명 죽는 것을 기뻐하실 분이 아니거든요. 그러나 무엇인가 이유가 있는 것입니다. 그러니 달라시면 드려야지요. 주님께서 쓰시겠다면 드려야지요. 믿음으로 수용하는 응답, 또 믿음으로 수용하기 때문에 믿음으로 순종을 하는 것입니다. 납득이 돼도 순종하고 납득이 안돼도 순종합니다.

「천지창조」라는 영화를 보았습니까. 그 마지막 장면에 가면, 아브라함이 하나님 앞에 제사드리는 장면이 나옵니다. 저는 그 영화의 그 장면을 보면서 은혜를 받았습니다. 거기 보면 지금 이삭이 스물일곱 살입니다. 장가보내기 직전입니다. 이걸 놓고 내게 바쳐라, 하십니다. 그럴 때 아브라함이 아주 고민에 빠집니다. 성경에는 없는 얘기입니다마는 분명히 고민을 했을 거란말입니다. 어떻게 고민을 했는지 성경에는 없으니 그건 어디까지나 작가의 imagination입니다. 커다란 바위가 있는데 뒷짐을 지고 그 바위를 빙빙 돕니다. 돌면서 고민을 합니다. 뭐라고 중얼거리느냐하면 "하나님, 약속이 틀리지 않습니까. 이 아들을 통해서 하늘의 별처럼 바다의 모래처럼 많은 자손을 주신다 하시고 이제서 장가도 보내기 전에 저걸 바치라고 하니 약속이 틀리지 않습니까?" 이성이 발동을 하는 것입니다. "하나님, 약속이 틀리지 않습니까?" 고민합니다. 그뿐입니까. 고민이 또 있어요. 하나님께서는 어떤 경우에도 사람의 생명을 제물로 요구하시는 법이 없습니다. 그런데 어째서 자식을 죽이는 살인을 하라시는 겁니까? "거, 이상하구만. 아, 이상하구만…" 그러고 빙빙 돕니다. 돌다가 비상한 결심을 합니다. "All right!" 결단을 내립니다. "바치겠습니다. 당신이 주셨으니 당신께 바치겠습니다." 용기를 내어 "이삭아, 가자." 그걸 데리고 사흘길을 가서 모리아 산에서 제사드리는 장면이 나옵니다. 이게 바로 응답이라는 것입니다. 응답은 감상이 아닙니다. 바로 순종이라고 하는 행동입니다. 이성의 비판을 누르고 모든 복잡한 생각 다 지워버리고 순종하는 것입니다. 그게 응답입니다.

예수님께서 겟세마네동산에서 기도하십니다.「수퍼스타」라고 하는 영화에 보면 거기서도 작가의 상상력이 나타납니다. 성경에는 간단하게 "내 뜻대로 마옵시고 아버지의 뜻대로"라고 되어 있습니다 마는 작가는 한번 상상을 해보았습니다. 인간적으로 생각해본 것입니다. 나는 그게 마음에 듭니다. "주께서 말씀하셨기에 저는 따랐습니다. 주께서 원하시는대로 행했습니다. 그런데 이제 왜 십자가입니까? 내일아침 십자가를 꼭 져야 되겠습니까? 이 길밖에 다른 길은 없습니까?" 그리고 또 있습니다. "이제 내일아침 죽으면 그 보상은 무엇이겠습니까(What is going to reward for this?)" 많이 고민합니다. 그러나 거기서도 이렇게 말합니다. "All right, I will die. All right." 내가 죽겠습니다, 합니다. 그리고 "내 뜻대로 마옵시고 아버지의 뜻대로 하옵소서." 이게 응답입니다. 이렇게 응답하는, 부르심에 합당한 그런 사람 되게 해달라고 기도하는 것입니다. 이런 사람 되게 해달라고 바울은 기도하고 있습니다. 여러분, 오늘도 우리는 "주의 부르심에 응답하게 해주십시오"하고 기도할 것입니다. 분명히 주께서는 나를 부르십니다. 너는 가라. 너는 바치라. 너를 하나님께 드리라. 그런데 "No" 하는 것입니다, 여기서. "좀더 있다 바치겠습니다." 이것이 문제입니다. "하나님이여, 주의 부르심에 진실하게 응답하게 해주십시오"라고 하는 기도입니다. 그뿐이 아닙니다. 참으로 바른 응답은 감사입니다. 감사하는 마음으로 응답하는 것입니다. 여기에 무리와 억지가 있어서는 안됩니다. 특별히 중요한 것이 있습니다. 율법주의와 행위주의로 돌아가지 않게 해주십사, 기도할 것입니다. 이 응답을 함으로써 보상을 받으려는 마음이나 하나님 앞에 순종함으로 상받겠다는 마음으로가 아닙니다. 십일조 바치고 하나님께 보상을 받겠다는 그런 얄팍한 생각 말 것입니다. '거저 받았으니 거저 드립니다. 받은 은혜로 그대로 드립니다.' 이게 바로 응답입니다. 아직도 여기에 뭘 받으려는 마음, 보상심리가 있으면, 그게 남아 있으면 진실한 응답이 아닙니다. 아이들에게 심부름을 시켜보아도 그렇습니다. 심부름을 시키면 "예, 고맙습니다" 하고 선뜻 나서면이지만 조금 잘못 가르치든가 해놓아서 "얼마 줄 거야?" 요로고 돈달라고 손내미는 녀석이 있습니다. 사실은 부모님들이 회개해야 될 일입니다, 이것은. 뭔가 많이 잘못 가르친 것입니다. 율법주의적인 것이 아닌, 순수한 마음으로 만족한 생활에서 은혜에 보답하는 것입니다. '은혜에 대해서 응답하는 그러한 응답을 하게 해주십시오' 라고 하는 기도, 수준높은 기도입니다.

또한 "모든 선을 기뻐함과"라고 기도합니다(11절). 선은 의무가 아닙니다. 우리는 흔히 선한 일이라고 하는 필요를 늘 의무적인 것으로 생각합니다. 이것은 참 불행한 일입니다. 우리가 자식을 키웁니다. 기저귀 갈아채우고 뭘 하고… 이걸 의무적인 것으로 생각합니까. 힘들게 생각합니까? 그렇다면 당신은 참 불행한 사람입니다. 그건 특권인 것입니다. 내게 주신 영광이지요, 이게. 얼마나 큰 행복입니까. 저는 우리교회에서 결혼주례를 많이 하는데 좌우간 마흔네 살에 첫아이를 낳은 분이 있습니다. 결혼도 늦게 했지마는 아이를 가질까 못가질까, 걱정했습니다. 그러다 마흔네 살에 첫아이를 낳는데 제왕절개수술 권하니까 "노우!"합니다. 하나님이 어떻게 주신 선물인데 내가 배를 째겠느냐, 그냥 낳는다고 우깁니다. 그냥 낳았습니다. 대단한 여자였습니다. 그리고 얼마나 자랑스럽게 여기는지, 제가 미국에서 만났는데 그 아이를 안고와서 "목사님, 안아보세요"합니다. 얼마나 기뻐하는지 모릅니다. 그 아이를 위해서 고생하는 거, 하나도 무겁게 생각하지를 않습니다. 힘들게 생각하지 않습니다. 왜요? 영광이니까. '내가 마흔이 넘어가지고 시집을 가서 이걸, 아들을 낳다니, 이게 어떻게 된 거냐.' 오로지 기뻐함과 은혜로운 마음밖에는 없습니다. 선을 억지로 행하든가 의무로 하는 것이 아니라 선을 기뻐하고 특권으로 여기게 해주십시오, 선한 일을 특권으로 여기게 해주십시오—이런 기도입니다. 영국의 탐험가 스탠리가 1871년에 아프리카를 방문해서 그곳에 가 있는 유명한 선교사 리빙스턴을 만났습니다. 30년 동안 아프리카 오지에서 고생하는 걸 보니 너무나도 처참했습니다. 이젠 나이도 많은 분이… 그래서 스탠리는 이렇게 권면했다는 것 아닙니까. "이제 그만하시고, 사역을 끝내시고 고국으로 돌아갑시다" 했더니 리빙스턴은 조용히 대답하기를 "아프리카 선교는 헌신이 아니라 은혜에 대한 보잘것없는 보답일 뿐이오. 차라리 내게 주시는 가장 큰 특권입니다. 이 영광은 너무나 지대할 뿐만 아니라 앞으로 받을 영광은 더더욱 비교할 수가 없습니다" 하는 것입니다. 바로 그 이야기 뒤에, 일년 후에 리빙스턴은 무릎을 꿇고 기도하는 그 모습으로 세상을 떠났습니다. 선교사가 오지에 가서 고생할 때 이것을 의무로 하겠습니까. 상받으려고 하겠습니까. 칭찬받으려고 하겠습니까. 이것은 절대로 의무감에서가 아닙니다. 그거 안한다고 천당 못가요. 그거 안한다고 사람구실 못하나요. 그러나 이분들은 그런 고생을 특권으로 생각합니다. privilege—그렇습니다. 특권입니다. 영어 한마디 할까요. 주고받을 때나 좋은 일 앞에서 흔히 "Thank you." 하지 않습니까. 물 한 그릇이라도 달라고 할 때도 문제입니다. 우리는 "물 좀 주세요." "물 안줘!" 그럽디다마는 영어에서는 그렇게 말했다가는 안됩니다. "Give me." 해서는 안됩니다. "Could I have a cup of water, please?" 이렇게 말하면 "Sure, why not?" "물론이지요." 물을 줍니다. 그래서 "Thank you." 그럽니다. "Thank you." 그러면 저쪽에서 할말이 있지 않습니까. 우리는 그 말이 없습니다. "Thank you." 그러면 이쪽에서 하는 말이 "천만에요" 입니다. 말도 안됩니다. '천만에요'가 무슨 '천만에요'입니까. 도대체 말이 없습니다. 저 사람들은 반드시 "You're welcome." 하게 되어 있습니다. 좋은 일을 하고 저쪽에서 "Thank you." 할 때 내가 말을 안하면 큰일납니다. 꼭 "You're welcome." 해야 되는데, 'You're welcome.'은 보통 하는 말이고, 좀 고급말로 할 때 "It was my pleasure." 합니다. 이건 내 기쁨입니다, 합니다. 좀더 고급스럽게는 "It was my privilege." 내가 오늘 이렇게 선한 일 할 수 있는 것은 특권입니다, 하는 것입니다. 내가 교회왔다가 가는데 앞에 예쁜 아가씨가 가다가 손수건을 떨어뜨렸어요. 내가 손수건을 집어서 "이거 아가씨것 아닙니까?"하면 저쪽에서 "고맙습니다"하고 받습니다. 나는 뭐라고 해야 됩니까? "특권입니다. 이는 생애에 한 번 있을까말까 한 특권입니다." 만사를 이렇게 살아야 한다는 것입니다. privilege입니다. 선한 일은 특권입니다. 아무에게나 주어지는 것이 아닙니다. 아무 때나 할 수 있는 것이 아닙니다. 특권입니다. '하나님이여, 선한 일을 기뻐하며 특권으로 알게 해주십시오. 항상 고생하는 것을 즐거움으로, 영광으로, 특권으로 알고 살아가게 해주십시오.' 그런 기도입니다. 여기에 하나님의 능력이 함께해서 선을 주장하고 기뻐하고 깨닫고, 그게 아니라 "선이 곧 능력으로 나타나서 능력을 더해서 아름다운 결실을 얻게 해주십시오" 하는 기도입니다.

자, 이제 세 번째 기도제목은 이것입니다. "믿음의 역사를 능력으로 이루게 하시오"— 믿음에는 역사가 따라갑니다. 행위가 따르게 마련입니다. "믿음와 행위에 하나님께서 힘을 더해주십시오." 그런 기도입니다. 본래 데살로니가서에 그런 말씀이 많습니다. 데살로니가전서 1장 3절에 보면 여러분 잘 아시고 외우는 말씀이지요. 믿음의 역사와 사랑의 수고와 소망의 인내—아주 중요한 말씀입니다. '믿음의 역사'— '에르곤 테스 피스테오스'입니다. '에르곤'— works, 행위, 사역을 말하는 것인데 "믿음으로 말미암은 사역, 믿음으로 말미암은 행동, 그 사역 위에 하나님께서 능력을 더해주셔서 아름다운 결실이 있게 해주십시오"하는 기도입니다. 보십시오. 믿음 때문에 나는 사랑합니다. 믿음 때문에 봉사합니다. 믿음 때문에 희생합니다. 믿음 때문에 하는 일이 있습니다. 그런데 여기에 하나님께서 힘을 얹어주십시오, 힘을 더해주십시오—믿음 때문에 하기는 하는데 가냘픕니다. 그저 간신히 명맥만 유지하거든요. 이래서는 안되지요. 좀 굵게 살아야지요. 믿음으로 하는 일은 좀 듬뿍듬뿍 해야 합니다. 약해서는 안되거든요. 그걸 말씀하는 것입니다. 그래서 '믿음의 사역, 믿음의 역사 위에 하나님이여 힘을 더해주십시오' 하는 것입니다. 전쟁 중입니다. 양측에서 교전이 있었습니다. 육박전이 있었습니다. 지금 총탄은 비오듯 하는데, 저쪽에서 날아온 탄환에 아군 하나가 맞아 쓰러지면서 살려달라고 손짓을 하고 있습니다. 소대장이 이것을 보고, 빤히 눈앞에 보이니까 총알이 자꾸 날아오고 있는데 누군가가 용기있는 사람이 가서 저걸 업어오라고, 참호 속으로 데려다가 치료해야겠다고 하였습니다. 그러나 총알이 비오듯 하니까 아무도 겁이 나서 못가는 것입니다. 한참 있다가 사병 하나가 웬일인지 시계를 딱 보더니 "내가 가겠습니다!" 하고는 달려나가서 그 친구를 업고 참호까지 무사히 왔습니다. 그에게 "네가 간 것도 고맙지만 이 위험한 길에 목숨을 걸고 가서 친구를 구출하는 데 왜 시계는 보고 갔느냐?" 하고 물었습니다. 이 사병 빙그레 웃고 하는 말이 "바로 그 시간이 어머니가 나를 위해서 기도하시는 시간이거든요. 어머니가 나를 위해서 기도하시는 시간을 내가 늘 알고 있습니다. 그래서 나는 그 시간에 가면 절대 죽지 않으리라고 믿었기 때문입니다." 얼마나 아름다운 얘기입니까. 믿음. 믿음의 사역에다 용기를 더해줘야 합니다. 힘을 더해야 합니다. '하나님, 제가 믿음으로 하는 모든 일에 힘을 주십시오. 그래서 완성하게 해주십시오. 훌륭한 열매를 맺게 해주십시오.' 이런 경우가 많이 있습니다. 명예를 위해서 하는 일은 크게 하고, 믿음으로 하는 일은 너무 작습니다. 세상을 위해서, 나를 위해서 하는 일은 크고 믿음으로 하는 일은 너무 작습니다. 너무 시시합니다. 바로 이게 문제입니다. 우리가 믿음으로 하는 일, 이것저것 말씀 안드리겠습니다. 거기에 큰 위력이, 하나님의 능력이 늘 함께 해주시기를 위해서 기도하여야 할 것입니다.

　　그리고 오늘본문 끝에 가서 보십시오. 그리하여, 이렇게 함으로 해서, "우리 하나님과 주 예수 그리스도의 은혜대로 우리 주 예수의 이름이 너희 가운데서 영광을 얻으시고"하였습니다. 우리의 생활 속에서, 이러한 생활 속에서 그리스도의 이름이 영광을 얻습니다. 그리스도의 영광, 그 이름의 영광을 위한 기도입니다. 궁극목적은 그리스도께서 영광을 얻는 것입니다. '우리의 선행, 우리의 역사, 우리의 사랑, 모든 행위를 통해서 그리스도의 이름이 영광을 얻게 되기 바랍니다' 하는 기도입니다. 이어서 "너희도 그 안에서 영광을 얻게 하려 함이니라" 하였습니다. 너희도 그리스도께서 영광을 얻을 때, 영광을 얻도록—그리스도를 위해서 수고한 사람들 함께 영광을 얻는 것 아닙니까. 그리스도께서 영광을 얻으면 그 제자들도 그 종들도 함께 영광을 얻게 되는 것이지요. 모든 기도의 궁극목적은 '하나님께 영광'이요, 그 하나님의 영광 안에서 우리 또한 영광을 얻게 되는 것입니다. 그러기 위해서 '주의 영광을 드러내게 해주십시오. 이 모든 일을 통해서 주님께서 영광을 받으시옵소서.' 그런 아름다운 기도를 우리 또한 드릴 수 있어야 될 것이라고 생각합니다. △

불법의 사람들

　형제들아 우리가 너희에게 구하는 것은 우리 주 예수 그리스도의 강림하심과 우리가 그 앞에 모임에 관하여 혹 영으로나 혹 말로나 혹 우리에게서 받았다 하는 편지로나 주의 날이 이르렀다고 쉬 동심하거나 두려워하거나 하지 아니할 그것이라 누가 아무렇게 하여도 너희가 미혹하지 말라 먼저 배도 하는 일이 있고 저 불법의 사람 곧 멸망의 아들이 나타나기 전에는 이르지 아니하리니 저는 대적하는 자라 범사에 일컫는 하나님이나 숭배함을 받는 자 위에 뛰어나 자존하여 하나님 성전에 앉아 자기를 보여 하나님이라 하느니라 내가 너희와 함께 있을 때에 이 일을 너희에게 말한 것을 기억하지 못하느냐 저로 하여금 저의 때에 나타나게 하려 하여 막는 것을 지금도 너희가 아나니 불법의 비밀이 이미 활동하였으나 지금 막는 자가 있어 그 중에서 옮길 때까지 하리라 그 때에 불법한 자가 나타나리니 주 예수께서 그 입의 기운으로 저를 죽이시고 강림하여 나타나심으로 폐하시리라 악한 자의 임함은 사단의 역사를 따라 모든 능력과 표적과 거짓 기적과 불의의 모든 속임으로 멸망하는 자들에게 임하리니 이는 저희가 진리의 사랑을 받지 아니하여 구원함을 얻지 못함이니라 이러므로 하나님이 유혹을 저의 가운데 역사하게 하사 거짓 것을 믿게 하심은 진리를 믿지 않고 불의를 좋아하는 모든 자로 심판을 받게 하려 하심이니라

(데살로니가후서 2 : 1 - 12)

불법의 사람들

　　오늘본문에는 데살로니가서의 이슈가 되는 주제의 말씀이 있습니다. 이것은 초대교회에 만연되어 있던 모든 사건 중에 가장 큰 사건이요 또 관심사인 '예수재림'에 대한 말씀들입니다. 예수재림을 둘러싸고 여러 가지 오해와 이단사상들도 있었습니다. 그래서 이것을 배경에 두고서 경고하고 해답을 주는 중요한 교훈입니다. 여러분 아시는대로 기독교인의 신앙의 핵심은 예수 그리스도입니다. 그 예수 그리스도에 대한 신앙의 초점을 분명히 하여야 됩니다. 이 세상에 오셔서 병을 고치시고 구원하시고 역사하시고 십자가에 돌아가신 예수, 거기다가 초점을 맞추고 있습니다. 그러나 좀더 실제적으로는 지금 현재는, 그건 과거고 현재는 어떠냐하면 초대교회교인들은 생각합니다. 현재는 예수님께서는 승천하셨습니다. 승천하여 하늘보좌에 계시고 지금은 성령이 임해서 강하게 역사하고 있습니다. 그리스도의 영이 역사하고 있습니다. 그리스도의 영이 역사하는 이런 성령의 역사와 지금 현재 하늘에 계시는, 보좌 우편에 앉아계시는 예수 그리스도, 그들은 그 사이의 굉장한 긴장관계 속에서 기독론적 이해를 하여야 했습니다. 지금도 마찬가지입니다. 그리고 그들 가운데서는 이제 해답을 이렇게 생각합니다. '주님께서 곧 오실 것이다.' 여기에 이제 문제가 있습니다. 그러면 성령으로 우리 가운데 오셔 계시는 분은 누구냐? 분명히 성경, 사도행전과 모든 서신에서 말씀합니다. "주의 영이라." 주께서 몸을 입어 이 땅에 오셨고, 지금은 영으로 오시어 교회 안에, 주의 종들 안에서 살아 역사하고 있습니다. 이것은 살아계신 그리스도입니다. 그러면 우리 가운데 지금 살아계신 그리스도, 그 성령의 역사, 아주 확실하게 말씀하시고, 가까이 하시고, 위로하시고, 당신의 사람들을 고용해서 엄청난 선교의 역사를 이루고 계시는데 이 살아계신 그리스도를 생각하고, 지금 저 보좌 위에 계신 그리스도를, 그 두 그리스도를 어떻게 이해하여야 되겠는가, 하는 것입니다. 여기서 삼위일체적 교리가 나옵니다. '삼위일체'라고 하는 용어는 그리 좋은 용어가 아닙니다. 그러나 아버지 하나님, 몸을 입어서 오셨던 예수 그리스도 그 아들하나님, 그리고 지금 우리 가운데 역사하는 성령 그 성령하나님, 이렇게 이해하게 되어서 삼위일체라고 하는 독특한 기독교 교리가 나타나게 됩니다.

　이제 생각해야 할 것이 있습니다. 저 보좌 위에 계신 그리스도께서는 임무를 다하고 올라가셔서 거기만 계시는 게 아닌 것입니다. 분명히 다시 오실 거라고 저들은 믿고 있습니다. 그러면 다시 오실 때 그 역사는 무엇을 의미하는가? 역사의 종말에 있는 역사이거든요. 바로 여기에 그들의 신앙적 이해의 갈등이 있었던 것입니다. 이것은 난해한 문제입니다. 그러나 아주 중요한 것이요 실제적 교리입니다. 그래서 초대교회사람들은 뭘 생각하게 되느냐? 지금은 우리 가운데 오셔서 역사하는 성령, 그 다음으로는 재림하시는 주님, 거기다가 관심의 초점을 두고 신앙생활을 한 것입니다. 이걸 우리가 깊이 생각하여야 합니다. 그런고로 주님의 재림사상에 대한 종말론적 이해가 확실하지 않으면 그 신앙 전체는 무너지고 마는 것입니다. 기독교는 단순한 윤리적 종교가 아닙니다. 이 신앙에서 윤리가 나오는 거지 윤리를 위한 종교가 아닙니다. 그것을 우리가 분명히 알아야 합니다. 예수님의 재림, 이것은 초대교회에 있어서 실제적 신앙의 핵심교리가 된 것입니다. 지금은 오직 오시는 주님을 기다리는 그 마음밖에 없습니다. 오늘이나 내일이나. 그래서 말입니다. 오순절교회에 사람들이 열심을 내어서 자, 내것을 내것이라고 하는 사람이 없이, 유무상통 하고, 사도들의 가르침을 받고, 열심히 모이고, 떡을 떼고 성찬식을 하고, 구제를 하고… 이렇게 헌신했습니다. 이 아름다운 오순절교회를 생각해보십시오. 그 교회의 핵심이 무엇인가. 그들 마음에 무슨 생각이 있었기에 이렇게 되었는가. 간단합니다. 곧 주님께서 재림하신다는 것입니다. 주님재림이 너무나도 확실하기 때문에 그들은 자기정욕에서 다 벗어나고, 현실이라고 하는 고난, 문제가 되지를 않았습니다. 이걸 훌쩍 넘어서서 저 앞에 있는 주님의 재림과 하늘나라를 환히 관조하면서 신앙생활 하게 된 것입니다.

주님 곧 오시는데 아까울 게 뭐 있습니까. 여기서도 게으르고 나태해서 되겠습니까. 여러분, 어찌생각하십니까? 이제 얼마후면 주님께서 오신다, 며칠후에 오신다, 하면 우리의 생활이 어떻게 달라져야 되겠습니까. 이대로 되겠습니까. 이렇듯 임박한 재림의 사상, 그 신앙이 그들의 윤리를 주도하게 된 것입니다. 우리의 사도신경은 성경이 아닙니다. 성경에 있는 신앙고백을 요약해놓은 사도들의 전승입니다. 거기 보면 맨마지막에 주님께서 다시 오실 것이라고 하는 것, 그 확실한 교리를 말하고 있습니다. 기독론의 마지막에 다시 오실 것이라는 것, 영생을 믿으며 이렇게 신앙고백을 하고 있습니다. 그 사도신경의 고백 속에도 재림사상이 확실하게 증거되고 있는 것입니다.

이제 사도행전 1장에 있는 대로 그들은 생각합니다. "본 그대로 오시리라(행 1:11)" 이게 마지막말씀입니다. 예수님 승천하실 때, 감람산 언덕에서 승천하실 때, 분명히 하늘로부터 음성이 들려옵니다. "본 그대로 오시리라." 이는 오시는 양상을 말씀한 것일 뿐 여기에 시간적 개념은 없습니다. 언제 오신다는 것은 모릅니다. 다만 본 그대로 오시리라, 하였을 뿐입니다. 저들은 임박한 재림에 대한 대망사상으로 아주 초조하게 기다렸습니다. 이렇게 확실하게 기다리다 보니 좋은 점이 많았습니다. 신령하고, 열심있고, 선교하고, 서로 사랑하고, 서로 관용하고… 이렇게 주님 앞에 갈 준비를 하는데, 이것은 아주 아름다운 일인데, 여기에도 부작용이 있었습니다. 이를테면 심지어는 업(業)을 폐한 사람들도 많습니다. 농사도 아니하고 장사도 아니하고… '있는 거 그냥 먹다가 주님 맞이하지 뭐.' 이리된 것입니다. 그뿐입니까. 또 자기것 다 먹었는데 주님께서는 아직 오시지 않고. 어떡하겠습니까. 다른 집에 가서, 돈 좀 있는 집에 가서 "주님 곧 오실 텐데, 우리 같이 먹읍시다." 이렇게 된 것입니다. 폐를 끼치게 된 것이지요, 돌아다니면서. 이런 문제가 일파만파로 생긴 것입니다. 심지어는 이렇게 되니 놀고먹기 좋아하게 됩니다. 일하기 싫어하는 사람들에게 아주 좋은 구실을 준 것입니다. 애시당초 일할 생각은 없이 이 집 가서 얻어먹고 저 집 가서 얻어먹고… '그리스도 안에서' 얻어먹었습니다. 주의 재림을 서로서로 격려하며 이렇게 된 것입니다. 이래서 사도 바울이 데살로니가서에서, 이 후서에 조금 내려가다보면 "일하기 싫어하거든 먹지도 말게 하라" 하였습니다 (3:10). 그만큼 그들에게는 이 재림사상이 절실하였습니다. 그런데 이제 30년이 지나가고 40년이 지나갑니다. 주님을 기다리던 사람들이 하나씩 둘씩 죽어갑니다. 여기서 많은 사람들이 실망을 하게 됩니다. '아, 곧 오실 줄 알았는데 왜 아직 안오실까?' 분명히 고린도 후서 5장 4절에는 이런 말씀도 있습니다. "이 장막에 있는 우리가 짐진 것같이 탄식하는 것은 벗고자 함이 아니요 오직 덧입고자 함이니…" 덧입기를 바란다—얼마나 긴박하게, 절박하게 기다렸는가를 말해주는 것입니다. 보통사람은 죽었다가 부활합니다. 그러나 덧입는다는 것은 산 채로 주님을 맞이한다는 것입니다. 이런 덧입기를 바라는 간절한 소원을 가지고 저들은 아주 절실하게, 긴박하게 신앙생활을 하였더랍니다. 세월이 점점 흘러갑니다. 주님의 재림은 점점 멀어집니다. 그럴 때 멀어진 것만이 아니라 재림사상이 희미해지기도 하였습니다. 그러면 기독교의 신앙은 어떻게 유지될 수 있었는가? 어떻게 지켜질 수 있었는가? 재림문제를 놓고 이렇듯 많은 사람들은 고민을 하였습니다. 그때뿐 아니라 지금도 고민을 합니다. 이런 종말론적 이해에 대해서 많은 학설, 교훈들이 있으나 각설하고 대표적인 학설, 그 제목만 말하겠습니다. 네 사람의 학설이 대표적인데, 그 하나는 슈바이처 박사의 'de-eschatologization'입니다. '비종말론화'라고 하는 것입니다. 예수님의 재림을 실제적인 재림으로 기다렸다. 그리고 많은 사람이 순교했다. 그러나 기다리고 기다리다가 많은 사람은 지쳤다—아주 순수하게 이렇게 이해합니다. 그리고 '기독교 교리의 핵심은 종말사상이다'하는 것에 착안을 하게 됩니다. 그만큼의 공로는 있습니다. 두 번째는 실존주의자 다드(C.H. Dodd)의 'realized eschatology'입니다. '인식된 종말론'이라고 하는 것입니다. 세 번째는 불트만(R. Bultmann)의 'de-mythologization'입니다. 그런 접근을 하게 되는데 이는 종말사상 자체가 신화적 표현이라는 것입니다. 비신화화해서 실존주의적으로 이해하여야만 되겠다, 하는 실존주의적 접근입니다. 그 다음이 오스카 쿨만(Oscar Cullmann)의 historical-theological approach입니다. 역사적이고 신학적인 접근입니다. 그는 성경에 있는 사실을 히브리적으로 이해합니다. 이건 헬라적인 게 아니라 히브리사상이다, 히브리적 교훈 속에서 역사성을 그대로 이해하여야 된다, 해서 소위 'Already, not yet.' 라는 말을 합니다. 이미 오신 것을 믿으면서 그러나 오시지 않았다, 이미 오셨댔고 다음에 오실 거다, 그것을 그대로 기다리고 있는 것이다, 그 가상이 오늘에 이어지면서 기독교의 핵심교리를 이룬 것이다, 라고 해석하는 것입니다. 자, 이렇게 개관하는 것으로 그치고 오늘본문을 봅시다. 뭐라고 말씀합니까. "주의 날이 이르렀다고 쉬 동심하거나 두려워하거나 하지 아니할 그것이라" 하였습니다. 주의 날이 이미 이르렀다고, 왔다고 말한다는 것입니다. 이것이 바로 요새 와서 현대신학자들이 내놓은 이론 중의 하나로 realized eschatology 라고 하는 것입니다. 주님의 재림을 오랫동안 기다리는 사람들에게 이에 대한 확실한 해석이 없었다면 그 기다림에 지쳐서 실망하게 되었을 거라고 전제합니다. 그래서 이들은 영적으로 해석하고 성령이 임함을 재림사건으로 생각하고 이 사실을 뒤늦게 인식하게 되었다는 것입니다. 다시말하면 이미 주님께서 오셨다, 하는 것입니다. 어떻게? 영적인 문제를 너무 많이 생각하는 분들은 이걸 영으로 듣고, 또 어떤 사람은 말로 듣고, 어떤 사람은 바울의 편지를 또 오해함으로 생긴 종말사상이 마침내 어디에 이르게 되는고하니 이런 결론에 이릅니다. 이단을 만드는 것입니다. '날이 이미 이르렀다. 주의 재림이 왔다.' 오늘도 많습니다. 오늘도 이단이라는 것은 하나같이 종말론을 기초로, 그 근거로 하고 있습니다. 얼마전에도 예수님 어느 달 어느 날 오신다, 해가지고 한동안 말썽이 났지요. 세상이 언제 끝난다, 해가지고 굉장히 많은 사람들이 세계적으로 미혹하는 이런 사건이 지나갑니다. 이단은 하나같이 비성서적입니다. 그리고 비기독론적입니다. 여기에 깊은 설명이 있습니다. 그런데 재미있는 것은 예수님 벌써 오셨다, 하는 것입니다. 이미 오셨다, 어디 오셨느냐, 여기 오셨다, 합디다. "어디?" "내가 오지 않았느냐." 내가 그런 사람 직접도 만나봤습니다. 양도천씨라고 하는 사람, 계룡산에 가서 만나봤는데 이 양반하고 네 시간을 얘기해보았습니다. 성경을 보아가면서 이러니저러니 하는데 가만히 보니 주님이 오셨다고 하는 것입니다. "어디 오셨소?" "여기 있지." 기가막혀서 이렇게 물었습니다. "아, 성경에 보면 구름을 타고 오시고 나팔소리가 나고 무덤이 열리고… 이리 된다고 하셨는데 어떻게 이리도 조용하오?" 그랬더니 "아, 목사님이 이래서 문제입니다. 그거는 상징적인 거죠"라고 둘러대는 것입니다. "그러면 왜 당신이오?" 성경 어디에 그게 있소?" 그랬더니 퍽 재미있는 말을 합니다. "성경 어디 아니그런 데가 있습니까?" 성경 어딜 봐도 내가 메시야다, 어딜 봐도 내가 메시야다, 한다는 것입니다. 그래서 나는 산에 올라가서 성경만 본다는 사람은 믿지를 않습니다. 이 사람은 산에 올라가서 성경만 읽었습니다. 마침내 "내가 메시야다" 하는 소리를 하게 됐습니다. 이단은 하나같이 "메시야는 오셨고, 내가 그다"라고 말합니다.

 오늘본문에도 분명히 있지 않습니까. "하나님의 성전에 앉아 자기를 보여 하나님이라 하느니라." 내가 하나님이다, 내가 재림주다, 이렇게들 말해왔습니다. 이 사람들을 따르더라고요, 많은 사람들이. 그렇고보니 자연히 구원론도 둔갑을 합니다. '주님 오셨다는데 주님이 왜 저 모양이야?' 그렇지 않습니까. '왜 저렇게 초라한가? 영광되게 오셔야겠는데 우주적인 메시야가 왜 저런가?' 그때 하는 말은 자연히 구원론, 그것도 현재적입니다. 그래서는 "나와 함께 살면서 아주 천년왕국을 누릴 거다. 호의호식하며 오래오래 영생을 누릴 거다" 하는 식입니다. 나이드신 분들은 다 알겠습니다마는 한때 박태선이라는 사람도 나와서 한참 요란했습니다. 1960년에 나와서는 처음에는 "내가 감람나무라" 하더니 그 다음에는 "내가 메시야다" 하더니 "여기가 하늘나라다" 하고 부천에다가 이상한 부락 하나 만들어놓더니 그 다음에는 또 "부산으로 간다" 하였고 그 다음에는 덕소에다가 하나 떡 만들어놓고는 "여기가 천국이다" 하는데 가보니 술집들만 있습디다. 이러다가 결국은 "내가 하나님이다" 하다가 죽었습니다. 이게 이렇게 되는 것입니다. 이단이라는 게 그렇습니다. 얼마나 많은 사람이 거기에 미혹하고 잘못됐습니까. 그런데 가만히 알아야 됩니다. 미혹하는 사람은 하나같이 자기마음속에 미혹할 수 있는 요소가 있습니다. 그리스도중심적 신앙이 아니고 자기중심적 신앙이기 때문입니다. 성경중심이 아니라 자기욕심 채우고 소원성취 하겠다는 것입니다. 자기가 영광을 누리겠다는 것입니다. 그런 욕심이 있기 때문에 미혹하는 것입니다. 유혹하는 자도 나쁘지만 미혹하는 자도 함께 나쁜 것입니다. 그것을 알아야 합니다. 이리해서 옛날 2천 년전 그때도 이런 이단들이 있었단말입니다. 그래서 종말론이 흔들리면서 "쉬 동심하고" 즉 쉬 흔들리고 또 한편으로는 두려워했습니다. 참 묘한 것입니다. "주님이 오셨다" 하면 '에이, 그럴 리가 없어. 성경에 그거 없어. 그거 잘못됐어' 하고 생각하면서도 심리적으로 '아니지. 혹시 진짜인지도 모르지' 하게 되는 이것이 문제입니다. 천지개벽을 한다고 계룡산에 가 있는 청년이 있더라고요. 허우대 멀쩡한 청년인데 재산 다 팔아가지고 주님 재림한다며 거기 들어가 있는 것입니다. 제가 그 산에 갔다가 이 청년 보고 물었습니다. "아, 벌써 재림하신다고 하더니?" "나도 지금와서 보니 세 번째 연기했대요." 연기했다고 그러더니 "또 내년에 오신대요" 그래서 기다린다는 것입니다. 그래서 그만큼 기다렸으면 됐지, 이제는 속았다 생각하고 그만 내려가지 뭐하러 여기 눌러 있느냐, 했더니 무서운 말을 합니다. "혹시 맞을는지 모르니까요." 그게 바로 두려움이라는 것입니다. 주님 오셨다, 안온 거 알지요. 그러면서도 오셨다 하니까 '혹시 오셨는데 내가 못만났나? 다른 사람들은 다 들려올라가는데 나는 빠졌나? 나는 누락됐나?' 그래서 두려워하는 것입니다. 쉬 동심하고 두려워하고 있습니다. 안믿지요. 그러면서도 '혹시 그럴는지도 몰라' 이래서 흔들리게 되더란말입니다. 그런고로 이 종말사상은 확실하여야 하고 분명하여야 한다는 것을 잊지 말아야 합니다.

그래서 바울은 말씀합니다. 아직 오시지 않았다고. 그러면서 오늘본문에서 먼저 있을 일을 말씀합니다. 주님 재림하시기 전에 먼저 있을 징조적 사건들을 들어 말씀하고 있습니다. 어떻게? 매도하는 일이 있겠다고, 불법자가 나타나겠다고, 많은 사람들이 불법을 행하겠다고, 그리고 자기를 보여 "내가 하나님이다" 하는 그런 사람들이 있겠다고. 다시말하면 가짜가 많겠다는 것입니다. 여러분, 가짜라는 것이 언제나 진짜보다 더 예쁘게 보인다는 거 아십니까? 가짜가 아주 화려하게 보이지 않으면 누가 믿겠습니까. 가짜 조심합시다. 가짜는 겉으로 보기에는 진짜보다 더 좋아보입니다. 유명한 얘기가 있습니다. 영국에 찰리 채플린이라고 있었지요. 아주 유명한 희극배우지요. 요새말로 말하면 개그맨이겠지요. 세계적으로, 역사적으로 유명한 사람입니다. 이 사람이 어느날 너무 피곤해서 시골에 갔습니다. 조용히 혼자 숨어들어가 좀 쉬었다 오려고 시골에 가서 쉬고 있는데, 다니다보니 나붙은 광고문에 '채플린 흉내 내기 경연대회'라 쓴 것이 눈에 띄었습니다. 그는 짐짓 가발을 하고, 여기저기 위장을 해서 거기에 참가했습니다. 그리고 나름으로 열심히 연기했습니다. 했는데 결과는 겨우 3등밖에 되지 못했다고 합니다. 채플린을 흉내 내는 사람들이 채플린보다 훨씬더 잘하더라, 이것입니다. 가짜가 진짜보다 더 잘한 것입니다. 언제나 가짜가 이게 문제라니까요. 여러분 아시는대로 거짓말이 언제나 더 번지레하고 설명이 길지 않습니까. 꼭 진짜인 양 말하기 위해서입니다. 예수님 재림하시기 직전에는 가짜가 많이 나돌겠다, 하였습니다. 배도(背道)하는 일이 있고 내가 하나님이다, 하는 사람이 있고 내가 예수다, 하는 사람이 많고… 그뿐이 아닙니다. 사단의 역사가 있을 때 많은 능력을 나타내게도 됩니다. 표적을 나타내고, 거짓이적을 행하겠다는 것입니다. 요새도 거짓이적이 많습니다. 무슨무슨 이적을 행했다, 해서 매스컴기자들이 찾아가 조사해보니 이적이 없습니다. 무슨무슨 병 나았다, 하는데 가서 보니 나은 것도 없습니다. 가짜가 너무 많습니다. 간혹 진짜가 있고 많은 가짜가 있습니다. 거짓이적이 나타납니다. '획'하니까 또 쓰러지긴 잘하더구만요. 쓰러지면 어떻고 안쓰러지면 어떻습니까. 이런 것 가지고 "내가 능력을 가졌다"하고서는 사람들을 유혹하는 것입니다. 또, 모든 속임수를 씁니다. "모든 속임으로"라고 말씀합니다.

또한 그 모든 일을 주님 재림하실 때 심판하시리라, 하였습니다. 다 심판하실 거라 하였습니다. 여기서 우리가 알고 들어가야 됩니다. 왜 하나님께서 내버려두시나? 왜 이런 것을 내버려두실까? 이것을 분명히 알아야 합니다. 이 모든 이단들의 역사로 인해서 순수한 신앙이 그 순도를 더하게 되는 것입니다. 원래 신학적 이론이라는 것이 이단 때문에 이루어진 것입니다. 이단이 있음으로해서, 이단을 반박하기 위해서 소위 apology, 변증적으로 신학은 성립하는 것입니다. 솔직히 말해서 이런 이단들이 없으면 신학이 발전하지를 않습니다. 제가 40년 동안 신학을 강의합니다마는 계속 공부하는 중에 계속 달라집니다. 그래서 옛날에 나한테 배운 사람은 "목사님, 옛날 얘기할 때하고 다릅니다" 합니다. 그래서 저는 "다르니까 내가 살았다는 거지. 같을 수가 없지, 그거야" 합니다. 이론이 자꾸 발전합니다. 쉬운 예 하나만 듭시다. 은혜와 은사—보십시오. 옛날에는 은혜도 은사, 은사도 은혜였습니다. 지금은 은혜는 이것, 은사는 이것, 하고 신학적으로 딱 구분합니다. 하도 영성운동이라면서 가짜가 많으니까 이걸 구분하게 된 것입니다. 그런 신학적인 발전이 있는 것입니다. 또 선택과 예정—이런 것도 옛날에는 그저, 내가 공부할 때만 해도 그랬습니다. 하나님의 예정이 선택이고, 선택이 예정이고 했습니다. 둥글둥글하게 나갔습니다. 그런데 요새는 그것이 아닙니다. 선택은 이거고 예정은 이거다—딱딱 구분합니다. 이렇듯 이단이 그 이유가 돼서 기독교의 진리를 순수하게 변증해나가는 것이면 우리 마음속에는 이제 점점 똑바른 신앙을 가지게 되는 것입니다. 지금 우리도 보면 문제가 많지요, 교회에. 어떤 문제들인고하니 요새 제가 놀란 것에는 결혼주례가 없다는 것입니다. 결혼주례 하느라 굉장히 바쁜 법인데 요새는 수첩이 훤합니다. 왜 그런지 아십니까. 윤달이라는 것입니다. 예수를 어떻게 믿는 건지 모를 지경입니다. 지금은 윤달 상관치 않는, 말하자면 순수교인들만 주례합니다. '께름칙해서 기왕이면 피하는 게 좋지' 하는 정도에게는 다 못합니다. 요새는 제가 한가하다니까요. 이게 뭔고하니 신앙이 아직도 순수하지 못하다는 것입니다. 그래서 이단은 필요한 것입니다, 어떤 의미에서는. 이단이 있어서 한바탕 흔들어놓아야 순수한 신앙이 점점 더 순수를 더합니다. purify되는 것입니다. 우리는 종종 이렇게 생각을 합니다. "왜 하나님은 이런 걸 내버려두실까?" 시간이 가고보면 그 일로 인해서 신학이 발전을 합니다. 신학이 순도를 높입니다. 바른 복음이 무엇인가가 확실해집니다.

그런가하면 마태복음 24장 3절 이하에 죽 보면 예수님께서 친히 말씀하시기를 주님 재림하실 때쯤 되면 많은 환난이 있겠다고 말씀합니다. 엄청난 환난이 있습니다. 난리의 소문을 들을 것이다, 그러나 이것은 두려워하지 말라, 이런 일이 있어야 하되 아직은 아니니라, 끝은 아니니라, 하십니다. "민족이 민족을, 나라가 나라를 대적하여 일어나겠고 처처에 기근과 지진이 있으리니…" 모든 재난의 시작이라고 하십니다. 아직도 시작입니다. 전쟁과 재난, 계속 시작될 것이라고 하십니다. 모든 민족에게 너희가 미움을 받으리라, 그때에 많은 사람들이 시험에 빠져서 서로 잡아주고 서로 미워하겠으며, 거짓선지자들이 많이 일어나 많은 사람들을 미혹케 하겠으며, 불법이 성함으로 많은 사람의 사랑이 식어지리라, 그러나 끝까지 견디는 자는 구원을 얻으리라, 이 천국복음이 모든 민족에게 증거되기 위하여 온세상에 전파되리니 그제야 끝이 오리라—주님 친히 하시는 말씀입니다. 많은 환난이 있겠다—놀랍게도 환난을 통해서 선교가 효과적으로 이루어집니다. 나는 중국에 갈 때마다 그걸 느낍니다. 중국에 지금 얼마나 복음이 활발히 전파되는지 13억 인구의 10분의 1이

기독교인입니다. 일본은 그렇게 많이 선교를 했는데도 여태 1%도 안됩니다. 중국은 10%가 넘습니다. 왜요? 공산주의를 통해서 모택동씨가 땅을 전부 갈아버렸습니다. 미신을 전부 없애고 환난을 통해서 다 갈아버려서 마음이 다 옥토가 돼버렸습니다. 그래서 그냥 마음을 열고 복음을 받아들이는 것입니다. 우리는 이 좋은 환경에서 예배드립니다마는 지금 그 사람들 예배드리는 걸 보면 땡볕 아래 마당에 구부리고 앉아 예배드립니다. 여러분 낚시질할 때 앉는 조그마한 의자, 그런 걸 펴놓고 거기 앉아서 한 300명 예배드리는데 중국사람들이 설교는 또 좀 깁니다. 2시간 예배를 드립니다. 나는 못알아듣지만 좌우간 얼마나 열심히 듣는지… 그런데 중요한 것은 설교하는 분이 목사도 아니라는 것입니다. 신학교도 못나온 사람들입니다. 무슨 말을 하는지 모르겠습니다마는 아주 열심입니다. 이건 누가 만든 것입니까? 환난을 통해서 선교의 역사는 이뤄집니다. 2천 년 선교사를 보면 뚜렷합니다. 전쟁과 질병을 통하지 않고 선교가 성공한 역사가 없습니다. 전쟁이 있고 환난이 있고 가난이 있고 고통이 있다고 하거든 거기에 선교의 역사가 이루어진다고 믿으면 됩니다. 많은 환난이 있으리라, 그리하여 복음이 전파되리라, 그리고 그제야 끝이 오리라, 말씀하십니다. 모두들 잘살기를 바라지만 잘살면 교회 안나옵니다. 여러분, 잘살고 건강한 사람 교회 나오는 거 보셨습니까. 만일 그런 사람이 나왔다면 사업에 실패해서입니다. 아니면 병들어서입니다. 예수믿어서 부자된 사람은 있지만 부자가 예수믿기는 참 힘듭니다. 안되는 것입니다. 저는 여러 재벌들에게 예수믿으라고 권해보았습니다. 그런데 이렇게들 말합디다. 점잖게 사양하는 것입니다. "목사님, 제가 소망교회를 안나가는 게 소망교회를 위해서 좋을 겁니다. 내가 워낙 못된놈이라서 이제 나가면 '이것저것 못된 일 다 하다가 죽을 때 되니까 천당은 가고 싶은가보지' 이렇게 될 것입니다." 요러더라니까요. 보십시오. 가난과 질병과 어려움과 환난과 고통, 선교에 있어서는 필요불가결한 것입니다.

오늘본문말씀에서 나아가 2장 16절로 17절을 봅니다. "우리 주 예수 그리스도와 우리를 사랑하시고 영원한 위로와 좋은 소망을 은혜로 주신 하나님 우리 아버지께서 너희 마음을 위로하시고 모든 선한 일과 말에 굳게 하시기를 원하노라." 이제 게으르지 말 것이고 방종하지 말 것이고 깨어 기도할 것이고 주님에 대한 대망적 신앙을 확실히하여야 합니다. 환난이 있을 때 주님 가까우신 줄 아십시오. 이것을 통하여 주님께서 역사하시고, 이단들이 막 나돌 때 이것을 통해서 우리의 신앙을 순수하게 하시려 한다는 것을 잊지 말아야 합니다. 순수하게 하시고 선교의 역사를 활발하게 하시고 복음이 땅끝까지 전파되게 하시고, 그제야 끝이 올 것입니다. 사도 바울은 이 문제를 심각하게 말씀하고 있습니다. △

받은 유전을 지키라

주의 사랑하시는 형제들아 우리가 항상 너희를 위하여 마땅히 하나님께 감사할 것은 하나님이 처음부터 너희를 택하사 성령의 거룩하게 하심과 진리를 믿음으로 구원을 얻게 하심이니라 이러므로 형제들아 굳게 서서 말로나 우리 편지로 가르침을 받은 유전을 지키라 우리 주 예수 그리스도와 우리를 사랑하시고 영원한 위로와 좋은 소망을 은혜로 주신 하나님 우리 아버지께서 너희 마음을 위로하시고 모든 선한 일과 말에 굳게 하시기를 원하노라

(데살로니가후서 2 : 13 - 17)

받은 유전을 지키라

　오늘본문말씀은 아주 짧은, 몇절밖에 안되는 간단한 말씀입니다마는 이 가운데에 바울의 구원론과 그의 깊은 관심사가 잘 기술되어 있습니다. 역시 바울은 그 마음속에, 오늘도 본문에 그런 말씀이 있습니다마는, "우리 복음으로 너희를 부르사" 곧 우리 복음, 바울로 말하면 '나의 복음'이 있었습니다. 그 복음성이 확실한 하나님의 사람이었다, 라는 생각이 듭니다. 그래서 무슨 글을 쓰든 무슨 말을 하든 어디서 설교를 하든 어디서 증거를 하든 항상 확실한 복음, 그 복음의 속성이 그때그때 그 말씀마다에서 확증되고 또 노출되는 것을 볼 수 있습니다. 그래서 오늘본문에도 바울 특유의 구원론적 복음을 간단하게 서술하고 있는 것입니다.

　먼저 구원의 기본이라는 게 어디서 이루어지느냐입니다. 구원의 기초는 하나님의 사랑입니다. 그래서 이렇게 말씀하고 있습니다. "주의 사랑하시는 형제들아…" 사랑입니다. 사랑만이 생산적이고 사랑만이 창조적이고 사랑만이 교육적입니다. 오직 사랑 안에서만 구원의 역사는 이루어지는 것입니다. 여러분 잘 아시는대로 하나님께서 세상을 이처럼 사랑하사 독생자를 주셨습니다. 신구약성경의 총 주제가 바로 그것입니다. 하나님이 세상을 이처럼 사랑하셨다—하나님의 사랑이 예수 그리스도의 십자가사건 속에 나타나고, 하나님의 사랑이 성령으로 우리의 마음을 감동해서 그 사랑을 알게 하시고, 그 사랑을 믿게 하시고, 그 사랑을 받아들이게 하십니다. 그래서 그 사랑의 역사, 사랑의 능력이 마침내 우리의 죽어진 영혼, 영원히 죽을 수밖에 없는 영혼을 구원하시는 것입니다. 구원의 역사는 그 기초가 기본적으로, 아주 원초적으로 하나님의 사랑에 있다, 하는 것을 우리가 분명히 알아야 합니다. 그것을 계속 설명해나가고 또, 이것을 믿게 하려고 하는 것이 복음 전하는 자의 본래의 목적이라고 생각합니다. 오늘본문에 보면 몇 가지로 이 사실을 설명합니다.

첫째가 "하나님이 처음으로 너희를 택하사" 곧 하나님께서 선택하셨다, 하는 것입니다. 특별히 데살로니가서에서 이 선택교리를 종종 강조하고 있습니다. 하나님께서 선택하셨다―무슨 말씀이냐하면, 우리가 하나님을 선택한 것이 아니고, 하나님께서 우리를 택하신 것이고, 우리가 하나님을 알기 전에 하나님께서 우리를 아신 것이고 그가 주도적으로 역사, initiative를 그가 가지고 있다는 것입니다. 사도 바울의 그 유명한 간증이 있지 않습니까. '내가 하나님과 원수되었을 때 그가 나를 위해 죽으시고, 내가 하나님을 알지 못할 때 벌써 그는 나를 위해서 그 역사를 이루셨다.' 하나님과 원수되었을 때―이 얼마나 굉장한 얘기입니까. 내가 하나님께로 나가고, 내가 하나님을 발견하고, 내가 하나님을 알고… 그런 얘기가 아닙니다. 애시당초 그가 먼저 나를 아셨고, 나를 하나님의 자녀로 부르셨다는 것입니다. 이를 다른 말로는 선택적 교리라고 합니다. 그가 주도적으로 역사하시고, 그가 경륜적으로 역사하시고 섭리하시고, 그가 먼저 구원의 뜻을 이루시고 그것을 십자가를 통해서 나타내셨다, 하는 것입니다. 데살로니가전서 1장 4절에서도 사도 바울은 말씀합니다. "하나님의 사랑하심을 받은 형제들아 너희를 택하심을 아노라." 하나님께서 너희를 선택하셨다―분명히 사도 바울은 그렇게 확신을 하고 있습니다. 내가 너희를 찾아간 것도 하나님께서 보내셔서이고, 환난 중에서 너희가 예수믿는 것을 보아도 놀라운 일이다―

전하는 것이나 믿는 것이나 뭐, 여러 날 부흥회를 하고 여러 해를 가르친 것도 아닙니다. 사도 바울이 잠깐 다녀간 것입니다. 불과 몇 마디밖에는 들려준 바가 없는데 그대로 복음의 역사가 확실하게 나타나고 복음이 쑥 들어간 것입니다. 그리고 믿고, 받아들이고, 기뻐하고, 이에서부터 오는, 예수믿음으로 말미암아 오는 핍박과 환난을 잘 참고 견디는 것입니다. 그것을 볼 때 '하나님께서 선택하셨구나. 저건 하나님께서 선택하신 백성이다. 하나님께서 특별히 택하신 하나님의 자녀들이다' 라고 하는 확신을 가지게 되었습니다. 그래서 "하나님이 너희를 선택하심을 아노라" 합니다. 왜? 그는 말씀합니다. 믿음의 역사와 사랑의 수고와 소망의 인내—그것이 이루어지는 것을 보면서 그는 하나님의 역사를 보는 것입니다. 내 말을 듣고 안 듣고, 또 나를 지지하고 안하고… 그런 얘기가 아닙니다. 그는 복음을 전하면서 '하나님의 역사가 나를 통해서 어떻게 나타나고 있는가?' 하는 이 신령한 상황을 보고 있었습니다. spiritual context, 그걸 보고 있었던 것입니다. 그래서 오늘 이와 같이 말씀하게 됩니다. '하나님께서 당신들을 선택하셨습니다. 선택하신 것이 분명합니다. 확실하게 그리 믿어집니다.' 이 얼마나 고마운 말씀이요 중요한 말씀입니까. 여러분, 여러분 스스로를 생각해봅시다. 내가 예수믿은 것입니까? 하나님께서 나를 믿게 한 것이지요. 하나님께서 나를 이리로 인도하신 것이지요. 바로 이 마음으로 내가 누구에게 전도를 합니다. 그가 믿는 것, 예수를 받아들이는 것을 보면서, 모든 환난을 이기는 것을 보면서 우리는 확증을 하게 됩니다. '하나님께서 분명히 선택한 하나님의 자녀로다' 하는 것을 고백하게 되지요.

둘째는 "복음으로 너희를 부르사" 곧 복음으로 부르셨다, 합니다. 주의 부르심이 복음입니다. 바울이 말씀하는 복음은 바로 십자가입니다. 그대로가 십자가입니다. 바울이 말씀하는 복음은 윤리도 아니고 도덕도 아닙니다. 예수께서 우리를 위하여 십자가에 죽으신 것, 그 죽으신 사건 자체를 복음이라고 부릅니다. 그런데 "우리의 복음"이라고 하였습니다. 다시말하면 내 복음, 내가 전하는 복음을 말씀하고 있습니다. 이것은 간증적이요 증거적이요 특별히 사도적 권위를 말하는 것입니다. 바울의 마음속에서 복음이 구체화합니다. 요새말로 말하면 conceptualize, 그리고 이것이 '확실한 이론'화합니다. 다른 말로는 교리화하였습니다. 그건 틀림없습니다, 바울을 통하여. 극단적으로 말하고 싶어하는 사람들은 이런 비판론도 폅니다. '기독교가 예수교냐 바울교냐?' 예수께서는 십자가에 돌아가신다고 하는 이 엄청난 사건, 그걸 이루셨습니다. 그러나 이 사실을 구약적인 전승적 교리에 의해서 설명을 하고, 철학적으로 설명하고 논리적으로 설명합니다. 그래서 확실한 체계를 이루었습니다. 기독교의 체계는 바울의 것입니다. 그래서 오늘 바울은 말씀합니다. "우리 복음"이라고. 여러분, 그런 의미에서 우리 모두가 다 자기의 복음이 있어야 한다고 생각합니다. 예수 그리스도에 대한 복음이지요. 그런데 그것이 내 안에 들어와서 내 생활 속에서 내 철학 속에서 내가 가진 경험 속에서 확실하게 나의 복음을 이루어야 합니다. 그래야 흔들림이 없는 것입니다. 저는 가끔 이런 것을 봅니다. 어렸을 때부터 믿은 사람, 중간에 믿은 사람, 그리고 30대나 40대, 그리고 세상으로 나가 많이 다니다가 한 50쯤 돼서 예수믿은 사람, 가만히 보면 같은 예수를 믿고 같은 복음을 받아들였지마는 복음에 대한 이해가 다릅니다. 그럴 수밖에요. 사도 바울은 하나님께서 특별하게 예비하신 분입니다. 그래서 사도적 전승, 사도적 복음의 핵심을 이루는 것입니다. 그래서 "우리 복음"이라고 담대하게 말씀합니다. '우리 복음으로 당신들을 부르셨습니다.' 그렇지요. 바울이 데살로니가에 가서 전도를 하였습니다. 그 전도하고 설교하는 것을 그는 신학적으로 생각을 합니다. 하나님께서 나를 통해서 저들을 부르셨다고 생각합니다. 내가 전도한 게 아닙니다. 하나님께서 나를 통하여 전도하신 것입니다. 내가 가진 복음을 통해서 저들을 부르셨다고 생각하는 것입니다. 아주 신비로운 이해입니다. 대단히 중요한 것입니다. 우리소망교회에 대해서도 연구를 많이들 합니다. '소망교회가 어떻게 해서 부흥이 되었나?' 많이들 묻습니다. 내일 연세대학교에 가서 교역자수양회 세미나 강사로 강연을 해야 하는데 벌써 여러 해 동안 여름마다 가서 강연하는, 말하자면 전속강사인데 이번에는 제게 준 제목이 이상합니다. '소망교회 부흥의 원인'입니다. 그래 제가 원고도 준비하지 않았습니다. 준비할 필요가 없기 때문입니다. 이건 내가 말하는 게 아니고 다른 분들이 많이 연구하여 책도 내고 논문도 쓰고, 각자 나름대로 얘기하는 것 가운데 가장 설득력 있는 얘기가 하나 있습니다. 그것은 '소망교회 목사와 교인들 사이에 문화적 맥락이 일치했기 때문이다' 하는 것입니다. 이를테면 음악을 한다, 합시다. 내가 클래식을 좋아하고 여러분도 클래식을 좋아하여야 됩니다. 나는 클래식을 좋아하는데 여러분은 로큰롤이나 '뽕짝'을 좋아한다고 하면 서로간에 커뮤니케이션이 안됩니다. 무슨 말을 하든지 자꾸 그쪽으로 가게 되거든요. 이게 마음에 안들거든요. 그러면 안되는 것입니다. 여러분이 오늘도 우리교회에 나오셨지마는 보십시오. 우리교회는 오면 조용히들 기도하다가, 또 오르간연주를 한 15분 동안 조용히 듣고 기도하고 성경을 읽다가 예배가 시작됩니다. 그러나 당장 다른 어떤 교회를 가보십시오. 30분 전부터 징가징가 하는 것입니다. 정신이 없습니다. 북을 치고 야단났습니다. 그거 싫은 사람들은 그거 다 끝난 다음에 나옵니다. 그래서 늦게 나오는 사람이 많습니다. 이렇게 되면 어렵거든요. 우리복음, 우리복음이 그게 바로 내 복음이 되어야 하는 것입니다. 그래서 중요한 것입니다. 바울은 생각을 합니다. 데살로니가교회, 여러 날 머문 것이 아니지마는 여기 가서 복음을 전할 때, 이 사도적 권위의 복음을 그대로 받아들였습니다. 이 신비로운 역사를 생각하며 '하나님께서 나를 보내시고, 하나님께서 당신들을 선택하셨구만요' 하는 깊은 간증을 하게 되는 것입니다.

　세 번째로 사도 바울은 여기서 구원론을 이렇게 전개합니다. "성령의 거룩하게 하심과 진리를 믿음으로 구원을 얻게 하심이니…" 성령의 거룩하게 하심 — '하기오스'라는 말이 '거룩'이란 말이고, '하기아스모'라는 말은 '거룩하게 한다'라는 말입니다. 영어로는 sanctify, 명사는 sanctification, purification입니다. 거룩하게 하시는 것입니다. 자, 여기서 중히 생각하여야 됩니다. 우리가 거룩해지는 것이 아니고, 하나님께서 거룩하게 만드시는 것입니다. 내 버릇을 내가 고치는 게 아니고, 하나님께서 고치게 만드시는 것입니다. 내가 못끊는 버릇을 하나님께서 끊게 만드십니다. 내가 못고치는 것을 하나님께서 고치게 만드십니다. 여러분, 조심하십시오. 고쳐야 될 것을 고치지 못하고 끊어야 될 것을 끊지 못하고 나가면 어느 순간에 하나님께서 그대로 내려치십니다. 꼼짝못하고 고칠 수밖에 없도록. 끊을 수밖에 없도록 하나님께서 역사하십니다. 하나님께서 그런 작품을 만드십니다. 하나님께서 거룩하게 만드십니다. 죄송하지만 여러분이 돈을 우상으로 섬기면 하나님께서 돈을 가져가십니다. 내 자식을 하나님보다 더 사랑하면 하나님께서 그 자식을 데려가십니다. 하나님보다 남편을 더 사랑해도 하나님께서는 내려치십니다. 이것을 잊지 말아야 합니다. 여러분, 거울 보십니까? 너무 오래 보지 마십시오. 너무 자기얼굴에 반해가지고 예뻐하면 하나님께서 '그만 봐라' 하고 내려치십니다. 그러면 다시는 거울 보고 싶지 않아질까봐 걱정입니다. 여러분이 분명히 알아야 합니다. 하나님께서 거룩하게 하십니다. 내 생각을, 내 습관을, 내 생활양상을 다 바꾸어가십니다. 거룩하게 만드십니다. 성령이 그와 같이 하십니다. 자, 이제 성령이 우리에게 나타나서 우리를 감동함으로 능동적으로 창조적으로 인격적으로 역사합니다. 성령의 역사로 우리가 믿음을 얻어 의롭다 하심을 얻습니다. 성령의 역사로 우리는 거룩하게 됩니다. 여러분, 성령의 역사는 마술적 역사가 아닙니다. 가끔 우리는 성령의 역사가 마술적 역사쯤으로 되기를 바랍니다. 무슨 말인고 하니 내가 은혜받자마자 감격할 때가 있지요? '이제부터는 이렇게 하겠습니다' 하고 결심하는 순간 확 돌아가버렸으면 참 좋겠는데 안돌아가더라고요. 제가 아는 한 젊은 학생이 방언을 잘합니다. 기도하는 가운데 대표기도 하다말고 '와라라락'합니다. 깜짝놀라게 방언을 잘합니다. 방언의 능수입니다. 그래서 제가 그 학생을 유심히 보았습니다. 그런데 그게 또 행동하는 것 보면 다른 학생하고 똑같습니다. 그래서 제가 물어봤습니다. "그래 너 방언." "아 그래요, 저 방언을 아주 잘해요." "그래, 그래서 달라진 게 있느냐?" "그게 고민입니다. 여전히 술맛이 좋구요 여전히 놀러가는 게 좋고 여전히 게으르구요. 방언하고 그거는 상관이 없네요." "너 지금 중요한 신학적 이론을 말했다.

방언하고 성화하고는 관계가 없어. 알았나?" 이것을 알아야 합니다. 우리는 어떤 성령의 은사를 받아가지고 내가 그대로 휙 바뀌기를 바랍니다. 아주 마술적으로 변하기를 바랍니다. 마술하는 사람이 보자기를 들고 "어익!" 하니 비둘기가 나오고 "어익!" 하니 없어지고 하듯이 내 인간이 확 달라지면 얼마나 좋겠습니까. 솔직히 말해서 세례받는 날 인생이 확 달라지면 얼마나 좋겠습니까. 달라집디까? 아니거든요. 거기 고민이 있는 것입니다. 또한 기계론적으로 변하는 것도 아닙니다. 지금 우리가 스위치를 딱 끄면 불이 꺼지고 스위치를 올리면 불이 켜집니다. 그렇게 사람이 변한다면 얼마나 좋겠습니까. 그렇지를 않고 어떠냐? 인격적으로 변합니다. 무슨 말인고 하니 스스로 깨닫고 하나씩하나씩 고쳐나갈 뿐만 아니라 나도모르게 변합니다. 어느 사이에 변했는지 모르게 인격적으로 조금씩 하나님말씀 듣는 가운데 변하고, 하나님의 말씀에 감격하는 가운데 변하고, 기도함으로 말미암아 응답받는 중에 어느 결에 내가 달라졌습니다. 얼굴이 달라졌고 생활이 달라졌습니다. 아시겠습니까? 신비롭게 변합니다. 단 인격적으로 그리고 점진적으로 변합니다. 이것은 성령이 이루는 일입니다. 내가 이루는 게 아닙니다. 내가 결심하는 게 아닙니다. 성령이 역사하는 것입니다. 그래서 우리로하여금 어느 사이에 스스로 깜짝놀라도록 만듭니다. 어떻게 내가 이만큼이나 달라졌는가? 이만큼 변화하였는가, 하게 될 때가 올 것입니다. 그렇게 변하는 것이 그게 바른 변화입니다. 성령의 거룩하게 하심을 입는다―그것이 우리 성도의 생활입니다.

　그 다음으로 "진리를 믿음으로" 하였습니다. 객관적 진리를 내가 믿음으로 나의 주관에서부터 떠나 내가 믿는 신앙 속으로 들어가는 것입니다. 여러분, 믿음이란 아주 중요한 것입니다. 믿어지는 순간 사람은 달라집니다. 제일 무서운 죄, 구제불능의 현상이 뭐냐하면 '의심'입니다. 사단의 속성이 '의심'입니다. 여러분, 하나님말씀 읽을 때나 기도할 때나 설교들을 때나 그대로, 아주 100% 다 믿어지거든 큰 축복인 줄 아십시오. 믿음은 하나님께서 주신 선물입니다. 믿어지는 순간, 나라고 하는 주관적 체제에서 점점 변해가는 것입니다. 믿어보십시오. 그럼 그쪽으로 갑니다, 내가. 내 생각이 그리 가고, 내 관심이 그리 가고, 내 세계관이 그리로 갑니다. 믿어지는 순간 벌써 내가 믿는 대상에게로 내 인격이 차츰차츰 다가가고 있는 것입니다. 진리를 믿는 순간 진리화한 그런 성격을 가지게 됩니다. 그리해서 주 예수께 영광을 돌리게 됩니다. 이것이 바로 바울의 구원론입니다. 바울의 구원론의 핵심입니다.

이같은 은혜 안에서 사도 바울은 이제 우리가 해야 할 일을 말씀합니다. 이것은 하나님의 은혜로 되는 일들입니다, 전부가. 오늘 우리는 이 은혜 앞에서 어떻게 응답하여야 되겠는가? 두 가지로입니다. 하나는 굳게 서는 것입니다. 둘은 유전을 지키는 것입니다. "굳게 서서… 받은 유전을 지키라." 아주 깊은 뜻이 있는 말씀입니다. 여러분, 새로운 것을 찾지 마십시오. 이미 있는 것으로 족합니다. 단 굳게 서십시오. 더 많은 것을 알려고 하지 마십시오. 하나님께서 필요한 만큼 다 알려주시니 조급하게 뭘 알려고들지 마십시오. 믿으십시오. 믿고 이제는 그 믿음 위에 굳게 서십시오. 그러면 나도모르게 차차 알게 될 것입니다. 변화도 될 것입니다. 굳게 서라―아주 중요한 말씀입니다. '흔들리지 마라. 지금 서 있는 그대로, 그 믿음 위에 굳게 서라.' 그리고 "유전을 지키라"합니다. 예수님말씀 중에 '장로의 유전'에 대한 언급이 있는데 여기서는 그 '장로의 유전'과 구별된 '교회의 유전'을 말씀하는 것입니다. 그러니까 장로의 유전성, 거기에 대해서는 잊어버릴 것입니다. 오늘본문의 말씀은 그런 얘기가 아닙니다. 유전을 지키라— '파라도세이스'라는 이 말은 영어로 번역할 때는 tradition이라 합니다. '전승'을 말하는 것입니다. 전승이라는 게 뭡니까? 이건 역사성을 말하는 것입니다. 다시말하면 나 혼자서, 내가 스스로 깨달은 게 아닙니다. 벌써 오래전부터 그렇게 전해져왔습니다. 오랜 뿌리가 있습니다. 역사적인 긴 뿌리가 있는, 전승이 있는 바로 그 진리를 말씀하는 것입니다. 내가 이 시간에 위대한 발견을 했다고 하는 유의 생각을 하지 마십시오. 다 오래전부터의 전승과 함께 이루어진 역사성을 말씀하는 것입니다. 또 '전승'이라는 것은 인간의 깊은 신앙적 경험 속에서 확증된 것을 말하는 것입니다. 어쩌다가 문득 깨달은 게 아닙니다. 이것은 내가 경험했습니다. 실험을 해봤고, 그 다음에 우리 조상들도 실험을 해봤습니다. 그 자손에게 또 물려줬습니다. 이렇게해서 그 지혜와 말씀이 계속 확증된 것입니다. 확증된 것, 이거 아주 중요한 것입니다. 대단한 전승은 아닙니다마는 저의 선친께서 저를 데리고 다니면서 이 말 저 말 가르쳐주신 것들이 있습니다. 쉽게 풀어서 얘기한 것, 제 마음속에 다 간직했습니다. 요새는 그게 하도 소중해서 수첩에다 써놨습니다. 다 써놓고 가끔 생각을 해봅니다. 그 중의 재미있는 얘기 하나, 보실까요? '무식한 도깨비 부적도 모른다' 하십디다. 부적 써붙이면 뭘 합니까. 무식한 도깨비한테는 효험이 없다는 것입니다. 도깨비가 부적을, 글을 못보니 막 들어오는 것입니다. 들어오지 말라고 해도 막 들어옵니다. '무식한 도깨비 부적도 모른다'—무식한 자는 구제불능이라, 이것입니다. 어찌할 수가 없습니다. 이래 말해도 소용없고 저래 말해도 소용없거든요. 그렇지 않읍디까? 옛날부터 전해오는 말입니다. 많이 경험하고 지키고 '맞아, 옳은 말씀이야. 무식한 도깨비 부적도 몰라.' 그렇게 해서 오늘까지 내려온 것입니다. 나에게까지. 내가 또 우리 아들에게 말하지요. '무식한 도깨비 부적도 모른다.' 오랜 경험 속에서 씻기고 다시 경험되고 확증된 그것이 전승입니다. 어쩌다가 돌발적으로 뭘 하나 깨달았다고 날뛰고 하는 것이 아닙니다. 오랫동안 많은 하나님의 사람들이 전해들으면서 경험하고 또 확증되고 확증된 그것, 이게 전승입니다. 또하나는, 증거된 것입니다. 이 속에 증거가 있습니다. 간증적 요소가 있단말입니다. 그런 지혜가 함께하고 있습니다. 이것은 다 경험해서 확실하게 '그렇습니다' 하게 된 틀림없는 것입니다. 이런 전승, 그것을 지키라 하였습니다. 이스라엘사람들이 원래 전승을 소중히 여기거든요. 이스라엘사람들 원래 똑똑해서 회의같은 걸 하면 요란하다고 합니다. 그 나라 국회도 어지간히 싸웁디다. 이렇게 막 싸우다가도 "That's tradition, 이건 조상때부터 내려온 전승입니다"하면 all stop입니다. 입 다뭅니다. 그대로 따르는 것입니다. 내가 잘하고 못하고, 옳고 그르고, 그런 거 없습니다. "이건 전승이오!" 하면 끝입니다. 바로 그런 믿음이 필요한 것입니다. 우리가 너무 자기가 알아가지고 성경은 어떻게 해석하고, 연구하고, 공부하고, 하는데 이게 망조라고요. 전승이 중요합니다. 성경을 어떻게 해석하느냐는 전승에 따르는 것입니다. 이 전승의 핵심이 '사도신경'입니다. 우리가 성경을 읽습니다. 내 마음대로 내가 읽을 수 있습니다. 그러나 사도적 전승, apostolic authority, 그 tradition은 그대로 지켜가야 되는 것입니다. 일단 이걸 지킬 필요가 있고 이걸 믿을 필요가 있습니다. 사사로이 의심이 간다고해서 저버리고, '말도 안돼'해서 고치고, 그럴 것이 아닙니다. 사도적 전승을 소중히 여겨야 합니다.

그래 오늘 사도 바울이 말씀합니다. 어떻게 이것이 이뤄졌느냐 ―전승의 형성은 이렇습니다. "말로나 우리 편지로 가르침을 받은" ―긴 시간 가르치고 가르침을 받고 그리고 생활 속에서 경험하고, 그리고나서 이 전승이 이뤄진 것입니다. '사도적 전승을 지키라' 합니다. 사도적 전승의 핵심이 바울의 신학입니다. 바울의 믿음이요 바울의 복음입니다. '유전을 믿음으로 받으라' 그런 말씀입니다. 가끔 재주좋은 사람들이 실수하는 걸 많이 봅니다. 성경의 엄연한 교리인데도 불구하고 저 혼자서 성경을 읽고 뭐라고 하다가 이상한 소리 많이 합니다. 또 제가 골치아픈 게 이상한 소리 많이 써가지고 저 보고 읽어보라는 것입니다. 말도 안되는 소리라 골치아파 못읽겠더라고요. 이게 바로 전승을 떠난 사람입니다. 이걸 알아야 합니다. 내가 알면 얼마나 알겠습니까. 그분이 신학도 하지 않았습니다. 그런데 성경 좀 읽었다고해서 자기가 뭐… 이런 사람 골치아픈 사람입니다. 이게 '무식한 도깨비'에 해당하는 것입니다. 무식하니 자기가 무식한 것도 모르는 것입니다, 지금. 이걸 어떡하면 좋습니까. 그러니 다 알려고 하지 말 것입니다. 전승을 받아들이는 믿음을 가져야 합니다. 그리고 믿음을 지켜야 됩니다. 그 다음에 또 전승을 전해야 합니다. 내가 받은대로 이제는 전합니다. 계속 전해나가야 되는 것입니다. 사도적 전승이 이래서 이루어진 것입니다. 재미있는 얘기가 있습니다. 마르타 대처라고 하는 분의 「순종」이라는 책에 나오는 얘기입니다. 어느날 홍수가 나서 물이 막 차올라올 때 스미스라고 하는 사람이 어찌할 수가 없어 지붕위로 올라갔는데 벌써 물이 온동네에 꽉 차가지고 사람들이 배를 타고 다닙니다. 배를 타고 누가 가까이 오면서 "여보세요, 당신 배 태워줘서 높은 데로 안내해드릴까요?" 합니다. 그러니까 이 사람 하는 말이 "말씀하시는 건 고맙습니다마는 사양하겠습니다. 주께서 나를 구원해주실 줄을 나는 꼭 믿고 있습니다" 하는 것입니다. 물이 점점 더 올라와서 가슴께까지 이르렀습니다. 이제 또 배 하나가 지나가는데 거기 탄 많은 사람들이 "당신도 태워줄까요? 저리로 안내해줄까요?" 합니다. 이 사람은 또 "말씀은 고맙습니다마는 사양하겠습니다. 주님께서 내 기도를 들어주실 줄을 믿습니다" 하는 것입니다. 이윽고 물이 목덜미까지 차올라왔습니다. 이젠 죽게 됐거든요. 헬리콥터가 왔습니다. 마이크로 소리를 지릅니다. "빨리 이 밧줄을 잡으세요. 건져드리겠습니다." 그랬더니 "내가 지금 기도하는 중에 있소. 하나님이 나를 구원해주실 겁니다" 하더니 꼴까닥하고 죽었습니다. 죽어서 천당에 갔습니다. 천당에 가서 주님 보고 항의를 했습니다. "내가 기도했는데 왜 안들어줬습니까?" 주님께서 빙그레 웃고 하시는 말씀이 "내가 세 번이나 사람을 보냈는데 어찌하여 너는 내가 보낸 사람의 말을 안들었느냐?" 그렇지요? 사도적 전승이 바로 그걸 말하는 것입니다. 바울의 복음이 그렇고, 주시는 말씀이 그렇습니다. 우리는 자꾸 직접 어떻게 되기를 바라는데, 아닙니다. 분명히 사도적 전승을 통하여 오늘도 역사하십니다. 그걸 잊지 말아야 합니다. 내 경험, 내 작은 이해, 이 변변치 않은 지식에 매여가지고 크고 귀한, 수천 년 내려온 이 전승을 저버리는 어리석은 자가 되어서는 안될 것입니다.

　　이제 오늘 16절, 17절에 보니 마지막으로 사도 바울은 간단하게 기도를 하고 있습니다. 기도의 내용인즉 '하나님께서 위로해주시길 바랍니다. 위로의 하나님께서 위로해주시길 바랍니다. 사랑으로, 성령으로, 말씀으로… 계속적으로 하나님의 사람들을 위로해서 모든 시련을 잘 이길 수 있게 되기를 바랍니다'하는 것입니다. '위로해주십시오.' 두 번째는 '굳게 하시기를 바랍니다'하는 것입니다. "굳게 하시기를 원하노라" 하였습니다. 새로운 것을 말씀하고 있지 않습니다. 이미 받은 바 복음에, 이미 믿는 바 진리 위에 굳게 서기를 바라는 것입니다. 역시 굳게 서는 것도 하나님께서 도우셔야 되기 때문입니다. 또 기도와 함께 될 수 있는 것입니다. '하나님이여, 굳게 서게 해주세요. 흔들리지 않게 해주세요. 시험에 빠지지 않게 해주세요. 이 믿음의 귀한 전승을 잘 지켜가게 해주세요.' 이렇게 사도 바울은 기도하고 있습니다. 동시에 이 데살로니가교회 교인들도 같은 기도를 하여야 할 줄 압니다. 하나님께서 함께하시고 힘을 주실 때만이 그 많은 시험을 이길 수 있고, 굳게 설 수 있기 때문입니다. △

우리를 위하여 기도하라

종말로 형제들아 너희는 우리를 위하여 기도하기를 주의 말씀이 너희 가운데서와 같이 달음질하여 영광스럽게 되고 또한 우리를 무리하고 악한 사람들에게서 건지옵서 하라 믿음은 모든 사람의 것이 아니라 주는 미쁘사 너희를 굳게 하시고 악한 자에게서 지키시리라 너희에게 대하여는 우리의 명한 것을 너희가 행하고 또 행할 줄을 우리가 주 안에서 확신하노니 주께서 너희 마음을 인도하여 하나님의 사랑과 그리스도의 인내에 들어가게 하시기를 원하노라
(데살로니가후서 3 : 1 - 5)

우리를 위하여 기도하라

　　데살로니가후서도 이제 마무리단계에 왔습니다. 오늘말씀이 결론부분이고 뒤에 나오는 말씀은 마치 부록과 같은 말씀입니다. 여기 "종말로 형제들아"하고 말씀하는데, 바울의 편지 중에는 중간중간 "종말로"라는 말이 자주 나옵니다마는 오늘본문은 그 맥락으로 봐서 확실하게 결론부분에 왔음을 말씀해주고 있습니다. 특별히 여기서 사도 바울은 기도를 요청하고 있습니다. 사도 바울은 늘 교회를 위하여 기도하였습니다. 나는 이렇게 기도하노라, 하는 것을 우리가 여러 번 공부하였습니다. 늘 교회를 위해서, 자기가 수고해서 세운 교회를 위해서, 또 그리스도의 몸 된 교회를 위해서 그는 늘 기도하였으며 그 내용도 구체적이었습니다. 이러이러한 소원을 가지고 기도하노라, 하였습니다. 너희도 나와 같은 소원을 가지고 기도하기를 바란다, 하는 바람이 거기 내포되어 있습니다. 오늘본문에서는 특별히 데살로니가교회를 향해서 "우리를 위하여 기도하기를" 부탁하고 있습니다. 여기에는 큰뜻이 있습니다. 한마디로말해서 사도 바울의 인간됨이, 인간성이 잘 나타나 있습니다. 그의 휴머니즘이 잘 표출되었다고 생각합니다. 우리가 무슨 일을 하든지 그렇습니다. 특별히 하나님의 일은 그렇습니다. 내가 할 수 있다고 생각하는 것이 아닙니다. 내가 하기 싫다고 안할 수도 없는 것입니다. 항상 하나님께서 주도적으로 역사하십니다. 하나님의 손에 붙들려 사는 것입니다. 그래 예레미야서에 보면 "주의 일을 게을리하는 자는 저주를 받을지어다"하는 무서운 말씀도 있답니다. 하나님의 일을 기피할 수 없는 것입니다. 하나님께서 명령하시는 일은 그대로 순종하여야 됩니다. 뿐만아니라 순종하는 게 이롭습니다. 밖으로 나가봤댔자 우왕좌왕하다가 상처만 입어가지고 다시 원점으로 돌아와야 됩니다. 절대 피할 수가 없는 것입니다. 그런데 중요한 것이 있습니다. 하나님의 일을 기피하는 것도 나쁘지만 또하나 나쁜 것은 하나님의 일을 내가 마음대로 할 수 있다고 생각하는 것입니다. 그것은 또다른 교만입니다. 그런고로 하나님의 일을 할 때는 언제나 겸비한 마음으로 할 것입니다. 어쩌면 하나님의 일만이 아니라 모든 일이 그럴 것입니다. 아주 겸비한 마음으로 하여야 됩니다. 공부하는 사람, 다 알 수 있다고 생각해서는 안됩니다. 그 무궁무진한 진리 가운데서 조금, 맛을 보듯이 조금 공부하는 것일 뿐입니다. 한평생 공부한들 얼마나 하겠습니까. 별것 아닙니다. 또 우리가 뭘 한다 합시다. 흔히 말하는바 성취감을 즐긴다, 하지만 좀 건방진 소리지요. 성취가 어디 있습니까. 성공도 없거니와 성취도 없습니다. 내가 할 수 있는 일이 뭡니까. 내가 할 수 있어서 될 일이 무엇이 있다는 것입니까. 그런고로 우리는 아주 겸손하여야 됩니다. 바울이 늘 입버릇처럼 말하는대로 주의 뜻이면 이것도 행하고 저것도 할 것입니다. 야고보도 말씀합니다. '주의 뜻이면 이것도 행할 수 있고 저것도 행할 것이다.' 주의 뜻이면—아주 중요한 말씀입니다. 늘 '주의 뜻이면 될 것입니다'하는 신실한 겸손, 어떤 의미에서 이것은 정직함입니다. 자기를 아는 존재의 정직함입니다. 그렇기 때문에 하나님의 사람은 자그마한 일에도 감사할 수밖에 없습니다. 나는 또 실수하고 또 잘못하고 또 나약하고 또 미련합니다. 그런데 하나님께서는 꾸짖지 아니하시고 꾸준히 참아주시고 덮어주시고 인도하시고, 또 허물많고 부족한 우리의 시원치않은 충성을 통해서 큰일을 이루시는 것입니다. 그러니 감사할 수밖에 없습니다. 바울은 그런 의미에서 겸손한 사람입니다. 생명을 바쳐 전도합니다. 한평생 그 많은 위험을 무릅쓰고 복음전선에, 선교사업에, 아주 total commitment, 전 생을 주님께 위탁하고 헌신하면서도 이것은 자신의 힘으로 되지 않는다는 것을 알고 있었습니다. 그래서 그는 이렇게 말씀하는 것입니다. "우리를 위하여 기도하기를…" 하나님의 능력이 나와 함께하지 않는다면 아무것도 안됩니다. 조그마한 일에서 큰일까지 어떤 일에도, 단 한 사람을 예수믿게 하는것도 하나님께서 함께하셔야 된다고 믿었습니다. 내가 설득을 잘하면 되고, 내가 봉사를 잘하면 되고, 내가 서비스를 잘하면 되고… 아닙니다. 하나님께서 하시는 일입니다. 그걸 잊지 말아야 됩니다. 여기에 하나님의 사람의 휴머니즘이 있는 것입니다. 인간의 나약함을 인정하고, 내가 하고 있는 일이 아주 부분적이고 초라한 일이라는 것을 인정하고 하나님의 능력을 구하고 있습니다. 거기에 또한 내가 하나님의 능력을 위해서 기도합니다. 그러나 나만으로는 모자랍니다. 내 기도만으로는 안됩니다.

저는 가끔 이런 생각을 합니다. 아이들하고 함께 식사를 할 때 식사기도를 하는데, 어른들이 기도할 수 있지요. 아빠도 기도하고, 엄마도 기도하고, 할 수 있지마는 저는 꼭 그 어린것들 보고 기도하라 합니다. 제 생각은 이렇습니다. 고 어린것들이 하는 기도는 하나님께서 꼭 들어주실 것같은 것입니다. 어린이의 기도는 능력이 있습니다. 그걸 알아야 합니다. 제가 우스운 얘기 할까요? 일제 말년에 신발이 없었습니다. 전쟁때이기 때문에 그랬습니다. 그때는 고무신, 그것도 까만 고무신, 그거 한 켤레면 대단한 것이었습니다. 누가 시집갈 때도 까만 고무신 하나 구해가지고 그거 신고 시집갔습니다.

그럴 때인데, 고무신 몇 개가 반에 배급나왔습니다. 제비를 뽑아서 나오는 사람이 갖게 되는데, 그럴 때 우리 어머니가 거기 가시면서 날보고 가자 하십디다. "제비를 네가 뽑아야 꼭 나올 것같다. 내 손 가지고는 안될 것같다." 그래 따라가서 제비뽑았는데 정말 나왔습니다. 깨끗한 손이거든요. 사도 바울을 생각합니다. 바울이 기도하지요, 물론. 아침에 기도하고 저녁에 기도하고 열심히 기도하지마는 아닙니다. '당신들이 나를 위해서 기도해줘야겠소.' 그것이 바울의 휴머니즘입니다. 얼마나 겸손합니까. 내가 기도하는 것만으로는 모자랍니다. 당신들이 나를 위해서 기도해줘야겠소―얼마나 중요한 청입니까. 그 마음씨, 그것이 바로 겸손이요, 진실이요, 바울의 휴머니즘이라는 말씀입니다. 그럼 어떻게 기도하는가? 왜 이런 이야기가 나오는가 보십시오. 주의 말씀을 전합니다. 전하기는 하지만, 꼭 같은 말씀을 전한다고 하지만 용기있게 전해야 되고, 또 충만함에서 전해야 됩니다. 이게 바로 기도제목입니다. 여러분, 목사님을 위해서 기도하지요? 꼭 같은 설교이지만 여러분의 기도에 따라서, 또 제 기도에 따라서, 꼭 같은 말씀으로 준비해가지고 말씀하지마는 어떤 날은 용기가 있고, 능력이 있고, 그리고 충만함이 있는가하면 어떤 날은 그렇지 못합니다. 시간이 됐으니 나오기는 했지만, 부득이하여 전하기는 하지만 깊은 곳에서부터 충만함이 없을 때가 있는 것입니다. 충만함이 없는 메시지는 감동도 없는 것입니다. 능력이 나타나지를 않는 것입니다. 제가 여러 교회 부흥회를 다녀봅니다마는 기도 많이 하고 준비한 교회는 강단에 딱 서보면 벌써 다릅니다. 은혜가 있습니다. 아무 준비도 없이 "목사님 오십시오"해서 세워놓으면 같은 목사, 같은 강단이라도 은혜가 없습니다. 그걸 알아야 됩니다. 그래서 사도 바울은 말씀합니다. 말씀을 전하는데, 전하는 나에게 용기를 주시고 충만함을 주시고, 또 말씀을 전했지요? 그 효과가 어떻게 이루어지느냐, effect가, 효과가 어떻게 오느냐, 하는 것도 하나님의 손에 달렸습니다. 하나님의 능력과 그의 지혜와 그의 감동에 따라서 효과가 있기도 하고, 없기도 하는 것입니다.

또한 오늘본문에 보니 악한 무리의 위협을 느끼고 있습니다. 훼방꾼이 많습니다. 복음전하는 데 방해자가 많습니다. 환난과 핍박, 그것도 그것이지만 특별히 아주 짓궂은 사람, 아주 못된 사람들, 그런 사람들이 하나님의 선교사업을 방해하고 있거든요. 그런 방해가 없게 하기 위해서 '악한 무리로부터 우리를 구원해주십시오. 그런 장애가 없도록 해주십시오' 하는 기도를 해달라는 것이며, 더 심각한 신학적 문제도 하나 있습니다. "믿음은 모든 사람의 것이 아님이라" 하였습니다. 중요한 구절입니다. 무슨 말씀입니까. 믿음은 우리의 의지가 아닙니다. 하나님께서 주시는 선물입니다. 똑같은 말씀을 들었는데, 믿어지는 사람이 있고 안믿어지는 사람이 있습니다. 믿어지는 것이 축복입니다. 믿어지지 않는 것은 참으로 불행입니다. 우스운 얘기지만 어떤 큰 회사에서 사람을 고용하게 되어 이제 입사시험에 수천 명이 응모한 것입니다. 어떤 방법으로 시험을 과해서 사람을 뽑을까 하다가 이렇게 했다고 합니다. 제가 그 회장님한테 들었습니다. 방마다 50명씩 들게 하고 열한 시에 시험보겠다고 공표했는데 열한 시 반에 사람이 들어갔습니다. 이미 늦었지요. 일부러 늦춘 것입니다. 시간 몰라서 그런 게 아닙니다. 좀 지루하게 만들어가지고 거기에 누가 들어갔느냐? 엉뚱하게도 개그맨이 들어갔습니다. "좀 늦어지는데, 제가 잠깐 여러분들과 함께하는 시간을 갖겠습니다"하고 개그맨이 웃기는 얘기를 했습니다. 그랬더니 "지금 시험볼 시간인데 저 사람이 왜 나와가지고 저러는가. 집어치워!" 이러는 사람도 있고, 웃지 않는 사람도 있고 "그거 몇번 들은 이야기야. 그만 둬"하는 사람도 있고, 어떤 사람은 억지로 안웃기도 하고, 픽픽 비웃는 사람도 있고… 별사람이 다 있는 것입니다. 이걸 전부 몰래카메라로 찍었습니다. 그래가지고 분석해보니 이 개그맨의 개그를 듣고 활짝 웃는 사람이 있었습니다. 시험은 어차피 볼 거고 우선 지금은 좌우간 웃는 거지 뭐, 하고 활짝 웃는 사람이 있는 것입니다. 고것만 딱 체크해가지고 그 사람을 채용했습니다. 보니 훌륭한 사람이었습니다. 선발에 성공한 것입니다. 좋은 사람을 얻은 것입니다. 믿음은 모든 사람의 것이 아닙니다. 하나님의 말씀을 믿어야겠는데 안믿어지는 데는 도리가 없지 않습니까. 그러므로 믿음은 하나님의 선물인 것입니다. 그런고로 기도하여야 합니다. 기도해서 하나님께서 저들에게 믿음을 주셔야 합니다. 그래야 복음의 역사가 효과를 나타내게 되는 것입니다. 그래서 '기도해주십시오'라고 말씀하는 것입니다. 미국의 유명한 부흥사였던 무디 선생이 목사님들과 함께 좌담을 합니다. 젊은 목사님들이 물어보기를 "어떻게 하면 교회가 부흥이 되겠습니까?"하고 답답한 사정을 말했습니다. 그때 무디 선생은 아주 진지하게 이렇게 말하는 것이었습니다. "정말로 교회를 사랑하고 영혼을 구원하기 위한 간절한 마음으로 매일 5분씩만 진실한 마음으로 기도하는 사람이 스무 명만 있으면 당신의 교회는 부흥할 것입니다." 스무 명만 있어도—목사님을 위하여, 설교를 위하여, 예배를 위하여, 교회를 위하여 하루에 5분만이라도 진실한 마음으로 기도하는 사람이 이십 명만 있어도 교회는 부흥한다고 말했습니다. 위대한 말입니다. 정말로 중요한 얘기입니다. 진심으로 기도하는 사람들이 필요한 것입니다. 그래서 사도 바울은 데살로니가교회를 향하여 '우리를 위하여 기도를 해주십시오'하고 부탁합니다.

　선교란 근본적으로 말씀을 전파하는 것인데 말씀을 전하는 전도자의 인격이 거기 함께 따라갑니다. 그의 헌신과 수고가 따라갑니다. 그리고 성령의 역사입니다. 성령이 마음을 열어주어야 됩니다. 마음을 열어준다는 말의 반대말은 강퍅케 한다는 말입니다. 성경에 보면 "하나님께서 그 마음을 강퍅케 하사"라는 말씀이 있습니다. 하나님께서 그 마음을 심판해버리셨습니다. 그 교만한 마음을 심판해버리시는 순간 그 사람의 귀는 딱 막히고 맙니다. 그래 마음이 열리지 않고 말씀이 들리지 않습니다. 들을 수가 없어요, 이제는. 스스로 들으려고 애써도 안됩니다. 왜요? 하나님께서 막아버리셨기 때문입니다. 그걸 알아야 합니다. 강퍅케 되는 것입니다. 그래서 히브리서에 보면 "강퍅게 됨을 면하라" 하였습니다. 가정에서도, 혹은 친구와의 관계에서도 아예 마음이 꽉 닫힌 사람이 있습니다. 이렇게 말해도 삐지고 저렇게 말해도 노하고… 이건 구제불능입니다. 어떡하면 되겠습니까. 칭찬하면 아첨한다 하고 책망하면 비웃는다 하고. 이래도 안되고 저래도 안되고. 이건 우리아버지 문자대로 말하면 배냇병신이거든요. 고치려고 해도 못고치는 것입니다, 이것은. 마음이 열려야 합니다, 마음이. 그런고로 기도가 필요합니다. 오직 기도만이 마음을 열 수가 있습니다. 사도 바울은 구체적으로 말씀합니다. "주의 말씀이 너희 가운데서와 같이 달음질하여 영광스럽게 되고…" 이는 직역한 것인데, 참 잘 번역되었다고 봅니다. '달음질하다'—헬라말 원문이 "트레케"인 이 말은 문자그대로 'speed on'입니다. 급하게 달려가는 것, running on입니다. 뛰어가는 것을 말하는 것입니다. 주의 말씀이 급하게 달음질하고, 그래서 영광을 얻게, 승리를 얻도록 되기를 위해서 기도하라 하였습니다. 세례 요한이 하나님의 말씀을 전할 때 뭐라고 말씀합니까. "너희는 주의 길을 예비하라 그의 첩경을 평탄케 하라" 하였습니다. 첩경을 평탄케 하라—highway, 고속도로를 만들라, 함입니다. 급행열차같이 nonstop으로, 하나님의 말씀이 nonstop으로 들어와야 되는데 바로 들어오지 않고 거치는 게 많습니다. 하나님말씀을 들으면서 '아, 이건 내가 들어야 할 말씀이다. 내가 듣고 겸손해져야겠다' 하지를 않고 '이거는 내 며느리가 들어야 하는데, 아, 결석했구나' '요거는 우리남편이 들어야 되는데 이 양반이 어쩌다가 오늘은 안나왔누? 이것 참 귀한 말씀인데…' 이러는 것은 '완행열차'입니다. 왜 직행하지 못하고 구불구불 가는 것입니까. 우회전 좌회전, 이래서는 안되는 것입니다. 대단한 완행열차 하나 볼까요? 제가 인천에서 목회할 때입니다. 어느 손님하고 앉아서 얘기를 하는데 전화가 왔습니다. 전혀 낯선 목소리입니다. "목사님, 우리아버지가 세상을 떠나게 됐으니 와주세요"합니다. "어디요? 위치가 어딘데요?" 물어본 다음 "알았습니다. 여기 얘기 끝나면 갈께요" 했더니 그 한 10분 사이에 전화가 세 번이나 오는 것입니다. 그래 할수없이 "오늘 얘기 다음에 하십시다"하고 손님을 보내고 그 집을 찾아갔습니다. 걸어서. 가보았더니 정말 나이 예순쯤 돼보이는 노인이 누워 있습니다. 막 숨넘어가려는 참입니다. 그의 아들 딸들이 죽 둘러서 있습니다. 제가 노인의 손을 잡고 "제가 인천제일교회 목사입니다. 어째서 날 불렀습니까?" 물었습니다. 숨이 가빠진 상태에서 이 노인이 더듬더듬 얘기를 합니다. 초등학교 3학년때, 교회에 가면 연필 준다고 해서 아이들과 같이 교회에 가서 연필 몇개 받아 왔고, 그리고 세 번 교회 나간 일이 있는데, 그때의 설교내용은 다 잊었지만 천당간다는 얘기는 기억한다고 합니다. 그리고 늘 생각하기를 '예수믿어야겠다. 예수믿어야 되고말고…'했는데 노상 그러고만 지내기를 40년, 아니, 초등학교 3학년때부터 60세까지이니, 50년인 것입니다. 교회십자가를 볼 때마다 '교회나가야지, 내년에는 나가야지, 좀 있다 나가지'하다가 이제 덜컥 죽게 되어 급해진 것입니다. "이제는 뭐 체면이고뭐고 없다. 목사님 불러와라." 그래서 제가 불려간 것입니다. 그분을 붙들고 전도하고 신앙고백을 받고 세례주고 임종기도를 합니다. 그런데 기도하고 "이 영혼을 아버지 손에 부탁하나이다" 하는 순간에 이 노인이 딱 가는 것입니다. 기도하다말고 깜짝놀란 것은 둘러선 자녀들이 박수를 치는 것이었습니다. 그 아버지가 정면을 바라보다가 나 있는 쪽으로 눈을 돌리고는 빙그레 웃으면서 갔다는 것입니다. 고맙다는 얘기지요. 사람 숨넘어가는 순간에 울지는 않고 집안식구가 전부 박수를 치다니, 저는 이런 일 처음 겪었습니다. 그 후로 그 가정이 다 교회에 나왔습니다. 왜 이 말씀을 드리는고하니 초등학교 3학년때 복음을 들어가지고 60세에 세례를 받았으니 이 아니 고질적인 완행열차입니까. 완행도 보통완행이 아니지요. 너무 오랫동안 나돌아다니다가 왔지. 이래서 하는 말씀입니다. 직행하게 하세요, 직행. 직행이 중요합니다. speed on, 아주 급하게, 거치는 것 없이 내쳐 달음질, 복음이 달음질해서 복음이 승리하도록 할 것입니다. 잡스러운 생각이나, 우상이나, 전이해(前理解)나, 잘못된 것 다 물리치고, 복음이 승리하게 할 것입니다. 본문에 이것을 뭐라고 표현했는고하니 "영광스럽게 되고"라 하였습니다. 승리하여 영광스럽게 되게, 그래서 기도해달라고 부탁을 하는 것입니다. 좋은 예로는 사도행전 16장 14절에 볼 수 있는바 사도 바울이 빌립보에 갔을 때 강가에서 안식일을 지키게 되는데 거기서 루디아라는 여자를 만난 것입니다. 같은 히브리사람들이라서 안식일에 조용한 곳에 기도하러 갔다가 만난 것입니다. 거기서 복음을 전했습니다. 꼭 한 번 만나서 한 번 복음을 전했는데 그가 당장 예수믿고 세례받습니다. 그리고 바울이 여자들만 사는 집이라서 피하고 다른 데 가서 숙소를 잡아보려고 하니까 그 루디아가 멋있는 말을 합니다. "나를 주 믿는 자로 알거든 내 집에 들어와 유하소서" 합니다. 그게 교회가 되었습니다. 빌립보교회가 된 것입니다. 딱 한 번 만나 예수믿고 자기집을 오픈 하우스 해서 교회로 만들었다—어떻습니까. 이게 직행입니다. 급행이지요. 이렇게 달음질해서 복음이 승리하도록 기도해주십시오, 라고 바울은 부탁하는 것입니다.

또, 많은 심술궂고 악한 사람들로부터 우리를 지켜달라고 "건지옵소서 하라" 하였습니다. 선교에 방해가 없도록 위해서 기도하십시오, 하는 것입니다. 방해가 너무 많으면 힘듭니다. 그래서 순탄한 가운데서 하나님의 말씀을 듣고 받을 수 있도록 여러분들은 힘써 기도해주세요, 하는 것입니다. 또, 믿음은 모든 사람의 것이 아닙니다. 하나님께서 내가 복음전하는 사람들의 마음속에 믿음을 주십시오, 성령의 감화로 믿음을 주세요, 믿음을 선물로 주세요, 하는 기도를 하라는 것입니다. 그리고 이제 그의 확신이 여기에 있습니다. 너희는 내가 너희에게 말하는 것을 행하고 또 행할 줄로 확신하노라, 합니다. 이건 칭찬이기도 하고 믿음이기도 합니다. 내가 말하는 것, 너희들이 다 지켜 행할 줄로 믿는다, 하는 신뢰입니다. 그러고나서 다시 바울은 여기 간단한 소원을 말씀하고 있습니다. 또하나의 기도입니다. "주께서 너희 마음을 인도하여 하나님의 사랑과 그리스도의 인내에 들어가게 하시기를 원하노라." 아주 귀한 말씀입니다. 하나님의 사랑과 그리스도의 인내. 너희 마음을 인도하여 하나님의 사랑으로 들어가기를, 하나님의 사랑을 이해하고, 십자가의 사랑을 이해하게 되기를 바란다, 하나님의 사랑, 무궁무진한 사랑을 다시 깨닫고 확인하게 되기를 바란다, 하는 소원입니다. 어떤 분은 이렇게 말합니다. 우리가 많은 기도응답을 바라고 있지마는 기도응답은 하나뿐이라고, 한길로 통한다고 하였습니다. 내가 너를 사랑한다—그 음성이 들리면 그것이 응답이라고. 잘되고 안되고 건강하고 병들고, 살고 죽고, 문제가 아닌 것입니다. 오직 한마디, 내가 너를 사랑한다—그것이 나의 마음속에 확신이 되고, 믿어지고, 우리마음의 귀로 들을 수 있으면 그것이 응답입니다. 기도응답은 이것 하나로 통하는 것입니다. 하나님의 사랑에로 들어가게 하기를 구하노라, 합니다. 그리고 그리스도의 인내에 들어가게 하기를 원합니다. 히브리서 12장 1-3절에 보면 그리스도의 인내에 대해서 두 가지로 말씀합니다. 예수께서는 참으셨습니다. 뭘 참으셨습니까. 십자가를 참으사, 하였습니다. 십자가의 고난, 십자가의 비난, 십자가의 모든 억울함과 고통을 참으셨습니다. 주님, 그가 십자가를 참으셨습니다. 하물며 우리가 못참을 것이 뭐가 있습니까. 빌라도법정에서 그 많은 비난을 잘 참으셨습니다. 말없이 참으셨습니다. 아무 발명 없이 참으셨습니다. 빌라도는 이것을 참지못해서 말 좀 하라고 재촉해도, 아무 말씀 없으셨습니다. 왜요? 진정한 인내에는 설명이 없습니다. 설명할 필요가 없기 때문입니다. 그리스도의 인내, 십자가를 참으신 바로 그 인내를 우리가 본받아야 하겠습니다. 그 인내에 들어가게 하시기를 원하노라, 합니다. 그리고 거역한 이를 참으셨다, 합니다(히 12:3). 예수님 보십시오. 예수님을 거역한 자가 누구입니까. 가룟 유다입니다. 예수님을 거역한 자, 베드로입니다. 베드로를 참으셨습니다. 세 번이나 당신을 부인한 베드로입니다. 그러나 예수님께서는 베드로를 향하여 잘 참으셨습니다. 불쌍히 여기셨습니다. 저는 베드로와 예수님과의 대화에서 늘 감사하게 생각하는 부분이 이 부분입니다. 왜 한마디도 그에 대한 말씀이 없으실까? '내가 깨어 기도하라고 말하지 않더냐.' 그 한마디쯤 하실 법한데 아니하셨습니다. 그뿐입니까. '나를 모른다고 한 것까지는 좋다치자. 맹세하고 저주는 왜 했느냐?' 하실 법한데 아니하셨습니다. 어떤 어린아이가 하도 장난이 심해서 하루도 성한 날이 없었습니다. 제 몸에도 상처를 내고 남의 몸에도 상처를 내고, 그러니 병원에 데려가야 되고, 남의 유리창 깨뜨려서 돈 물어줘야 되고… 매일 사고뭉치였습니다. 그래서 아버지가 어떤 날 이걸 붙들고 "애야, 제발 사고 좀 그만 치자. 일주일만 네가 사고를 안치면 네가 그렇게 바라는 자전거를 사줄께." 손가락 걸고 약속을 했습니다. 사고치고 싶어도 이젠 자전거 얻어가질 생각에서 참고, 참고, 참고… 용케도 일주일을 참아냈습니다. 약속대로 자전거를 사주었습니다. 사주고나서 아버지가 뭐라고 했겠습니까. "이렇게 착한 애가 왜 그렇게 사고를 많이 냈냐?" 했것다, 이 아이가 뭐라고 한지 아십니까. "내 그 말 나올 줄 알았지. 자전거 안타겠어요!" 그러고 나가더라는 것입니다. 아무 말도 안해야 참은 거지 그 말은 왜 합니까, 이제와서. 왜 과거를 기억하게 만듭니까. 여러분, 참으려거든 아주 깨끗이 참으십시오. 군말없이 깨끗하게, 웃으면서 참아야지 '두고보자' 하고 참아서는 안됩니다. 어느 한 번의 실수를 약점으로 딱 잡고 일생동안 우려먹는대서야 되겠습니까. 그건 참는 것이 아닙니다. 예수님께서 십자가를 지시고도 참으시고, 제자들의 거역한 것, 배신, 다 참으셨습니다. 그런 그리스도의 인내에 들어가게 하시기를 구하노라, 그 인내를 본받아서 그런 인내를 할 수 있는 사람들이 되기를 원하노라―이것이 사도 바울의 기도입니다.

이렇게 기도를 요청하는 동시에 바울은 나도 너희를 위해서 기도한다, 하여 기도와 기도가 합칩니다. 기도의 교제가 이루어집니다. 기도가 연합됩니다. 서로 위하여 기도하는 사람들끼리 말입니다. 기도 안에 하나가 됩니다. 영으로 하나가 됩니다. 그것이 바로 진정한 성도의 교제입니다. 여러분, 교역자가 교인을 위해서 기도하고, 교인이 교역자를 위해서 기도하고, 권사님이 교인을 위해서 기도하고 교인이 권사님을 위해서 기도하고⋯ 서로서로 간절한 마음으로 이름을 불러가며 기억하며 기도하게되면 이보다 더 아름다운 일이 없습니다. △

규모있는 생활양식

　형제들아 우리 주 예수 그리스도의 이름으로 너희를 명하노니 규모 없이 행하고 우리에게 받은 유전대로 행하지 아니하는 모든 형제에게서 떠나라 어떻게 우리를 본받아야 할 것을 너희가 스스로 아나니 우리가 너희 가운데서 규모 없이 행하지 아니하며 누구에게든지 양식을 값 없이 먹지 않고 오직 수고하고 애써 주야로 일함은 너희 아무에게도 누를 끼치지 아니하려 함이니 우리에게 권리가 없는 것이 아니요 오직 스스로 너희에게 본을 주어 우리를 본받게 하려 함이니라 우리가 너희와 함께 있을 때에도 너희에게 명하기를 누구든지 일하기 싫어하거든 먹지도 말게 하라 하였더니 우리가 들은즉 너희 가운데 규모 없이 행하여 도무지 일하지 아니하고 일만 만드는 자들이 있다 하니 이런 자들에게 우리가 명하고 주 예수 그리스도 안에서 권하기를 조용히 일하여 자기 양식을 먹으라 하노라

(데살로니가후서 3 : 6 - 12)

규모있는 생활양식

　오늘본문에 아주 구체적인 교훈의 말씀이 있습니다. 이는 실제로 우리가 신앙생활 가운데 지켜가야 할 규모있는 생활양식입니다. 우리는 예수믿어서 하나님의 사람이 되고, 하나님의 은총을 힘입게 되고, 구속받게 되고, 자유인이 됩니다. 율법과 죄와 사망, 또 미래에 대한 공포, 이 모든것으로부터 자유하는 그런 그리스도인이 되어 살아갈 때 이러한 하나님의 큰 능력을 힘입고 사는 사람의 마음속에 또하나의 시험이 있습니다. 넘어지기 쉬운 걸림돌이 있는 것입니다. 그것이 뭐냐하면 신앙이라고 하는 핑계로 게으름과 무질서의 사람이 되기 쉽다는 것입니다. 가만히 보면 믿음을 이야기하면서 절제없이 사는 사람이 있습니다. 하나님이 보우해주시겠지, 하고 아무 음식이나 먹고, 또 규모없이 무질서하게 살아버리는 것입니다. 하나님의 보우하심, 하나님의 은총을 믿고 살면서 절제하지 않습니다. 그것은 하나님의 능력에 대한 큰 모독입니다. 그래놓고 건강하기를 바랍니다. 생각해보십시오. 아무렇게나 먹고, 아무렇게나 자고, 아무렇게나 행동하고… 이렇게 방임적으로 살아가면서 '하나님, 건강을 주십시오'하다니 말이나 되는 일입니까. 하나님께서 우리에게 건강할 수 있는 음식도 주시고 건강할 수 있는 지혜도 주셨습니다. 먹어야 될 것, 먹지 말아야 될 것이 있는 것입니다. 그러므로 우리는 가려 행하여야 됩니다. 무질서하게, 무절제로 살면서 '하나님, 건강을 주십시오'하는 것처럼 맹랑하고 잘못된 기도가 없습니다. 모름지기 하나님께서 우리에게 주신 것 잘 지켜가야 합니다. 그것을 지키면서 건강을 구해야 합니다.

제가 이 시간에 여기서 말씀드려 좋을는지 모르겠습니다마는 그러나 좋은 일이기에 제 개인 얘기지만 하나 말씀드립니다. 제 몸에는 어렸을 때부터 가진 고질병이 하나 있습니다. 저는 너무너무 답답해서 이것을 사단의 사자, 육체의 가시라고 생각했습니다. '이대로를 가지고 무덤까지 가야 되는가보다' 하였습니다. 뭐냐하면 축농증입니다. '비후성 비염'입니다. 이것은 복합적으로 작용하는 것입니다. 좌우간 열세 살 때부터 수술을 했습니다. 그런데 이게 쉽사리 낫는 병이 아닙니다. 그래서 코가 항상 나쁜 상태입니다. 공부할 때도 그랬고, 목사가 되어서도 이 코 때문에 참 문제였습니다. 불결하기도 하고 또 코가 막혀서 설교를 하기도 참 힘들었습니다. 얼마나 힘든지 말이 아니었습니다. 그런데 이건 또 비상조치 하는 약이 좀 있습니다. 스프레이로 잠깐 비공을 열어주는 게 있는데, 그걸 하면 잠깐은 듣습니다. 그러나 40년 전 얘기니 그때만 해도 약이 좋지 않을 때입니다. 아주 머리가 아픕니다. 터질듯이 머리가 아픕니다, 1시간 뒤에는. 그 다음에는 또 약도 듣지 않습니다. 며칠 뒤에 가야 약이 듣지 이어서 쓰면 약이 듣지를 않습니다. 그러므로 잘 아꼈다가 설교시간 전에만 약을 쓰는 것입니다. 그러니까 이제 일반적으로 심방을 다닐 때 같은 때는 쓸 수가 없습니다. 이 코 때문에 저는 고생을 참 많이 했습니다. 그런데 '아, 이것도 고칠 수 있는 병이다' 하는 생각을 하게 된 계기가 생겼습니다. 1963년 프린스턴대학에 공부하러 갔을 때 스팀이 놓여 있는 방에서 자니까 싹 없어지더라고요. 언제 그랬더냐는듯이, 언제 콧병이 있었나 할 정도로. 결국은 추운 것과 먼지같은 걸 감당못하는 알레르기가 있는 것입니다. 그 알레르기 때문에 생기는 현상이었습니다. 그것을 알았습니다. 그래서 이 알레르기를 고칠 수 있다면 무슨 수든 쓰겠다, 하고 나섰습니다. 여기서 대구가 얼마나 멉니까, 그때만 해도 느린 기차를 타고 다닐 때입니다. 거기에 일주일에 두 번씩 몇달 동안 오가면서 치료받았습니다. 전문가가 거기 있다고 하여 다녔는데 주사도 많이 맞고 약도 먹고 했지만 잠깐 낫는 듯하더니 그것도 소용이 없었습니다. 아무래도 이것은 이대로 가지고 살다가 죽어야 하는가보다, 생각을 했습니다. 무척 노력을 했습니다. 그런데 잘 안들어요. 그런데 어느날이었습니다. 부여에 있는 내 제자목사님 한 분이, 제 설교방송을 열심히 듣는 분인데, 그분이 어느 아침에 저를 찾아왔습니다. "방송을 듣자니 목사님께서 감기드셨나 했는데 아무래도 코가 좋지 않으신 것같습니다. 그게 알레르기같이 생각돼서 이렇게 왔습니다. 저도 알레르기로 오는 갑상선염으로 고생 많이 했거든요. 수술도 많이 받았지만 더는 치료가 안된다고 해서 그런가보다, 하고 그렇게 살다 죽는가보다, 했는데 누가 이 책 한 권을 주면서 이걸 가지고 한번 시도해보라 합디다(그 책은 일본사람이 쓴 「식이건강요법」이라고 하는 책이었습니다). 비법은 냉온욕(冷溫浴)입니다. 그래 그걸 해서 제가 제 병을 고쳤습니다." 그래서 이것을 가르쳐드리려고 여기까지 왔다는 말씀이었습니다. 일부러 온 것입니다. 그 책 한 권 주고 그 분 그냥 갔습니다. "제가 기도하는 가운데 이걸 목사님께 꼭 드리라고 하는 마음이 생겨서 가져왔는데 한번 보십시오." 그래 제가 그걸 정독해봤습니다. 바로 '알레르기 치료'라는 항목이 있었습니다. '아, 그렇다면 하나님께서 보내주신 줄 알고 해야지.' 생각을 하고 지금은 없어졌지만 '성수탕'이라고 하는 이 동네에 하나 있던 공동탕에 다녔습니다. 1년치 목욕료를 다 갖다주고 정확하게 하루도 안빼놓고 3년을 계속 갔습니다. 어떤 때는 아침저녁으로 그 공동탕에 들어가서 냉온욕을 했습니다. 그렇게 한 1년 지나니까 효과가 나타났습니다. 그리고 3년 지나고나니 깨끗해졌습니다. 그때 만큼 열심히는 못하지만 지금도 그건 계속합니다. 참으로 좋은 방법이었습니다. 다만 꾸준하게 해야 됩니다. 6개월을 하여야 효과를 보기 시작한다니까요. 체질을 바꾸는 거니까요. 결국 아레르기를 고쳤고 지금은 코 때문에 고민하는 일이란 없습니다. 그런데 냉온욕은 피부 전체에도 작용을 하고 온몸에도 이롭습니다. 그 책 잘 읽어보면 그게 왜 그러냐? 왜 이것이 필요하냐까지 이해가 될 만큼 설명이 되어 있습니다.

　제 얘기는 이것입니다. '하나님, 이거 고쳐주세요.' 기도하는데 그 사람을 통하여 하나님께서 내게 이런 좋은 지혜를 주었으니 그러면 내가 순종을 하여야지요. 그건 그대로 내던지고 '주여어…'하는 것은 안된다는 것입니다. 그러니까 절도 있는 생활이 필요한 것입니다. 먹는 것, 자는 것, 깨는 것, 그리고 우리가 할 수 있는 모든것이 다 하나님께서 주신 지혜입니다. 어쨌든 신앙을 빙자하여 무절제로 살면서 건강을 바라는 마음, 그건 잘못된 것입니다. 그게 '규모 없는' 생활입니다. 또 믿음을 운위하면서 기적을 믿고, 쓸데없는 모험을 하고, 불합리한 일을 자행하는 것 또한 비과학적 신앙이요 비성서적 신앙입니다. 마태복음 4장에 예수님께 마귀가 높은 데서 '뛰어내리라. 뛰어내리면 천사를 보내어 발이 돌에 부딪히지 않게 해줄거다'하는데, 그렇다고 "주여!"하고 뛰어내릴 사람 있습니까. 뛰어내리면 죽지. 높은 데서 뛰어내리면 죽는다—그게 자연계시입니다. 이미 내게 주신 과학적 지식입니다. 신앙을 빙자해서 쓸데없는 모험을 하는 것, 그게 얼마나 하나님 앞에 잘못된 일입니까. 하나님께서 내게 주신 지혜가 있는데요. 헤엄도 못치는 어린아이가 '부모님이 나를 보호하고 사랑해주신다, 나를 도와줄 터이니…'하고 깊은 물속으로 텀벙 뛰어들어가면 어떻게 되겠습니까. 무모한 짓이지요. 신앙, 특별히 기적을 믿는 신앙이 잘못된 길로, 무절제한 그런 길로 빠질 때가 많은 것입니다. 또, 믿음이 있어서 교회봉사를 열심히 한다고 합시다. 교회봉사는 열심히 한다고 하는데 가정을 등한히하는 사람이 있습니다. 이에 대하여 사도 바울은 중요한 말씀을 하고 있습니다. 디모데전서 5장 8절에 있습니다. "누구든지 자기친족 특히 자기가족을 돌아보지 아니하면 믿음을 배반한 자요 불신자보다 더 악한 자니라." 신앙이라는 이름으로 가정을 등한히하는 것, 아주 그릇된 것입니다. 아내가 됐습니까? 남편에 대한 책임이 있는 것입니다. 결혼할 때부터 벌써 책임을 진 것입니다. 남편 탓은 아내 탓입니다. 남편이 되었으면 아내에 대한 책임을 진 것입니다. 부모가 되었으면 자식에 대한 책임을 진 것입니다. 하나님께서 우리에게 맡기신 그런 소중한 임무, 이것을 등한히하면 불신자보다 더 악한 것입니다. 교회일 한다고 하면서 가정을 등한히하는 것, 이것이 얼마나 큰 잘못인지 모릅니다.

그리고 특별히 예수님의 재림에 대한 사상으로해서 '주님이 곧 오실 거다, 그런고로 일할 필요 없다, 가지고 있던 것 다 먹어도 될 거다, 내것 모자라면 남의 것 얻어먹자'하면서 문제를 만들고 있는 것, 일하지 않을 뿐더러 일을 만드는 것, 이것을 사도 바울은 책망하고 있습니다. "너희 가운데 규모없이 행하여 도무지 일하지 아니하고 일만 만드는 자들이 있다 하니…" 이렇게 말씀합니다(11절). 믿음이 있으면 믿음에 합당한 것을 하여야 합니다. 재미있는 실화가 있습니다. 옛날 평양신학교에서 어느날 시험을 보게 됐는데, 시험보기 전날 한 교수님이 기숙사를 죽 돌아보자니 기숙사 옥상에서 신학생 하나가 앉아 기도하고 있는 것입니다, 시험공부 할 그 시간에. "주여, 내일 시험에 계시의 마음을 주셔서 시험 잘보게 해주시오"하고 기도만 하고 있는 것입니다. 교수님이 하도 기가막혀서 기도하는 걸 깨우고 "자네 그래서 되겠나? 시험공부를 해야지"하고 말했습니다. 그랬더니 이 학생 왈 "하나님은 다 아십니다. 그러니까 문제없을 겁니다" 하는 것입니다. 다음날 이 학생의 답안지는 백지였고 다만 '하나님은 아십니다'라고 써놓았을 뿐입니다. 교수님이 채점을 어떻게 했는고하니 '하나님은 아시는고로 100점, 너는 아무것도 모르는고로 0점'이라고 썼습니다. 이에 학생은 한숨을 쉬고 중얼거렸습니다. "성신도 시험에는 쩔쩔맨다." 이게 잘못된 것입니다. 믿음에 합당한 생활을 하여야 합니다. 규모있는 생활을 해야지요. 생활은 따르지 않고 믿음만 빙자하는 것은 믿음에 대한 모독입니다. 하나님께 대해서도 큰 모독적 죄가 된다는 것을 알아야 합니다.

그러면, 규모있는 생활 양식의 길은 어디 있는가—보십시오. 사도 바울은 "규모없이 행하고 우리에게 받은 유전대로 행하지 아니하는 모든 형제에게서 떠나라"하였습니다. 떠나라는 것입니다. 유전 곧 tradition — '파라도신'을 따르지 않는 사람에게서 draw back, 떠나라 하였습니다. 이러이러하라고 교회에서 잘 가르쳐주었습니다. 그것을 지키지 않는 사람을 떠나라고 하였습니다. '마음에서 지워버리라'함입니다. 원문대로는 뜻이 '공제해버리라'입니다. 더는 신경쓰지 마라, 불쌍히 여기지 마라, 그런 사람하고 사귀지 마라—이것입니다. 규모 없는 사람하고 사귀면 나도 규모 없는 사람이 됩니다. 무절제한 사람, 게으른 사람하고 사귀다보면 나도 그런 사람이 됩니다. 그렇기 때문에 이런 사람으로부터 떠나라, 하는 것입니다. 여러분, 교회에서도 특별히 아주 시간도 잘 지키고 절도 있고, 규모 있고, 단정하고, 살림도 잘하고, 교회봉사도 잘하는 이런 모범생교인하고 사귀어야 어느 사이에 내가 반쯤이라도 모범생이 되는데, 하필이면 제일 시원치 않은 교인하고 어울려다니거든요. 그러면 큰 손해입니다. 나도모르게 자꾸만 그런 질에 감염되거든요. 그래서 하는 말씀입니다. 이런 사람으로부터 떠나라—이게 첫째입니다.

그리고 둘째는 이것입니다. "너희가 스스로 아나니…"하였습니다. 우리가 스스로 판단할 수 있습니다. 무엇이 잘못된 것인지, 무엇이 잘되는 것인지 알만한 것입니다. 잘 생각하여 무엇이 신앙적인지 스스로 판단할 것입니다. 미국에 실리콘 밸리라는 별명이 붙은 도시가 생겼지요. MS사를 비롯해서 실리콘반도체를 생산하는 최첨단 벤처기업들이 밀집되어 있는 곳입니다. 여기에 사는 사람들은 전부 과학자요 첨단 벤처기업을 통해서 돈을 많이 번 사람들입니다. 부자 중에 부자들입니다. 미국에서 가장 부하게 사는 고을입니다. 놀라운 것은 여기 사는 사람들의 평균수입, 일년 연봉이 52,000불입니다. 그런데 이상한 것은 가구당 부채가 97,000불이라는 것입니다. 왜 그럴 것같습니까. 어떤 이름있는 사람은 연봉 70,000불이라는 큰돈을 벌고 삽니다. 그런데 이 사람은 이곳에서 나오는 물건들을 세일즈하는 아주 유능한 사람입니다. 그런데 현재 그가 지고 있는 빚이 22,000불입니다. 왜 이럴까요. 가장 부하고 넉넉하게 살 수 있는 사람들인데 빚이 평균적으로 제일 많아요. 가장 잘살면서 가장 빚이 많은 곳이라니 무슨 영문일까요. 무절제하기 때문입니다. 돈은 어렵게 벌어야 하는 법인데 머리가 잘돌아가는 바람에 쉽게들 벌었습니다. 불과 몇년 사이에 벼락같이 거부가 됐습니다. 돈 쓸 줄은 모르는데… 앞으로 또 벌게 될 걸로만 생각하고 흥청망청인 것입니다. 그래 탕진하고도 빚방석에 올라앉은 것입니다. 이런 것을 생각하여야 됩니다. 그런고로 스스로 판단할 것입니다. 절도있게 규모있게 살아야 하는 것입니다.

그리고 셋째는 이것입니다. '우리를' 본받으라고 사도 바울은 말씀합니다. 모름지기 우리는 좋은 본을 본받아야 합니다. 본받을 사람을 본받아야 합니다. 좋은 본을 따라 살아야 합니다. 좋은 생활양식, 좋은 모델을 보고 살아야 합니다. 좋은 모델을 만나면 '학습효과'가 있습니다. 많은 것을 쉽게 배울 수 있습니다. 좋은 모델을 보고 살면 나도모르게 내가 좋은 사람이 돼 있습니다. 또 내 운명도 좋은 사람과 함께할 수 있게 됩니다. 그런고로 좋은 모델을 본받으십시오. 사도 바울은 '우리를 본받으라'하였는데 '우리는' 우선 값 없이 양식을 먹지 않았다, 일하지 않고 공짜를 먹지 않았다, 합니다. 여러분, 어떤 일에든지 공짜 바라지 마십시오. 공짜 좋은 것 아닙니다. 좀 미안한 얘기지마는 여러분은 남들같이 '세일(바겐세일)'이라는 것 좋아하지 마세요. 그것 한다 할 때 보면 하도 복잡해서 백화점 앞길은 도대체 다닐 수가 없습디다. 그저 '세일'이라면 정신 못차리는 모양입니다. '세일' 따라다니면서 싸게 사보았자 그거 다 헛것입니다. 내가 심리학적으로 말씀드립니다. '세일'해서 산 물건은 여러분이 아끼지를 않습니다. 사지 마세요. 좋은 것이 아닙니다. 두 벌을 입어도 좋고 한 벌을 입어도 좋습니다. 비싸게 주고 정성껏 사세요. 그래야 내가 소중하게 여깁니다. 싸게 산 물건은 내 마음에서부터 소중히 여기지를 않습니다. 10,000원짜리를 깎고깎아서 5,000원에 샀다고 합시다. "안사요"하고 나갔다가 다시 들어가 또 "안사요"하고 나갔다가 별짓 다해가면서 10,000원짜리를 5,000원에 샀다고 합시다. 사가지고 나올 때는 '내가 오늘 수지맞았다, 5,000원 벌었다' 하겠지요? 그것 천만에말씀입니다. 가게 밖에 딱 나오는 순간 '더 깎을 걸. 한번만 더 나왔다 들어갔으면 3,000원에 살 건데' 요 생각을 하지요. 그뿐입니까. 집에 와서는 '아, 이렇게 10,000원짜리를 5,000원에 파는 것 보니 필경 요것이 가짤 거다'하는 마음이 고개를 쳐듭니다. 이리하여 그 물건은 내가 안쓰게 됩니다. 그 물건은 천덕꾸러기가 됩니다. 그러므로 그런 걸 자꾸 하다보면 마지막에는 자신의 품격이 천해지는 것입니다. 싸구려인간이 되어버립니다. 고상하게 사세요, 너절하게 살지 말고. 까짓것, 두 벌 입을 거 한 벌 입으면 되는 것입니다. 또, 안입어도 좋습니다. 자기의 품위를 살리세요. 소망교인이라면 그래서 안되는 것입니다. 뭐, 비싼 것만 사라는 얘기는 아닙니다. 공짜 좋아하지 말라, 그 말씀입니다. 남 망해가지고 지금 별수없이 창고정리 하는 거, 그걸 좋다고 가서 사다니요. 이거 되겠습니까. 오히려 정말로 그렇거든 제값을 주고 사와야지. "다만 얼마라도 보태세요"하고. 그런 마음 없습니까? 양식을 값 없이 먹지 않는다고 바울은 말씀합니다. 뿐만아니라 "누를 끼치지 아니하려 함이니"라고 말씀합니다. 사람에게 누를 끼치는 것도 물론이거니와 복음에 누를 끼치지 않아야 하는 것입니다. 내가 그리스도인이거든요. 대 사도가 복음을 전하러 다니는데 사실 이게 참 조심스럽고 참 어렵습니다. 옛날 제가 심방 많이 할 때는 다니다보면 참 어려울 때가 있었습니다. 심방간다고 따로 음식같은 거 준비하지 말라고 아무리

애기를 해도 소용이 없는 것입니다. 절대로 그러지 말라고 하지만 그래도 교인가정에서는 그렇습니까, 어디. 없는 형편에도 애를 써서 준비하고 있는 것입니다. 하루종일 심방인데, 내가 하루 최고 서른 네 집도 심방해보았습니다. 보통은 평균 스물일곱 집을 심방합니다. 심방 죽 다니다보면 스스로 생각할 때 내가 지금 심방을 다니는 건지 얻어먹으러 다니는 건지 알 수 없을 때가 있더라고요. 그 옛날에는 어디서 구했는지 최고로 좋은 차가 커피였습니다. 그 어디 '양키시장'에서 사왔는가본데 커피잔이 어디 있습니까. 밥그릇에다가 떡 타가지고 밥숟가락으로 휘적휘적 저어가면서 내주는 거, 이거 안먹으면 어떡합니까. 안먹고 나가면 큰일나지요. 그래 제가 하루에 커피를 열석 잔 너머를 마시는 것입니다. "아이구, 이거 잔이 없어서…" "가져오세요. 잔이 뭐 필요합니까. 그냥 바가지로 마시는 거지…" 이러고 다니다보니 당최 이 위장이 견딜 수가 없어요. 내가 먹으러 다니는 건지 심방을 다니는 건지 영 헷갈리는 것입니다. 이럴 때에 '방법이 목적을 대신한다'라고 합니다. 아무튼 어려운 것입니다. 사도 바울, 자, 이렇게 되면 안되지 않습니까. 순수한 하나님의 일이라야지, 먹으러 다니면 되겠습니까. 이 집 저 집 다니면서 신세를 져서야 되겠습니까. 그런고로 '누를 끼치지 않으려고' 자비량(自備糧)하고 다녔습니다. 그리함으로 복음전하는 사람이 '복음전하러 다닌다' 하는 이미지를 가져야지 '얻어먹으러 다닌다, 먹기를 좋아한다, 먹기를 탐한다' 하는 소리를 들어서야 되겠습니까, 그래서는 안되는 것입니다. 누를 끼치지 않으려고—선교사된, 혹은 하나님의 사람 된 이미지를 흐리게 하지 않겠다는 것입니다. 그래서 자기는 자비량하고 일하면서 다녔다, 합니다. 권리는 있지요. 주의 일을 하니

만큼 당당히 대접받을 권리가 있지마는 그는 아니라고 합니다. 이 권리를 다 포기하고 스스로 일하면서 다녔다, 합니다. 자, 내가 이렇게 했다, 일하면서 전도했다, 본을 보였노라, 그러니 우리를 본따서 너희도 그와 같이 하라, 하고 말씀합니다.

그리고 10절, 유명한 요절입니다. "일하기 싫어하거든 먹지도 말게 하라"하였습니다. 옛날 크레믈린 벽보에는 이런 말이 있었습니다. 성경말씀 그대로입니다. '일하기 싫어하는 자는 먹지도 말게 하라.' 무슨 말입니까. '구제불용'—구제하지 말라는 것입니다. 일할 수 있는 사람은 일을 해야지 일할 수 있는 사람이 일 안하는 사람을 구제하지 말라는 것입니다. 일하고 먹도록 해라, 이것입니다. 공짜는 안된다는 것입니다. 주더라도 일을 시키고 주는 것입니다. 일할 수 있는 사람이라면 일해서 먹도록 할 것이지 구제하지 마라, 그것입니다. 구제란 절대빈곤에만 필요한 것입니다. 구제의 대상을 잘 골라야 합니다. 뭐 여기가 어렵다 하지마는 여러해 전에 제가 우리 교회에서 크리스마스 때 좀 구제를 해보자 해서 '우리교인들부터 구제하자'하여 구역장들을 통해서 교인가정을 전부 조사해봤지요. 정말로 이 크리스마스 선물을 줘야 할 사람이 없더라고요. 몇사람 없는 것입니다. 여기저기 줄 사람들을 찾아다니면서 주었던 일이 있습니다. 참으로 구제 대상 가리기가 쉽지를 않은 것입니다. 왜요? 일할 수 있는 사람은 자신이 일해야 하니까요. "일하기 싫어하거든 먹지도 말게 하라"합니다. 사랑이라는 게 뭡니까. 참사랑은 언제나 교육적인 데가 있어야 하는 것입니다. 그 사람을 물질로만 사랑하는 게 아닙니다. 그 사람의 정신을 사랑하여야 사랑입니다. 좀더 고상하게 말하자면 그 사람의 자존심을 세워줘야 한다는 것입니다. 나는 주고, 저는 받고—이리되면 자존심 구기는 것입니다. 어떻게 해서든지 그의 자존심, 인격을 높이면서 사랑하여야 됩니다. 추하게, 저속하게, 물질적으로 해서는 안됩니다. 여러분이 실제로 누구한테 선물을 주려고 해보세요. 내가 누구에게 줘야 합니까? 어떻게 줘야 됩니까? 그, 쉽지 않은 것입니다. 내가 사랑하는 마음이 있지만 이걸 물질로 표현하기란 참 어려운 것입니다. 그뿐입니까. 정신적으로도 어떻게 하는 게 사랑하는 것입니까. 찾아가야 합니까, 찾아가지 말아야 합니까. 여러분 가운데도 우리 여집사님들, 특별히 젊은 여집사님들 병원에 입원하면 그가 뭐라고 하는지 보십시오. "아무도 병문안 오지 마세요" 합니다. 화장하지 아니한 초췌한 얼굴을 보이지 않으려고, 좌우간 곧 죽어도 이건 지켜야 하니까 오지 말라고 하는 것입니다. 오지 말라면 안가야지. 그런데도 불구하고 부득부득 가겠다고 하면 그게 사랑입니까. 때로 그렇습니다. 심방가는 것만이 사랑은 아닙니다. 오히려 가지 않고, 위해서 기도하는 것이 진정한 사랑일 수도 있습니다.

그런데 여기 보면 자, 일하기 싫고 빈둥거리는 사람, 이런 사람을 구제할 것이냐 말 것이냐, 먹지도 말게 하라, 하였습니다. 먹지도 말게 하면 일하게 되겠지요. 철저한 성과주의를 말씀하는 것입니다. meritocracy입니다. 마태복음 25장에 '달란트비유'가 있지요. 달란트 비유의 마지막 장면을 봅시다. 한 달란트 가진 사람이 있고, 네 달란트 가진 사람이 있고(두 달란트 받은 것으로 두 달란트 벌었으므로) 열 달란트 가진 사람이 있습니다(이 사람은 다섯 달란트 받아 나가서 다섯 달란트를 벌어가지고 왔거든요). 자, 여기 지금 한 달란트 가진 사람, 네 달란트 가진 사람, 열 달란트 가진 사람이 나란히 섰습니다. 보통으로 생각하면 이런 때 주인이 어떻게 해야 되겠습니까. 가령 사회주의적 개념으로 보면 이렇습니다. 주인은 열 달란트 가진 사람 보고 "너, 다섯 달란트 이리 내놔라. 한 달란트 가진 저 사람에게 줘라. 너는 재주도 있으니까 앞으로 또 벌면 되니 이 불쌍한 사람 도와주자." 그래야 옳습니까? 그런데 예수님께서는 정반대로 말씀하십니다. 한 달란트 가진 사람에게서 그 한 달란트를 뺏어가지고 열 달란트 가진 사람에게 주어라, 한다는 것입니다. 그리고 말씀하시기를 "무릇 있는 자는 받아 풍족하게 되고 없는 자는 그 있는 것까지 빼앗기리라" 하십니다. 보십시오. 일하는 자에게는 더 주고 ─ 정말 그렇습니다. 일을 하면 지혜도 얻고, 건강도 얻고, 믿음도 얻고, 돈도 벌고, 명예도 얻고, 재주도 얻고 하지 않습니까. 일을 아니하면 무능해지지요, 어리석어지지요, 가난해지지요, 병들지요. 일을 하여야 됩니다. 부지런히 일을 하여야 건강합니다. 여러분, 우리가 건강해서 새벽기도 나오는 것입니까, 새벽기도 나와서 건강한 것입니까? 저는 후자라고 생각합니다. 절대로 빠지지 말고 부지런히 나와보십시오. 건강합니다. 건강해서 나오기보다 나오기 때문에 건강해지는 것입니다. 우리교회에 이런 분들 많습니다. 비실비실하던 사람들이 새벽기도 나오고부터 건강해졌습니다. 소문을 뭐라고 내는고 하니 '효험이 있다' 하더라고요. 소망교회 새벽기도가 효험이 있다 ─That's right, 맞는 얘기입니다. 효험이 있지요. 그까짓 위장병, 신경통 같은 건 다 낫습니다. 신경성, 그까짓 건 다 고칠 수 있는 것입니다. 여기 왔다갔다하면 낫습니다, 그런 것은. 그렇지 않습니까? 일해야 됩니다. 이게 바로 '성과주의'입니다. 그런가하면 여러분, 유명한 얘기가 있지요. 유대사람들은 자녀를 이렇게 가르칩니다. '자녀에게 일을 가르치지 않는 것은 도적질을 가르치는 것과 같다.' 해먹을 수 있는 일을 가르쳐야지요. 뭔가 할 수 있도록 가르치지 않으면, 제가 벌어먹도록 가르쳐주지 않으면 결국이 어떻게 되겠습니까. 내가 벌어먹지 못하면 남의 것 먹는 것입니다. 도적질하게 되는 것입니다. 그런고로 먹고사는 법, 자기스스로 일하는 법을 가르쳐야 한다는 것입니다.

그리고 "종용히 일하여 자기양식을 먹으라" 하였습니다. 자기양식을 먹지 못하면 남의 양식을 먹게 되니까요. 내가 일해서 내가 먹지 못하면 남의 양식을 먹는 것입니다. 그러니까 힘닿는 데까지 무슨 일이라도 해야 되는 것입니다. 그래야 신앙도 온전하고, 건강도 온전하고, 여러분의 마음에 있는 평화도 지켜갈 수가 있습니다. 미국의 '강철왕' 카네기가 사업에 실패하는 이유로 10가지를 들었습니다. '첫째는 책임을 질 줄 모른다. 잘했든 못했든 내가 책임을 져야 하는데 책임을 남에게 전가한다. 둘째, 목표가 없다. 셋째, 지름길을 선택한다. 너무 쉽게 하려고든다, 지름길은 없는데. 넷째, 자기일을 거부한다. 다섯째, 과거에 연연한다. 여섯째, 과도한 자기비하. 나는 할 수 없다, 라고 생각한다. 일곱째, 계획이 없다. 여덟째, 어리석게 대비한다. 아홉째, 빨리 포기한다. 열째, 독창력이 없이 남의 흉내만 낸다.' 여러분, 요새 우리가 쓰고 있는 '나이키'라는 운동화가 있지요. 나이키회사는 별로 역사가 깊지 못합니다. 그러나 당대에 세계적인 회사가 되었습니다. 나이키회사의 운동화를 만든 그분은 자기 스스로가 운동을 하면서 '조금만 더 가벼운 신이 있었으면 조금 더 잘 뛸 수 있을 것같은데' 하였습니다. 그래서 가볍게, 편하게, 그리고 운동하기에 좋은 걸 만들어보겠다고 열심히열심히 노력했는데, 그게 바로 '나이키'가 성공한 이유입니다. 그들이 내거는 캐치프레이즈가 있습니다. 첫째가 'Just do it. 한번 신어봐라'입니다. 그것이 오늘까지 내려온 캐치프레이즈입니다. 요새와서는 이렇게 바꿨다고 합니다. 'You can do it. ─당신도 할 수 있다.' 보십시오. 적극적입니다. 농구황제라고 불리는 마이클 조던이 이런 말을 합니다. '최고로 가는 길에 지름길은 없다.' 지름길은 없습니다. 많은 수고가 따릅니다. 당연히 그래야 됩니다. "일하기 싫어하는 자는 먹지도 말게 하라." 그런데 요새는 우리가 뭔가 잘못돼서 돈을 많이 벌어서 자녀들에게 줘가지고 일 안하고 평생 살도록 해주겠다고 노력을 합니다. 어리석습니다. 그건 자식을 사랑하는 게 아닙니다. 그건 자식을 죽이는 것입니다. "자기양식을 먹으라"합니다. 자기양식을 먹는 것, 이것이 절도있고 규모있는 그리스도인의 모습입니다. △

형제같이 권하라

　형제들아 너희는 선을 행하다가 낙심치 말라 누가 이 편지에 한 우리 말을 순종치 아니하거든 그 사람을 지목하여 사귀지 말고 저로 하여금 부끄럽게 하라 그러나 원수와 같이 생각지 말고 형제같이 권하라 평강의 주께서 친히 때마다 일마다 너희에게 평강을 주시기를 원하노라 주는 너희 모든 사람과 함께 하실지어다 나 바울은 친필로 문안하노니 이는 편지마다 표적이기로 이렇게 쓰노라 우리 주 예수 그리스도의 은혜가 너희 무리에게 있을지어다
　　　　　　(데살로니가후서 3 : 13 - 18)

형제같이 권하라

　데살로니가 전후서 강해를 오늘로 마치게 됩니다. 데살로니가서 신은 바울이 그의 모든 서신 중 맨처음에 쓴 것입니다. 이렇게 미루어보면, 우리가 많은 연구를 해서 얻은 결론대로 보면 신약성경 중 맨처음에 기록된 것이 데살로니가전서인 것입니다. 복음서보다도 먼저 기록되었습니다. 그리고 맨마지막에 기록된 것이 요한계시록이 아니고 요한복음입니다. 기록한 순서대로 신약성경이 편집된 것은 아닙니다. 참 중요한 의미가 있습니다. 데살로니가전서가 교회마다 돌려가며 읽혀짐으로해서 복음의 역사, 생명의 역사가 불일듯이 일어나는 것을 보고 다들 문서의 효과가 얼마나 큰지를 알았습니다. 사도 바울은 그에 이어서 계속 편지를 쓰게 되고, 이것을 알고 결국은 마가가 마가복음을, 마태가 마태복음을 기록하게 됩니다. 문서가 주는 효과, 그 선교적 효과가 얼마나 위대하고 또 특별히 계시적 효과가 있는지를 알고 그렇게 계속적으로 기록을 남김으로써 오늘 읽는「신약성경」을 우리가 얻게 된 것입니다. 말하자면 데살로니가서 신에서 발동이 걸린 것입니다. 데살로니가전후서는 아주 짧습니다. 그러나 이 편지가 결국은 중요한 역할을 해서, 시발점이 되어 계속 편지가 씌어지고 복음서가 씌어지고 마침내 오늘과 같은 성경이 이루어지고, 우리가 이 성경을 통하여 예수 그리스도를 만나고 그 계시적 사건을 접하게 되고 구원의 역사를 얻게 된다—이렇게 생각하고보면 참 놀라운 일이 아닐 수 없습니다.

　데살로니가서는 아주 짧습니다. 이 짧은 편지로부터 시작된 것입니다. 아시는대로 고린도전후서같은 것은 아주 깁니다. 바울은 이렇게 처음 쓴 편지로 아주 간단하게 중요한 말씀을 하고 있습니다. 특별히 예수님의 재림에 대한 문제, 이 재림신앙이 주는 윤리적 교훈에 대해서 누누이 말씀하였습니다. 그리고나서 이제 오늘 부록적인 말씀을 하는 것입니다. 권면하는 말씀이 있습니다. "선을 행하다가 낙심치 말라"하는 말씀으로 시작합니다. 선을 행하다가 낙심하지 말라—어디서 많이 들은 것같지 않습니까? 중요한 요절입니다. 갈라디아서 6장 9절에 "선을 행하되 낙심하지 말지니 피곤하지 아니하면 때가 이르매 거두리라"하였습니다. 또, 고린도전서 15장 58절에 "그러므로 내 사랑하는 형제들아 견고하며 흔들리지 말며 항상 주의 일에 더욱 힘쓰는 자들이 되라 이는 너희 수고가 주 안에서 헛되지 않은 줄을 앎이니라"하였습니다. 이렇게 같은 맥락의 말씀을 하고 있습니다. 자, 선을 행했습니다. 선으로 시작했습니다. 그런데 왜 중도에 낙심하느냐 하는 것입니다. 왜 중단하게 되느냐? 이런 일들을 우리는 많이 볼 수 있습니다. 저는 인천에서 교회를 지을 때 경제적으로 하도 어려워서 예배당 하나 짓는 데 6년 걸렸습니다. 짓다가 멈추고 짓다가 멈추고 하기를 6년이니 얼마나 힘들었겠습니까. 한 1년이면 지을 수 있는 것을 그렇게 여러 해 걸려서 짓게 되는데, 건축위원회에 위원장이 있고 총무가 있지요. 그런데 위원장님은 그야말로 위원장으로 그저 이름만 가지고 있고, 수고는 언제나 다 총무인 젊은 분이 하는데, 이 총무가 힘이 드니까 예배당 짓는 동안에 좌우간 사표를 3번이나 냈었습니다. "나 안하겠습니다. 나 안할랍니다." "왜 안하느냐?" "아, 내가 월급을 받습까, 뭘 받습니까. 잘한다 못한다, 이렇게 해라 저렇게 해라, 말이 많아요. 시끄러워요. 나 안할랍니다." 그래서 제가 불러다놓고 혼을 낸 일이 있습니다. "그러면 뭘 바라고 했더냐? 아니, 금배지라도 달아줄까?" 왜 낙심하는 거냐, 도대체 무엇을 위하여 한 거냐, 누구를 위하여 종을 울렸느냐, 했습니다. 여러분 다시한번 생각해보십시오. 왜 낙심할 것같습니까. 선을 행하다가 낙심하는 것, 그 이유가 뭡니까. 처음부터 선이 아니었기 때문입니다. 정말로 선을 행한다면 낙심할 까닭이 없습니다. 더더욱 하나님 앞에서 신앙적인 선을 행하고 있다면 그거 낙심할 일이 아니지요. 누구를 위한 일인데, 자기가 뭔데 낙심하고 말고 합니까. 자기 할 일만 하면 되는 것입니다. 절대로 낙심할 이유가 없는데 낙심합니다. 낙심하지 않을 이유 있습니다. 첫째로, 헛되지 않다 하였습니다(고전 15:58). 우리는 흔히 가시적인 결과를 기대합니다. 내가 선한 일 해가지고 도대체 뭘 바라는 것입니까? 당장 좋은 열매가 맺히고, 큰 칭찬이 있고, 많은 사람이 이로 인해서 나를 존경해주고… 그래주기를 바랍니까? 여러분, 이걸 알아야 합니다. 어떤 수고든지 선한 일이란 절대로, 절대로 헛되지 않습니다. 의인의 자식이 걸식함을 보지 못했노라고 잠언에서는 말씀합니다. 선한 일 하고 사는 사람, 알게모르게 좋은 일 많이 해놨습니다. 그러면 그 자식은 절대로 빌어먹는 법 없다고 하였습니다. 내가 자식을 위해서 준비해놓은 돈은 없어집니다. 그 자식도 망치는 수가 많습니다. 그러나 선한 일 한 것은 절대로 헛된 데로 돌아가지 않습니다. 예수님께서도 친히 말씀하십니다. 얼마나, 얼마나 답답하셨으면 이렇게 비유해서 말씀하셨겠습니까. "냉수 한 그릇이라도" 하셨습니다. 무슨 굉장한 것도 아닙니다. 냉수 한 그릇, 이것이라도 내 이름으로 주면 결단코 상을 잃지 아니하리라, 하십니다. "냉수 한 그릇이라도…" 여러분, 문제는 그것이 선이냐 아니냐에 있는 것이 아니고 정말 선한 목적으로 했느냐에 있을 뿐입니다. 선한 일로 한 일은 다 하나님께서 기억하십니다. 다 기억하시는 바 됩니다. 하나님의 장부에 다 기록됩니다. 낙심하지 마세요. 낙심할 것 없습니다. 절대로 헛된 일이 아니기 때문입니다. 이것은 하늘에 보화를 쌓아놓는 일입니다. 그래서 절대로 헛되지 않다는 것을 알아야 합니다.

또한, 우리는 무슨 일이건 결과에 의해서 평가하려고 합니다. 하나님의 일은 그렇지 않습니다. 결과는 하나님께서 알아서 하실 바요, 사실은 목적과 순수한 동기, 그리고 방법이 있을 뿐입니다. 순수한 동기와 방법, 이것까지가 우리의 할일이고 결과는 하나님께 있습니다. 결과는 우리가 관심둘 일이 아닙니다. 그러므로 선 중에 가장 큰 선이 뭐냐하면 '동기적인 선'입니다. 도대체 그 동기가, motive가 뭐냐입니다. motivation이 핵심적인 것입니다. 우리가 선한 일이라는 걸 할 때 한번 자문해보십시오. 정말로 선한 일입니까? 하나님 앞에서 정말로 선한 일입니까, 그게. 정말로 저쪽을 위한 일입니까? 한번 물어보면 해답이 나올 것입니다. 선한 일이 아니기 때문에 문제가 있는 것입니다. 원망과 불평으로 끝날 때가 많습니다. 낙심하기도 하고. 또한 결과보다 과정을 생각하여야 됩니다. 과정에서의 선까지가 우리의 할일입니다. 우리는 그저 당장 내 앞에서 좋은 결과가 맺혀지기를 바라기 쉬우나 기대하지 마십시오. 분명한 것은 헛된 선행은 없다는 사실입니다. 다 하나님께서 아시는 바 되고요. 또한 "때가 이르매 거두리라" 하였습니다(갈 6:9). '때'라고 하면 하나님께서 정하신 때가 있습니다. 내가 오늘 선한 일 했다고 당장 결과가 오느냐? 안그렇습니다. 그것은 농사의 이치와도 같습니다. 부지런히 씨를 뿌리고, 거름을 주고, 물을 주고, 가꾸고, 김을 매고—그것까지만 할 일입니다. 자라게 하시는 이는 하나님이시고 추수는 하나님의 또다른 축복입니다. 잊지 말 것입니다. 어떤 선행이든지 그 선행은 내가 할 부분만 다하고 하나님께서 주시는 기회를 기다려야 됩니다. 느긋하게 기다려야 됩니다. 자녀교육도 그렇다고 생각합니다. 자녀교육도 동기가 문제입니다. '정말 내가 자녀를 사랑하는가? 정말 그의 장래를 위해서 생각하는 건가?' 스스로 물어보십시오. 내 뜻대로 안된다고 원망인데, 그럼 누구를 사랑한 것입니까? 누구를 위하여 하는 일이었습니까? 정말로 선한 동기였다면 그 또한 내가 할 일만 하고는 기다려야 합니다. 초조할 것 없습니다. 아우구스티누스가 방탕에 빠져 있을 때 어머니가 그를 극진히 사랑하여 쉬지 않고 위하여 기도했습니다. 충고했습니다. 그러나 아우구스티누스는 말을 듣지 않습니다. 마침내 그는 집을 나가겠다고 합니다. 그걸 말릴 수가 없었습니다. 집을 나가서 로마로, 세계로 돌아다닙니다. 거기서 방탕했습니다. 그러나 보십시오. 13년 후에 회개하고 새사람이 되어, 어머니의 기도가 응답되어서 돌아옵니다. 결국 13년 후에 기도응답이 된 것입니다. 그런데 우리는 당장 앞에서 선한 일이 그대로, 극적으로 이루어지기만을 바라거든요. 그렇지를 않습니다. "때가 이르매 거두리라." 얼마나 귀한 말씀인지 모릅니다. 언젠가는 반드시 거둘 것입니다. 그런고로 낙심하지 말 것입니다.

또한 신앙적으로 하여야 됩니다. 무슨 말인고 하니 하나님 앞에서 행하고, 하나님께 모든것을 맡기고 낙심치 말아야 한다는 것입니다. 왜 낙심했느냐—불신앙이기 때문입니다. 하나님을 믿지 않았기 때문입니다. 또한 egocentric, 자기중심적이었기 때문입니다. 그래서 조급한 마음이 있고, 동시에 무엇인가 내게 돌아오는 바를 기다리고 있었습니다. 대가를 요구했습니다, 대가를. 내게 돌아오는 바를 기다리고 있었습니다. 내게 돌아올 대가를 바라고 있습니다. "죽기 전에라도 이뤄지는 걸 봐야지"라고 말하는 사람도 있습니다. 못보고 죽으면 안되나요. 죽은 다음에라도 이뤄지면 되는 거지. 안그렇습니까. 그런데 우리는 내 눈으로 확인하고 싶은 것입니다. 기도제목입니다. '죽기 전에 소원이 이루어지는 걸 봤으면 좋겠습니다.' 여러분, 좀 냉정하게 생각해보십시오. 보고 죽으면 어떻고 안보고 죽으면 어떻습니까. 중요한 것은 죽은 뒤에라도 소원이 이뤄지는 것이지요. 예컨대 내 아들이 잘되기를 바라는데 같은값이면 내 생전에 잘되었으면 좋겠지만 나 죽은 다음에 더 잘되면 잘된 것입니다. 이걸 놓고 내가 꼭 봐야겠다는 것입니다. 보면 어떻고 안보면 어떻습니까. 요런 생각들이 다 자기중심적인 것입니다. 내가 봐야겠고 내가 결과를 확인해야겠고… 이런 것입니다. 그리고 뭔가 존경도 받고 싶고, 칭찬도 받고 싶고, 고맙다는 인사도 듣고 싶고… 이런 것입니다. 이런 대가성에 대한 집착, 이것이 일을 피곤하게 만드는 것입니다. 그래서 선을 행하다가 사람마다 자꾸 낙심을 합니다. 참 유감입니다. 14절에 "누가 이 편지에 한 우리의 말을 순종치 아니하거든…" 하였습니다. 충고에 대한 말씀입니다. 우리교회생활 하면서 보면, 또 목회 중에, 목회사역 중에 보면 다 순종을 잘하는가하면 몇 사람, 아주 고의적으로 순종하지 않는 사람이 있거든요. 그럴 때 속상한 것입니다. 우리가 충고하게 돼 있습니다. 그를 위로하고, 충고하고, 바른 길로 인도하고자 애쓰는데, 이게 선한 일입니다. 그런데 몇번 권면하고, 위로하고, 사랑하고, 설득하고 하다가 마지막에 낙심을 합니다. 아이구 모르겠다, 에라 모르겠다─이렇게 됩니다. 결국은

"하나님의 말씀을 가르치고, 위로하고, 충고하다가 그런 일이 있어서 낙심하지 말라"하고 말씀하는 것입니다. 교인들 전체가 다 선하고, 다 아름답게 믿음생활 잘해줬으면 얼마나 좋겠습니까. 특별히 이 본문대로 말하면 이렇습니다. 바울이 편지를 보냈고, 이 편지를 읽고 많은 사람이 그대로 따라서 순종을 합니다. 이 말씀을 수용하고 거룩한 생활로 들어옵니다. 얼마나 좋습니까. 다 그랬으면 얼마나 좋겠습니까. 그런데 거기도 반항자가 있다는 말씀입니다. 이게 속상한 것입니다. 이것 때문에 교인들이 낙심을 합니다. 특별히 인간관계에 있어서, 교회생활에 있어서 가끔 우리는 낙심할 때가 있고, 선한 일을 하다가도 비방을 듣게 될 때, 낙심하는 수가 있습니다. 심지어 어떤 분은 헌금을 했다가도 다른 누가 많이 했다, 적게 했다, 하는 얘기를 하면 또 낙심합니다. 여러 가지로 선한 일에 낙심하는 경우가 많습니다. 이래서 "낙심하지 말라"하는 것입니다. 더구나 목회사역에 있어서는 누구나 완벽하기를 원합니다. 교인이 100명이건 1000명이건 모두가 다 완전한 그런 교인이면 얼마나 좋겠습니까. 우리가 낮에 나오고 저녁에 나오지요. 생각해보십시오. 낮에 나온 사람은 저녁에도 나와야 되지 않습니까. 그러니까 우리는 저녁에도 5부예배 드려야 된다고요. 그런데 1부예배만 봐도 자리가 넓습니다. 왜 그렇지요? 이게 다 나오지 않는다는 뜻이거든요. 저는 낮예배, 저녁예배, 새벽기도 숫자가 똑같은 교회를 보았습니다. 여러분, 어디에 이런 교회가 있을 것같습니까? 낮예배, 저녁예배, 수요일저녁, 새벽기도까지 숫자가 똑같다니까요. 어디 있는지 아십니까? 문둥병환자 교회입니다. 거기만 그게 가능합니다. 그분들은 성한 사람들에 비하여 이제 곧, 언제 떠날는지 모릅니다. 그렇기 때문에 낮시간에도 500명, 저녁에도 500명, 새벽기도도 500명입니다. 거기만 그게 가능합니다. 제가 그 교회에 가 앉아서 많이 생각했습니다. '바로 이거다!' 우리 건강한 사람들은 이게 안됩니다. 문둥병환자만 되더라고요, 이게. 이세상에 고통이라는 것이 없을 수 있나요? 깊이 생각을 해야 될 문제입니다. 교역자의 입장에서는 모든 교인들이 낮에도 나오고, 저녁에도 나오고, 새벽에도 나오고, 또 '전도하자'하면 다들 전도하고, 봉사도 다 하고, 그러기를 바라지요. 그뿐아니라 전혀 순응하지 않는 사람이 있습니다. 목회자로서는 교회가 완벽하게, 온교인이 완벽하게 성장하기를 바라지만 그렇지를 못한 것입니다. 베르디라고 하는 음악가로부터 피터 드리커는 많은 감동을 받아서 한평생 좌우명으로 생각하는 교훈이 있다고 합니다. 그 교훈이 뭐냐하면 이것입니다. '완벽은 늘 나를 비켜갔다. 그러나 나는 완벽을 포기하지 않았다.' 완벽할 수 없습니다. 하지만 완벽을 포기해서는 안됩니다. 완벽하지 못할 바에는 까짓것 아무렇게나 살자—이래서는 안되는 것입니다. 완벽은 항상 나를 비켜갔지만 완벽을 포기하지는 말아야 되는 것입니다. 특별히 자기 스스로에 대해서도 그렇습니다. 내가 보다 더 완전하고 싶습니다. 그러나 완전하지 못합니다. 완벽하지 못합니다. 한평생 완벽하지 못했습니다. 그래도 완벽함을 포기해서는 안되는 것입니다. 가끔 교역자들한테서 이런 얘기를 많이 듣습니다. 특별히 몇사람, 교회에서 문제를 일으키거든요. 그런 사람 때문에 여러 사람이 손해가 많습니다. 자기가 순종하지 않을 뿐만 아니라 다른 사람까지 순종하지 못하게 만듭니다. 이런 trouble maker가 있는 것입니다. 이럴 때 속상하다는 것입니다. 목사님들이 낙심을 합니다. 여러 사람, 그런 사람을 봅니다. 500명 교인 중 한 사람이 그렇다면 그 한 사람이 너무도 목사님을 속썩이는 것입니다. 그래서 목사님이 "나 목회 못하겠다"고 저한테 와서 하소연하는 걸 들어봤습니다. 그런데 그때 제가 한 말은 이것입니다. "자네는 어떻게 온교인이 다 목사를 따라주기 바라나? 자네는 예수님도 못한 것을 하겠다는구만, 알았나?" 알아듣더라고요. 보십시오. 예수님께 열두 제자 아닙니까. 많지도 않은 열두 제자 가운데 하나가 가룟 유다입니다. 배신했습니다. 그 가룟 유다를 앞에 놓고 목회하셨습니다, 3년 동안. 그런고로 여러분, 어떤 일에도 배반자가 있고 배신자도 있고 불순종하는 사람이 있습니다. 그러나 이것으로 인해서 낙심해서는 안됩니다. 절대로 낙심해서는 안됩니다. 그래서 오늘말씀에 "낙심치 말라"하는 것입니다. 그래서 목회자에게 충고하는 것입니다. "낙심치 말라." 그러면 이 사람 어떡할까요? 이에 대해서 구체적으로 말씀합니다. 사귀지 말라, 합니다. "저로 하여금 부끄럽게 하라"하고 충고합니다. 아주 구체적으로 충고합니다. 여기서 우리는 목회적 노력에 한계를 처음부터 인정하여야 된다는 것입니다. 예수님의 열두 제자 가운데 가룟 유다가 있었듯이, 그리고 가룟 유다와 함께하면서 3년 동안 목회하신 것처럼 우리는 언제나 교인들 가운데 이런 사람도 있고 저런 사람도 있으며 어떤 때는 말썽꾸러기도 있지만 그로 인하여 낙심하지 말 것이고 피곤해져서는 안된다는 것입니다.

　　오늘본문에는 '순종치 않는 자'이지만 6절로 돌아가보면 유전대로 행하지 않는 자, 내가 가르쳐준대로 하지 않는 자, 끝까지 행하지 않는 자, 이런 역행하는 사람이 있는데 어떡하면 좋겠느냐? 두 가지로 충고합니다. 6절에서 보면 그들에게서 떠나라, 합니다. 그리고 오늘본문 14절에서는 사귀지 말고, 부끄럽게 하라, 합니다. 떠나라, 부끄럽게 하라—그 무슨 말씀입니까. 격려하라는 것입니다. 사귀지 말라, 이것입니다. 왜요? 그런 자들과 계속 교제하는 가운데는 인간의 능력을 의지하게 되고 마침내 '이거는 불가능하다. 나는 능력이 없다, 나는 이거 하나도 바로잡지 못하는구나'하고 스스로 낙심하게 되기 때문입니다. 그러므로 우리가 잊지 말 것은 하나님의 일이 있다는 사실입니다. my part가 있고 His part가 있습니다. 유명한 백스터의 설교에 나오는 말입니다. His part, my part, our part가 있습니다. 내가 할 일이 있고 하나님께서 하실 일이 있습니다. 내가 할 일만 하고는 잊어버려야 합니다. 잊어버리는 노력이 필요합니다. 그런 결단이 필요합니다. 유명한 교회성장학자 피터 와그너는 이렇게 말합니다. '만약에 말썽을 부리는 교인이 있거든 그를 딱 두 번 만나라. 기도하고 찾아가서 두 번 만나고, 그 다음에는 잊어버려라.' 이젠 하나님께 맡겨라, 하나님께서 그를 징계하시고, 하나님께서 그를 치시고, 하나님께서 어떤 시련을 통해서든지 역사하실 것이다, 기도하되 더는 만나지 마라, 이것입니다. 아주 중요한 일입니다. 우리 생각할 때 끝없이 찾아가서 또 만나고 또 만나면 될 것같지요? 안됩니다. 제가 구체적인 얘기를 하나 할까요? 인천에 있을 때 목사님이 글쎄 장로님의 딸 약혼식 주례할 거 약속해놓고 잊어버렸습니다. 1시간 기다렸다가 그냥 자기네끼리 대충 넘겼다고 합니다. 얼마나 섭섭했겠습니까. 건망증이니 어찌할 수 없지요. 이 건망증이 2차로 발동을 해가지고 결혼식을 부산에서 하는데 그 결혼식에 누가 가든지, 아니면 축전이라도 해야 되겠는데 도 잊어버렸습니다. 이 장로님, 화가 꼭지까지 났습니다. 아주 삐졌습니다. 그런 채로 교회를 나오는데, 이거 야단났습니다. 교회를 나오긴 하는데 장로님 기도 차례가 되면 여기 강대상에서 기도를 해야 되지 않습니까. 자기이름이 주보에 났는데도 기도 안하는 것입니다. 그럼 부목사님이 대신 올라가야 됩니다. 그렇게 하므로 또 나중에는 그분 차례가 와도 주보에 이름을 올리지 않았습니다. 했더니 지운다고 또 야단입니다. 그래서 쓰라고 하여 썼습니다. 이 얼마나 일이 어려워졌습니까. 목사님이 잘못은 했지요. 제가 시무하기 전의 원로목사님인데 그 목사님 본인이 말씀하기를 일년 동안에 스물두 번 찾아갔다고 합니다. 그래도 마음이 안풀어지더라, 끝까지 안풀어지더라, 합니다. 그 다음에 제가 당회장이 됐습니다. 저는 그 장로님을 일년에 두 번 찾아갔습니다. 그래도 안나와요. 나중에는 이상한 사건이 생겼습니다. 그 장로님 집 건너편에 있는 집, 안믿는 집인데 국수 만드는 집, 그 집 아주머니가 귀신들렸습니다. 그래가지고 소리소리 지르고 하니까 이 장로님이 뛰어들어가서 그걸 붙잡고 기도했습니다. 귀신 나가라고. 그랬더니 귀신 하는 말이 "그거 하나 삐졌다고 목사님 속 썩이는 놈이, 에이 정신차려!" 그러더랍니다. 귀신이 그랬다고, 그래 거기 엎드려가지고 "주여, 주여"하고 그 다음부터 달라진 것입니다. 그분이 회개하니까 귀신도 나갔습니다. 귀신들렸던 사람이 그 다음에 집사 됐는데… 아무튼 희한한 얘기입니다. 보십시오. 그렇게 찾아가고, 찾아가고, 찾아가도 안되는 것입니다, 7년이나. 7년만에야 그렇게 일이 되어가지고 다시 열심을 내어 교회봉사를 잘했습니다. 내 이 말씀 드리는 것은 자, 찾아간다고 되는 게 아니라, 이 말씀입니다. 아무리 찾아가도 안된다니까요. 100번 찾아가도 안된다니까요. 그래서 학자의 많은 리서치 끝에 결론을 내린 것입니다. '두 번 만나고 이제 잊어버리라.' '이젠 하나님이 하시는 거다.' my part는 여기까지입니다. 그 다음은 하나님께서 하시는 것입니다. 우리말로 하면 하나님이 손 좀 보셔야지, 우리 재주로는 안되는 것입니다. 그걸 잊지 말아야 합니다. 그리고 낙심할 필요가 없습니다. 떠나라, 사귀지 말라, 부끄럽게 하라, 하였습니다. 이것 잊지 마십시오. 여러분이 좀 삐져도 저 연락 안할 테니 그런 줄 아십시오. 연락한다고, 만난다고 되는 게 아니더라고요. 왜? 이유가 있습니다. 동화하기 쉽습니다. 전염되기 쉽습니다. 같이 불평하기 쉽습니다. 더 잘못되는 것은 그 권면을 받는 사람의 입장에서 자기존재를 과대평가 하게 된다는 것입니다. 자기가 무슨 굉장한 사람인 줄 압니다. "목사님이 나한테 와서 굽신굽신하누만. 또 찾아왔구만." 이러고 나온다니까요. "왜 안와?" 이런 것입니다. 그동안에 점점 교만해지지요. 점점 회개할 길이 멀어지지요. 찾아갈 게 아닌 것입니다, 그래서. 그래서 하는 말씀입니다. 여전하게 사귀다보면 자기행위를 정당화하려고듭니다. 잘못된 것은 잘못된 것으로 인정하고 사랑할 것이지만 잘못되지 않은 것처럼 말해서 권면하려고 하는 것은 잘못입니다. 잘못을 덮어가면서 사랑하는 것은 사랑이 아닙니다. 잘못된 것은 잘못된대로 인정을 하고 스스로 깨닫게 해야 됩니다. 스스로 깨닫게 하는 것이 중요하다, 하는 말씀입니다. 아주 실제적인 교훈입니다. 우리교인들 가운데도 그런 일이 많습니다. 혹 어떻게 오해한다든가 섭섭한 마음이 든다든가 어쩌다가 서로 인간관계에서, 교인관계에서, 또 교역자와의 관계에서 뭐가 잘못될 때가 있습니다. 그런데 신앙인들이 뭘 그렇게 문제삼습니까. 기도하고 한 번 손잡고 악수하면 끝나는 일인데 이걸 못하는 것입니다. 잔뜩 뒤틀리기 시작합니다. 이거 큰일이지요. 그렇다고해서 자꾸 찾아가서 권면하고 위로하고, 또 권면하고, 이렇게 한다고 되느냐? 오늘

말씀에서 떠나라, 사귀지 말라, 하였습니다. 요새말로 왕따 만들어라, 하였습니다. 왕따 만들어야 됩니다. 그래서 그로하여금 자기가 지금 잘못하고 있다는 걸 스스로 알게 하라, 하는 것입니다. 스스로 깨닫게. '아하, 내가 잘못됐구나. 내가 여러 교인들 보니까 다 그렇구나. 나 하나만 아니고 전체가 다 그런 걸 보니까 내가 잘못한 거구나.' 이런 생각을 하게 만들어야 되는데 몇사람은 좀 충고하지만 여러 사람은 다 "아, 집사님이 잘했어. 집사님 말이 옳아." 이래주니까 점점 더 기고만장하는 것입니다. 회개하지 못해요, 이렇게 되면. 그래서 구체적으로 말씀하는 것입니다. 잘못을 스스로 인정하도록 하라, 합니다. 그리 말씀하고 그러나 원수와 같이 대하지 말고 "형제같이 권하라"하였습니다. '형제'라고 하는 걸 잊지 말아야 합니다. 낙심하지 말고 기다리고 형제같이 권하라, 그러나 "떠나라"하였습니다. 대단히 중요한 실제적인 교훈입니다. 보면 아이들도 그렇지 않습니까. 뭔가 좀 잘못했습니다. 그래 우리가 충고하지요. 저가 잘못해서 충고했지만 속상하다고 삐졌습니다. 그 다음에 가서 또 그걸 붙잡고 위로합니다. 그래서는 안됩니다. 그건 위로할 성격이 아닙니다. 내버려둬야 합니다. 스스로 깨닫고 돌아올 때까지 내버려둬야 되는데, 잘못하고 지금 스스로 깨달아야 하는 그 시간에 자꾸 돌아보고 위로하다보니 저의 존재가치를 너무 높이고 교만해지고, 나중에는 저의 행동을 정당화해버린단말입니다. 똑같은 이치입니다. 그러나 "형제같이"라고 하였습니다. 칼뱅은 말합니다. '형제답지 않고는 크리스천이 될 수 없다.' 사랑하는 마음, 형제로 대하는 마음은 조금도 변함이 없습니다. 이것이 '바른 교회생활의 길이다'하는 말씀입니다. 16절에 보면 축복말씀이 있는데 특별한 바가 있습니다. "평강의 주께서 친히 때마다 일마다 너희에게 평강을 주시기를 원하노라." 때마다 일마다 계속해서 평강주시기를 바란다, 하는 그런 축복의 기도입니다. △